A. CHAMBARD
NOTAIRE HONORAIRE
SAINT-AMOUR (Jura)

L'ARMÉE

ET

LA GARDE NATIONALE

Paris. — Imprimerie de J.-B. Gros et Donnaud, rue Cassette, 9.

L'ARMÉE

ET

LA GARDE NATIONALE

PAR

LE BARON C. POISSON

ANCIEN OFFICIER D'ARTILLERIE

TOME DEUXIÈME

1792 — 1793

PARIS

A. DURAND, LIBRAIRE-ÉDITEUR,

RUE DES GRÈS, 7.

—

1859

Droits d'auteur réservés.

Le point de départ de *L'Armée et la Garde nationale* a été l'étude d'une question militaire : « Comment la France révolutionnaire a-t-elle » pu résister à l'Europe coalisée, tandis qu'elle » était plongée dans une anarchie destructive » de toute force régulière ? »

Dans la période précédemment examinée (1789-1792), l'œuvre de la désorganisation de l'Armée commence avec les premiers faits insurrectionnels. Un Corps d'élite, le régiment des Gardes Françaises, se joint aux assaillants de la Bastille; le Pouvoir l'amnistie et l'esprit révolutionnaire lui prodigue les ovations.

A la nouvelle de la prise de la Bastille, la population prend les armes dans toute l'étendue du territoire ; elle crée des Gardes nationales qui diffèrent des Gardes urbaines et des anciennes Milices bourgeoises par des prétentions militaires plus générales et plus accusées. Leur formation donne naissance à l'idée erronée qui constitue le *citoyen-soldat*, et leur contact avec les troupes de ligne contribue notablement à y saper les saines traditions du devoir et de la discipline.

En même temps, de nombreuses circonstances concourent à déshériter l'Armée du sentiment de la force qui est son attribut capital : l'indécision et la faiblesse du Roi permettent le massacre et la dispersion des Gardes du corps ; les Municipalités endurent tous les désordres sans oser recourir à la Loi martiale ; l'Assemblée constituante abolit les juridictions des Prévôtés, parce qu'elles répriment au moyen des Maréchaussées les excès commis dans les campagnes au nom de la Liberté.

D'un autre côté, les Corps se préoccupent à leur point de vue de la régénération sociale à laquelle aspire le Pays. Leur impatience devançant les délais de la Législature, l'esprit de délibération s'introduit dans les garnisons ; des clubs de soldats et de sous-officiers établissent en principe une sorte d'insubordination raisonnée qui active, à dessein parfois, l'émigration des officiers.

En vain l'Assemblée constituante donne enfin satisfaction aux justes espérances qu'elle a fait concevoir ; la consécration de droits nouveaux, qui abaissent devant le mérite les barrières que lui opposait l'ancien régime, est impuissante à détruire les pernicieux effets de la propagande révolutionnaire dont les législateurs sont eux-mêmes trop souvent les complices. La religion du devoir disparaît ; la subordination devient une obligation tyrannique ; l'indiscipline s'établit en permanence dans certains Corps ; les uns pactisent avec la populace et laissent massacrer leurs chefs ; les autres entrent en insurrection et donnent naissance à la guerre civile. A plusieurs reprises, l'Assemblée nationale effrayée tente de comprimer les déplorables passions dont elle a si imprudemment encouragé l'essor ; mais l'esprit révolutionnaire qu'elle renferme dans son sein déjoue continuellement ses faibles efforts.

D'ailleurs, la Constitution militaire consacre un principe en opposition avec l'existence de l'Armée. Bien que l'onéreux entretien de Corps

étrangers ait démontré depuis longtemps que les enrôlements volontaires à prix d'argent sont insuffisants pour recruter la Force militaire, un faux sentiment de respect pour la liberté individuelle fait repousser tout autre moyen d'obtenir des soldats. En même temps, les Corps Allemands, Irlandais, Belges et Liégeois sont déclarés Français; les régiments Helvétiques ne sont que momentanément exceptés de cette mesure qui tend à rejeter l'emploi de tout auxiliaire étranger sans donner le moyen de remplir les vides qui vont se produire dans l'Armée. Cette aveugle imprudence est justifiée par des utopies philosophiques : « Une faible armée suffit à un
» peuple qui ne songe pas à empiéter sur le
» territoire de ses voisins; elle est bien puis-
» sante, lorsqu'elle n'est composée que d'indi-
» vidus appelés sous les drapeaux par l'amour
» de la Patrie ou par leur vocation; pour la
» défense du sol national, tout citoyen est prêt
» à se transformer en soldat; etc. »

Ces illusions sont passagèrement confirmées par l'élan généreux avec lequel 60 à 80,000 Gardes nationaux se forment en bataillons de Volontaires, à l'époque où l'arrestation du Roi à Varennes fait craindre une invasion subite de la part des Puissances excitées par les Emigrés ; néanmoins la paix subsiste encore pendant quelque temps, et ces *premiers soldats de la Liberté* ne font d'abord que porter dans les camps et dans les garnisons les coutumes désordonnées des Sociétés populaires.

L'aveugle politique du parti de la Gironde fait enfin déclarer la guerre. La première tentative sur la Belgique avorte immédiatement par l'effet d'une déroute honteuse qui aboutit au massacre d'un général et d'un colonel par leurs propres soldats. Ce fait sans exemple occasionne une profonde stupeur dans l'Armée qui en arrive à douter d'elle-même ; heureusement l'Etranger n'est pas prêt à en profiter ; mais il active ses préparatifs et, peu après, ses bandes aguerries s'avancent avec la certitude de triompher facilement d'une Nation en proie à des excès aussi anarchiques.

L'impulsion que les Girondins continuent à donner à la Révolution augmente encore les chances favorables de l'Ennemi. L'insurrection du 10 Août renverse le trône de Louis XVI en anéantissant ses derniers défenseurs, les Gardes Suisses, dont le massacre entraîne la perte pour la France de tous les régiments Helvétiques. A la chute de la Royauté et de la Constitution de 1791 auxquelles ils ont prêté serment, des généraux et des officiers se considèrent comme déliés de toute obligation ; les troupes sur la frontière du Nord se trouvent ainsi dépourvues de chefs connus, en même temps qu'elles sont divisées par les excitations contraires des royalistes et des révolutionnaires ; cependant, l'Ennemi n'est plus qu'à quelques jours de marche.

Alors apparaît Dumouriez qui n'envisage que le salut du pays. La faiblesse des moyens à sa disposition lui interdit d'affronter en face une armée expérimentée ; mais il a confiance dans son génie pour profiter des circonstances qu'une guerre de détail lui présentera infailliblement. Les troupes reconnaissent rapidement en lui un de ces chefs qui leur sont sympathiques ; la résistance commence et, dès l'origine, elle adopte des dispositions inquiétantes pour l'Etranger, mais qui ne rassurent pas complétement à Paris. Aussi le Pouvoir exécutif et le Pouvoir législatif s'accordent-ils pour presser Dumouriez d'abandonner des projets qu'ils jugent trop audacieux et de se borner à un genre de défense plus timide ; mais il résiste aux ordres des Ministres, aux injonctions de l'Assemblée et aux murmures de la plupart de ses généraux; il poursuit invariablement le plan hardi de temporisation qu'il a formé, et il sauve le pays malgré lui-même.

La période suivante (1792-1793) n'est pas moins féconde en malheurs que celle dont on vient de rappeler le résumé et elle se termine de même par un résultat inespéré.

L'esprit révolutionnaire, dont l'intensité s'accroît d'une manière déplorable, multiplie pour l'Armée les éléments de désorganisation; l'invasion étrangère est plus nombreuse et plus menaçante; l'Europe assaille toutes les frontières, tandis que la guerre civile met en feu l'Ouest et le Midi. Cependant, à la fin de la Campagne de 1793, les armes de la République triomphèrent subitement des étrangers et des insurgés de l'intérieur. Les causes auxquelles furent dus tant de revers et celles qui rappelèrent brusquement la victoire sont réunies dans ce second volume.

Pour cette deuxième partie de son travail, l'auteur a continué à trouver constamment en Monsieur le général ARCELIN un guide précieux et un conseiller éclairé.

L'ARMÉE
ET
LA GARDE NATIONALE
1792—1793.

CHAPITRE XVI.

PARIS PENDANT LA CAMPAGNE DE L'ARGONNE. — SUCCÈS MILITAIRES AU NORD, A L'EST ET AU MIDI. — ANARCHIE GÉNÉRALE A L'INTÉRIEUR.

(Septembre et Octobre 1792.)

Sommaire.

Convention nationale. — Partis qui la divisent. — Esprit séditieux et spoliateur de la Commune de Paris. — Impuissance du Pouvoir exécutif provisoire.

État de désorganisation des Sections Armées. — Création d'une Réserve soldée, dans les Sections.

Inquiétudes à l'occasion de la Famille Royale prisonnière. — Désordres incessants parmi les travailleurs du camp de Paris.

Esprit des Sections de Paris. — Demande faite par les Girondins d'une Garde départementale destinée à protéger la Convention. — Mise en route de Gardes Nationaux des départements pour la capitale.

Accroissement du nombre des engagements volontaires pour les armées. — Causes qui le déterminent.

Succès militaires. — Retraite des Prussiens, des Autrichiens et des Émigrés. — Thionville est débloqué. — Fin glorieuse du bombardement de Lille. — Le général Custine pénètre dans le Palatinat. — Prise de Spire et de Worms. — Le général Montesquiou entre en Savoie et occupe Chambéry. — Son lieutenant, le général Anselme, s'empare de Nice et de la forteresse de Mont-Alban.

Le *Te Deum* est remplacé par la *Marseillaise*. — Fête à Paris pour célébrer les succès des armes françaises en Savoie. — Enthousiasme du peuple Savoisien pour les principes révolutionnaires.

Sympathies pour l'armée française dans les villes du Palatinat. — Respect des propriétés. — Exemple de sévérité donné par Custine, lors du pillage de Spire. — Heureux effets qui en résultent vis-à-vis des populations. — Contributions de guerre imposées aux Évêques et aux Chapitres nobles. — Entrée des Français à Mayence.

Traitements bienveillants à l'égard des prisonniers et des déserteurs étrangers. — Leurs conséquences.

Lois de mort contre les émigrés. — Exécution de neuf émigrés prisonniers de guerre.

Levée du camp de Paris.

Commencement d'organisation de la nouvelle Garde Nationale. — Effectif. — Indiscipline des Sections Armées. — Esprit de la Cavalerie Nationale de Paris.

Désordres dans les départements. — Part qu'y prennent les bataillons de Volontaires. — Assassinat du lieutenant-colonel d'artillerie Juchereau, à Charleville. — Conduite d'un bataillon de volontaires à Crépy. — Embuscade tendue à des gardes nationaux d'Arles. — Assassinats commis à Cambrai par deux divisions de Gendarmes nationaux.

Le 20 Septembre, jour de la bataille de Valmy, l'Assemblée législative tient sa dernière séance. La Convention nationale lui succède; l'abolition de la Royauté est décrétée et la République est proclamée.

Dans la nouvelle Assemblée, les *Girondins* et les *Montagnards* se font immédiatement la guerre. Les premiers se glorifient d'avoir amené la révolution du 10 Août; mais ils rejettent sur leurs adversaires l'horreur des crimes qui l'ont suivie, et ils demandent énergiquement la punition des assassins de Septembre. Satisfaits de la chute de la Royauté qui a rendu le pouvoir aux trois Ministres de leur parti, Roland, Clavière et Servan, ils répètent que le temps de l'insurrection est passé et que le règne des lois doit enfin commencer; mais c'est en vain qu'ils s'élèvent contre les excès des mauvaises passions qu'ils ont eux-mêmes surexcitées. Suivant l'exemple donné autrefois par les Constitutionnels qu'ils ont renversés, ils se retirent à leur tour du Club des Jacobins dont l'esprit factieux et l'exaltation subversive s'accroissent de jour en jour.

Les Montagnards repoussent, devant la Convention, toute complicité avec les assassins de Septembre; mais dans les Sociétés populaires, ils excusent les massacres des prisons en les imputant hypocritement à un mouvement d'effervescence de la population. Suivant eux, la Révolution n'est ni assez avancée, ni assez assurée pour qu'il soit temps de mettre un terme à la fièvre insurrectionnelle qui doit amener son triomphe définitif, et la tardive modération des Girondins constitue une tendance réactionnaire qui menace de mort la naissante République.

Chacun des deux partis reçoit alternativement l'appui des *Impartiaux*, également éloignés de l'ambition passionnée des Girondins et de la violence révolutionnaire des Montagnards, dont les attaques réciproques font retentir l'enceinte législative d'incriminations, de personnalités et de menaces.

Ces orageux débats sont quelquefois interrompus par d'insolents messages émanés de la Commune qui s'est spontanément constituée, le 10 Août. Forte de l'appui de la populace, elle s'érige en rivale de l'Assemblée nommée par le pays; enrichie des immenses dépouilles du château des Tuileries et des maisons de ceux qu'elle a fait massacrer, elle emploie ces produits du pillage et du meurtre à établir sa prépondérance sur les Sections de Paris et sur les principales Communes des départements, auxquelles elle envoie des commissaires; réceptacle de dilapidations et de concussions de toute espèce, elle refuse obstinément de rendre des comptes à la Convention et approuve hautement les assassinats qu'elle a payés.

Toutes les passions, exaltées par la fièvre générale, ont leurs représentants en armes dans les rues; le Pouvoir exécutif provisoire, composé des Ministres, est sans puissance; des vols continuent à se commettre en plein jour, quoique le peuple ait tranché sur place la tête de plusieurs coupables.

Les Sections Armées, qui doivent remplacer la Garde nationale dissoute le 10 Août, ne sont pas encore organisées. Leurs éléments, dont les gens paisibles s'éloignent autant qu'ils le peuvent, composent une multitude désordonnée qui ne reconnaît pas encore de chefs et ne subit aucune direction : quelques fusils et quelques uniformes y apparaissent çà et là au milieu des piques et des bonnets rouges. Le désordre et les obstacles à tout pouvoir régulier sont tels que, même après la disparition des bijoux de la Couronne enlevés au Garde-Meuble (17 Septembre), le Ministre de l'Intérieur, Roland, ne peut obtenir le petit nombre de Gardes nationaux nécessaires pour garantir la sécurité des autres richesses et des collections artistiques renfermées dans les bâtiments de l'Etat.

Afin d'obvier à l'absence de toute force publique régulière, le Pouvoir exécutif provisoire a organisé à la hâte, dans chacune des quarante-huit Sections, une *Réserve* composée d'une centaine d'hommes armés de fusils et d'une vingtaine de cavaliers. Les Réserves sont casernées et reçoivent une solde ainsi que les autres prestations militaires; mais elles excitent la jalousie des Sectionnaires à piques, dont les orateurs déclament contre cette *organisation monstrueuse attentatoire à la liberté.*

La Famille Royale, prisonnière au Temple, est, pour ses vainqueurs, un sujet d'inquiétudes sans cesse renaissantes; aussi la Commune a-t-elle invité les Sections à n'envoyer, pour la garde de la prison, que des *patriotes* parfaitement connus, et à empêcher qu'il ne se glisse parmi eux aucun des *ci-devant nobles*, ni aucun de leurs serviteurs. Le commandant général, Santerre, et l'adjudant général de service sont les seuls individus, faisant partie de la force armée, qui puissent entretenir le *ci-devant Roi* ou les personnes de sa famille, et les accompagner dans la cour destinée à leurs tristes promenades.

Le camp, établi pour couvrir Paris, et qui s'étend de Saint-Denis à Nogent-sur-Marne, constitue aussi un foyer d'agitations continuelles. Huit mille ouvriers y ont été réunis; cependant le fossé de l'enceinte n'est pas encore terminé, parce que ces soi-disant travailleurs prétendent toucher, sans labeurs, un salaire exorbitant. Leur temps se passe dans des conciliabules où le tumulte est activement entretenu par des agitateurs; ceux qui, par exception, veulent consciencieusement gagner leur paye, sont injuriés et maltraités. Dans la semaine de l'installation de la Convention, la dépense d'un travail insignifiant s'élève à 261,000 livres. A ces frais, se joint la perte qui résulte d'enlèvements considérables d'outils et de brouettes; les vols se commettent la nuit, lorsque les complices des pillards ont, par des coups de fusil, attiré l'attention de la Garde du camp du côté opposé à celui où doit s'effectuer le larcin.

C'est en vain que des Sections, indignées de la stagnation des travaux de défense, envoient, pour servir d'exemple, des travailleurs volontaires qui ne veulent accepter aucune rétribution. Les perturbateurs créent mille difficultés à ces citoyens désintéressés. Cependant des députations continuent à réclamer, auprès de la

Convention, le prompt achèvement des travaux du camp ; mais cette Assemblée est sans force et sans puissance vis-à-vis de la multitude égarée ou malveillante.

Les Sections font rarement des pétitions empreintes d'un caractère aussi raisonnable. Depuis la journée du 10 Août, plusieurs d'entre elles ont adopté des dénominations nouvelles qui témoignent de la progression du sentiment révolutionnaire (1), et toutes tiennent en permanence leurs orageuses assemblées. Les citoyens paisibles, ceux qui se sont montrés les soutiens de l'ordre et de la Constitution de 1791, les signataires des pétitions pour empêcher la dissolution de l'ancienne Garde Nationale, les bourgeois et les commerçants se sont éloignés de ces réunions tumultueuses. On s'y livre à des investigations odieuses pour établir des listes de *patriotes*, de *douteux* et de *suspects*.

Ces réunions turbulentes, auxquelles pré-

---

(1) Lorsque les soixante Districts de Paris avaient été remplacés par quarante-huit Sections, ces dernières avaient d'abord pris les noms des Paroisses que portaient les circonscriptions auxquelles elles succédaient. Plus tard, lorsque la Révolution changea de caractère, les Sections des Filles Saint-Thomas, de Saint-Roch, des Petits-Pères, des Cordeliers, devinrent les sections de la Bibliothèque, du Théâtre-Français, des Victoires, du Palais-Royal. Après le 10 Août, ce furent les Sections des Piques, des Sans-Culottes, de Marseille, etc.

sident le désordre et l'ignorance, prétendent contrôler les décrets de la Convention et lui imposer leurs volontés : « Les hommes du 10 Août, » répètent fréquemment leurs orateurs admis à la barre, « ne souffriront pas que » ceux qu'ils ont investis de leur confiance » méconnaissent un instant la *souveraineté* » *du peuple*. Ils savent qu'il est juste de » résister aux despotes, quel que soit le masque » dont ils se couvrent. »

L'appui prêté à ces insolents pétitionnaires par le public des tribunes et les députés les plus exaltés, fait redouter aux Girondins que la Convention ne cède à la pression de la Montagne, de la Commune et de la populace parisienne. Aussi s'élèvent-ils énergiquement contre ces exigences qui tendent à faire de Paris ce qu'était Rome dans l'Empire Romain : « La Capitale ne doit pas dominer la Républi- » que, et elle ne peut prétendre qu'à sa part » proportionnelle et légitime d'influence sur » l'Assemblée qui règle le destin du pays. Afin » qu'on soit bien convaincu dans les pro- » vinces que la Convention, mandataire de » toute la France, ne subit pas le joug de la » ville dans laquelle elle réside, il est indis-

» pensable qu'elle soit gardée par une force
» armée, tirée des quatre-vingt-trois Départe-
» ments. D'ailleurs, cette troupe, loin de se
» borner à faire un service honorifique, se
» joindra avec bonheur à ses frères de Paris
» pour défendre la Capitale, si les ennemis par-
» viennent à triompher de Dumouriez qui les
» tient en échec. »

Mais cette proposition captieuse irrite les Montagnards, la Commune et les Sections :
« Ferait-on au peuple Parisien l'injure de
» se défier de lui ? La Convention n'est-elle
» pas libre, et a-t-elle besoin d'une garde
» de sûreté lorsqu'elle est au milieu de ceux
» dont le patriotisme a renversé la Royauté ?
» Les hommes du 10 Août sauront bien mainte-
» nir la liberté qu'ils ont conquise, sans qu'on
» appelle à leur aide des auxiliaires des Dépar-
» tements dont le dévouement, inutile à Paris,
» serait au contraire une précieuse ressource
» sur la frontière. »

Les Girondins répondent que ces arguments sont ceux qu'ont produits les Royalistes, lorsque quatre mois auparavant, ils ont voulu empê- cher la formation à Paris du camp de 20,000 hommes ; mais, comme par le passé, avant que ces discussions n'aient abouti à un décret, des contingents se réunissent dans diverses villes et se mettent en route pour la Capitale.

Ces troupes départementales, en marchant vers Paris, se croisent sur les routes avec des escadrons, des compagnies et des escouades qui se rendent aux armées, car le caractère sanglant adopté par la Révolution contribue puissamment à grossir les rangs des Volontaires. Depuis les événements d'Août et de Septembre, un grand nombre de citoyens, effrayés à l'idée des massacres et des proscriptions, s'arment pour la République, et, tout en maudissant un gouvernement qui s'élève sous de si noirs auspices, ils se font soldats pour le défendre.

. En outre, les Administrateurs municipaux et les Commissaires envoyés dans les Départements ne discontinuent pas d'exciter les populations à l'enthousiasme pour la liberté et à la haine du despotisme que veut ramener l'Etranger. Enfin, la loi récente, qui autorise tous les citoyens à lever des corps armés, permet à chacun d'aspirer immédiatement à un grade élevé, s'il parvient à réunir le nombre de Volontaires suffisant pour constituer un commandement.

Aussi, des levées d'hommes s'opèrent-elles confusément de tous côtés. Les Corps nouveaux choisissent arbitrairement leurs noms, nomment leurs officiers à l'élection, s'organisent tant bien que mal et passent ensuite des marchés avec le Ministre de la Guerre. Ceux qui se forment à Paris ou dans les localités voisines viennent jurer devant la Convention de défendre la République; les autres prêtent le même serment en présence des Administrations Municipales ou dans les Sociétés des Jacobins des grandes villes. C'est ainsi que sont créés les Volontaires canonniers à cheval de Paris, les Hussards de la mort, les Flanqueurs de la Nièvre, la Légion de Rosenthal, les Dragons du Calvados et une infinité d'autres.

Par l'effet des mêmes influences, les Villes et les Communes s'imposent des sacrifices pour concourir aux dépenses de la guerre. Ici, on établit des collectes dont le produit est envoyé à la Convention; là, on prend l'engagement de pourvoir à la subsistance des femmes et des enfants des Volontaires pendant toute la durée des hostilités; ailleurs, on donne des canons ou des métaux pour en fabriquer. Des particuliers font remise à l'État du traitement inhérent à leurs fonctions; d'autres expédient de l'argent ou des effets d'habillement; les théâtres donnent des représentations au bénéfice du Trésor; les anciens sceaux de l'Etat, le sceptre et la couronne du *ci-devant Roi* sont brisés et portés à l'Hôtel des monnaies.

C'est dans ces circonstances qu'éclate à Paris la nouvelle inespérée de la retraite des Autrichiens, des Prussiens et des Émigrés (2 Octobre). Suivant les habiles prévisions de Dumouriez, les privations et les maladies qu'elles entraînent ont triomphé de l'ennemi. « Le » camp abandonné par les Alliés, » écrit-on de Sainte-Ménehould, « offre l'aspect d'un vaste » cimetière, et la route, par laquelle ils se » retirent lentement, est jalonnée de cadavres » d'hommes et de chevaux. Les corps d'armée » Français qui marchent à leur suite en les » harcelant, font des prisonniers et leur prennent » du butin. » Des drapeaux, des tambours et des fusils Prussiens apparaissent à Paris; on ne doute pas qu'avant un mois, le territoire de la République ne soit complétement évacué.

Effectivement, Thionville, qui n'a pas été très-vigoureusement attaqué, mais qui, depuis un mois, tient en échec 28,000 Autrichiens et Hessois, voit l'ennemi s'éloigner de ses murs. Le duc de Saxe-Teschen, bombardant Lille depuis huit jours, n'a pu vaincre l'héroïque obstination des Lillois (8 Octobre); menacé par les généraux français qui s'avancent, il est forcé à la retraite.

Mais ce n'est encore là qu'une partie des succès qui consolident inopinément la naissante République. Le général Custine, qui commande à l'armée du Rhin sous les ordres de Biron, a su mettre à profit l'extrême division des troupes ennemies occupant le territoire qui lui fait face. Il a rassemblé 18,000 hommes à Landau, a marché sur Spire où il est entré de vive force (30 Septembre) après avoir culbuté 4,000 Autrichiens, et il a envoyé le général Newinger occuper Worms avec 4,500 hommes (4 Octobre).

De son côté, le général Montesquiou, commandant de l'armée du Midi, est parvenu à tromper les troupes Piémontaises par une fausse démonstration; à la tête de 20,000 hommes, il est ensuite entré en Savoie et il a pénétré sans coup férir jusqu'à Chambéry, où son arrivée a donné le signal de la révolte des populations contre le Roi de Sardaigne (23 Septembre). En même temps, un de ses lieutenants, le général Anselme, a passé le Var avec 8,000 hommes et a occupé Nice, ainsi que la forteresse de Mont-Alban (28 Septembre) (1).

Les succès de Custine et de Montesquiou étaient dus à des intelligences habilement ménagées et à la décision avec laquelle ils s'étaient portés en avant; ceux de Dumouriez (2) étaient

---

(1) L'armée du Midi était dénuée de ressources de toutes sortes. Pour son expédition, Anselme, usant du droit accordé aux Généraux de requérir une partie des Gardes Nationales, demanda à la ville de Marseille six mille hommes, un million et un vaisseau qui furent immédiatement accordés.

(2) Il n'est pas inutile, pour l'intelligence des faits qui suivront, de rappeler l'origine de ces officiers généraux.

Dumouriez, fils d'un commissaire des guerres, entra à vingt ans dans le régiment d'Escars (cavalerie) en qualité de cornette. Il fut blessé au combat d'Amstetted (1759), et à celui de Closterkamp, où il fut fait prisonnier. Capitaine (1761) et décoré de la croix de Saint-Louis (1763), il alla combattre en Corse contre Paoli et voyagea successivement en Espagne et en Portugal. Il remplit ensuite des missions militaires ou diplomatiques en Pologne (1771) et en Suède (1773). Revenu à Paris, et mis à la Bastille à la suite d'une intrigue de Cour, il fut transféré comme prisonnier à Caen; sa lettre de cachet fut levée à la mort de Louis XV. Il obtint ensuite (1778) le commandement de Cherbourg et s'y occupa des travaux du port. Il était Brigadier des armées du Roi au moment de la convocation des États généraux; mais il ne put parvenir à y être Député. Il eut vers cette époque une mission en Brabant, et fut ensuite employé comme maréchal de camp dans la 12e division militaire

le résultat de son génie, de l'excellence des vieilles Troupes de ligne sur lesquelles les Volontaires trouvaient un sûr appui, et enfin, de la lenteur des opérations des généraux ennemis.

Ainsi, après trois années pendant lesquelles les innovations révolutionnaires avaient ébranlé l'organisation de l'Armée par de si profondes secousses, le territoire national allait être délivré et le drapeau tricolore flottait en Savoie, dans le comté de Nice et dans le Palatinat.

Des triomphes aussi éclatants, survenus au moment où les révolutionnaires les plus énergiques avaient résolu de s'ensevelir sous les murs de

---

(Nantes). En janvier 1792, l'émigration des Officiers généraux ayant produit des vides considérables, il fut fait lieutenant général à l'ancienneté. Il était alors âgé de cinquante-trois ans.

Custine (ci-devant comte de), sous-lieutenant à sept ans, avait fait, en cette qualité, la campagne des Pays-Bas sous le maréchal de Saxe (1748). Après avoir achevé ses études à Paris, il fut capitaine dans les Dragons de Schomberg et fit la guerre de Westphalie (1758). En 1762, on créa pour lui le régiment de Dragons qui porta son nom. Il prit ensuite le commandement du Régiment de Saintonge pour aller combattre en Amérique où il se distingua, et fut nommé maréchal de camp. En 1789, il avait été Député de la Noblesse de Lorraine aux États généraux ; dans l'Assemblée constituante, il s'était toujours énergiquement prononcé contre l'indiscipline militaire. En 1792, il avait cinquante-deux ans.

Montesquiou-Fézenzac (ci-devant marquis de), avait été premier écuyer de Monsieur, frère du Roi, qui le protégeait à cause de son goût pour les lettres. Il était membre de l'Académie Française. Député de la Noblesse de Paris aux États généraux, il avait été appelé au commandement de l'armée du Midi, à la fin de la session de l'Assem-

Paris, eussent été, en d'autres temps, suivis d'actions de grâces universelles rendues au Dieu des Armées ; mais sous l'influence de l'impulsion désorganisatrice qui a redoublé d'intensité depuis le 10 Août, les mœurs, les coutumes et les croyances se sont étrangement modifiées. Ainsi, le lendemain du jour où la République a été proclamée par la Convention, l'Ere républicaine a été adoptée pour remplacer celle que la pieuse tradition des générations faisait remonter au berceau du Rédempteur de l'Humanité : la première année de la Liberté a commencé le 22 Septembre 1792 (1). Quelques jours après, Kellermann (2) ayant demandé que le succès de Valmy fût consacré par l'acte religieux qui, de temps immémorial, a sanctifié la victoire, il lui fut répondu que la République ne reconnaissait d'autre *Te Deum* que la *Marseillaise*.

---

blée constituante. Il était alors âgé de cinquante et un ans. — *Biographie universelle*.

(1) Le nouveau calendrier ne fut définitivement établi qu'un an après; son usage fut décrété le 5 Octobre 1793, c'est-à-dire, le 14 Vendémiaire An II.

(2) Kellermann, d'abord simple hussard de la Légion de Conflans, s'était fait remarquer dans la guerre d'Allemagne où il fut nommé officier (1758). Devenu colonel du Régiment Colonel-Général (Hussards), il fut nommé maréchal de camp en 1788 ; en 1792, il avait cinquante-sept ans. — *Biographie universelle*.

C'est ainsi qu'il est ordonné de célébrer, dans toutes les localités, l'entrée des troupes Françaises en Savoie. La solennité a lieu à Paris, le 14 Octobre, sur la place de la Révolution (1). Une statue gigantesque de la Liberté, pavoisée de drapeaux tricolores, occupe le centre de l'enceinte dans laquelle sont réunis les chanteurs ainsi que les musiciens de tous les théâtres, et l'hymne révolutionnaire est reproduit aux acclamations des corps constitués et d'un immense concours de population.

« Fête touchante, » s'écrient les enthousiastes, « qui glorifie un succès militaire obtenu » sans une goutte de sang répandu, et qui est » également célébrée par les vainqueurs et les » vaincus. » Effectivement les réfugiés Savoisiens partagent l'ivresse générale en qualité de représentants de leur patrie où la marche de Montesquiou s'est effectuée au milieu des ovations. Les habitants des villes et des campagnes ont couru au-devant de ses soldats, amenant des charrettes chargées de provisions au milieu desquelles s'élevait l'arbre symbolique de la Liberté, et réclamant la protection de la nation

---

(1) Ci-devant place Louis XV.

Française contre les Piémontais leurs oppresseurs. Partout on a arboré la cocarde tricolore ; à Chambéry, la Municipalité a attendu le général français aux portes de la ville pour lui en offrir les clefs; un club révolutionnaire Savoisien s'est immédiatement constitué, et la proposition de réunir la Savoie à la France n'y a rencontré que des approbateurs.

Dans les villes du Palatinat d'où les Autrichiens avaient été expulsés, bien que les démonstrations fussent moins expansives qu'en Savoie, on exaltait néanmoins les sentiments de fraternité qui faisaient des troupes Françaises les soutiens des nationalités opprimées. Les habitants de Spire et de Worms étaient également surpris de la valeur et de l'humanité de ces libérateurs qu'on avait affecté de mépriser tout en les leur dépeignant sous les couleurs les plus sombres ; ils vantaient surtout le respect de ces prétendus pillards pour les propriétés particulières.

Ce dernier éloge eût probablement été peu mérité sans un exemple sévère que le général Custine avait donné dès les premiers jours de son expédition. Le lendemain de son entrée à Spire, quelques mauvais sujets avaient commencé à piller les maisons des Chanoines ; il avait, en conséquence, fait camper l'armée hors des murs, ne laissant dans la ville que trois bataillons de Volontaires nationaux. Mais le surlendemain (2 Octobre), cette garnison avait recommencé le désordre. Une compagnie s'y faisait surtout remarquer ; les soldats, conduits par leur capitaine et par deux sous-officiers, entraient de force dans les maisons, brisaient les armoires, emportaient l'argenterie ainsi que les meubles précieux, et proclamaient de tous côtés que le pillage était un droit légitime.

Le moment était décisif, l'exemple devenait contagieux, la ruine entière de la ville pouvait en être la conséquence, et l'honneur des armes françaises allait être entaché de la manière la plus nuisible dès le commencement de la campagne, si Custine n'eût fait saisir et fusiller sur-le-champ quelques-uns de ceux qui revenaient au camp chargés de butin. Cette terrible exécution arrêta le désordre et, par un revirement subit, la plus grande partie des objets enlevés fut restituée aux propriétaires.

Custine, inquiet sur la manière dont serait interprété l'acte de vigoureuse répression qu'il avait jugé indispensable, en fit part à la Convention dans la séance (6 Octobre) où un de ses aides de camp lui présenta cinq drapeaux pris sur les ennemis. Les expressions de sa lettre (1) et, plus encore, la vue de l'Aigle impériale autrichienne prisonnière, écartèrent les récriminations que la haine ou l'esprit de parti devaient reproduire contre Custine aux jours du malheur.

Ces accusations eussent été d'ailleurs inopportunes au moment où chaque jour portait à la connaissance de la population quelques nouveaux fruits des succès et de la conduite du général français dans le Palatinat. Des convois de plusieurs centaines de voitures transportaient

---

(1) *Extrait de la lettre du citoyen général Custine au Ministre de la Guerre.* — Spire, le 2 Octobre 1792.

« .... Ces scélérats, chargés d'un riche butin, ont été
» accusés d'avoir été les moteurs du désordre, et dénoncés par leurs
» propres compagnons d'armes, par le bataillon entier. A l'instant
» même, ils ont été fusillés. L'ordre s'est rétabli, le pillage a été arrêté
» et les effets pillés ont été rapportés. Il n'était point d'autre moyen
» d'arrêter ce désordre, de sauver l'honneur du nom français.

» Je m'empresse, citoyen, de vous rendre compte de cet événe-
» ment. Il fallait qu'ils fussent bien coupables, car, au premier
» geste d'indignation de ma part, les grenadiers se sont empressés
» à exécuter ce terrible exemple qui a été approuvé par l'armée en-
» tière. Mon âme en est déchirée ; mais je l'ai dû à la gloire du nom
» français, et je saurai mourir plutôt que de la voir flétrir.

» Je vous prie, citoyen, de faire part de cet événement à la Con-
» vention nationale. Je ne crains pas de mettre mes actions au grand
» jour ; qu'on lise dans mon cœur et qu'on juge mes motifs. »

à Landau l'artillerie, les munitions, les armes, les subsistances, ainsi que les effets de campement réunis par les Autrichiens et les Émigrés, dans les magasins de Spire et de Worms. Les populations des deux villes avaient vu avec plaisir la fuite des prêtres ainsi que celle des nobles, et des proclamations de Custine leur annonçaient que les contributions imposées aux évêques et aux Chapitres (1), avaient pour but de faire retomber sur les seuls ennemis de la Liberté les dépenses d'une guerre qui n'était dirigée que contre les usurpateurs ou les oppresseurs des peuples.

Quelques fonds prélevés sur ces impositions ayant indemnisé les habitants qui avaient souffert de l'essai de pillage subitement arrêté, cette mesure réparatrice avait engendré l'enthousiasme. On avait arboré à Spire, ainsi qu'à Worms, la cocarde tricolore ; des étudiants de l'Académie de Darmstadt étaient venus considérer d'un œil curieux et sympathique le général et les soldats qui faisaient la guerre d'une manière aussi généreuse qu'inusitée, et les amis de la Liberté accouraient de différentes villes pour

---

(1) Contributions imposées sur l'évêché et le clergé de Spire : 450,000 livres ; sur l'évêché et le clergé de Worms : 1,200,000 livres.

embrasser nos soldats. A Mayence, une partie de la population partageait cet empressement ; aussi lorsque Custine, exagérant les moyens d'attaque qu'il avait à sa disposition, eut sommé le gouverneur de rendre la place, une capitulation due aux efforts des partisans des Français en ouvrit bientôt les portes à l'armée libératrice (21 Octobre).

Une des causes qui concouraient à disposer favorablement les populations du pays envahi, était l'unanimité avec laquelle les prisonniers de guerre, faits au début de la campagne, témoignaient de la bienveillance et de la générosité dont ils étaient l'objet. Après la prise de Spire, 2500 Autrichiens, Mayençais et Hongrois avaient été dirigés sur Strasbourg où, d'après ce qu'on leur avait dit des Français, ils s'attendaient à souffrir les plus mauvais traitements et peut-être la mort. Le sentiment révolutionnaire les faisait considérer, au contraire, comme des victimes que des lois despotiques avaient forcées à s'armer d'un fusil pour servir des tyrans.

Aux approches de la ville (4 Octobre), ces prisonniers, dont la plupart craignent d'être pendus, voient venir à leur rencontre la musique des régiments suivie de la population qui leur fait fête et les embrasse. On les conduit à une esplanade où des tentes ont été dressées à leur intention ; des vivres ont été préparés ; les officiers et les soldats, les magistrats et les habitants leur distribuent du vin, de la bière, du tabac, des habits et des souliers. Le soir, on les admet à une séance allemande que tient la Société des Amis de la Liberté et de l'Egalité ; ils y apprennent à crier : « Vive la Nation », et ils en sortent portant tous la cocarde nationale à leurs coiffures.

Les jours suivants, les démonstrations fraternelles continuent ; on remet aux prisonniers du papier et des plumes, afin qu'ils puissent apprendre à leurs compatriotes que la nation Française est l'amie de tous les peuples et l'ennemie des tyrans qui les oppriment. Des proclamations patriotiques, écrites en allemand, sont insérées dans leurs lettres. Enfin, craignant que cette correspondance ne soit interceptée en grande partie, le maréchal de camp Alexandre Beauharnais, qui commande à Strasbourg (1), fait rédiger une adresse col-

---

(1) Beauharnais (Alexandre, ci-devant vicomte de), né à la Mar-

lective exprimant les sentiments de ces prisonniers (14 Octobre), et ce manifeste est répandu à profusion dans les pays voisins (1).

---

tinique et marié à mademoiselle de la Pagerie. D'abord major en second d'un régiment d'infanterie, puis député de la Noblesse du bailliage de Blois aux États généraux. Après la session de l'Assemblée Constituante, il avait rejoint l'armée du Nord avec le grade d'adjudant général. En 1792, il était âgé de trente-deux ans.

(1) *Les prisonniers Autrichiens et Mayençais à leurs compatriotes* :
« Les armes françaises ont triomphé à Spire. La cause de la Liberté
» et de l'Egalité l'a emporté sur nos efforts, sur notre résistance ;
» nous avons été faits prisonniers et conduits en France. Ici, nous
» comptions trouver des brigands, des hommes furieux, avides de
» nos dépouilles et altérés de notre sang. Le récit encore présent
» des malheurs de la France, attribués à un peuple qu'on nous
» avait peint féroce, nous annonçait des dangers, et même semblait
» nous présager la mort. Quel a été notre étonnement! comme
» une douce joie a succédé à notre effroi, lorsque nous avons reconnu
» à quel point nous avions été abusés par les discours de
» ceux qui entretenaient notre aveuglement pour prolonger la durée
» de notre servitude! Partout sur cette terre libre nous avons trouvé
» un accueil obligeant, des sentiments tendres qui substituaient à
» l'inquiétude la confiance et la sécurité.

» Au lieu des querelles que nous nous attendions à voir dans tous
» les lieux de notre passage, nous n'avons trouvé qu'humanité pour
» nous, que fraternité entre tous les citoyens; il en est bien quelques-uns
» qui, d'intelligence avec ceux qui ont provoqué chez
» nous la coalition des tyrans, voient avec désespoir leurs usurpations
» anéanties ; ceux-là ont l'œil baissé, l'air morne, la physionomie
» sombre; ils se cachent, en fuyant la félicité publique ; ils
» nous voyaient avec douleur sans armes, comme si, aujourd'hui
» que nous sommes désabusés, il pourrait nous être possible d'en
» faire usage contre un peuple bon et généreux qui n'est armé
» que pour défendre ses droits, qui ne combat que contre la tyrannie.

» Tous les habitants de la ville de Strasbourg se sont empressés
» de nous donner des secours, d'aller au-devant de nos besoins ; des
» jeunes femmes patriotes ont à l'envi porté des vêtements aux

Le plus chaleureux accueil attendait aussi les déserteurs qui, suivant l'expression du temps, venaient se réfugier sur la terre de la Liberté. Chaque jour des Autrichiens et des Prussiens, arrivant volontairement aux avant-postes Français, recevaient les marques touchantes de la plus expansive cordialité. Quelques-uns se rendaient à Paris où ils prêtaient serment à la République devant le Conseil de la Commune. Ces manifestations, dont on faisait à dessein un étalage réitéré, furent l'objet des applaudissements et des acclamations de la population jusqu'au jour où

» femmes qui nous avaient suivis. Enfin, dans cette ville heureuse
» où l'on vante tant la liberté, à force de bienfaits on nous a empê-
» chés de la regretter..

» Ici tous sont égaux et libres; la loi établit des distinctions pas-
» sagères, seulement pour l'exercice momentané des fonctions pu-
» bliques, auxquelles tous ont droit égal de prétendre. Ce sont les
» principes de la nature qu'ils professent, c'est pour le bonheur du
» plus grand nombre qu'ils exigent le sacrifice des intérêts particu-
» liers, et c'est enfin contre l'exercice de leurs droits sacrés qu'une
» poignée de factieux ou d'intrigants a réussi à conjurer l'Europe
» entière. Le ciel ne lancera-t-il donc pas sa foudre pour punir de
» tels forfaits !

» O vous, compatriotes, vous, qu'une longue chaîne attache à
» des préjugés difficiles à détruire, revenez comme nous de votre
» erreur; apprenez que cette guerre, dans laquelle la France com-
» bat pour son indépendance, est la querelle des rois contre les
» peuples. Les tyrans ont vu la philosophie renverser leurs trônes,
» briser leur sceptre. Ne souffrons pas qu'ils se servent de notre
» sang pour en rapprocher les débris ! »

des agitateurs répandirent le bruit que, parmi ces déserteurs, se cachaient des Emigrés qui employaient ce moyen de rentrer impunément en France. On prétendait aussi que leur arrivée présageait l'explosion d'un complot dont le but était l'enlèvement de la Famille Royale.

Ces vagues rumeurs, qui inquiétaient la population Parisienne, ne pouvaient rien ajouter aux sentiments de réprobation et de haine qui poursuivaient alors ceux qu'un courage chevaleresque et des croyances héréditaires avaient armés pour la cause de leur Roi malheureux; les événements de la guerre avaient contribué à porter au comble l'animosité dont ils étaient l'objet.

Lorsque les Autrichiens et les Prussiens avaient envahi le territoire, quelques Emigrés s'étaient réinstallés à la hâte dans leurs anciennes possessions, et l'esprit révolutionnaire avait conçu de cette tentative de réoccupation une alarme qu'il ne pardonnait pas aux *soutiens incorrigibles du despotisme*. En outre, dans les localités sur lesquelles avaient pesé les exigences de la guerre, les réquisitions et les brutales exactions qu'elles entraînent, odieuses quand elles provenaient de l'Etranger, avaient paru exécrables de la part des Emigrés qui, d'ailleurs, n'avaient pas montré de ménagements pour les *rebelles*.

Ainsi, quelques jours après la bataille de Valmy, lorsque les armées étrangères semblaient fermer le chemin de Paris à Dumouriez, le maréchal de Broglie, commandant le Corps des Emigrés, avait sommé deux fois la Municipalité de Voncq (1) de fournir des vivres pour les hommes et pour les chevaux. Celle-ci s'y étant énergiquement refusée, l'incendie avait dévoré deux cents maisons et les récoltes de la commune (24 Septembre).

Le 30 Septembre, une députation de ces victimes de la guerre se présente devant la Convention où elle excite un attendrissement général mêlé d'indignation contre les auteurs du désastre. On accorde immédiatement au village incendié, à titre de secours provisoire, 50,000 livres à prendre sur les biens des Emigrés. On décrète ensuite que tout citoyen, lésé dans sa fortune par quelque fait de guerre, sera désormais indemnisé au moyen des mêmes ressources.

---

(1) District de Vouziers, département des Ardennes.

Mais un Député fait observer que ce principe ne peut être immédiatement appliqué : les biens des Emigrés n'ont encore été mis en vente que dans quelques Départements; le nombre de ceux où l'on en a achetés étant encore plus restreint, le produit de ces acquisitions est tout à fait insignifiant; en somme, 80,000 livres seulement sont jusqu'alors ainsi rentrées au Trésor.

Ce fait constatait la vérité, c'est-à-dire un doute général sur l'issue de la Révolution; mais la Convention l'attribue à la négligence des Administrations départementales, et on enjoint au Ministre de l'Intérieur d'employer au besoin les moyens coercitifs pour accélérer ces transactions révolutionnaires. Il est décidé aussi que les banquiers, les notaires, les compagnies financières, etc., qui ont en main des fonds, des titres numéraires ou des créances appartenant aux Emigrés, sont tenus d'en faire la déclaration dans les vingt-quatre heures, et de verser au Trésor, avant la fin de la quinzaine, les sommes et les titres dont ils sont dépositaires.

Quant aux Emigrés prisonniers de guerre, à l'égard desquels des Municipalités et des

Généraux demandent des instructions, Vergniaud rappelle que la Loi prescrit la mort de ceux qui rentrent en armes dans leur patrie, et il provoque, sur sa mise à exécution, un décret immédiatement adopté (9 Octobre) : « Tous les Emigrés, saisis les armes à la main, » seront mis à mort dans les vingt-quatre heures, » après qu'une Commission militaire, compo- » sée de cinq membres nommés par l'Etat- » Major de l'armée, aura constaté leur qualité » de Français. »

Mais avant que ce décret ait été expédié aux armées, treize Emigrés prisonniers ont été dirigés sur Paris, et, le 19 Octobre, ils subissent, devant le Conseil de la Commune, un premier interrogatoire. Conformément à la Loi récente, une Commission militaire de cinq membres est ensuite choisie par l'Etat-Major des troupes du camp de Paris (1); quatre des accusés, considérés comme gens de service entraînés par leurs maîtres, sont absous; les neuf autres sont condamnés à mort, et le lendemain du jugement, ils subissent leur supplice

---

(1) Le général Berruyer, commandant les troupes du camp de Paris, deux officiers, un gendarme national et un soldat canonnier.

sur la Place de Grève (23 Octobre) (1).

Le jour même de cette exécution, Buzot faisait décréter que tous les Emigrés étaient bannis à perpétuité du territoire sous peine de mort. Peu après (2 Novembre), conformément à la proposition de Vergniaud, tandis que les drapeaux enlevés aux Etrangers étaient suspendus, comme trophées, aux voûtes de l'enceinte législative, un guidon pris au Corps des Émigrés était traîné dans la boue par la main du bourreau et brûlé ensuite sur la place de la Révolution.

En applaudissant aux terribles mesures décrétées contre ceux que l'on nommait des *traîtres subalternes*, les Sections de Paris ainsi que les Sociétés populaires de la capitale et celles des départements, demandaient énergiquement

---

(1) Ces neuf victimes étaient :

Michel Ignace Dammartin Fontenoy, 25 ans, ancien officier d'infanterie.

Joseph Alexandre Duméuil, 27 ans, ci-devant capitaine au régiment des hussards d'Esterhazy.

Jean Louis Mirenbel, 19 ans, ci-devant Garde-du-Corps de Monsieur.

Jean Jacques Maurice Santon, 21 ans, ex-officier d'artillerie.

Étienne Hyacinthe Gauthier de La Touche, 45 ans, ci-devant conseiller au Parlement de Bordeaux.

Hyacinthe Armand Constant Honoré Godefroy de Lessart, 35 ans, ci-devant Garde-du-Corps du Roi.

Emeric Louis Charles Godefroy Mingré, frère du précédent, 29 ans, ex-lieutenant de vaisseau.

Charles Hyacinthe Laurent Bernage de Saint-Hillier, 27 ans, ci-devant Garde-du-Corps du Roi.

Jean Béon, 20 ans, ci-devant gentilhomme.

à la Convention le jugement et la punition du « *principal traître* qui avait mis les armes » aux mains des Émigrés et avait exposé vingt-» cinq millions d'hommes à devenir les victimes » des tyrans étrangers. »

Ces pétitions, énergiquement appuyées par les députés exaltés (1), étaient dues à la conviction de certains révolutionnaires, au besoin d'agitation ainsi qu'à la fièvre de la populace qu'ils dirigeaient, et surtout à la peur de la classe nombreuse des gens timides; aussi se

---

(1) *Séance de la Convention du 1er octobre 1792.*

Merlin (de Thionville) : ...... Il est temps qu'enfin, après avoir décrété l'abolition de la Royauté, la Convention montre qu'un roi détrôné n'est pas même un citoyen, et qu'il faut qu'il tombe sous le glaive national, et que tous ceux qui ont conspiré avec lui le suivent à l'échafaud. (On applaudit.)

Séance de la Convention du 16 octobre 1792.

Bourbotte : Vous avez entendu le vœu des citoyens d'Auxerre qui vous demandent avec instance le jugement de Louis XVI et de sa famille. Quoi! des attentats ont été commis contre la liberté publique, et les coupables respirent encore!... Il faut frapper la tête d'un homme dès longtemps proscrite par l'opinion publique.

Séance de la Convention du 31 octobre 1792.

Kersaint : Je demande qu'enfin le Comité vous fasse un rapport sur cet homme dont le nom est une injure, et dont la vie est un long crime.

. . . .

Jean Debry : Il faut que la Convention prononce enfin sur le sort de celui qui a exposé vingt-cinq millions d'hommes à devenir les victimes des tyrans.

Etc., etc., etc.

multiplièrent-elles, lorsque la retraite des armées étrangères enleva aux partisans de la Royauté l'espoir d'une prochaine Restauration.

A mesure que les craintes d'invasion diminuaient, on sentait plus vivement les inconvénients du camp de Paris; on ne supportait plus qu'avec impatience la gravité des désordres dont il ne cessait d'être le théâtre. A la fin de Septembre, la Convention avait tenté de remplacer le travail à la journée par le travail à la tâche; mais bien que son décret consacrât des dispositions larges et biénveillantes en faveur des ouvriers, il avait excité, dans ce vaste atelier national, une sédition où des officiers municipaux coururent risque de la vie (8 Octobre). Les travaux durent être suspendus, et l'on représenta, plus fortement encore que par le passé, la superfluité de ce moyen de défense au moment où, de tous les côtés, l'ennemi était refoulé par les armes Françaises victorieuses. On énuméra les ressources en hommes, en armes et en munitions, que ce camp inutilisait au détriment des armées; sur la dépense, qui s'élevait déjà à 800,000 livres, 470,000 avaient été sacrifiées sans résultats, et l'achèvement des travaux devait encore coûter 2,200,000 livres, en leur supposant désormais un emploi judicieux et lucratif. En conséquence, la levée du camp fut décrétée (18 Octobre) ; on accorda aux ouvriers une gratification de trois journées de travail, et ceux que l'on put décider à retourner dans leur pays, reçurent une indemnité de trois sols par lieue jusqu'au terme de leur voyage.

Le licenciement de cet atelier national eût occasionné une insurrection, si l'on n'y eût pas procédé avec l'appui d'une force considérable fournie par les Sections Armées (20 Octobre). La nouvelle Garde parisienne présentait alors quelques rudiments d'organisation; les Compagnies avaient été formées par rues ; réunies, elles composaient six Légions ; on avait nommé tous les officiers à l'élection en écartant soigneusement les *valets de Lafayette* et en recherchant les *patriotes les plus purs*. Le brasseur Santerre se trouvait à la tête d'environ 96,000 hommes.

Ces premiers vestiges de régularité eurent d'abord pour effet de diminuer d'une manière notable les vols et les assassinats qui se commettaient presque impunément depuis les derniers événements; ils permirent aussi aux Sectionnaires Armés de réclamer, avec quelque fondement, la suppression des *Réserves* de cent hommes qui, un mois auparavant, avaient été constituées par le Pouvoir exécutif dans chacune des quarante-huit circonscriptions Parisiennes.

La Convention fit droit à cette demande (20 Octobre), en affectant de reconnaître aux Sections Armées des qualités militaires qu'elles n'eussent certainement pu contracter en aussi peu de temps et que, d'ailleurs, elles ne devaient jamais posséder.

Non-seulement la discipline et la subordination y étaient totalement inconnues; mais les gens tranquilles n'y paraissant que lorsqu'ils ne pouvaient agir différemment, les Sectionnaires assidus aux prises d'armes étaient toujours disposés à l'insurrection. En vain les membres de la Commune haranguaient ces contingents désordonnés pour leur rappeler qu'ils avaient le droit de discuter, mais que leur devoir était d'obéir; ceux auxquels s'adressaient ces exhortations usaient largement du droit qu'on leur reconnaissait et déniaient toute obligation. La Convention n'osa mander à sa barre le Président et le Secrétaire de l'assemblée de la Section du Panthéon, qui avait rendu un arrêté des plus incendiaires, parce que les Sectionnaires menacèrent *d'accompagner en armes* les deux fonctionnaires incriminés.

En récompense de son civisme, et pour lui donner du prestige aux yeux de ses dangereux soldats, Santerre avait été nommé maréchal de camp (11 Octobre); mais une capacité plus réelle que la sienne eût échoué dans la tentative de faire une troupe à peu près régulière de la multitude confuse mise sous son commandement. Ses attributions étaient à chaque instant méconnues par ses soi-disant subordonnés. Les Sectionnaires Armés de service au Temple voulurent un jour (31 Octobre) s'assurer par eux-mêmes que la Famille Royale ne s'était pas évadée, ainsi qu'on le disait chaque matin; Santerre, qui s'y opposa conformément à l'ordre établi par la Commune, fut injurié et maltraité par ses propres soldats. Il se rendit alors auprès des différentes Sections auxquelles appartenaient les coupables, afin de réclamer leur punition; mais dans quelques-unes, et notamment dans celle de la Fraternité (Ile Saint-Louis), il fut si mal reçu qu'il donna sa démission. La Commune ne voulut pas se priver des services de celui qui, devant la Convention, avait poussé le *patriotisme* jusqu'à déclarer que les massacres de Septembre étaient l'œuvre des aristocrates, et Santerre resta au poste difficile qu'il avait si longtemps envié à Lafayette.

Les Gardes nationaux à cheval, dénommés Dragons de la République, étaient casernés à l'École Militaire; leur esprit était tout autre que celui des Sectionnaires Armés. Leurs compagnies spontanément créées lorsqu'il s'était agi de former une Garde à cheval pour le camp de Paris, s'étaient principalement recrutées de maquignons, de piqueurs et de gens d'écurie mis sur le pavé par le renversement de l'Aristocratie; on y comptait aussi quelques jeunes gens aisés qui avaient voulu faire preuve de civisme. La plupart des Dragons étaient assez mal disposés à l'égard d'une Révolution qui avait lésé leurs intérêts; mais cette troupe, composée en majeure partie d'hommes brutaux et décidés, inspirait un certain respect, et c'était seulement de loin que Marat la désignait aux *purs patriotes* comme un réceptacle d'anciens Gardes-du-corps, de valets de chambre et de cochers d'aristocrates, tous également contre-révolutionnaires.

Bien que leurs principes politiques différassent de ceux des Sectionnaires, les Dragons de la République n'en concouraient pas moins à propager toutes sortes de désordres. Un jour, un malfaiteur, condamné à dix ans de galères et subissant d'abord la peine du carcan, fut reconnu par quelques uns d'entre eux et désigné à la foule comme un *bon garçon* auquel il fallait rendre la liberté. Les Gendarmes de service auprès du criminel furent maltraités et mis en fuite, l'échafaud fut renversé et le coupable fut emmené par ses libérateurs, aux cris de : « Vive la Nation ! » Paris présentait chaque jour quelques scènes analogues.

Dans les Départements, les arrestations arbitraires des réactionnaires et des suspects étaient si nombreuses, que les prisons ne pouvaient contenir tous ceux que les Municipalités y envoyaient. Indépendamment des causes inhérentes à la Révolution, la cherté des grains était fréquemment la cause ou le prétexte de pillages et d'assassinats. A Orléans, à la suite du massacre d'un marchand de blé et de l'incendie de plusieurs maisons, la Garde nationale, d'abord trop lente à réprimer ces excès, exécutait enfin la Loi Martiale avec cruauté : des brigands étaient jetés dans les flammes. A Lorient, un négociant qui, sous la désignation de *quincaillerie*, embarquait des caisses contenant des pièces d'artillerie, était massacré par la populace (15 Octobre). Partout, les émissaires de la Commune de Paris excitaient la multitude à ces exécutions, dites révolutionnaires, par lesquelles elle faisait immédiatement justice de ceux qui encouraient son aveugle colère. A Lyon, une bande d'émeutiers forçant l'endroit où l'on serrait la guillotine, dressait l'instrument de mort sur une place publique et exécutait deux malheureux arrachés de la prison.

Les Volontaires en garnison prirent souvent part à ces hideux excès. Le lieutenant-colonel d'artillerie, Juchereau (1), inspecteur de la manufacture d'armes de Charleville, faisant partir un convoi de fusils pour l'armée, fut inopinément accusé de l'envoyer à l'ennemi. Une niaise crédulité porta des Volontaires de la Nièvre et de Seine-et-Oise à se joindre aux

---

(1) Le *Moniteur universel* le nomme par erreur *Jusserot*.

gens sans aveu qui massacrèrent cet officier, malgré les efforts des Autorités municipales et des Commandants des deux bataillons.

Cent cinquante hommes d'un bataillon du Var forcèrent la prison de Lyon, afin de délivrer trois de leurs camarades incarcérés pour l'assassinat d'un sous-officier d'une Compagnie franche. A Crépy, près Soissons, un Bataillon, après avoir molesté les habitants de toutes façons, s'empara de l'Hôtel-de-ville et désarma la Garde nationale. Il fallut, pour mettre un terme à cette saturnale, que le Pouvoir exécutif envoyât des Commissaires munis de pouvoirs illimités; les menaces de ces délégués en imposèrent aux mutins qui se décidèrent à évacuer entièrement la ville, lorsqu'ils surent que le 4ᵉ bataillon de l'Eure, parfaitement équipé et tenant garnison à Villers-Cotterets, avait offert de marcher contre eux.

L'ordre trouvait ainsi parfois des défenseurs; mais leurs généreuses tentatives étaient, dans la plupart des cas, inutilisées par l'anarchie générale. Souvent même, elles tournèrent à leur détriment : deux cents Gardes nationaux d'Arles, partis pour apaiser des troubles à Grans, furent déclarés réactionnaires et tombèrent dans une embuscade tendue par les habitants d'Eyguière; vingt-sept furent tués ou blessés.

L'inconduite de nombreux détachements qui se rendaient aux armées, concourait à la perturbation générale. L'ivrognerie, la débauche et des excès de tous genres signalaient leur passage dans les localités où, un an auparavant, on avait fêté l'arrivée des Volontaires de 1791 avec un si cordial enthousiasme.

Le plus frappant de ces faits regrettables eut lieu à Cambrai. On avait formé à Paris trois Divisions de Gendarmerie composées du rebut du régiment des Gardes Françaises, des vainqueurs de la Bastille et de ceux du 10 Août; elles se rendaient successivement à la frontière.

Le 9 Octobre, la première Division entre à Cambrai; elle s'y enivre et se livre à toutes sortes de désordres. Un accès de philanthropie bachique porte les Gendarmes à enfoncer les portes de la prison; après un examen ridicule des méfaits reprochés aux détenus, leur justice avinée ne maintient sous les verroux qu'un individu prévenu de vol.

Le lendemain, la deuxième Division arrive et se joint à la première pour commettre de nouveaux excès : le prisonnier, jugé plus coupable que la veille, a la tête coupée. La colère des Gendarmes se tourne aussi contre les chefs d'un bataillon franc qui ont fait fermer les portes de la citadelle, afin d'empêcher toute communication entre leurs soldats et la troupe insubordonnée. Un lieutenant-colonel de ce bataillon, Besombre, leur tombe entre les mains; il est immédiatement massacré et sa tête est promenée au bout d'une pique; un officier de cavalerie, Legros, est aussi décapité.

Les deux Divisions de Gendarmerie reprennent enfin leur route, laissant dans la terreur la ville de Cambrai qui attend encore le passage de la troisième Division.

A la nouvelle de ces attentats, la Convention envoya à ses Commissaires dans le département du Nord, l'ordre de sévir vigoureusement contre les plus coupables; quelques exécutions, faites à Douai, jetèrent momentanément une terreur salutaire dans les rangs des Gendarmes; mais cet acte de justice et plusieurs autres de même espèce ne constituèrent que des faits isolés et sans influence sur l'esprit de licence effrénée qui infestait le pays entier, au moment où ses armées étaient victorieuses en Savoie, dans le Comté de Nice et dans le Palatinat.

Cependant, les émissaires, chargés par la Commune de Paris de propager le désordre révolutionnaire dans les Départements, revenaient tour à tour lui rendre compte de leurs missions subversives. La plupart d'entre eux annonçaient, aux applaudissements du Conseil Municipal et du public turbulent qui remplissait les tribunes, qu'ils avaient partout observé le tableau de la plus touchante harmonie.

CHAPITRE XVII.

POSITION FAITE AUX GÉNÉRAUX PAR LA RÉVOLUTION. — INVASION DE LA BELGIQUE.

(Octobre et Novembre 1792.)

Sommaire :

Position difficile des généraux. — Leurs hésitations. — Noble conduite de Dillon. — Il est destitué.

Le Ministre de la guerre, Servan, donne sa démission. — Accusations contre les généraux Menou, Dumuy et Lacuée. — Pache, Ministre de la guerre.

Dénonciations contre Montesquiou. — Il est destitué, puis maintenu dans son commandement. — Nouvelles accusations. — Son émigration. — Mésintelligence entre Custine et Kellermann. — Ce dernier remplace Montesquiou à la tête de l'armée des Alpes.

Professions de foi républicaines de la plupart des généraux. — Suppression de la croix de Saint-Louis.

Dumouriez excite l'enthousiasme à Paris. — Interpellations que lui adresse Marat relativement à deux bataillons parisiens, le Mauconseil et le Républicain. — Dumouriez au Club des Jacobins.

Plan d'invasion de la Belgique. — Retards apportés dans l'arrivée des approvisionnements par l'incurie de Pache. — Dumouriez entre en Belgique. — Ses proclamations. — Victoire de Jemmapes. — Ses conséquences. — Enthousiasme à la Convention. — Discussion sur l'opportunité de célébrer ce succès par une fête nationale.

Baptiste Renard, valet de chambre de Dumouriez, est nommé capitaine en récompense de sa conduite à Jemmapes. — Nouvelles accusations de Marat contre Dumouriez.

Suite des succès en Belgique. — Prise de Bruxelles, Liége, Charleroi, Anvers, etc. — La Savoie forme le 84e département de la République sous le nom de Mont-Blanc. — Création de la République de la Rauracie.

Fermentation révolutionnaire dans toute l'Europe.

La marche de la Révolution avait mis les officiers généraux dans une position difficile. Presque tous étaient partisans de la Constitution de 1791 et la plupart appartenaient à des familles dans lesquelles le dévouement à la personne du Roi constituait un héritage traditionnel. Le renversement simultané de la Constitution et de la Royauté avait eu lieu au moment où l'Etranger s'apprêtait à envahir le territoire pour étouffer le mouvement révolutionnaire. L'Honneur faisait un devoir aux chefs militaires de s'opposer à la marche de l'ennemi; mais, d'un autre côté, c'était prêter à la Révolution du 10 Août un appui que désavouaient leurs opinions ou leurs affections politiques

Ils se trouvèrent ainsi moralement placés, à différents degrés, entre les positions extrêmes échues à Lafayette et à Dumouriez. Le premier, agissant en chef politique impuissant et menacé, avait franchi la frontière; le second, jugeant avec le même sentiment de dédain la faiblesse du Pouvoir qui s'était laissé abattre et la médiocrité politique de ceux qui l'avaient renversé, s'était placé bien au-dessus des vainqueurs et des vaincus du 10 Août; il avait tout oublié hormis ses devoirs militaires; à la tête de l'armée délaissée par Lafayette, il avait sauvé la France.

La situation moins exceptionnelle des autres généraux ne leur ayant pas tracé une ligne de conduite aussi tranchée, plusieurs d'entre eux avaient montré une hésitation facile à comprendre. Ainsi, le lieutenant général Arthur Dillon (1) avait d'abord engagé ses soldats à se joindre à lui pour rétablir le Roi et la Constitution (13 Août). Cette résolution première avait cédé devant les représentations de Dumouriez qui fit entrevoir à son collègue les terribles conséquences de la division des défenseurs de la France, au moment où l'ennemi allait envahir le sol national, et Dillon avait figuré avec gloire dans la campagne de l'Argonne.

Néanmoins, en raison de son hésitation passée, son nom excitait à la Convention un mur-

---

(1) Le lieutenant général Arthur Dillon (ci-devant comte) faisait partie d'une famille Irlandaise qui avait pris rang de nationalité sous Louis XIV, et qui avait constamment rendu de signalés services à son pays d'adoption. Son frère, Théobald Dillon, avait été massacré à Lille, par des soldats furieux (avril 1792). Lui-même, après avoir glorieusement fait la guerre dans les Antilles à la tête du régiment qui portait son nom (1779), avait été successivement gouverneur de Tabago, député de la Martinique à l'Assemblée constituante, et enfin, lieutenant général à l'armée du Nord. — Il avait alors quarante-deux ans. —*Biographie universelle.*

mure improbateur. La sécurité à l'égard de l'invasion permit alors l'ingratitude envers un de ceux qui avaient le plus concouru à forcer les Coalisés à la retraite ; Dillon fut destitué de son commandement.

Les Conventionnels les plus avancés accusaient de même un grand nombre de généraux. Le Ministre de la guerre, Servan, ayant donné sa démission (3 Octobre) (1), il fallut lui désigner un successeur, qui, d'après le nouvel usage, devait être choisi par l'Assemblée nationale à la majorité des voix. Dès qu'on procède à l'appel nominal pour cette élection, Chabot prend la parole; suivant lui, il importe de rayer de prime-abord de la liste des candidats, Menou (2) ancien Constituant qui a commandé aux Tuileries dans la nuit du 9 au 10 Août, et Félix Dumuy (3) qui a excité la guerre civile à Avignon.

---

(1) Six semaines de veilles et de fatigues pendant la campagne de l'Argonne avaient délabré sa santé.

(2) Le général Menou (ci-devant baron de) d'une très-ancienne famille du Perche. Nommé maréchal de camp en 1787. Député de la Noblesse de Touraine aux États-généraux, il s'était beaucoup occupé des questions militaires à l'Assemblée constituante, où il siégeait parmi les membres les plus avancés. — Il avait alors quarante-deux ans. — *Biographie universelle.*

(3) Le général Dumuy (ci-devant comte), neveu du comte Dumuy, mort ministre de la guerre sous Louis XV. Il avait fait la guerre

Menou, commandant de la Division militaire de Paris, avait effectivement dû se rendre aux Tuileries dans la journée du 9 Août; le lendemain, il avait accompagné le Roi à l'Assemblée législative. Dumuy n'était coupable que de n'avoir pu réussir à pacifier le Comtat Venaissin.

Cependant les deux propositions de Chabot sont adoptées. Un autre député demande la même exclusion à l'égard de Lacuée (1), *qui a voté avec peu de civisme* dans l'Assemblée législative; mais Vergniaud combat cette dénonciation en rappelant les services rendus par ce général dans les bureaux de la guerre. Cette intervention de l'orateur girondin constituait simplement un acte de bienveillance; son parti, qui dominait alors à la Convention, avait dé-

---

d'Amérique avec le régiment de Soissonnais, et il s'était fait principalement remarquer au siége de New-York. Revenu en France avec la croix de Cincinnatus, il avait été nommé maréchal de camp en 1788, et avait exercé depuis plusieurs commandements dans le Midi. — Il avait alors quarante et un ans. — *Biographie des hommes vivants.*

(1) Le général de Lacuée (ci-devant comte de Cessac), après avoir servi dans le régiment Dauphin, vivait dans son pays, près d'Agen, avant la Révolution. Il vota avec le parti modéré à l'Assemblée législative où il s'occupa principalement des questions militaires, et où il s'éleva souvent contre Dumouriez. — Il était alors âgé de quarante ans. — *Biographie des hommes vivants.*

cidé de faire donner le Portefeuille de la guerre à un protégé de Roland, Pache, qui fut effectivement élu à la majorité de 441 voix sur 560.

L'acharnement des républicains exaltés se manifesta aussi contre le lieutenant général Montesquiou, auquel ils ne pardonnaient pas d'avoir tenté, avant le 10 Août, de réunir les Girondins à la cause du Roi. Deux jours après l'installation de la Convention, Tallien l'avait accusé, entre autres griefs, d'être incapable de commander une armée. Cette dénonciation soutenue par Chabot, Marie Chénier et Danton, avait fait prononcer, séance tenante, la destitution du général, lorsque, le lendemain, on apprit ses premiers succès en Savoie. Le décret de la veille avait alors été ajourné, et, selon la coutume suivie dans les cas embarrassants ou dans les circonstances exceptionnelles, trois Commissaires avaient été envoyés à l'armée du Midi pour surveiller les opérations de Montesquiou ; suivant les éventualités, ils avaient le pouvoir d'appliquer ou de laisser en suspens l'acte de destitution.

Ces trois Conventionnels avaient été singulièrement frappés du spectacle que leur avait offert la Savoie ; partout brillaient les couleurs nationales ; partout on avait planté des arbres de liberté ; de tous côtés, résonnaient la *Marseillaise* et le *Ça ira*. Leurs rapports favorables firent annuler par la Convention le décret rendu contre Montesquiou (7 Octobre); mais le parti violent n'abandonnait pas ainsi ceux qu'il avait classés parmi ses ennemis; quelques jours après, une nouvelle accusation, aussi peu fondée que les précédentes, éclata contre le même général.

La ville de Genève formait alors une République amie des Cantons, et, conformément à un ancien traité (1582), lorsque des troupes étrangères entraient en Savoie, elle requérait un contingent de forces Suisses pour assurer l'intégrité de son indépendance. Cette fois, lorsque l'armée du Midi eut occupé Chambéry, dix-huit cents hommes des Etats de Zurich et de Berne allèrent tenir garnison à Genève. Le Gouvernement français, d'autant plus ombrageux que le ressentiment causé par le massacre des Gardes Suisses et le licenciement subit des Régiments Helvétiques n'était pas encore apaisé dans les Cantons, craignit que l'envoi de ces troupes ne cachât le projet d'entrer dans une ligue contre la

France. Il enjoignit à Montesquiou de demander leur départ et de l'obtenir au besoin par la force.

« Le général parvint à ce résultat sans sortir des voies de la conciliation ; il fut décidé d'un commun accord que les Troupes Suisses quitteraient Genève le 1er Décembre. Cette heureuse solution fournit pourtant un motif d'accusation au parti qui poursuivait la perte de Montesquiou. On lui reprocha d'avoir compromis la dignité de la France en négociant lentement au lieu de brusquer le dénoûment de cette difficulté diplomatique. La Convention, cédant encore aux Montagnards, décréta qu'il y avait lieu à accusation contre lui (9 Novembre).

« Averti qu'on devait l'arrêter, Montesquiou prit le parti de s'éloigner. Cet officier général, qui venait de conquérir la Savoie sans répandre une seule goutte de sang, traversa le lac de Genève en fugitif, n'ayant alors pour toutes ressources qu'une faible somme qui lui avait été prêtée par un négociant Génevois (14 Novembre).

« Son successeur à la tête de l'armée du Midi fut désigné en raison d'une regrettable mésintelligence qui s'était élevée entre deux généraux dont on prononçait alors les noms avec enthousiasme, Custine et Kellermann.

Custine, pendant qu'il affermissait sa position dans Mayence, avait envoyé le général Newinger occuper Francfort-sur-le-Mein. Les Français avaient pénétré sans résistance dans cette ville ouverte qui, sous prétexte de la protection qu'elle avait accordée aux Emigrés et aux ennemis de la Révolution, fut frappée d'une contribution de guerre de deux millions de florins (23 Octobre). L'invasion républicaine, en se rapprochant ainsi de Coblentz, y excita de vives alarmes; elles ne se calmèrent que lorsque la ville eut été occupée par une partie de l'Armée Prussienne qui venait d'évacuer le territoire Français (27 Octobre).

Custine avait compté que les Prussiens n'entreraient pas à Coblentz. Il avait espéré que, suivant ses invitations réitérées, Kellermann dépasserait les ennemis, au lieu de se contenter de les suivre en rentrant dans les villes Françaises successivement abandonnées, et qu'il arriverait ainsi avant eux à Trèves et à Coblentz où se trouvaient d'immenses magasins.

Par impossibilité ou par prudence, Kellermann ne se conforma pas à ces avis; Custine, dont le caractère était violent et emporté, en ressentit un tel dépit qu'il dénonça son collègue à la Convention en le traitant de lâche, indigne de diriger les forces de la République, et en appelant sur lui toute la rigueur des Lois (1).

---

(1) *Séance de la Convention* du 4 Novembre :
« Au *quartier-général de Mayence*, le 30 Octobre 1792.
« Citoyen Président,
« Dans une République, il est du devoir de tout citoyen de faire
» connaître l'incapacité des hommes chargés de fonctions publiques,
» et plus encore de la conduite des armées; et quand le hasard
» ou la valeur des troupes a donné quelque succès à un général,
» il ne doit point servir de voile à son impéritie ou à sa lâcheté.
» C'est dans ces principes que je dénonce Kellermann, indigne du
» nom de général, plus indigne encore de diriger les forces de la
» République. Je saurai prouver qu'il a fui lâchement à Daucheim;
» ma correspondance avec lui prouve à la fois sa basse jalousie,
» son orgueilleuse ivresse de commander une armée (passion tou-
» jours compagne de la nullité); l'irréflexion de ses plans est dé-
» montrée dans mes dernières réponses.
» Citoyen Président, il est de mon devoir de faire cette dé
» nonciation, non que je redoute de perdre la conquête utile que
» j'ai été assez heureux de faire pour la République; je connais
» assez le pays où je fais la guerre; je suis assez sûr des hommes
» libres auxquels je commande, pour n'avoir rien à redouter; mais
» je dois à la gloire de mon pays de ne pas laisser arrêter le cours
» de nos succès, lorsqu'il était si facile de les compléter, si facile
» d'empêcher les Prussiens d'atteindre Coblentz.
» Les services passés ne peuvent être un titre pour éviter un juste
» châtiment; et si j'étais assez heureux pour porter la gloire de
» mon pays au point où je la désire, après avoir peut-être, autant
» qu'un autre, contribué à le sauver, *un instant d'oubli devrait por-
» ter ma tête sur un échafaud. Tel doit être le régime d'une répu-
» blique.* Il faut que tous les citoyens sachent que celui qui néglige
» de porter des coups mortels aux ennemis de la République, doit
» voir s'appesantir sur lui le glaive des lois.

De son côté, Kellermann irrité écrivit à l'Assemblée que la lettre de Custine n'avait pu être dictée que dans un accès de folie ou de vin (1). Cette mésintelligence entre les deux généraux était embarrassante ; l'un avait pour lui le succès de Valmy ; l'autre venait de s'emparer de Spire, Worms, Mayence et Francfort. On trancha la difficulté en rappelant Kellermann de l'armée de la Moselle et en lui donnant le poste que venait d'abandonner Montesquiou à l'armée du Midi, dénommée aussi Armée des Alpes.

Avant de rejoindre sa nouvelle destination, Kellermann se présenta à la Convention pour expliquer sa conduite (14 Novembre) (2) ; il

---

» Tels sont mes principes, tels ils ont toujours été. Croyez à mon
» zèle pour la gloire de mon pays ; la dernière goutte de mon sang
» est prête à couler pour celle de la République. »

« CUSTINE. »

(1) *Séance de la Convention* du 6 Novembre 1792.
Lettre du général Kellermann.

Metz, le 4 Novembre.

« Le citoyen général Custine vient de m'envoyer, par un courrier
» extraordinaire, copie d'une dénonciation qu'il s'est permis de faire
» contre moi ; je me flatte que la Convention nationale jugera comme
» moi qu'elle n'a pu être dictée que dans un accès de folie ou de
» vin. Il me taxe d'avoir fui lâchement à l'affaire qui a eu lieu près
» de Landau, entre le premier régiment de dragons et les hussards
» de Wurmser. Je crois que s'il y a eu de la lâcheté, elle n'est que
» de la part de Custine.....

(2) *Séance de la Convention* du 14 Novembre 1792.
Le général Kellermann admis à la barre : « Représentants du

partit ensuite pour les Alpes après avoir adressé à l'Assemblée de chaleureuses protestations sur son dévouement à la République (1).

» peuple français, le Conseil exécutif m'a mandé à Paris pour lui
» rendre compte de mes opérations. Je lui ai montré sur la carte
» près de soixante camps que j'ai tracés et parcourus en moins de
» trois mois, tant pour opérer ma jonction avec le brave Dumouriez,
» le 19 Septembre dernier, que pour soutenir, le 20 du même mois,
» par l'intrépidité de 22,000 soldats de la liberté, le choc de 90,000
» esclaves, et les chasser entièrement, avec leurs tyrans, hors du terri-
» toire sacré de la République.
» Vos commissaires, ainsi que les commissaires du Conseil exécu-
» tif, m'ont suivi pas à pas dans cette expédition mémorable ; ils ont
» vu si le général démentait le civisme, le courage et la patience des
» soldats ; s'il y a eu un seul instant de perdu dans la poursuite
» des ennemis ; si enfin Kellermann qui, depuis trente ans, com-
» mande les armées nationales, et qui a combattu sans cesse l'aris-
» tocratie et le *fayétisme*, a manqué dans ces derniers temps aux
» principes et à la dignité d'un soldat né républicain dans l'âme...
» Mais comment devancer 30,000 hommes au moins, qui avaient trois
» ou quatre marches d'avance sur moi, avec une armée fatiguée à
» l'excès, manquant de tout, et réduite de moitié par la séparation
» de celle du général Valence, qui marchait en sens opposé vers Givet ?
» Pour accorder la justice avec les convenances, on m'a nommé au
» commandement de l'armée des Alpes ; j'ai accepté, et je pars.
» Citoyens législateurs, la journée du 10 Août a sauvé la Républi-
» que ; celle du 20 Septembre a sauvé Paris sur les hauteurs de
» Valmy.....
» Il s'agit maintenant de venger la patrie au dehors par la des-
» truction des tyrans étrangers ; il faut porter chez les peuples voi-
» sins l'étendard de la liberté et le tableau des droits de l'homme...
» C'est vers l'Orient que vous dirigez nos pas, c'est pour délivrer
» Rome antique du joug des prêtres que vous commandez aux sol-
» dats français de franchir aujourd'hui les Alpes ; nous les franchi-
» rons, si j'en crois mes pressentiments et le courage des troupes de
» la République.

(1) *Séance de la Convention* du 29 Novembre 1792.
Lettre du général de l'armée des Alpes à la Convention.
« Citoyens, avant de partir pour le nouveau poste auquel la Répu-

Tous les chefs militaires tenaient alors le même langage; ils y étaient obligés sous peine de se trouver réduits à sacrifier amis, parents, position, fortune, tout enfin, jusqu'au droit de servir leur pays, et de se voir contraints, en émigrant, à se ranger parmi ceux que des lois récentes avaient déclarés les irréconciliables ennemis de la Patrie. Custine surtout ne laissait échapper aucune occasion de faire profession de républicanisme (1).

» blique m'appelle, j'aurais désiré présenter mes hommages aux Re-
» présentants de la Nation ; mais leurs moments sont précieux, et
» un vieux soldat connaît le prix du temps. Citoyens, je vais repor-
» ter aux anciens Romains la liberté exclue depuis si longtemps de
» ce beau climat. Les troupes françaises, par leur exactitude à la
» discipline, la leur feront aimer, et seront fidèles à la devise sacrée
» pour des hommes libres : *Guerre aux châteaux, paix aux cabanes,*
» *et protection aux monuments des arts.* (On applaudit.) Citoyens, je
» ne vous demande qu'une faveur, si la calomnie s'attachait à noircir
» Kellermann, ou méprisez-la, ou mettez-le à portée de confon-
» dre ses calomniateurs. (Mêmes applaudissements.)
» Kellermann. »

(1) *Lettres du général Custine à la Convention :*
Du quartier général de Henswell. — 14 Octobre 1792.
« J'adresse à la Convention les articles d'un règlement que j'ai fait
» promulguer dans l'armée...... Je désire voir convertir ce règle-
» ment en loi, pour prévenir les égarements d'hommes qui ne sont
» pas encore élevés tous à la dignité de Républicains...... »

Au quartier général à Worms. — 19 Octobre 1792.
» .... Que je prenne Mayence ou que je ne le prenne pas, croyez
» que ma conduite aura été celle d'un général citoyen dont toutes
» les pensées et tous les sentiments sont consacrés à la défense de
» la République et à la gloire de ses armes. »

La nécessité de faire acte de *civisme*, avait porté un colonel de Gendarmerie à offrir à la Convention sa croix de Saint-Louis, en don patriotique (22 Septembre). Cet exemple avait trouvé de nombreux imitateurs : les généraux remettaient ou adressaient leurs décorations à l'Assemblée qui voyait dans chacune de ces renonciations volontaires la répudiation d'un signe monarchique en même temps qu'un sacrifice à l'Egalité. Manuel eut enfin le triste courage de dire à la tribune que la croix de Saint-Louis était *une tache sur un habit* et de demander sa suppression définitive. Cette proposition fut avidement accueillie par l'esprit révolutionnaire : la récompense à laquelle tout officier subalterne aspirait pour couronnement de sa laborieuse carrière, cette décoration qui faisait l'orgueil et la consolation du vieux capitaine mutilé, fut supprimée comme étant *le signe dont les Rois marquaient leurs esclaves* (15 Octobre).

Trois jours auparavant, Dumouriez s'était conformé à l'usage en déposant sa croix sur le bureau du Président de l'Assemblée. Pendant que ses lieutenants marchaient à la suite des armées étrangères qui se retiraient, il était venu à

Paris pour concerter avec le Pouvoir exécutif le plan qu'il méditait depuis longtemps d'envahir la Belgique, projet dont il fit part à la Convention dans un discours conforme au goût de l'époque (1).

Les villes que le vainqueur de l'Argonne avait traversées pour se rendre dans la capitale, lui avaient chaleureusement manifesté leur reconnaissance ; à Paris, le sentiment général de la population était le même. La Convention,

---

(1) *Séance de la Convention* du 12 Octobre 1792.
..... Le Président lit une lettre du général Dumouriez qui demande à venir présenter ses hommages à la Convention nationale. — L'Assemblée décide que le général Dumouriez sera admis à l'instant. — Il paraît à la barre, accompagné de plusieurs officiers de son état-major.

Dumouriez : « La liberté triomphe partout ; guidée par la philo-
» sophie, elle parcourra l'univers ; elle s'assoira sur tous les trônes
» après avoir écrasé le despotisme, après avoir éclairé les peuples. »
» Les lois constitutionnelles auxquelles vous allez travailler seront
» la base du bonheur et de la fraternité des nations. Cette guerre-
» ci sera la dernière, et les tyrans et les privilégiés, trompés dans
» leurs criminels calculs, seront les seules victimes de cette lutte
» du pouvoir arbitraire contre la raison. . . . .
. . . .
» Je vais marcher au secours des malheureux et estimables Belges
» et Liégeois. Je ne suis venu passer quatre jours ici que pour
» arranger avec le Conseil exécutif les détails de cette campagne
» d'hiver. J'en profite pour vous présenter mes hommages. Je ne
» vous ferai point de nouveaux serments ; je me montrerai digne
» de commander aux enfants de la liberté, et de soutenir les lois
» que le peuple souverain va se faire à lui-même par votre organe. »
(Applaudissements nombreux et prolongés.)

dans l'appréhension de marquer trop de considération à un général victorieux, tenta de conserver à son égard un air de grave dignité qu'elle ne put soutenir; Dumouriez fut applaudi à outrance, entouré et embrassé par les Girondins et par les Impartiaux.

Les mêmes acclamations l'accueillirent aux spectacles. Une actrice à la mode, Julie Candeille, donna en son honneur une fête dont les virtuoses les plus célèbres de Paris firent les honneurs. Cette réunion fut momentanément troublée par l'apparition de Marat, venant demander compte au Général du traitement infligé à deux bataillons de Volontaires Parisiens, le Mauconseil et le Républicain.

Le 4 Octobre, dans un cabaret de Réthel, quelques soldats de ces deux Corps, étant ivres, s'étaient emparés de quatre déserteurs Prussiens et avaient voulu leur couper la tête. En vain le lieutenant général Chazot était intervenu pour sauver ces malheureux; les deux bataillons, prenant fait et cause pour leurs camarades, l'avaient maltraité et avaient massacré les quatre déserteurs.

A la nouvelle de ce lâche assassinat, Dumouriez ordonna au lieutenant général Beurnonville (1) de faire entourer ces deux bataillons, de les désarmer, de renvoyer leurs drapeaux à leurs Sections et de faire conduire les coupables à Paris pour y être punis par les Sections elles-mêmes. Il lui laissa cependant la latitude de pardonner aux deux Corps s'ils livraient les meurtriers.

Beurnonville ne montra pas moins de fermeté que Dumouriez. Il alla trouver seul les deux bataillons, leur fit connaître l'ordre du Général en chef et leur ordonna de déposer les armes et les drapeaux que souillaient leurs mains d'assassins. A cette rude apostrophe, les Volontaires montrèrent le plus sincère repentir, et, furieux contre ceux qui avaient commis le crime, livrèrent quarante-deux coupables que l'on envoya à Paris où ils furent incarcérés. Alors Beurnonville pardonna, et les armes ainsi que les drapeaux furent restitués.

---

(1) Beurnonville (ci-devant comte de), né en 1752, fut d'abord destiné à l'état ecclésiastique ; la mort d'un frère aîné ayant levé les obstacles qui s'opposaient à sa vocation militaire, il fut embarqué sur l'escadre de Suffren et servit dans l'Inde en qualité de soldat et de sergent. Il devint ensuite major de la Milice de Bourbon et acheta plus tard une charge d'officier dans la Garde Suisse de Monsieur, frère du Roi. Dumouriez, sous les ordres duquel il servait alors, l'aimait beaucoup et l'appelait son *Ajax*. — *Biographie des hommes vivants*.

Il eût été difficile de terminer plus heureusement ce déplorable épisode : malgré le relâchement général de la discipline, les coupables étaient punis, et l'on conservait deux bataillons qui avaient déjà fait preuve de valeur (1). Aussi la Convention se montra-t-elle non moins satisfaite que les Sections de Paris; Marat seul éleva la voix contre les généraux en faveur des assassins. Il prétendit que Chazot avait projeté, depuis longtemps, de se défaire du Mauconseil et du Républicain dont il détestait le *sans-culottisme*, et il taxa de mensonge le rapport de ce Général ainsi que le procès-verbal établi par la Municipalité de Réthel. En outre, il affirma au Club des Jacobins que les déserteurs massacrés étaient des Emigrés, et que, par suite, ceux qui les avaient frappés ayant exécuté d'avance les décrets de la Convention, il convenait de décerner une couronne civique à ces *généreux citoyens*. Ce fut la prétention d'interpeller Dumouriez à ce sujet qui le conduisit à la fête donnée au Général,

---

(1) Le *Républicain* surtout était superbe ; il devint dès lors le bataillon de confiance de Dumouriez et le modèle de l'Armée. —*Mémoires de Dumouriez.*

où sa présence inopinée causa un sentiment d'indignation et de dégoût.

Marat, les yeux en fureur, débuta en demandant brutalement à Dumouriez comment il avait eu l'audace de commettre un acte de violence tyrannique contre des citoyens estimables : « C'est vous qu'on appelle Marat? » répondit le Général en le toisant avec mépris; « Je n'ai rien » à vous dire; » et il lui tourna le dos. Devant un pareil dédain, le folliculaire, qui était aussi orgueilleux qu'abject, se retira la rage dans le cœur; il rendit compte de cette entrevue à sa manière (1) et, dès lors, il ne laissa plus échapper aucune occasion de calomnier Dumouriez.

Malgré cet événement, ce dernier fut très-bien reçu au Club des Jacobins auquel il fit part du but de sa prochaine campagne (2); puis,

---

(1) Le curieux récit inséré à ce sujet dans le *Journal de la République Française* par Marat, l'Ami du Peuple (17 octobre 1792), eût constitué ici une redite inutile, puisqu'il est entièrement transcrit dans une *Note* d'un livre qui fait partie de toutes les bibliothèques, l'*Histoire de la Révolution Française* par M. Thiers.

D'après Marat, la fête aurait été donnée par Talma et non par Julie Candeille, comme le disent les *Mémoires* de Dumouriez.

(2) Compte rendu de la *Séance des Amis de la Liberté et de l'Egalité* du 14 Octobre 1792 (club des Jacobins).

..... Dumouriez a été accueilli avec plaisir, mais sans enthousiasme, comme un citoyen qui a déjà rendu d'importants services, et dont la

ayant reçu du Pouvoir Exécutif une liberté d'action à peu près complète, il partit pour

tâche commencée par des succès, est une dette sacrée dont il aura à rendre compte à la République.

Il a prononcé le discours suivant :

« Frères et amis, vous avez commencé une grande époque ; vous
» avez déchiré l'ancienne histoire de France qui n'offrait que le ta-
» bleau du despotisme ; une nouvelle ère date de cette révolution
» qui a électrisé nos armées, qui nous a donné le courage nécessaire
» pour repousser des forces supérieures. Nous ne sommes point fati-
» gués ; les peines, la misère, la faim, ne nous épouvantent pas ;
» nous sommes plus courageux que jamais : nous rendons aux des-
» potes ce qu'ils ont voulu nous donner. D'ici à la fin du mois, j'espère
» mener 60,000 hommes pour attaquer les rois et sauver les peuples
» de la tyrannie. »

Danton, président, lui a répondu : « Lorsque Lafayette, lorsque cet
» eunuque de la révolution prit la fuite, vous servîtes déjà bien la
» République en ne désespérant pas de son salut ; vous ralliâtes nos
» frères : vous avez depuis conservé avec habileté cette station qui a
» ruiné l'ennemi, et vous aviez bien mérité de votre patrie.

» Une plus belle carrière encore vous est ouverte : que la pique du
» peuple brise le sceptre des rois, et que les couronnes tombent de-
» vant ce bonnet rouge dont la société vous a honoré : revenez en-
» suite vivre parmi nous, et votre nom figurera dans les plus belles
» pages de notre histoire. »

Collot-d'Herbois monte à la tribune et obtient la parole : « Du-
» mouriez a fait son devoir, c'est là sa plus belle récompense.....
» Ce n'est pas parce qu'il est général que je le loue, mais parce qu'il
» est soldat français.

» N'est-il pas vrai, général, qu'il est beau de commander une
» armée républicaine, et que tu as trouvé une grande différence entre
» cette armée et celle du despotisme ! Ils n'ont pas seulement de la
» bravoure, les Français ; ils ne se contentent pas de mépriser la
» mort. Mais ces habitants de Lille et de Thionville qui attendent
» de sang-froid les boulets rouges, qui restent immobiles au milieu
» des éclats des bombes et de la destruction de leurs maisons ; n'est-
» ce pas là le développement de toutes les vertus !

» Ce n'est pas un roi qui t'a nommé, Dumouriez, ce sont les con-
» citoyens : Souviens-toi qu'un général de la République ne doit ja-

hâter lui-même les derniers préparatifs de l'invasion.

Son projet consistait à entrer en Belgique avec trois armées marchant à peu près de front. Le lieutenant général Valence (1), à la tête de 16,000 hommes avec lesquels Dillon avait poursuivi les Prussiens (2) et auxquels on donnait le

---

» mais transiger avec les tyrans. Tu as entendu parler de Thémis-
» tocle ; il venait de sauver les Grecs par la bataille de Salamine ; il
» fut calomnié. Tu as des ennemis, Dumouriez ; tu seras calomnié ;
» c'est pourquoi je te parle. Thémistocle fut calomnié, et il fut puni
» injustement par ses concitoyens ; il trouva un asile chez les
» tyrans ; mais il fut toujours Thémistocle. On lui proposa de porter
» les armes contre sa patrie : *Mon épée ne servira jamais les tyrans,*
» dit-il, et il se l'enfonça dans le cœur.....

» Tu vas à Bruxelles, Dumouriez ; la Liberté va y renaître sous tes
» auspices : un peuple entier va se livrer à l'allégresse ; tu rendras
» les enfants à leurs pères, les épouses à leurs époux ; le spectacle
» de leur bonheur te délassera de tes travaux. Enfants, citoyens,
» filles, femmes, tous se presseront autour de toi ; tous t'embrasse-
» ront comme leur père...

« De quelle félicité tu vas jouir, Dumouriez !... Ma femme,... elle
» est de Bruxelles, elle t'embrassera aussi. »

Ce discours a été souvent interrompu par de vifs applaudissements.

On voit que la flatterie n'a point déshonoré cette visite fraternelle. C'est ainsi que, chez les peuples républicains, une reconnaissance raisonnée accorde des hommages sévères au mérite, et sait encourager les concitoyens qui ont bien servi leur pays.

(1) Le général Valence (ci-devant comte de) était entré au service en 1774, à l'âge de dix-sept ans. Il était, en 1784, colonel en second et premier Ecuyer du Duc d'Orléans mort en 1785. Il avait été nommé Député suppléant aux Etats généraux. Il commandait la réserve à Valmy en qualité de lieutenant-général. — *Biographie universelle.*

(2) On avait fini par retirer à Dillon son commandement, bien qu'il n'y eût eu aucun nouveau grief allégué contre lui.

nom d'*Armée des Ardennes*, devait partir de Givet et marcher dans la direction de Namur, en manœuvrant sur la Meuse. Le lieutenant général Labourdonnaye, quittant Lille avec l'*Armée du Nord* (18,000 hommes), avait mission de suivre l'Escaut et de parcourir la côte en s'emparant des places maritimes. Dumouriez, à la tête de l'*Armée de Belgique* (40,000 hommes), comptait s'avancer entre ces deux généraux. Enfin le maréchal de camp d'Harville devait se tenir avec 12,000 hommes entre Valence et Dumouriez.

Après avoir reçu (19 Octobre) le plus chaleureux accueil à Cambrai, lieu de sa naissance, Dumouriez se rendit à Valenciennes. Là, il eut à subir de préjudiciables retards; les fournitures et les approvisionnements, sur lesquels il comptait, ne lui parvenaient pas; c'était le résultat du désordre et de l'irrégularité qui, sous l'administration de Pache, prenaient chaque jour dans les bureaux de la guerre des proportions plus considérables. Le nouveau Ministre, doué d'une finesse d'esprit qu'il cachait sous un air de bonhomie et dont il faisait un usage peu honorable, avait acquis la protection des

Girondins en affectant l'amour du travail, la frugalité et le désintéressement. Après avoir obtenu le Portefeuille de la guerre, discernant également la faiblesse de ceux qui l'avaient élevé et la force de leurs adversaires, il avait rompu avec les Girondins et il s'était fait le complaisant des Montagnards auxquels il avait donné tout pouvoir dans ses bureaux. Aussi les derniers fonctionnaires de l'ancienne Administration avaient-ils été remplacés par des Jacobins qui avaient porté dans ce service la désorganisation la plus complète.

Pendant que Dumouriez maudissait les retards dus à l'incurie du Ministre, la Société des Amis de la Liberté et de l'Égalité de Valenciennes lui décerna un bonnet rouge, s'attendant, disait-elle, à ce qu'il allait transformer toutes les couronnes, restes de superstition, en bonnets de Liberté. Le Général répondit, dans le même style, qu'il ne quitterait cette coiffure d'honneur que pour l'échanger contre une des couronnes de fleurs auxquelles ses soldats allaient acquérir des droits, en faisant la conquête du Brabant.

Cependant le temps passait, et l'approche de la mauvaise saison commandait impérieusement de ne pas tarder davantage. Dumouriez prit le parti de marcher en avant sans avoir reçu tous les approvisionnements nécessaires ; le 28 Octobre, il établit son quartier général à Onnain près Quiévrain, d'où il adressa des Instructions aux Généraux, des Proclamations aux soldats, et des Manifestes au Peuple Belge :

« Les Français entrent en Belgique comme
» des libérateurs. Ils veulent seulement y plan-
» ter l'Arbre de la Liberté, délivrer les oppri-
» més, renverser les despotes, et punir les Au-
» trichiens qui ont osé violer le territoire na-
» tional.

» Il n'y a pas à douter que le Peuple Belge,
» qui a fait tant d'efforts inutiles pour conquérir
» sa liberté, ne s'empresse de s'armer en faveur
» de Républicains marchant sous les auspices
» de la Fraternité, et de leur fournir, moyen-
» nant payement, toutes les ressources néces-
» saires en vivres, en habillements et en effets
» de campement.

» Si néanmoins, contre toute probabilité,
» quelque ville ou quelque village est assez
» avili par l'esclavage pour ne pas sentir con-
» venablement les inappréciables bienfaits que
» lui apportent les armées de la République,

» les habitants seront traités comme de vils es-
» claves de la Maison d'Autriche ; la ville ou
» le bourg sera réduit en cendres, et on y lèvera
» des contributions qui feront souvenir long-
» temps du passage des Français.

» Si une garnison Autrichienne prétend tenir
» dans une ville ou un château, on la sommera
» de se rendre dans un temps prescrit, sous
» peine d'être passée au fil de l'épée. En cas
» de résistance, cette menace sera rigoureuse-
» ment exécutée.

» Les troupes Autrichiennes, prisonnières
» de guerre, seront traitées avec humanité.

» Quant aux Emigrés pris les armes à la
» main, ils seront, conformément à la Loi, jugés
» dans les vingt-quatre heures et livrés à l'Exé-
» cuteur des hautes œuvres de la ville la plus
» prochaine. »

Les Soldats et les Volontaires, confiants dans le vainqueur de l'Argonne, accueillirent le signal du départ avec des hourras d'enthousiasme. Après avoir enlevé quelques postes sur son passage, l'Armée de Belgique se trouva, dans la soirée du 5 Novembre, en présence de l'Ennemi qui occupait les hauteurs en avant de la ville de Mons.

Sur ces élévations circulairement disposées, étaient 20,000 Autrichiens. Ils tenaient, en commençant par leur droite, les villages de Jemmapes, de Cuesmes et de Berthaumont. Leurs généraux s'étaient appliqués à rendre inexpugnables ces positions, déjà naturellement défendues par des pentes rapides et par des bois ; on les avait encombrées de nombreux abattis, et l'on y avait élevé un triple rang de redoutes disposées en étage et garnies de quarante canons ou obusiers. Chaque bataillon avait en outre trois pièces de campagne, ce qui formait un total de près de cent bouches à feu. La cavalerie, massée dans les ravins qui séparent les hauteurs, se tenait prête à déboucher dans la plaine.

Dumouriez disposa ses troupes (35,000 hommes environ) en demi-cercle parallèlement à l'Ennemi. Le général Beurnonville commandait l'Aile droite, et le maréchal de camp Ferrand (1),

---

(1) Le général Ferrand de la Caussade était, à dix ans (1746), lieutenant au Régiment de Normandie. Il avait onze à douze ans lorsqu'il assista aux sièges de Berg-op-Zoom, du fort de Lillo, de Maestricht et à la bataille de Laufeld. Capitaine en 1755, puis décoré de la croix de Saint-Louis (1767), il fut fait major-commandant de Valenciennes (1773). Lorsqu'en 1790, on supprima les états-majors des villes de guerre, les habitants de Valenciennes le choisirent pour

l'Aile gauche; le Centre était sous les ordres du lieutenant général Egalité (1). En outre, d'Harville, avec ses 12,000 hommes, s'était rapproché de l'armée de Dumouriez; il se tenait à la droite de Beurnonville et devait tourner l'extrême gauche de l'Ennemi. L'artillerie Française était à peu de chose près égale en nombre à celle des Autrichiens; mais cette dernière possédait un grand avantage par l'élévation de ses batteries.

Le 6 Novembre, malgré la redoutable position de leurs adversaires, les troupes Françaises pleines d'enthousiasme demandent à attaquer, et Dumouriez, parcourant les lignes, retient leur ardeur pour la rendre plus vive encore. A

---

commander leur Garde nationale. Il avait été nommé maréchal de camp le 20 Août 1792. Il était alors âgé de cinquante-six ans.
(*Biographie universelle.*)

(1) Le Duc de Chartres, alors âgé de dix-neuf ans, portait le nom que son père le Duc d'Orléans avait adopté sur la proposition de la Commune. Lorsqu'un décret de l'Assemblée Constituante avait donné aux colonels propriétaires de régiments la liberté de quitter la carrière militaire ou de prendre le commandement du Corps qui leur appartenait, le Duc de Chartres avait été à Vendôme, se mettre à la tête du 14° Régiment de Dragons (Chartres). Il avait été nommé maréchal de camp à son rang d'ancienneté (7 Mai 1792), puis lieutenant général, le 11 Septembre. En cette qualité, il avait dignement commandé la seconde ligne de Kellermann à la Journée de Valmy.
(*Biographie des hommes vivants.*)

sept heures du matin, Beurnonville et Ferrand engagent le combat aux deux ailes par une vive canonnade; mais à dix heures, l'Ennemi tenant encore ferme dans ses positions, on ne peut songer à l'aborder de front.

Dumouriez envoie alors l'adjudant général Thouvenot commander à l'Aile gauche de cesser le feu de l'artillerie et de marcher à la baïonnette contre le flanc droit des Autrichiens. Ce mouvement s'exécute; l'aile gauche, tournant Jemmapes, commence à gravir la hauteur par le côté.

Les troupes du Centre reçoivent aussi l'ordre de s'avancer directement sur Jemmapes; conduites par Egalité, elles s'élancent pour franchir rapidement la distance qui les sépare des premières redoutes, lorsque tout à coup la Cavalerie Autrichienne débouche dans la plaine par la trouée qui sépare Cuesmes de Jemmapes. A cette vue, la Brigade qui forme la droite des troupes d'Egalité, chancelle et recule. Par un mouvement spontané, Baptiste Renard, valet de chambre de Dumouriez, se précipite vers un gros de fuyards, leur fait honte de leur lâcheté et les ramène en avant; le reste de la Brigade suit leur exemple pendant que la Cavalerie Française charge celle des Ennemis et la repousse.

Mais l'hésitation de cette Brigade a influencé les troupes voisines ; elles tourbillonnent sans avancer sous les coups de la mitraille Autrichienne, lorsqu'Egalité, réunissant à la hâte quelques compagnies, s'écrie : « En avant, *Bataillon de Jemmapes !* » Ce mot heureux, répété de rang en rang, électrise les soldats qui s'élancent à la suite de leur général ; le reste de la colonne est entraîné ; les redoutes Autrichiennes sont enlevées.

Pendant ce temps, Dumouriez s'était porté à l'aile droite où Beurnonville, malgré tous ses efforts, n'obtenait aucun résultat décisif. En vain le général Dampierre (1) s'était élancé dans une redoute à la tête de quelques compagnies ; la masse des bataillons, exposée à un

---

(1) Dampierre, d'une famille distinguée par ses services militaires, avait voulu tout jeune encore combattre dans le Nouveau-Monde et en Espagne ; il avait été arrêté dans l'exécution de ses projets par des ordres de la Cour qui le firent revenir au Régiment des Gardes Françaises où il était officier. Il servit ensuite dans les régiments de Chartres et des Chasseurs de Normandie. Aide de camp de Rochambeau en 1791, il était colonel du 5ᵉ Régiment de Dragons à la malheureuse expédition de Biron contre Mons (avril 1792), où il fut renversé et foulé aux pieds des chevaux en tentant d'arrêter les fuyards. — *Biographie universelle.*

feu terrible et s'attendant à être chargée par les Hussards Impériaux, restait dans l'indécision. Dumouriez arrive; reconnaissant ses anciennes troupes du camp de Maulde, il se met lui-même à leur tête, et les enlève en entonnant la *Marseillaise*; les retranchements jusque-là inaccessibles sont franchis ou tournés par la gorge; le village de Cuesmes est emporté.

A deux heures, la bataille était gagnée; les Autrichiens, stupéfaits de la valeur opiniâtre et toujours croissante de leurs ennemis, se retiraient en désordre de toutes leurs positions, et leur consternation était telle, qu'ils traversèrent la ville de Mons sans s'y arrêter. Un ordre mal transmis ou mal compris fit que d'Harville ne les poursuivit pas comme l'eût voulu Dumouriez.

Les troupes Françaises occupèrent le terrain délaissé par l'Ennemi et jonché de morts des deux partis. L'ivresse de la victoire qui remplissait tous les cœurs, donna lieu, entre les Soldats et les Volontaires, à des scènes de cordialité inusitée : les premiers étaient heureux d'avoir été si bien secondés par ceux dont ils avaient suspecté la bravoure; les seconds étaient fiers de l'approbation à laquelle ils avaient su forcer les vieilles troupes; contre l'habitude, les *habits blancs* et les *habits bleus* fraternisaient (1). Tous demandaient l'attaque de Mons à grands cris; Dumouriez leur répondit qu'ils n'attendraient pas longtemps cette satisfaction; mais le lendemain à neuf heures, lorsqu'on plaçait les batteries pour l'attaque, les habitants de Mons, ayant rompu les portes fermées par les Autrichiens, vinrent engager Dumouriez à entrer dans leur ville.

La bataille rangée, livrée volontairement par les Français et gagnée si intrépidement, eut un effet prodigieux en Europe; la constitution de la Germanie parut menacée tout entière par l'invasion des idées républicaines et démocratiques. On crut la défense impossible dès qu'on vit le gouvernement se transporter de Bruxelles à Ruremonde, et les routes se couvrirent de royalistes qui allaient chercher un asile en Hollande ou en Angleterre.

La nouvelle de ce succès fut reçue à la Convention avec un enthousiasme qui fit oublier un instant les dissensions profondes des partis

---

(1) Les dénominations usitées dans les camps étaient *Culs Blancs, Bluets*, et d'autres du même genre. Elles occasionnaient des duels fréquents.

(10 Novembre) ; la victoire parut d'autant plus belle que Dumouriez, évaluant exactement la perte de l'ennemi, qui était de 4,000 hommes, tués ou blessés, s'était gardé de dire qu'il en avait perdu autant ; son rapport ne mentionnait que 300 Français tués et 600 blessés.

» Lorsque les Rois se prétendaient souve-
» rains, » s'écria le conventionnel Cambon, « on
» s'empressait d'expédier des courriers pour
» leur annoncer le succès des batailles où ils
» avaient fait massacrer leurs sujets. Aujour-
» d'hui a été remportée par les soldats de la
» Liberté la première victoire en bataille ran-
» gée (1) : le Souverain, le Peuple, doit à l'in-
» stant même être instruit de ce succès. Des
» Français combattent au Var, aux Pyrénées,
» en Allemagne ; si quelques-uns périssent, il
» faut qu'ils emportent au moins dans le tom-
» beau la consolation d'avoir vu triompher la
» Liberté. » Conformément à cette proposition, la relation du combat est expédiée sur-le-champ par des courriers extraordinaires à tous les Départements et aux Armées.

---

(1) La canonnade de Valmy n'était pas considérée comme bataille rangée.

Un autre conventionnel, Jean Debry, demande qu'il soit institué une fête nationale pour célébrer cette victoire; mais sa proposition soulève de nombreuses objections :
« Sans doute, la Nation doit un tribut de
» reconnaissance à la valeur de ses soldats;
» mais il ne faut pas faire croire que leur
» courage et leurs succès ont surpassé les
» espérances qu'on en avait conçues. On doit
» attendre que la République soit entourée de
» peuples libres ; alors on se réjouira de ce
» grand spectacle, alors on célébrera la fête de
» l'Univers.

» D'ailleurs les autres armées de la Répu-
» blique n'ont-elles pas également bien mérité
» de la Patrie? Et le mot de *fête* est-il conve-
» nable, bien qu'il y ait eu bataille gagnée. Des
» fêtes pour le massacre de plusieurs milliers
» d'hommes !..... Car les Autrichiens sont des
» hommes (1)... il n'y a que les Rois qui ne soient
» pas de l'espèce humaine. Trois cents Français
» ont laissé des veuves et des orphelins, et l'on
» parle de fêtes ! Dans les Républiques an-

---

(1) Barère parlait ainsi d'après le rapport qui accusait la mort de 300 Français et de plusieurs milliers d'Autrichiens.

» ciennes c'étaient des jeux funèbres qu'on célé-
» brait après les batailles. Le plus fameux
» orateur venait sur la place publique pro-
» noncer l'éloge des héros et des patriotes
» morts pour leurs saintes lois : voilà les fêtes
» qui conviennent à des Républicains, à des
» philosophes, à des philanthropes. Il faut lais-
» ser aux Rois ces manifestations quand ils
» ont inondé la terre de sang. Qu'on ait fêté
» l'entrée triomphale des Français en Savoie,
» c'est aussi beau que philosophique, puis-
» qu'elle n'a pas causé de larmes. Mais trois à
» quatre mille hommes ont péri.... qu'on
» érige seulement un mausolée! »

Vergniaud s'élève contre ces considérations :
« Nos généraux n'ont pas ajourné la victoire,
» nous ne devons pas ajourner l'expression de
» notre joie. Il a péri des hommes sans doute;
» mais c'est la Liberté qui triomphe. Nous sa-
» vions bien que la guerre coûterait la vie à des
» Français, et, si nous l'avons déclarée, c'est
» parce que nous savions aussi qu'elle devait con-
» solider la paix, et qu'elle serait, par l'établisse-
» ment de la Liberté universelle, le triomphe
» durable de l'humanité. Qu'on prononce l'é-
» loge funèbre des héros, mais que la fête ait

» lieu ; que le regret d'avoir perdu des défen-
» seurs se confonde dans la joie d'avoir vu
» triompher la liberté de la Patrie..... Chantez
» donc une victoire qui sera celle de l'Huma-
» nité. Il a péri des hommes, mais c'est pour
» qu'il n'en périsse plus. Je le jure, au nom de
» la Fraternité universelle que vous allez éta-
» blir, chacun de vos combats sera un pas de
» fait vers la paix et le bonheur des peuples. »

La Convention se range à l'avis de Vergniaud : il est décidé qu'une fête nationale sera célébrée en l'honneur des succès de toutes les armées.

Au milieu de ces transports d'allégresse unanime, l'aide de camp qui a apporté le rapport de Dumouriez, présente à la Convention Baptiste Renard qui, dit-il, ne réclame, en récompense de sa belle conduite à Jemmapes, que l'honneur de porter l'uniforme national. Le Président lui donne le baiser fraternel, et il est décidé qu'il sera armé, monté et équipé aux frais de la République, pour aller rejoindre Dumouriez en qualité de capitaine aide de camp (1).

---

(1) Deux jours après (12 Novembre), Baptiste Renard remplaça Dumouriez, comme parrain, lorsque le citoyen Lebrun, Ministre des

Une seule voix s'éleva pour ternir les lauriers du vainqueur de Jemmapes. Marat prétendit d'abord, non sans raison, que ce n'était pas avec une perte d'hommes aussi minime qu'on avait pu s'emparer de montagnes défendues par une armée entière; mais il prétendit en conclure que l'affaire de Mons (1) n'était pas une victoire, et qu'on n'avait pris ni bagages, ni artillerie aux Autrichiens qui s'étaient tranquillement retirés. Enfin, dans son atroce désir de vengeance, il poussa l'absurdité jusqu'à dénoncer Dumouriez comme n'ayant engagé ce combat que pour faire exterminer les deux fameux bataillons de patriotes parisiens, le Mauconseil et le Républicain.

Cependant Dumouriez, poursuivant triomphalement sa marche, livra le combat d'Anderlecht et entra successivement à Bruxelles (14 Novembre), à Malines et à Tirlemont. A sa gauche, Labourdonnaye, ne trouvant plus d'ennemis devant lui, pénétra sans coup férir dans Tournay, Gand et Anvers. La citadelle de

---

Affaires Étrangères alla présenter à la Municipalité sa fille née de la veille et à laquelle il donna le nom de *Civilis Victoire Jemmapes Dumouriez Lebrun.*

(1) La bataille de Jemmapes fut d'abord appelée *Bataille de Mons.*

cette dernière ville, après avoir fait quelque résistance, se rendit au général Miranda (1) (2), le jour où Dumouriez s'installait dans le palais de l'Evêque de Liége (28 Novembre). De son côté, le général Valence, à droite de l'armée principale, avait d'abord planté l'arbre de la Liberté à Charles-sur-Sambre (Charleroi), et, le 24 Novembre, il entrait à Namur dont la citadelle capitula peu après (2 Décembre).

Dans ces différentes villes, à l'approche des troupes de la République, le parti patriote se déclarait en faveur des Français ; les habitants, entrant en insurrection contre les Autorités, se

---

(1) Miranda, né au Pérou, était officier dans les troupes Espagnoles de Guatemala, lorsque la découverte d'une conspiration qu'il tramait pour soustraire ce pays à l'autorité du Vice-Roi, le contraignit à s'expatrier. Après avoir beaucoup voyagé, il était venu en France, pendant la session de l'Assemblée Législative, chercher les moyens d'affranchir ses compatriotes. En attendant qu'on pût le mettre en état de fomenter une insurrection dans le Pérou, les Girondins, avec lesquels il était très-lié, lui avaient fait donner le grade de Général. — *Biographie universelle.*

(2) Le général Labourdonnaye, dès son entrée dans les villes Belges, avait voulu établir le système des contributions de guerre ; c'était une imitation de ce qu'avait fait Custine à Spire, à Worms et à Francfort, par droit de conquête exercé sur les Évêques, les Chapitres Nobles et l'aristocratie financière qui avait soutenu les Émigrés. En Belgique, au contraire, ces impositions portaient sur les populations que l'on voulait, disait-on, délivrer du joug des Autrichiens. Les habitants de Courtrai, de Menin et de Bruges avaient réclamé auprès de Dumouriez qui avait cassé les ordonnances de Labourdonnaye et donné son commandement à Miranda.

nommaient de nouveaux magistrats qui arboraient l'écharpe tricolore, et une quantité prodigieuse de déserteurs Autrichiens venaient fraterniser avec nos soldats.

A la même époque (27 Novembre), d'après le vœu libre et universel des Savoisiens, la Convention déclarait que la Savoie formait le 84ᵉ Département de la République, sous le nom de Mont-Blanc. Les habitants du Comté de Nice, des pays de Deux-Ponts, de Nassau et de Nassau-Saarbruck, les patriotes Hollandais, ainsi que ceux de Mayence, réclamaient aussi, comme une faveur, leur incorporation à la France. En Angleterre, en Ecosse et en Irlande, des sociétés patriotiques et même des villes célébraient les triomphes des armes Françaises, et envoyaient à l'Assemblée Nationale des députations chargées d'exprimer leurs sympathies pour la cause révolutionnaire.

La Convention ayant déclaré qu'elle accorderait fraternité et secours à tous les Peuples qui voudraient recouvrer leur liberté, une sourde fermentation se manifestait de différents côtés en Europe, et surtout dans les localités rapprochées des frontières Françaises. Les sujets de l'Evêque de Bâle venaient de nommer des Députés qui, réunis au château de Porentrui, avaient déclaré que les liens qui les rattachaient à leur Evêque et à l'Empire Germanique étaient rompus à jamais (27 Novembre): ils avaient fondé la République libre et indépendante de la Rauracie.

D'après les enthousiastes, le mouvement révolutionnaire imprimé par les Français à l'Europe entière ne laissait plus entrevoir de terme aux conquêtes de la Liberté.

CHAPITRE XVIII.

SÉJOUR A PARIS DE NOUVEAUX FÉDÉRÉS. — DÉNUMENT
DE L'ARMÉE DE BELGIQUE. —
DÉSERTION GÉNÉRALE DES VOLONTAIRES DE 1791.

(Octobre, Novembre et Décembre 1792. — Janvier et Février 1793.)

Sommaire :

Misère et désordre général dans les Départements. — Absence ou inutilité de la Gendarmerie.

Agitations à Paris.

Premiers Fédérés de 1792. — Leur composition. — Infamie de leur conduite à Châlons.

Nouveaux Fédérés de 1792. — Différence du contingent Marseillais avec celui qui était venu à Paris avant le 10 Août. — Accueil glacial qu'il reçoit à Paris. — Vaine tentative de Marat pour l'exciter à attaquer la Cavaalerie Nationle Parisienne. — Arrivée de Fédérés de divers Départements. — Inquiétudes de la Commune et des Sections. — Tentatives pour éloigner les Fédérés. — Connivence du Ministre de la guerre Pache avec la Commune et les Sections. — Désordres dans son administration. — Fraternisations des Fédérés et des Dragons de la République. — Plaintes réciproques portées à la Convention par les Fédérés et par leurs adversaires. — Débats entre les Girondins et les Montagnards.

Terme de l'engagement des Volontaires Nationaux de 1791. — Leur désir de retourner dans leurs foyers. — Proclamations de la Convention et du Pouvoir Exécutif pour les engager à ne pas quitter les drapeaux. — Inutilité de cette invitation. — Premières mesures pour forcer les Volontaires à rester au service. — Accroissement de la désertion.

Dénûment des armées. — Enquête ordonnée par l'Assemblée Nationale dans les grands dépôts de fournitures militaires. — Constatation de faits déplorables. — Dilapidations et corruption des agents intermédiaires. — Poursuites ordonnées devant les tribunaux. — Causes de leur inutilité. — Mesures exagérées proposées à la Convention.

Cas particulier où se trouvait l'armée de Dumouriez. — Opinion de la Convention à l'égard des généraux qui obtenaient des succès. — Marchés passés en Belgique par Dumouriez pour faire subsister son armée. — Ils ne sont pas ratifiés à Paris. — Création du Comité des Achats. — Les marchés non autorisés à Paris sont forcément maintenus par Dumouriez. — Arrestation de ses agents. — Son mécontentement. — Ronsin est envoyé à l'armée de Belgique comme commissaire-ordonnateur en chef. — Son embarras. — Il est obligé de suivre le plan de Dumouriez.

Rudesse de la saison; privations de l'armée; encombrement des hôpitaux. — Entrée à Aix-la-Chapelle et répartition des troupes dans les cantonnements où elles doivent hiverner.

La misère multiplie les actes de pillage. — Désordres causés par l'introduction des assignats. — Décret du 15 Décembre sur la conduite à tenir par les Généraux Français dans les contrées où ils portent la Liberté. — Désaffection du peuple Belge qui regrette le despotisme Autrichien.

Custine perd Francfort et se replie sur Mayence. — Échec de l'armée de la Moselle, à Pellingen.

Exécution du Roi Louis XVI. — La guerre est déclarée à l'Angleterre et à la Hollande, au moment où les armées sont affaiblies par la désertion de 60,000 Volontaires.

Les brillants succès remportés par les armées de la République dans les mois d'Octobre et de Novembre formaient un étrange contraste avec la situation intérieure qui s'assombrissait chaque jour davantage. La plupart des villes étaient en proie aux agitations excitées par les affiliés des Jacobins ou les émissaires de la Commune de Paris, aussi bien que par les réactionnaires qui visaient sourdement à la ruine de la cause révolutionnaire en activant le désordre. Le manque apparent de blé et les malheurs qu'entraîne la disette, réelle ou supposée, concouraient puissamment à la perturbation générale. Les fermiers et les cultivateurs, menacés d'être pillés ou mis à mort comme accapareurs, n'apparaissaient plus sur les marchés ; les grandes villes, quoique souvent bien approvisionnées, s'opposaient à ce qu'on sortît rien de leurs magasins, et l'interruption de la circulation des grains privait du nécessaire les petites localités : à Romorantin, une pauvre femme, venue trois fois au marché sans pouvoir acheter le peu de farine indispensable à sa subsistance, se pendit après avoir égorgé son enfant.

Malgré les décrets de l'Assemblée Nationale, la Gendarmerie, partie pour la frontière, n'avait pas été réorganisée dans beaucoup de Départements. Quant aux localités dont les Corps administratifs avaient procédé à son remplacement, les nouveaux Gendarmes, choisis parmi les habitants et liés par la parenté ou par les intérêts avec ceux contre lesquels il leur eût fallu sévir, restaient dans l'inaction la plus complète. Ils eussent été d'ailleurs impuissants contre les principales manifestations de la misère publique : comme par le passé, des bandes de plusieurs milliers d'hommes parcouraient les Départements du Loiret, de l'Eure, de Loir-et-Cher et d'Indre-et-Loire, imposant, sur les grains des marchés, des taxes dont l'effet était de rendre plus rare encore l'apparition des denrées.

Non-seulement les convois qui se rendaient à Paris étaient arrêtés sur les routes ou sur la Seine, mais encore les populations des Communes voisines y accouraient pour acheter du pain à trois sols la livre, prix que maintenait la Municipalité au moyen de sacrifices journaliers considérables. Bien que la subsistance de la population Parisienne fût ainsi maintenue à bas prix, les assemblées des Sections n'en déclamaient pas moins contre de prétendues coalitions de riches capitalistes qui voulaient, disaient-elles, accaparer les ressources territoriales et industrielles; leurs députations s'obstinaient à réclamer de la Convention des mesures contre cette aristocratie nouvelle qu'elles avaient imaginée ainsi que beaucoup d'autres sujets de terreur aussi peu fondés.

Il en était partout de même : tout fait dépassant la compréhension du vulgaire devenait la source de dangereux soupçons; Chappe faisant à Belleville des expériences sur sa nouvelle invention, vit ses appareils télégraphiques brisés par les habitants qui craignaient quelque machination réactionnaire ; les astronomes Méchain et Delambre, chargés de mesurer un arc du Méridien pour l'établissement de la base du système métrique décimal, étaient arrêtés à presque toutes leurs stations par les Municipalités (1).

En proie à des appréhensions perpétuelles qu'elles se forgeaient elles-mêmes, les assemblées des quarante-huit Sections Parisiennes, toujours en permanence, continuaient à rendre des arrêtés subversifs ou incendiaires. Non satisfaites encore du degré de *civisme* des éléments qui les composaient depuis le 10 Août, elles avaient procédé, en imitant la Commune, à des *scrutins épuratoires* qui avaient abouti

---

(1) Le discours préliminaire de la *Base du Système Métrique Décimal* ou *Mesure de l'arc du Méridien compris entre les Parallèles de Dunkerque et Barcelone*, contient le récit curieux de toutes les difficultés qu'eurent à subir, en 1792 et 1793, les astronomes chargés de cette opération.

à ne conserver que les minorités les plus factieuses. Le Ministre de l'Intérieur, Roland, ayant déclaré dans un rapport fameux (29 Octobre) qu'il n'entendait parler que de meurtres et d'assassinats, la Section des Piques avait décrété qu'elle lui retirait sa confiance. La Section des Sans-Culottes bouleversait les Eglises afin, disait-elle, d'en enlever des grilles pour fabriquer des piques ; des œuvres analogues de destruction et de pillage se répétaient partout sous prétexte de faire disparaître les armoiries et les signes féodaux qui rappelaient encore l'ancien régime.

Chacune des quarante-huit Sections avait aussi nommé des Commissaires qui formaient une réunion suprême d'énergumènes prétendant représenter la Population Parisienne. C'est en vain que les Girondins réclamaient à la Convention un décret qui mît un terme à la permanence de ces foyers d'agitations ; on leur opposait la conduite qu'ils avaient tenue avant le 10 Août. Lorsqu'ils demandaient des Lois contre les libelles sanguinaires qui pullulaient, ils étaient accusés par les Montagnards de vouloir détruire la Liberté de la Presse, dont ils s'étaient montrés naguère les plus chauds défenseurs. Les pamphlets les plus insultants pour les Députés étaient vendus par les crieurs publics à la porte même de l'enceinte législative (1).

Dans ces circonstances, l'impitoyable esprit de la Révolution s'acharnait sans discontinuer contre le Roi, considéré comme l'auteur de tous les maux et accusé des crimes les plus opposés à son caractère et à la conduite qu'il avait tenue pendant trois années. La plupart des membres de la Convention, la Commune, les Sociétés populaires des Départements et les Sections de Paris aspiraient à voir commencer le procès de l'*ex-Tyran*, et un grand nombre ne demandaient pas le jugement, mais bien la condamnation à mort (2). L'irritation du parti révolution-

---

(1) Entre autres celui intitulé : *Rendez-nous nos dix-huit livres et foutez-nous le camp*, par allusion à l'indemnité journalière allouée aux membres de la Convention.

(2) *Adresses des Départements à la Convention* (séance du 18 Novembre) :

De *Craon* : « Nos législateurs n'avaient pas eu la force ou la har-
» diesse de terrasser le monstre qui voulait nous dévorer; ils avaient
» coupé quelques têtes, mais elles renaissaient et elles renaîtront
» toujours, si vous ne vous hâtez de les abattre d'un seul coup. »

De *Pithiviers* : « Les Mânes de nos frères victimes de la perfidie de
» ce lâche assassin et de ses complices, crient vengeance; nous la
» sollicitons; que le traître tombe sous le glaive de la loi. ».

De *Rennes* : « Un grand coupable reste à punir; il était Roi et

naire était encore accrue par des manifestations réactionnaires : un arbre de la Liberté était parfois scié pendant la nuit ; on trouvait, le matin, affichés sur les murs, des écrits en faveur de la malheureuse famille prisonnière au Temple ; le soir, dans les rues, le cri : « *Pas de procès au Roi !* » s'élevait de groupes turbulents dans lesquels on distinguait souvent des Fédérés.

Depuis la Fédération de 1790, cette dénomination avait été indistinctement appliquée à tous les Gardes Nationaux des Départements qui se rendaient en détachements à Paris, pour quelque circonstance que ce fût ; aussi désigna-t-on successivement ainsi des contingents ani-

---

» assassina son peuple ; sa vie n'est désormais que l'espoir des traitres
» et l'aliment du crime. »
Députation de la Commune de Paris à la Convention (Séance du 2 Décembre) :
   « Représentants du peuple français, une section du Souverain
» (le peuple), cette section terrible qui ne redoute point la puissance
» des baïonnettes, qui a fait la Révolution, nous députe vers vous
» et vous parle par notre organe.
   » Dépositaires de la vengeance nationale, qu'attend donc votre
» bras aujourd'hui qu'il est armé du glaive? Est-il donc paralysé?...
» Les forfaits de Louis-le-Parjure ne sont-ils donc pas assez mani-
» festes? Demander si le ci-devant Roi est jugeable, est un blas-
» phème politique ; pendant vos longues discussions, la mort ne
» peut-elle pas vous ravir votre victime?...... »
   Etc., etc., etc.

més de sentiments bien différents. Les premiers Fédérés de 1792 étaient arrivés dans la Capitale à la voix des Girondins (Juillet), alors qu'il s'agissait de rassembler des forces insurrectionnelles pour renverser la Royauté ; on comptait parmi eux ces terribles Marseillais, au nombre desquels figuraient un grand nombre d'échappés des bagnes de Livourne et de Gênes. Après qu'ils eurent largement coopéré à la Révolution du 10 Août et au massacre des Suisses, on les avait dirigés sur Châlons avec les masses qui s'y portaient pour s'opposer aux armées ennemies.

Ces huit ou dix bataillons, si l'on peut appeler ainsi une multitude désordonnée n'obéissant à aucun chef, étaient entrés à Châlons annonçant qu'ils venaient pour massacrer les traîtres, c'est-à-dire les généraux. Les Volontaires Nationaux qui s'y organisaient, ressentaient pour cette écume des révolutions un dégoût que sa conduite justifia pleinement. A la suite d'une des paniques éprouvées par l'armée de Dumouriez, lorsqu'elle effectuait sa retraite de Grand-Pré à Sainte-Menehould, des fuyards ayant colporté jusqu'à Châlons le faux bruit d'une déroute (17 Septembre), les Fédérés se précipitèrent sur les magasins de l'armée, les pillèrent et se portèrent à tous les excès suggérés par l'ivresse. Des officiers, venus pour leur faire honte de la lâcheté de leur conduite, eurent la tête coupée; le lieutenant-colonel du Régiment de Vexin, Limonnier, qui tira son épée pour défendre ses épaulettes que ces misérables voulaient lui arracher, fut massacré (1). Après ces scènes hideuses, une partie de ces bandes avait repris le chemin de Paris, imprimant la terreur sur sa route, et elle était rentrée dans la Capitale annonçant la défaite de l'armée, *vendue à l'Ennemi par le traître Dumouriez*. Le Pouvoir Exécutif favorisa le retour de ces tristes auxiliaires dans leur province; ils y étaient rentrés avec la qualification de Vainqueurs du 10 Août, qui leur valut des ovations dignes de sujets plus méritants.

Pendant ce temps, un nouvel appel était fait par les Girondins aux forces départementales; mais alors, la Royauté étant vaincue, il ne s'agissait plus de rassembler des soldats pour l'in-

---

(1) Les Montagnards prétendirent *justifier* cet assassinat en alléguant, à la Convention, qu'on avait trouvé dans les dépouilles de cet officier des lettres qui ne laissaient aucun doute sur ses opinions contre-révolutionnaires.

surrection ; il fallait, au contraire, obtenir de la partie saine et éclairée de la population des Provinces, des Volontaires disposés à sauvegarder l'indépendance de la Convention, menacée par les exigences de la Commune et des Sections de Paris.

Cette fois encore, le premier contingent est fourni par la ville de Marseille qui envoie un bataillon d'un millier d'hommes. « Chacun de » ceux qui le composent, dit Barbaroux à la » tribune, a reçu de son père deux pistolets, » un sabre, un fusil et un assignat de 500 » livres pour venir concourir à la défense com- » mune de Paris, du territoire et de la Li- » berté. »

L'assignat de 500 livres représentait alors environ 350 livres en numéraire ; mais cette ressource, en admettant qu'elle eût été mise à la disposition de chaque Fédéré Marseillais, ne dura pas longtemps entre leurs mains. A son passage à Lyon, le bataillon emprunta 20,000 livres à la Municipalité ; il expédia ensuite à Paris un de ses officiers qui obtint du Ministre de la guerre, Pache, les prestations allouées en route aux Corps militaires.

Le bataillon Marseillais arrive à Paris ;

mais nulle fête, nulle réception ne l'y accueille; ses protestations de civisme sont froidement reçues par ses *frères* de la Capitale. Il se caserne dans le bâtiment des Cordeliers où rien n'a été préparé pour son installation, pendant que la Commune et les assemblées des Sections complotent de se débarrasser de ces hôtes incommodes qui peuvent leur être opposés au premier jour.

De son côté, Marat conçoit l'idée sanguinaire de détruire l'une par l'autre deux troupes qui, à titre différent, lui semblent également dangereuses. A cet effet, il se rend seul à la caserne des Fédérés (24 Octobre). « Il s'é-
» tonne, » dit-il, « de voir que de braves
» Sans-Culottes comme eux soient mal vêtus et
» couchent sur la paille, tandis qu'à l'Ecole Mi-
» litaire, les réactionnaires, les anciens Gardes-
» du-corps et les valets d'émigrés, composant
» la Cavalerie nationale de Paris, portent un
» uniforme brillant et jouissent de toutes les
» aises qui insultent à la misère des vrais pa-
» triotes. Il appartient à la bravoure des Fédé-
» rés de changer un état de choses aussi in-
» juste et aussi humiliant, en allant attaquer
» dans son repaire, ce corps d'aristocrates,

» parmi lesquels se trouvent sans doute quel-
» ques bons Républicains ; mais comme le
» nombre en est assurément très-restreint, il
» les abandonne tous à la juste fureur des Mar-
» seillais. »

Mais ces derniers ont compris, par l'accueil glacial qui leur a été fait, les dispositions malveillantes conçues à leur égard; ils ont d'ailleurs reçu les injonctions les plus formelles de ne donner aucune prise au mauvais vouloir de la Commune et des Sections. Aussi, méprisant les excitations du hideux orateur, ils se contentent de faire dresser un procès-verbal de ses provocations, et Barbaroux en fait lecture à la Convention qui, après une discussion orageuse, renvoie la dénonciation à l'examen des Comités de Surveillance et de Législation.

Peu à peu d'autres Fédérés arrivent d'Aix, d'Autun, du Calvados, de la Manche, etc. ; leur nombre croissant inquiète d'autant plus leurs adversaires que les Départements adressent en même temps à la Convention des protestations contre les tendances de la Capitale à tout gouverner et à tout diriger à son gré : « On comprend que l'Assemblée
» Nationale siége à Paris ; mais elle doit y

» être libre. Si cette ville, qui ne représente
» qu'une minime partie de la France, s'obs-
» tine à se prévaloir d'une suprématie qu'on
» n'est pas disposé à lui accorder, il ne sera
» pas difficile de trouver quelque autre Cité
» où la Représentation du pays pourra déli-
» bérer en paix, et rendre, sous la protec-
» tion des baïonnettes départementales, des
» Lois et des Décrets qui seront accueillis
» par la plus complète obéissance. »

Ces protestations, chaudement appuyées à la tribune par les Girondins, enveniment de plus en plus la querelle et accroissent, pour la population turbulente, le désir de voir éloigner les Fédérés. Dans ce but, la Commune requiert l'application de la Loi qui enjoint de donner communication aux Municipalités des troupes envoyées dans leur arrondissement : elle demande au Ministre de la guerre qu'il lui fasse connaître, par écrit, le but des forces départementales, venues à Paris sans qu'elle ait fait aucune réquisition et sans qu'elle ait reçu aucun avis (27 Octobre).

Pache, docile aux leçons des Montagnards, répond que ces divers détachements se sont rendus à Paris sans aucun ordre. Ces Gardes nationaux, ajoute-t-il, touchent la solde journalière de trente sols, allouée de tout temps aux divers Fédérés; leur séjour dans la Capitale est complétement inutile; néanmoins, au nom de la Fraternité, il engage les Sectionnaires de Paris à traiter avec bonté leurs camarades des Départements.

La Commune fait d'abord une recommandation analogue à la population Parisienne; mais en même temps elle obtient du Ministre de la guerre que tous les Fédérés soient casernés; puis, elle enjoint d'en établir un recensement exact (2 Novembre). Cette opération fait ressortir qu'en dehors des Sections Armées, de leurs Canonniers et de la Gendarmerie, il existe à Paris 15,000 hommes (1) que la Commune représente comme attendant avec impatience l'ordre de se rendre aux armées.

Pendant qu'on cherche ainsi les moyens de

---

(1) Dans cette évaluation étaient compris, pour 5000 hommes environ, la Cavalerie Nationale de Paris et divers corps de Chasseurs, de Hussards ou d'Infanterie en train de s'organiser pour rejoindre l'armée.

Les principaux détachements de Fédérés étaient venus d'Aix, d'Autun, de Marseille, de Coutances, du Calvados, de la Manche, de l'Yonne et de l'Hérault. Les contingents d'un grand nombre de localités n'étaient pas encore arrivés.

les expulser de la Capitale, les Gardes nationaux des Départements fraternisent avec la Cavalerie nationale de Paris contre laquelle Marat a vainement tenté d'exciter leur colère. Au sortir de banquets patriotiques, les Fédérés et les Dragons de la République se répandent bras dessus, bras dessous, dans les rues en criant : « Vive Roland ! Pas de » procès au Roi ! » et en faisant entendre des chansons qui ont pour refrain : « Marat, » Robespierre et Danton, à la guillotine ! »

L'animosité respective des Sectionnaires Armés et des Gardes nationaux des Départements prend ainsi chaque jour des proportions plus considérables. Des citoyens généreux tentent de l'apaiser. Quelques Sections se déclarent animées de sentiments amicaux à l'égard de leurs *frères* des Départements; des Fédérés y répondent en plantant des arbres de liberté avec elles et en prononçant des serments civiques à l'Hôtel-de-Ville ; mais ces tentatives de conciliation sont impuissantes à éteindre l'acharnement des deux partis. Le même jour (4 Novembre), deux députations opposées se présentent à la Convention ; d'un côté, les Fédérés se plaignent de ce qu'on veut les assassiner dans leurs casernes; de l'autre, les Commissaires des Sections réclament le départ des forces départementales pour les armées.

« En vertu de quel droit, » s'écrient les Girondins, « prétend-on envoyer aux frontières
» des citoyens qui ont volontairement quitté
» leurs foyers pour venir défendre Paris et la
» Convention. Les localités d'où viennent les
» Fédérés n'ont-elles pas déjà fourni en
» hommes l'effectif auquel elles ont été
» taxées? Ces généreux citoyens ne sont pas
» engagés; ils doivent donc être, comme tous
» les Français, libres de rester à Paris si telle
» est leur volonté. Quelle serait l'inquiétude
» des Départements en voyant la Capitale re-
» pousser ainsi d'excellents patriotes venus au
» nom de la Fraternité! La vérité, c'est que
» les Assemblées désordonnées des Sections
» les redoutent, et que le Ministre de la
» guerre a la lâcheté de vouloir se rendre
» populaire en flattant bassement les exigences
» de la Commune. Si l'on ne pensait pas que
» les Fédérés sont venus pour maintenir la
» tranquillité dans Paris, on ne chercherait
» pas à les éloigner au moment où l'Assemblée

» nationale a besoin de toute son indépen-
» dance pour procéder au jugement de l'ex-
» Roi. »

« Il est difficile de comprendre, » répondent les Montagnards, « la subtile distinction qu'on
» veut créer entre les Fédérés et les Volon-
» taires nationaux. Tous les corps armés,
» quels qu'ils soient, ne doivent-ils pas être
» animés du même désir, celui de servir la
» Patrie ? Tous doivent donc recevoir la même
» destination. On ne doute pas que les Fédé-
» rés ne soient de bons Républicains; dès
» lors, ils doivent souffrir eux-mêmes de ce
» qu'on laisse leur zèle inactif; ils ne balan-
» ceront certainement pas entre les plaisirs cor-
» rupteurs de Capoue et la gloire qui les attend
» aux armées, lorsque Dumouriez, Custine
» et Kellermann ont besoin de soldats. »

Cette discussion, dans laquelle les deux partis extrêmes de la Convention apportaient un égal acharnement, se reproduisit fréquemment sans résultat, pendant les deux mois qui précédèrent le procès du Roi. Quant au manque de soldats signalé par les Montagnards, le fait n'était que trop réel malgré la quantité de Volontaires qui, en Septembre et en Octobre, s'étaient dirigés vers les armées. Plusieurs causes y concouraient.

La plus influente tenait à la nature même de l'enrôlement des Volontaires de 1791, qui avaient pris les armes avec tant d'empressement, lorsque l'arrestation du Roi à Varennes avait fait craindre l'invasion subite des Étrangers et des Émigrés. Aux termes de leur engagement, la campagne devait finir pour eux le 1er Décembre ; ils devaient alors être libres de se retirer dans leurs foyers, pourvu qu'ils en eussent donné avis, deux mois d'avance, aux capitaines de leurs compagnies (1). Aussi, dès le mois d'Octobre, les généraux avaient-ils été prévenus que presque tous les Volontaires de 1791 se préparaient à user de leur droit en terminant brusquement leur carrière militaire.

A cette époque, ces *premiers soldats de la Liberté* s'étaient crus d'autant plus fondés à faire valoir leur prérogative, que Kellermann, marchant derrière les Alliés qui se retiraient, était déjà rentré à Verdun, et que les triomphes obtenus en Savoie, dans le Comté de Nice

---

(1) Voir, Chapitre X, page 334, le Règlement d'organisation des Bataillons de Volontaires nationaux.

ainsi que dans le Palatinat, avaient porté Danton à proposer à la Convention de déclarer que la Patrie n'était plus en danger. Aussi, dans les différentes armées, les Volontaires attendaient-ils impatiemment le moment où, glorieux et fiers de leur mission bien accomplie, ils iraient retrouver, dans leurs foyers préservés de l'invasion, les affections et les intérêts si généreusement délaissés un an auparavant.

Mais, par cet abandon des drapeaux dont on ne pouvait contester la légitimité, la République allait perdre 60,000 hommes déjà éprouvés, au moment où la guerre prenait le caractère de l'agression et de la conquête. Dans cette extrémité, un membre du Comité militaire proposa à l'Assemblée de prolonger d'office la durée de l'engagement des Volontaires ; mais la Convention, rejetant ce moyen arbitraire, adressa une proclamation aux Bataillons de 1791 :

« Citoyens-soldats !

» La Loi vous permet de vous retirer, le
» cri de la Patrie vous le défend. Quand Por-
» senna était aux portes de Rome, Brutus
» quitta-t-il son poste ? L'ennemi a-t-il re-

» passé le Rhin? Longwy est-il repris (1)?
» Le sang français, dont les barbares ont
» arrosé la terre de la Liberté, est-il vengé?
» Leurs ravages sont-ils punis? Ont-ils re-
» connu la majesté de la République et la
» souveraineté du Peuple? Soldats, voilà le
» terme de vos travaux ! C'est en dire assez aux
» braves défenseurs de la Patrie. La Conven-
» tion nationale se borne à vous recommander
» l'honneur français, l'intérêt de l'Etat et le
» soin de votre propre gloire. »

Au moment où cette proclamation froissait tant de légitimes espérances, le Pouvoir exécutif décréta que les armées Françaises ne déposeraient les armes que lorsque les ennemis de la République auraient été repoussés au delà du Rhin (24 Octobre). Cette déclaration fut suivie d'une Adresse qui semblait admettre comme un fait acquis le séjour des citoyens-soldats sous les drapeaux (2).

---

(1) Le territoire n'était pas encore entièrement évacué ; mais il était bien près de l'être. L'envoi de l'adresse aux Volontaires fut décidé le 15 Octobre ; la proclamation fut adressée le 20 Octobre, et c'est le 22 que Kellermann rentra à Longwy. Le dernier poste fermé, Lannoy, fut évacué par les Autrichiens, le 2 Novembre.

(2) *Proclamation du Pouvoir exécutif.* — 24 Octobre 1792.
    Citoyens soldats,
Ce que le Pouvoir exécutif vous commande, ce que vous avait déjà

Mais, malgré leur année d'apprentissage militaire, les Volontaires de 1791 n'en étaient

ordonné un décret de la Nation, est sans doute le vœu le plus ardent de vos cœurs.

C'est vous qui avez vu de plus près les ravages de nos ennemis ; c'est vous qui avez coupé leur marche ; c'est vous qui, de poste en poste, avez chassé ces armées d'esclaves et de tyrans hors de nos frontières ; c'est vous qui devez sentir l'impossibilité de vous arrêter un instant dans une course si glorieuse.

Ces satellites des despotes ne sont plus sur le territoire de votre République ; mais ils sont encore devant vous, mais ils vous voient, mais vous les voyez. Non, il ne vous serait pas possible de prendre du repos et de leur en laisser. Vous les poursuivrez jusqu'à ce que leurs regards mêmes ne puissent plus atteindre au sol de la France ; vous les poursuivrez jusqu'au delà de ce fleuve rapide, qui, comme pour balayer leurs souillures, coule entre la terre des hommes libres et la terre des hommes esclaves.

Soldats d'un Empire antique et d'une République naissante, savez-vous quelle est l'espérance de nos ennemis ?

Ils disent que les Soldats Français ont toujours fait des miracles dans des moments d'enthousiasme, mais que leur enthousiasme passe, et les miracles avec lui ; mais qu'on les a toujours surpris et toujours écrasés lorsqu'ils se reposaient ou se réjouissaient dans leur gloire. Ainsi vos ennemis croient que vous n'avez encore que ces vertus brillantes que le despotisme même n'avait pu étouffer en vous. Défenseurs des droits de l'homme, faites-leur connaître les nouvelles vertus que la Liberté vous a données ; faites-leur comprendre que l'enthousiasme des hommes qui combattent pour les principes éternels de la raison et de la nature est indestructible et éternel comme ces principes.

Ils disent que vous savez vaincre des armées, mais que vous cédez aux rigueurs des saisons : Soldats de la République Française, faites-leur voir que vous surpasserez en tout, comme dans la justice de votre cause, ces légions de la République Romaine qui, dans la même guerre, combattaient et triomphaient sur les cimes glacées des Alpes et dans les sables brûlants de l'Afrique ; faites-leur voir que, dans le cœur de l'hiver, vous saurez les poursuivre, s'il le faut, jusque dans les antres du Nord, et que là vous saurez vaincre également eux et leur climat.

pas moins restés ce qu'ils étaient au départ, des citoyens armés et non des soldats. Ils avaient conservé dans les garnisons, dans les camps et aux armées, les habitudes et l'esprit de délibération des sociétés populaires. Les *Motions*, tel était le mot consacré, y étaient discutées aussitôt que quelque orateur les avait produites du haut d'une tribune improvisée; dès qu'elles étaient agréées par la majorité, elles étaient mises à exécution

---

Soldats de la France, chacun de vous doit avoir le sentiment qui a fait le succès et la gloire du plus grand capitaine de l'antiquité; chacun de vous doit croire n'avoir rien fait, tant qu'il lui restera quelque chose à faire.

Le Pouvoir exécutif veillera sur les nouveaux besoins que l'hiver va vous faire sentir, non comme les despotes avaient coutume de veiller sur les besoins des soldats, dont l'existence n'avait un prix que pour leur ambition, mais comme des frères veillent sur les besoins de leurs frères, mais comme les pères sont inquiets et attentifs sur les besoins de leurs enfants.

Guerriers, à qui les nouvelles destinées de la France et du genre humain sont confiées, vous ne pourriez vous retirer dans des cantonnements que pour vous exercer dans l'art des manœuvres et de la tactique, que pour y vivre au milieu de l'image et des fatigues de la guerre; mais, pour vous, ce sont les dangers qui doivent adoucir les fatigues; c'est en combattant, et non en manœuvrant, que vous devez étudier l'art des combats : les batailles et les triomphes doivent être votre école.

Ah! sans doute, cette vie tout héroïque que vous menez depuis que vous êtes sous les armes, ces mouvements d'un camp toujours prêt à marcher à un grand succès ou à une grande action, la vue confiante de ces drapeaux déployés sur les routes qui vous mènent à des victoires, sans doute ces impressions profondes ont dû vous attacher au genre de vie qui vous les a données : si ces mouvements

sans que le *motionnaire* ou aucun de ses auditeurs s'embarrassât des conséquences qu'elles pouvaient entraîner (1). Les officiers étaient

---

s'arrêtaient pour vous, si tous ces objets n'étaient plus présents à vos yeux, si chaque jour ne pouvait plus vous amener un nouveau triomphe, l'éclat de votre vie vous paraîtrait effacé ; vous croiriez qu'on vous a fait descendre du char de la gloire.

Soldats, si la guerre était suspendue dans les rigueurs de l'hiver, au retour du printemps il faudrait la recommencer ; mais en ne laissant aucun relâche à nos ennemis, quand le printemps arrivera, une paix universelle sera sollicitée par eux, et pourra leur être accordée par les représentants de la République française. Vous rentrerez triomphants dans vos foyers, lorsque la nature elle-même sera dans l'éclat et dans la joie de la renaissance : les fleurs dont la terre sera parée seront destinées à former vos couronnes, et le parfum dont leurs émanations rempliront les airs sera l'encens que la nature elle-même prodiguera dans la fête qui célébrera vos victoires.

ROLAND, CLAVIÈRE, MONGE, LE BRUN, GARAT, PACHE.

Par le Conseil : GROUVELLE, *Secrétaire*.

(1) C'est à la suite de motions, qu'on avait vu des convois de fusils pillés par des Bataillons nationaux impatients de se procurer des armes qui leur manquaient, et que des envois de farine, destinés aux armées, avaient été retenus de force dans des garnisons par des Volontaires qui appréhendaient de manquer de vivres. Dans un camp, à Maubeuge, un motionnaire ayant proposé de créer des allées d'arbres de liberté, toutes les rues du camp avaient été percées de trous profonds, et les propriétés voisines avaient été privées de leurs plus beaux arbres par les Volontaires qu'avait enthousiasmés l'idée de leurs camarades.

Leur indépendance indisciplinée avait même compromis plusieurs fois le succès d'opérations militaires pendant la campagne de l'Argonne. Le général Miaczinski, parti de Sédan avec un millier de Volontaires pour enlever à l'Ennemi un fort approvisionnement de grains, vit manquer le succès de son expédition, parce que, à peu de distance du but qu'il allait atteindre, ses soldats s'étaient enivrés et avaient pillé les habitants. Pour les mêmes causes et à la même époque, le général Moreton fut obligé d'évacuer la ville de Saint-Amand qu'il venait de reprendre aux Autrichiens : sous prétexte que

sans influence sur des inférieurs auxquels ils devaient leurs grades et qui vivaient avec eux dans les termes de la plus parfaite égalité. Aussi furent-ils impuissants à conjurer le mécontentement général que les proclamations de la Convention et du Pouvoir exécutif soulevèrent dans les Bataillons. Des motions violentes furent produites à l'appui du droit méconnu; des tribunes où l'on engageait à la désertion s'élevèrent dans les camps; enfin, à partir du 1er Décembre, époque légale de la libération, les routes conduisant à l'intérieur se couvrirent peu à peu de Volontaires qui abandonnaient les armées avec armes et bagages.

L'Assemblée nationale tenta d'arrêter ces défections par un décret (13 Décembre) :

« La Convention déclare à tous les citoyens-
» soldats que la République a encore besoin
» de leurs services, et les invite, au nom de la
» Patrie, à ne pas quitter leurs drapeaux.

« Tout Volontaire national qui abandonnera
» son poste, sera noté, par la Municipalité du

---

les Autorités et les habitants avaient favorablement accueilli les Étrangers, les Volontaires avaient levé sur les caves une telle imposition que la défense était devenue complètement impossible dans le cas où l'Ennemi eût fait un retour offensif.

» lieu de son domicile, sur un tableau d'in-
» scription civique, comme ayant refusé à la
» Patrie le secours qu'elle lui demandait.

» Ceux des Volontaires qui auraient-un
» besoin indispensable de retourner pour
» quelque temps dans leurs foyers, obtien-
» dront des congés en fournissant un certificat
» de leur Municipalité qui attestera la légiti-
» mité de leurs motifs. Ce certificat, visé par
» le Commandant du bataillon et par le Géné-
» ral en chef, sera envoyé au Ministre de la
» guerre qui accordera le congé.

» Ce congé ne pourra excéder la durée d'un
» mois, sans y comprendre l'aller et le retour
» dont le temps est fixé à raison de six lieues
» par jour. La totalité des congés ne pourra,
» dans chaque compagnie, dépasser le sixième
» de l'effectif, et les deux tiers desdits congés
» seront accordés aux pères de famille.

» Les Volontaires peuvent obtenir des con-
» gés absolus en se faisant remplacer par des
» citoyens d'un civisme reconnu et qui ne
» soient pas en activité dans les Troupes de
» ligne, dans les Bataillons nationaux, ou dans
» les Compagnies franches.

» Les Volontaires qui ont quitté leurs batail-

» lons et qui n'y retourneraient pas dans le
» délai d'un mois, seront inscrits sur le tableau
» établi par leur Municipalité.

» Les Corps administratifs, les Officiers mu-
» nicipaux, les Gendarmes et les Gardes na-
» tionaux sont tenus d'arrêter tout Volontaire
» qui, en quittant son bataillon, emporterait
» sa capote, son fusil, sa giberne ou autres
» effets d'équipement. Ils en useront de même
» à l'égard de ceux qui emporteront leurs habits
» d'uniforme sans pouvoir justifier qu'ils en
» ont payé le prix.

» Il sera accordé une retraite à tous les
» citoyens qui auront servi sans interruption
» jusqu'à la fin de la guerre. »

Ce décret, lu à la tête des compagnies déjà morcelées par la défection, ne fut considéré que comme la confirmation brutale d'un déni de justice, et la désertion continua. Elle était même envisagée par plusieurs comme un impérieux devoir : leurs femmes et leurs enfants, qui n'avaient reçu aucun des secours promis lors du départ du chef de la famille, rappelaient à grands cris celui dont le retour devait mettre fin à leur misère. Mais quant à la grande majorité des Volontaires, une année de service avait suffi pour éteindre l'enthousiasme auquel avait succédé le dégoût de l'état militaire.

Les privations extraordinaires imposées par le dénûment général des armées, avaient puissamment concouru à ce fâcheux résultat; les souffrances qu'elles engendraient, éclaircissaient aussi d'une manière inquiétante les rangs des troupes de ligne, et encombraient les ambulances ainsi que les hôpitaux.

Ce désastreux état de choses provenait en partie de l'immensité des besoins, mais surtout du désordre introduit dans les Bureaux de la guerre. L'incapacité, la fraude et les concussions des individus que Pache y avait laissé placer par les Jacobins, facilitaient les dilapidations des agents secondaires; peu de fournitures étaient envoyées aux armées; celles qui y arrivaient étaient d'une détestable qualité (1).

---

(1) Les *Mémoires de Dumouriez* font bien connaître ce qu'était devenu le Ministère de la Guerre entre les mains de Pache :
« On chassa tout ce qui restait encore des anciens bureaux de la
» guerre, qu'on remplit non-seulement de Jacobins, mais encore de
» ceux qui s'étaient distingués dans les massacres des premiers jours
» de Septembre. Ce nouveau Ministère attaqua toutes les parties de
» l'Administration et les détruisit toutes. L'administration des vivres,
» celles des hôpitaux, de l'habillement, de l'armement, furent
» cassées.. . . . .

Les troupes bivouaquaient le plus souvent sans tentes et sans couvertures; les capotes, les habits et les souliers usés n'étant pas remplacés, les trous aux uniformes laissaient constater qu'un grand nombre de soldats n'avaient pas de chemise; beaucoup d'entre eux étaient réduits à s'envelopper les pieds de paille ou de foin tressé. Les réclamations des Commissaires de la Convention et les plaintes répétées des Généraux sur la misère des armées, au moment où l'hiver allait commencer à sévir, portèrent enfin l'Assemblée nationale à ordonner une enquête dans les magasins des grandes villes, telles que Lyon, Strasbourg, etc., où se trouvaient les principaux dépôts d'effets d'habillement pour les troupes.

« L'Hôtel de la guerre était devenu une caverne indécente, où
» quatre cents commis, parmi lesquels plusieurs femmes, affectant
» la toilette la plus sale et le cynisme le plus impudent, n'expédiaient
» rien et volaient sur toutes les parties. »

. . . .

« . . . . . . Pache, Ministre de la guerre, homme d'esprit, très-
» malhonnête homme, très-ignorant, et aveuglément livré au parti
» des Jacobins. Il avait une femme et une fille, aussi laides que
» méchantes, qui allaient dans tous les clubs pour demander la tête
» du Roi. Les bureaux de la guerre étaient devenus un club où l'on
» ne respirait que sang et carnage. On n'y travaillait qu'en bonnet
» rouge; on y tutoyait tout le monde, même le Ministre, qui, affec-
» tant l'extérieur le plus négligé et le plus malpropre, faisait sa cour
» à la canaille de Paris, en s'assimilant à elle. »

Il en ressortit des faits déplorables. On constata les trafics honteux par lesquels les soumissionnaires des marchés, non surveillés ou d'accord avec les agents du Ministère, s'enrichissaient aux dépens de la vie des soldats. On trouva des quantités considérables de chemises faites en toile d'emballage; des lots nombreux de chapeaux et de bas, considérés comme neufs, n'étaient pas même en état d'être distribués; des milliers de pièces de drap avaient été reçues sans aunage, et la largeur qu'elles devaient avoir n'avait pas même été indiquée dans les traités d'achat. Des ballots avaient été reçus en magasin sans être préalablement ouverts, sous prétexte qu'ils portaient le sceau ministériel, tandis que c'était simplement un cachet provenant de l'enveloppe d'une lettre. Quant aux souliers, bien que le prix raisonnable fût de sept livres dix sols, on avait soldé des commandes importantes au taux de douze livres; pour les uns, les semelles comportaient plus de carton que de cuir; d'autres étaient collés au lieu d'être cousus, et l'eau en désagrégeait les parties. A l'armée du Nord, après une distribution considérable, les chaussures n'avaient pas résisté à six heures de marche.

Partout enfin, on acquit des preuves de la cupidité et des malversations des agents du Ministère, des fournisseurs et des experts chargés d'apprécier les livraisons.

Avant même que tous ces honteux détails n'eussent été entièrement constatés, des commissaires-ordonnateurs, des munitionnaires, des soumissionnaires de marchés et des gardes-magasins furent mandés à la barre de la Convention, interrogés, décrétés d'arrestation et renvoyés devant les tribunaux (1). Mais ces accusés trouvaient dans les Bureaux de la guerre, des appuis et des défenseurs intéressés dont les juges redoutaient la puissance ; aussi étaient-ils constamment acquittés sous prétexte que les lois existantes n'avaient pas prévu les faits pour lesquels ils étaient incriminés.

La Convention indignée recherchait des moyens pour remédier à la pénurie dont souffraient les armées. Un Député demanda que tous les tailleurs et tous les cordonniers de la République fussent astreints, pendant un temps

---

(1) Il ne s'agit ici que des tribunaux ordinaires. Le tribunal extraordinaire, créé le 17 Août pour servir les fureurs populaires, était devenu inactif lorsqu'il fut dissous le 1er Décembre.

déterminé, à ne travailler que pour les soldats; un autre voulait que l'on décrétât la peine de mort contre tous les fournisseurs prévaricateurs; l'exagération même de ces propositions les rendait inadmissibles et le mal s'aggravait de jour en jour.

Il était plus manifeste à l'armée de Belgique que partout ailleurs, en raison du mauvais vouloir des Jacobins et du Ministre de la guerre à l'égard de Dumouriez, dont le républicanisme ne paraissait pas de franc aloi; dans l'expression même des professions de foi républicaines de ce général, on croyait distinguer le persiflage et l'ironie (1). D'ailleurs tout général vic-

---

(1) On peut citer, entre autres, sa lettre au baron Prussien Cloots, qui, après avoir adopté le prénom d'Anacharsis, s'était intitulé *Orateur du Genre Humain*, et, à ce titre, avait imaginé la mascarade qui se présenta à l'Assemblée Constituante comme députation de tous les peuples de l'Univers.

Anacharsis Cloots avait écrit à Dumouriez en se qualifiant d'*Orateur des Sans-Culottes*; ce dernier nom convenant surtout aux soldats de l'armée de Belgique qui étaient à moitié nus, Dumouriez répondit ainsi (13 Décembre) :

Le Général des Sans-Culottes à l'Orateur des Sans-Culottes.

« ...... Arrivons à la République universelle, en démontrant aux
» peuples le bonheur et la prospérité de la République Française,
» fruits de la sagesse d'un Gouvernement bien organisé...... Toi,
» cependant, Orateur du Genre humain, poursuis ta généreuse car-
» rière; tonne contre les préjugés et le fanatisme; éclaire les faibles
» mortels; rends-les sensibles et vertueux; que la fraternité, la

torieux causait un certain ombrage à l'esprit révolutionnaire. Lorsqu'après les succès de Custine, on avait proposé de lui décerner quelque marque honorifique, il avait été allégué que l'austérité des mœurs du régime républicain devait exclure les *formes obséquieuses* du despotisme et qu'un général devait se trouver suffisamment récompensé par la satisfaction d'avoir bien servi la République.

De même, après l'entrée des Français à Liége, Kersaint ayant demandé que le Président de la Convention félicitât Dumouriez de la part de l'Assemblée, de nombreuses réclamations s'élevèrent contre cet acte de simple justice : « Le général Dumouriez a rempli son
» devoir ; il n'est point de citoyen qui ne lui
» paye le sentiment d'admiration qui lui est dû
» pour ses exploits ; mais dans les Républiques
» anciennes, où l'on savait honorer les vertus
» et les services, c'était quand tous les ennemis
» étaient vaincus, quand le général rentrait dans
» sa patrie qu'on lui décernait des honneurs et

» seule, la vraie religion, devienne le charme de notre existence et
» le lien de tous les cœurs. Adieu. Voilà la douce philosophie de
» la nature. Pourquoi faut-il que les canons et les baïonnettes soient
» des moyens de l'établir et de la propager ? »

Le général des Sans-Culottes, DUMOURIEZ.

» des récompenses. Dumouriez, *nouvel Evê-*
» *que de Liége*, mérite des éloges; mais ce
» n'est pas dans une République que la gloire
» s'escompte; elle ne doit être payée qu'à la
» fin de la carrière. »

Ces manifestations de la défiance républicaine étaient bien éloignées des sentiments odieux qui portaient les Jacobins du Ministère de la guerre à entraver les succès de Dumouriez, en le privant des secours dont le manque presque absolu faisait dépérir son armée; elles concoururent cependant au même but. A défaut des ressources qu'on lui refusait, le génie inventif du Général de l'armée de Belgique avait su en créer de nouvelles. Sans vivres, sans argent, sans vêtements pour ses troupes après la bataille de Jemmapes, il avait fait des emprunts, passé des marchés pour des fournitures de capotes ainsi que de souliers, et conclu, avec des capitalistes Belges, des traités pour la subsistance de son armée pendant deux mois. Dans ces différentes opérations, il avait été secondé par des commissaires-ordonnateurs fertiles en ressources et par des entrepreneurs qui y trouvaient sans doute leur compte, mais qui assuraient du moins l'existence des soldats et la possibilité de poursuivre les premiers succès.

Dumouriez avait cru qu'on serait satisfait à Paris de la combinaison par laquelle son armée serait nourrie, habillée et équipée en Belgique. Non-seulement on pourrait se dispenser de rien lui envoyer de France, mais, les fournisseurs Belges, recevant les assignats, allaient d'eux-mêmes en établir la circulation dans leur pays; enfin, après la guerre, on n'eût eu qu'à solder une dette assez minime, puisqu'une partie de ces dépenses devait se compenser au moyen de l'acquittement des déboursés faits par la France pour assurer l'indépendance de la Belgique.

Loin de là, Pache allégua que ses pouvoirs n'allaient pas jusqu'à donner à un Général d'armée la permission de passer ainsi des marchés, et il transmit à la Convention les demandes d'autorisation adressées par Dumouriez. Cambon, dont l'austère intégrité y faisait loi en matières de finances, sapa ainsi les projets du général : » Il est inutile d'avoir recours à des
» entrepreneurs Belges pour faire accepter les
» assignats; on saura bien forcer la Belgique
» à les prendre, non pas au cours de Paris, mais

» au pair de l'argent. Il est vrai que les subsis-
» tances et les effets d'habillement reviendront
» à plus haut prix en les envoyant de France
» qu'en les tirant du pays où réside l'armée;
» mais on fera ainsi subsister des artisans Fran-
» çais, à Paris surtout, où, faute de cette res-
» source, ils se livreraient au désordre pour
» avoir du pain. Les entrepreneurs sont des
» fripons qui font payer cher et livrent de mau-
» vaises marchandises; aussi la Convention
» a-t-elle autorisé les Ministres de l'Intérieur,
» de la Marine et de la Guerre, à dissoudre les
» compagnies des anciens fournisseurs et à
» former un *Comité des achats* dont les mem-
» bres, en nombre très-restreint, seront chargés
» de tous les marchés, sans pouvoir devenir
» eux-mêmes entrepreneurs. Par là, on assurera
» l'uniformité des prix pour chaque fourniture
» et l'on ne dépendra plus de la cupidité des
» capitalistes. »

Ce système nouveau présentait de nombreux inconvénients; le plus frappant était que, pour pouvoir acheter les vivres et les fourrages à un taux uniforme, il fallait forcément adopter les prix des localités où les denrées étaient les plus chères. La formation du Comité des achats fut néanmoins décidée, et l'on refusa l'autorisation qui eût validé les traités passés par Dumouriez. Cependant, on était en Novembre ; le Comité des achats ne devait commencer ses opérations qu'au 1er janvier 1793 ; jusque-là, il fallait nourrir les soldats et leur fournir quelques vêtements (1). Dans l'impossibilité de faire autrement, Dumouriez maintint ses marchés, qui, conclus pour deux mois, lui permettaient d'attendre que le nouveau régime fût mis en vigueur. Afin de couvrir de sa responsabilité les commissaires-ordonnateurs, il leur avait donné ses ordres par écrit; néanmoins ces fonctionnaires furent arrêtés par la volonté du Ministre ou plutôt des Jacobins de ses bureaux; quant aux régisseurs des vivres et des fourrages, ils reçurent du Ministère l'injonction de ne plus faire aucun achat; on les y contraignit d'ailleurs en saisissant leurs caisses; ils ne purent plus même payer leurs employés.

---

(1) La Meuse traversant un pays de corroyerie, on eût pu avoir des souliers pour quatre livres dix sols; mais cela n'eût pas fait les affaires des trafiquants du Ministère de la guerre à Paris. On faisait au contraire acheter des cuirs à Liége et ailleurs; on les envoyait à Paris, d'où arrivaient en très-petite quantité des souliers qui coûtaient alors de neuf à dix livres. Il en était de même pour les bottes, les bas de laine, les armes et l'habillement qu'on eût pu se procurer à très-bon compte. — *Mémoires* de DUMOURIEZ.

L'armée de Belgique se trouva ainsi du même coup privée du concours des chefs de l'Administration et dépourvue de tout moyen de subsistance. Dumouriez, indigné de l'hostilité stupide qui ruinait son plan de campagne, écrivit à Pache des lettres où il le traitait comme il le méritait; il demanda en même temps à la Convention à être rappelé de son commandement, pour venir défendre à Paris les administrateurs qui n'avaient été arrêtés que parce qu'ils avaient obéi à ses ordres. L'Assemblée nationale tenta d'obtenir de sérieux éclaircissements du Ministre; mais celui-ci se justifia en présentant des états parfaitement en règle de fournitures adressées à l'armée de Belgique qui pourtant ne les avait pas reçues.

Un démagogue effréné, Ronsin, fut alors envoyé, par les Jacobins du ministère, pour remplacer en Belgique l'ordonnateur en chef, Malus, qui avait été arrêté. Dumouriez, qui l'accablait de sa colère et de son mépris, lui communiquait les rapports journaliers qu'il rédigeait contre lui; les commissaires-ordonnateurs ne voulaient pas servir sous ses ordres; les entrepreneurs Belges cessèrent leurs livraisons; la situation devint tellement critique que, malgré son impudence, Ronsin fut effrayé et craignit de devenir la victime des soldats. Il consentit alors à suivre le plan de Dumouriez ; ce dernier, à force de prières et de promesses, obtint encore que les régisseurs des vivres, les commissaires des guerres et les entrepreneurs étrangers reprissent leur service : il fut décidé que les marchés continueraient à être exécutés jusqu'à ce que le Comité des achats eût envoyé ses préposés et fût en état de faire subsister les troupes. C'est au milieu de ces entraves et de ces difficultés sans cesse renaissantes que Dumouriez avait su conduire l'armée Française jusqu'à Liége (27 Novembre).

Là, il fallut s'arrêter. La rigueur de la saison amenait une nouvelle cause de souffrances ; les hôpitaux Belges étaient encombrés ; des régiments entiers étaient infectés de la gale ; les Volontaires désertaient par nombreux détachements, et le fourrage manquait presque complétement (1). Il était de toute urgence de faire hiverner les troupes. L'emplacement qu'elles occupaient près de Liége ne paraissant

---

(1) Dans les mois de Décembre et de Janvier, six mille chevaux de l'Artillerie périrent de faim. — *Mémoires* de Dumouriez.

pas convenable, et laissant l'ennemi trop rapproché, Dumouriez, par un suprême effort, livra encore un combat où les Impériaux perdirent 300 hommes, et à la suite duquel il entra, le 8 Décembre, dans Aix-la-Chapelle. Quelques jours après, les troupes étaient réparties dans les garnisons et les cantonnements où elles devaient passer l'hiver; malheureusement, elles ne rencontraient plus partout les démonstrations sympathiques qui les avaient accueillies à leur arrivée.

Elles-mêmes avaient concouru, forcément en quelque sorte, à faire naître les premiers ferments de désaffection. La misère et la nudité avaient rendu les soldats indisciplinés et pillards. Privés de bois de chauffage et de cuisine, ils avaient brûlé des arbres fruitiers ainsi que des portes et des fenêtres arrachées aux maisons qu'ils démolissaient en partie. Lorsqu'à la suite de la désorganisation de l'administration de l'armée, les paysans n'avaient plus été payés du fourrage qu'ils fournissaient, ils avaient cessé leurs livraisons. Ronsin avait alors fait exécuter dans les villages des réquisitions sous prétexte desquelles des cavaliers avaient pillé et commis tous les excès. Quelques-uns de ces maraudeurs avaient été massacrés par ceux qu'ils réduisaient ainsi au désespoir.

Les assignats avaient été une autre cause de discorde. Dumouriez, qui nourrissait le projet de faire du pays Belge et Liégeois une nation indépendante alliée de la République Française, avait cru l'éviter en faisant payer ses troupes en numéraire qu'il se procurait au moyen d'emprunts ; mais les agioteurs avaient envahi la Belgique à la suite des armées, et ils voulaient y introduire les assignats au pair pour gagner la valeur de la différence avec le cours français. Dans ce but, ils chargeaient les soldats d'acheter des objets de minime valeur uniquement pour obtenir le change d'un assignat. Le vendeur n'osant pas refuser, préférait abandonner sa marchandise sans rétribution plutôt que de recevoir un papier qui perdait immédiatement la moitié de la valeur pour laquelle on voulait le lui donner. De là naissaient des querelles perpétuelles.

Les sentiments hostiles des populations Belges prirent encore plus de consistance, lorsque l'Assemblée nationale eut rendu (15 Décembre) un décret sur la conduite à tenir par les généraux français dans les contrées où pénétraient les armées de la République. La pensée politique de la Convention s'y manifestait bien différente des sentiments de fraternité dont on faisait naguère un si pompeux étalage. Jusque-là, l'Assemblée avait toujours protesté que la Nation Française ne voulait attenter à aucun des droits imprescriptibles de la souveraineté des peuples auxquels elle apportait la Liberté. Chacun d'eux avait été déclaré maître d'adopter la forme particulière de gouvernement qui lui plairait ; la République ne voulait, disait-on, retirer de ses généreux efforts d'autre profit que la gloire d'avoir posé les bases éternelles de la félicité générale.

Le décret du 15 Décembre vint donner un démenti formel à ces trompeuses assurances. En vertu de ses dispositions, les Généraux de la République devaient proclamer partout la souveraineté du peuple, l'abolition de la féodalité, de la dîme et de tous les anciens abus ; les biens des Nobles, des Prêtres, des Communautés laïques ou religieuses et des Eglises devaient être séquestrés, mis sous la sauvegarde de la Nation Française, et servir de gage aux frais de la guerre à payer par les peuples que l'on affranchissait ; les assignats devaient être reçus en même temps que la Liberté. Des Commissaires du Pouvoir exécutif allaient être chargés de s'entendre avec les Administrations locales formées par les Généraux pour fraterniser avec elles, tenir les comptes de la République et exécuter les séquestres. Enfin la Révolution devait s'y manifester avec tous ses principes résumés en quelques mots : *guerre aux châteaux, paix aux chaumières.*

En exécution de ce décret, une nuée de Commissaires du Pouvoir exécutif, d'agents des Jacobins et d'émissaires de la Commune de Paris, s'abattit sur la Belgique en y portant subitement les mœurs désordonnées qui avaient mis trois années à s'impatroniser en France. Les patriotes Belges qui avaient concouru à la première révolution du Brabant, furent tout à coup débordés et traités d'aristocrates par les démagogues effrénés; partout les basses classes furent excitées contre les classes moyennes.

A la faveur du désordre général, des Sans-Culottes des deux nations portaient de graves atteintes à la propriété. Des commissaires emprisonnaient ceux qu'ils traitaient d'aristocrates et séquestraient leurs biens; ils faisaient aussi enlever l'argenterie des Eglises. Le secours que leur prêtait la force armée accroissait l'irritation des Belges contre les soldats déguenillés et affamés qu'on avait reçus naguère comme des libérateurs, et qui reconnaissaient cet acceuil fraternel en prenant part à tous les désordres, en tirant leurs sabres pour faire accepter les assignats, et en pillant pour leur compte ou pour celui de la République. Le despotisme autrichien paraissait doux en comparaison de la Liberté Française. Des factionnaires et des soldats isolés furent assassinés.

Pendant que la population Belge se désaffectionnait ainsi de plus en plus, les Sociétés populaires des différentes villes, soumises à l'influence violente des agents révolutionnaires, secondaient la pensée secrète de la Convention en lui envoyant des députations qui demandaient instamment que Liége, Mons, Bruxelles, etc., fussent réunis à la France. Les généraux qui tentaient de s'opposer aux manifestations anarchistes étaient dénoncés à l'Assemblée comme des réactionnaires. Quant à Dumouriez il s'était rendu à Paris; il venait s'y plaindre de toutes les difficultés qui avaient entravé ses succès, représenter combien était nuisible pour l'avenir le régime adopté en Belgique, tenter de faire cesser le dénûment des armées, et enfin, donner sa démission, s'il n'obtenait pas le changement d'un état de choses aussi désastreux.

Une exigence, minime si on la compare aux exactions qui se commettaient en Belgique, avait fait rejeter Custine hors de Francfort. Ce général ayant imposé à la ville une contribution de deux millions de florins, des délégués des habitants vinrent réclamer à la Convention en représentant que leurs compatriotes avaient toujours observé la plus stricte neutralité ; cependant, ils n'obtinrent qu'une réponse évasive. Par suite, un soulèvement, qui coûta la vie à trois cents Français, ouvrit les portes de Francfort (28 Novembre) aux Prussiens qui avaient repassé le Rhin à Coblentz, et Custine fut obligé de se retirer vers Mayence.

D'un autre côté, Beurnonville, à la tête de l'armée de la Moselle (1), faisait une tentative

---

(1) Le jour même où Beurnonville était entré à Mons avec Dumouriez, il avait reçu l'ordre d'aller remplacer, à la tête de l'armée de la Moselle, Kellermann qui partait pour l'armée des Alpes.

infructueuse sur l'Electorat de Trèves. Ayant échoué devant les hauteurs de Pellingen (15 Décembre), il se borna à occuper l'espace compris entre la Sarre et la Moselle. La campagne de 1792 se terminait ainsi de telle sorte que les Prussiens et les Autrichiens espéraient prendre bientôt leur revanche en ramenant leurs vainqueurs à la frontière.

C'était l'époque où la Convention mettait en jugement l'infortuné Louis XVI; chacun connaît les détails de cet inique procès où l'accusé comparut devant des juges dont une notable partie s'acharnait depuis longtemps à demander sa mort. La Commune, le Club des Jacobins et celui des Cordeliers, son émule, ne négligeaient rien pour porter le sentiment général de la population Parisienne au niveau de leur exaltation. On faisait promener dans les rues les blessés du 10 Août, *mitraillés par ordre du tyran;* on étalait aux yeux du public des guenilles sanglantes, *reliques de ses victimes;* des baladins soudoyés par la Commune représentaient sur leurs tréteaux des farces infâmes dont la conclusion était le supplice du *brigand couronné, de l'anthropophage souillé de tous les crimes;* le soir, des furibonds salariés parcouraient les rues, le sabre à la main, en hurlant : *Capet à la guillotine.*

Lorsque l'audace et la violence eurent triomphé à la Convention de la faiblesse et de la peur, le fatal arrêt plongea la population Parisienne dans une profonde torpeur : l'acte inouï qui se préparait, apparaissait comme un sacrilége. Des Royalistes, impuissants à se concerter, complotaient d'enlever le Roi lorsqu'il marcherait au supplice ; une partie des Fédérés et de la Cavalerie nationale de Paris eût consenti à concourir à l'œuvre de salut, si elle eût trouvé un chef et si on lui eût tracé la route à suivre. Les Montagnards, la Commune et les Jacobins, horriblement inquiets dans leur triomphe, pressaient de tous leurs efforts l'accomplissement de la condamnation. La veille de l'exécution, l'assassinat de Lepelletier Saint-Fargeau par un ex-Garde constitutionnel (1), qui voulut ven-

---

(1) A la suite de cet assassinat, l'ex-garde constitutionnel Pâris fut décrété d'accusation ; son signalement fut envoyé de tous côtés avec ordre de le saisir et promesse de 10,000 livres à qui l'arrêterait ou le ferait arrêter. Il fut découvert, le 1er Février suivant, à Forges-les-Eaux où il s'était rendu à pied. Lorsque les gendarmes qui le trouvèrent couché dans une auberge, lui adressèrent les premières interrogations, il se retourna dans son lit et se brûla la cervelle.

ger d'avance la mort du Roi en tuant un de ceux qui l'avaient condamné, ajouta encore plus de consistance aux bruits d'une conspiration royaliste qui devait éclater le lendemain.

Aussi les dispositions militaires les plus imposantes furent-elles prises par Santerre pour assurer l'accomplissement de la *volonté du peuple*. Le 21 Janvier 1793, dès cinq heures du matin, en même temps qu'on procédait à plusieurs centaines d'arrestations, soixante-douze pièces d'artillerie retentissaient sur le pavé en se rendant aux postes qu'elles devaient occuper pendant cette funeste journée (1); les six

---

(1) Extrait de l'ordre donné à la Garde nationale pour le 21 Janvier 1793. — *Mémoires de d'Allonville.*

La 1re Légion fournira 15 pièces d'artillerie qui occuperont les emplacements suivants :	Quatre Nations.	4
	Pont National.	2
	Boulevard Montmartre.	2
	Pont de la Liberté.	2
	Route de Versailles.	2
	Conciergerie.	1
	Garde montante au Temple.	2
2e Légion. — 13 pièces.	Pont tournant.	2
	Place des Victoires.	4
	Boulevards, extrémité de la rue Richelieu.	1
	Rue Grange-Batelière.	2
	Rue Saint-Florentin.	2
	Rue des Champs-Élysées.	1
	Au Trésor.	1
3e Légion. — 10 pièces.	Route de Versailles.	2
	Avenue de Neuilly.	1
	Conciergerie.	4
	Prison de l'Abbaye.	1
	Cour des Feuillants.	2

Légions de la Garde nationale s'échelonnaient sur les boulevards, pour former la haie depuis le Temple jusqu'à la place de la Révolution (1). Des postes éloignés avaient été, par précaution, assignés aux divers Corps de Fédérés, ainsi qu'aux principaux détachements de la

4ᵉ Légion. — 13 pièces	Rue Saint-Honoré, près des Boulevards.	4
	Place des Piques.	6
	Caisse de l'Extraordinaire.	1
	Rue Mirabeau.	1
5ᵉ Légion. — 11 pièces	Rue Phélippeaux.	2
	Boulevard du Temple.	3
	Porte Saint-Martin.	4
	Rue Saint-Florentin.	2
6º Légion. — 10 pièces	Gazons du Louvre.	6
	Porte Saint-Denis.	4

(1) Extrait de l'ordre donné à la Garde nationale, pour le 21 Janvier 1793. — *Mémoires de d'Allonville.*

« La 1ʳᵉ Légion garnira de la porte Montmartre à la rue Mirabeau
» (Chaussée d'Antin), outre une réserve de 500 hommes aux Quatre-
» Nations, et une autre, de 100 hommes, avec deux canons, au
» pont National (ci-devant Royal). La 2ᵉ Légion s'étendra de la rue
» Mirabeau à la porte Saint-Honoré, et fournira une réserve à la
» place des Victoires. La 3ᵉ Légion, de la porte Saint-Honoré à la
» place de la Révolution (ci-devant de Louis XV), et sa réserve de
» 300 hommes occupera les Champs-Élysées. La 4ᵉ Légion station-
» nera sur la place de la Révolution, devant le Pont-Tournant et le
» pont de la Liberté ; sa réserve de 600 hommes occupera la place
» des Piques (ci-devant place Vendôme). La 5ᵉ Légion fournira des
» détachements, empêchera d'approcher des canons et aura une
» réserve de 600 hommes aux Tuileries. La 6ᵉ Légion fournira éga-
» lement des détachements, ainsi que deux réserves, l'une de 400
» aux gazons du Louvre, l'autre de 200 sur la place de la Maison
» Commune. Outre ces réserves, chacune des 48 Sections en aura
» une de 200 hommes, réunis à son chef-lieu et prêts à marcher.»

Cavalerie nationale. Des emplacements déterminés avaient été aussi indiqués à la Gendarmerie; dans ce dernier corps, alors recruté de bandits révolutionnaires de toutes sortes, on avait choisi ceux qui, placés sur le devant de la fatale voiture, devaient massacrer la royale victime en cas de mouvement populaire. Conformément à une motion faite la veille par Robespierre au Club des Jacobins, les quarante-huit Sections avaient désigné des *hommes sûrs pour se presser autour de l'échafaud.*

Pour le service spécial du cortége, chacune d'elles avait reçu l'ordre d'envoyer au Temple vingt-cinq individus aux principes bien connus, armés de fusils et munis de seize cartouches. Tous portaient à la boutonnière une carte où étaient inscrits leurs noms et la désignation de leurs Sections, certifiés par la signature du président de chaque Section. Un appel sévère de ces détachements fut fait au Temple, à sept heures et demie du matin, d'après des listes nominatives.

Le sinistre cortége partit du Temple à neuf heures et quelques minutes. A dix heures et un quart, le crime était consommé. Lorsque la Garde nationale et les autres corps armés se furent retirés, Paris resta plongé dans l'immobilité de la stupeur; chacun se tint enfermé dans sa demeure. Le silence lugubre qui régnait n'était interrompu de temps en temps que par les cris furieux de bandes de scélérats dont la joie et les mouvements convulsifs avaient les caractères de l'égarement.

Aux armées, le supplice du Roi fournit un nouveau sujet de dissensions entre les Soldats et les Volontaires : les premiers manifestèrent leur réprobation pour une catastrophe si contraire au souvenir de leurs anciennes traditions; les autres l'envisagèrent comme une victoire remportée par la République sur la Monarchie. Des officiers qui avaient résisté jusque-là aux sollicitations de l'Emigration, abandonnèrent les drapeaux. Beaucoup d'autres les eussent imités, si la proximité de l'Ennemi ne les eût détournés d'un acte de désertion dont les motifs pouvaient être calomniés.

Cet attentat excita l'indignation de l'Europe entière et, partout la France fut qualifiée de *pays d'assassins*. Un cri unanime de regret et de pitié pour le Roi martyr se fit entendre en Belgique. A Londres, les spectacles furent fermés, les journaux parurent bordés de noir en signe de deuil, et l'ambassadeur Français reçut l'ordre de quitter le territoire Anglais; l'émotion fut la même en Hollande, alors l'alliée de la Grande-Bretagne. Les hostilités, qui menaçaient depuis longtemps, devinrent imminentes; la Convention en prévint la déclaration en décrétant que la République Française était en guerre avec le Roi d'Angleterre et le Stathouder des Provinces-Unies (1er Février). Il était évident qu'il en serait bientôt de même à l'égard de l'Espagne. Enfin, le meurtre du Secrétaire de légation, Basseville, assassiné à Rome par la populace, pour avoir remplacé, au-dessus de la porte de la maison consulaire, les anciennes armes de France par l'écusson de la République (13 Janvier), amenait une autre complication qui semblait ne devoir se dénouer que par la voie des armes.

A ce moment, par le seul fait de la désertion, les armées de la République venaient de perdre 60,000 Volontaires, et les 150,000 hommes (1) qui restaient sur les diverses frontières, étaient plongés dans le dénûment le plus absolu.

---

(1) Ce chiffre est justifié dans le chapitre suivant.

CHAPITRE XIX.

ÉNUMÉRATION DES ARMÉES. — MODIFICATION DU MINISTÈRE DE LA GUERRE. — PROJET DE RÉORGANISATION DE LA FORCE MILITAIRE. — INSUFFISANCE DE LA GARDE NATIONALE PARISIENNE.

(Janvier et Février 1793.)

Sommaire :

Énumération des armées de la République. — Armées des Côtes, du Nord, de Belgique, des Ardennes, de la Moselle, du Rhin, des Alpes, du Var. — Faiblesse des effectifs. — L'armée de l'intérieur n'existe pas. — Impossibilité de créer l'armée des Pyrénées.
Désordres effrayants dans les Bureaux de la guerre. — Attaques des Girondins contre le ministre Pache, que défendent les Montagnards. — Communication ridicule qu'il fait à la Convention. — Proposition de réorganiser le Ministère de la guerre. — Adoption de la modification proposée par Barrère. — Beurnonville, Ministre de la guerre. — Difficultés de sa position.
Bases de la réorganisation de l'Armée proposées par les Comités de défense générale et de la guerre. — Neuf armées, reconnues indispensables, nécessitent un effectif de 502,800 hommes. — Obligation de lever 300,000 hommes. — Proposition d'assimiler à un régime uniforme les Troupes de ligne et les Volontaires, et d'organiser l'Infanterie en demi-brigades. — Objections faites au projet du Comité de la guerre. — Leur réfutation par les membres les plus révolutionnaires. — Adoption du principe de l'assimilation des Troupes de ligne et des Volontaires. — Son exécution est ajournée à la fin de la campagne. — Mesures générales qui en sont la conséquence. — Pensions de retraite et gratifications. — Suppression des dénominations de Lieutenant-colonel, Colonel, Maréchal-de-camp, Lieutenant-général et Maréchal de France ; elles sont remplacées par celles de Chef de bataillon ou d'escadrons, Chef de brigade, Général de brigade, Général de division et Général en chef.

Bases de l'embrigadement pour l'Infanterie de ligne. — Composition et effectif d'une demi-brigade. — Règles de l'avancement.

Bases de l'embrigadement de l'Infanterie légère. — Organisation de la Cavalerie, des Dragons, des Chasseurs et des Hussards. — Artillerie. — Génie. — Gendarmerie.

États-majors des armées.

Loi pour le recrutement de 300,000 hommes.

Agitations dans Paris. — Pillages. — Inertie de Santerre. — Insuffisance de la Garde nationale Parisienne.

L'énumération des armées de la République constituait alors un programme mensonger qui concordait peu avec la situation réelle de la Force militaire. Le prédécesseur de Pache au Ministère, Servan, avait appliqué le nom d'armée à des réunions de quelques milliers d'hommes, et depuis cette tendance n'avait fait que s'accroître.

L'*Armée des Côtes* n'était formée que de quelques bataillons partis de Dunkerque pour occuper Ypres, Furnes et Ostende, lorsque l'invasion rapide de la Belgique avait refoulé l'Ennemi du côté opposé à la mer; l'*Armée du Nord*, l'*Armée de Belgique* et l'*Armée des Ardennes* avaient coopéré à la conquête du pays où elles dépérissaient alors sous l'influence de la misère et des maladies; l'*Armée de la Moselle*, après son échec à Pellingen, s'était retirée en arrière de la frontière; l'*Ar-*

mée du Rhin, après la perte de Francfort, s'était repliée auprès de Mayence; l'*Armée des Alpes* et l'*Armée du Var* occupaient la Savoie et le Comté de Nice.

Indépendamment de ces huit armées dont les effectifs réunis ne dépassaient pas 150,000 hommes (1), on en comptait encore deux autres qui n'existaient pas. La première s'appelait l'*Armée de l'Intérieur;* son nom explique sa destination; elle devait être sous les ordres du général Berruyer qui avait eu le commandement du camp de Paris; mais elle n'avait reçu aucun commencement d'organisation.

L'autre était l'*Armée des Pyrénées;* sa formation avait été décrétée par la Convention (Octobre), d'après les craintes qu'exprimaient fréquemment les Administrations départementales du Midi de voir l'Espagne déchirer les traités de paix et envahir les localités limitrophes. Le général Servan, lorsqu'il avait quitté

---

(1) Il s'agit seulement ici du contingent qui existait aux armées après la désertion des Volontaires de 1791. Les troupes à l'intérieur, celles qui tenaient garnison, les troupes des Colonies, les Gendarmes et les Invalides, qui ne sont pas compris dans ce chiffre, pouvaient être évalués à 50,000 hommes.

le Ministère, s'en était adjugé le commandement; son état-major devait être formé à Toulouse. Pour réunir les hommes et les premiers éléments indispensables, trois Commissaires de la Convention avaient été envoyés à Bayonne, et trois autres à Perpignan. Cette division fit que, peu après, on commença à parler vaguement de l'*Armée des Pyrénées-Orientales* et de l'*Armée des Pyrénées-Occidentales*.

La mission de ces Commissaires présentait des obstacles à peu près insurmontables au moment où les armées déjà existantes voyaient leurs effectifs diminuer chaque jour et manquaient des approvisionnements les plus élémentaires. Mais, loin d'avouer la nullité des résultats qu'ils tentaient d'obtenir, les délégués de la Convention aux Pyrénées faisaient étalage, dans leurs rapports, de quelques bataillons incomplets réunis avec peine. D'après eux, une armée de 30,000 hommes, au moment de se compléter, devait rassurer d'autant plus la Convention que 10,000 hommes étaient suffisants pour garder les passages par lesquels les troupes Espagnoles eussent pu pénétrer sur le territoire.

Pour mieux pallier l'insuccès de leurs opérations, ils s'étendaient d'ordinaire avec complaisance sur un sujet inépuisable de déclamations : le progrès de l'esprit révolutionnaire dans les Provinces Méridionales. « Avant notre arrivée, » disaient-ils, « les Basques étaient » divisés par le fanatisme et l'intolérance; mais » depuis que nous avons pris le soin de faire » traduire les décrets de la Convention en » Langue Basque, ils vivent dans l'union, la » concorde et la fraternité. » Une autre fois, ils annonçaient comme un grand triomphe qu'ils avaient fait accorder aux Bohémiens le droit d'assister aux Assemblées Primaires.

Cependant, on finit par connaître à la Convention ce qu'était l'*Armée des Pyrénées* (Décembre); les esprits sérieux s'en montraient mécontents, lorsqu'un fait futile fournit l'occasion de mettre un terme à l'embarras dans lequel on s'était inconsidérément engagé. Les Commissaires, dans le but d'activer le recrutement, avaient accordé la solde de guerre aux quelques troupes qu'ils avaient placées aux points extrêmes de la frontière; celles qui occupaient des localités moins exposées avaient conservé la solde de paix. Peut-être cette initiative des délégués de la Convention déplut-elle au Ministère de la guerre, et fut-elle relevée avec étourderie; peut-être aussi, l'humeur facétieuse de quelque commis de Pache s'égaya-t-elle à l'idée de cette armée fantastique. Quoi qu'il en soit, les Commissaires aux Pyrénées reçurent du Ministre l'injonction ridicule de faire le contraire de ce qu'ils avaient décidé, c'est-à-dire, de conserver la solde de paix aux troupes les plus rapprochées de l'ennemi, et de donner la solde de guerre à celles qui en étaient éloignées.

Les plaintes qu'ils adressèrent alors à la Convention concoururent, avec ce qu'on y savait déjà, à faire décréter la suspension de la formation de l'armée des Pyrénées. Aussitôt que cet arrêté fut connu, les fragments de bataillons réunis avec tant de peine se dispersèrent et se débandèrent, chaque homme emportant l'arme et les quelques effets qui lui avaient été délivrés (Décembre).

Les réclamations des Commissaires des Pyrénées avaient fourni une des occasions fréquentes où l'on s'élevait à la Convention contre le désordre que Pache avait introduit dans les bureaux de la Guerre. Effectivement la désorganisation y prenait des proportions effrayantes, même pour ceux qui soutenaient encore le Ministre par esprit de parti. On racontait que plusieurs de ses employés, et entre autres un ancien curé défroqué, se vantaient avec cynisme d'être grassement payés pour faire un travail auquel ils n'entendaient rien. Des lettres, émanées de généraux d'armée, restaient sans réponse; celles qui contrariaient les projets cupides des agents intermédiaires ou qui décriaient les protégés des commis, étaient soustraites ou détruites. La négligence d'un employé non surveillé avait causé un long retard dans l'envoi des adresses et des proclamations qui exhortaient les Volontaires à rester sous les drapeaux; des soumissionnaires de marchés prouvaient, pièces en mains, à l'Assemblée nationale, qu'on avait repoussé leurs conditions pour en accepter de plus onéreuses (1).

Les Girondins s'élevaient avec véhémence contre l'ineptie du Ministre qu'ils avaient fait

---

(1) Entre autres exemples, le Ministre de la guerre, Pache, avait demandé à être autorisé à acheter de la panne pour habiller les soldats, parce que, disait-il, on manquait de draps. Il resta avéré par la discussion que des commis du Ministère renvoyaient les marchands de draps, alléguant qu'on n'avait pas besoin de leurs fournitures, tandis qu'ils étaient d'accord avec des négociants d'Amiens qui voulaient vider leurs magasins remplis de pannes de différentes espèces.

nommer, et qui les avait abandonnés pour devenir l'instrument des Jacobins; ils l'accusaient de pousser à la fermentation générale en se rendant dans les clubs et dans les casernes des Fédérés avec sa femme, sa fille, sa sœur et ses commis; ils rappelaient qu'il avait encombré ses bureaux d'individus ignorants et immoraux; ils lui reprochaient d'avoir compromis la sûreté de l'État en laissant les armées et les places fortes dans un dénûment dont on n'avait jamais eu d'exemple. Les Impartiaux partageaient, à ce sujet, l'opinion des Girondins. Quant aux Montagnards, après avoir longtemps soutenu que Pache n'était ainsi incriminé qu'à cause de son excès de *patriotisme*, ils s'étaient vus obligés d'avouer que l'Administration de la guerre était devenue entre ses mains un dédale de confusions inextricables; mais ils prétendaient excuser leur inhabile protégé, en alléguant que le département dont il était chargé constituait un fardeau trop pesant pour les forces d'un seul homme.

Dans les débats orageux que soulevait l'évidence de prévarications de toutes sortes, on en était enfin venu à soutenir fortement qu'au

CHAP. XIX. — JANVIER ET FÉVRIER 1793.

lieu de s'en prendre aux entrepreneurs et aux fournisseurs, c'était contre le Ministre responsable qu'il fallait sévir, et qu'il y avait lieu de déclarer que Pache ne possédait plus la confiance de la Nation. Cette proposition avait été repoussée, grâce aux efforts des Montagnards, lorsque le Ministre se porta lui-même le dernier coup en adressant à la Convention des plaintes contre les dilapidations auxquelles donnaient lieu les fournitures faites aux armées (25 Janvier).

Une semblable communication émanée de toute autre source eût été renvoyée à l'examen du Pouvoir exécutif; mais cette fois, c'était le Pouvoir exécutif qui improuvait lui-même sa propre administration. La naïveté de cet aveu imposa silence aux défenseurs habituels du Ministre; et les força d'admettre, avec leurs adversaires, que l'insuffisance de Pache nécessitait son remplacement.

Ils avaient néanmoins réussi à persuader à la majorité de l'Assemblée qu'un seul homme, quelle que fût sa capacité, ne pouvait embrasser l'immensité des détails que comportait le Département de la Guerre, au moment où l'on comptait tant d'armées en présence de l'En-

nemi; aussi le Comité de défense générale (1) avait-il été chargé de présenter un plan de réorganisation de cette partie du service public. Le rapport à ce sujet fut lu par Siéyès (25 Janvier); Saint-Just, Jean Debry, Fabre d'Eglantine, Buzot, etc., exprimèrent ensuite leurs opinions. Douze plans d'organisation présentés successivement n'avaient fait qu'embrouiller la question, lorsque Barère la ramena au caractère de simplicité qui lui convenait dans un moment aussi critique : « Il ne
» s'agit pas de désorganiser quand il faut se
» défendre; on doit au contraire profiter de ce
» qui existe et l'améliorer. Il suffit d'adopter
» rapidement des mesures qui présentent à
» la Nation les garanties nécessaires, pour que
» le Ministère de la guerre fonctionne sans
» interruption, pour qu'il ne dilapide pas la
» fortune publique, et pour que les troupes
» soient équipées et approvisionnées.

---

(1) Le Comité de défense générale avait été institué le 1ᵉʳ Janvier 1793; il avait pour mission de s'occuper sans interruption avec les Ministres des mesures que devait nécessiter la campagne prochaine. Pour le former, les Comités de la guerre, des finances, des colonies, de la marine, des relations diplomatiques et de la constitution, avaient nommé chacun trois de leurs membres qui se réunissaient dans un local particulier.

» En conséquence, le Ministre doit être
» débarrassé de tout ce qui est mécanisme,
» afin de lui conserver la liberté de travail et
» la fraîcheur de conception nécessaires à ses
» éminents travaux. Une partie de sa respon-
» sabilité doit incomber à des premiers agents,
» qui, sous le titre d'*adjoints*, auront la signa-
» ture des ordres d'exécution des mesures ap-
» prouvées par leur chef dans leur généralité.
» Le haut Fonctionnaire sera ainsi entouré
» d'hommes capables et habiles, placés sous
» les regards du public par un titre hono-
» rable et assuré; la surveillance des diffé-
» rentes branches de l'Administration sera
» alors certaine, et l'on verra finir les abus
» qui résultent de l'emploi de commis obscurs
» nommés ou destitués par une volonté arbi-
» traire. »

La Convention, adoptant ces propositions, rendit un décret qui consacrait principalement les dispositions suivantes (2 Février) :

« Le Ministre de la guerre sera changé.

» Il y aura un seul Ministre de la guerre (1).

» Six Adjoints travailleront directement avec

---

(1) Il avait question de nommer trois Ministres de la guerre.

» lui et lui rendront compte de leurs opéra-
» tions (1).

» Les six Adjoints seront nommés par le
» Ministre et agréés par le Conseil exécutif.
» Ils seront responsables chacun en leur partie.
» Ils ne pourront être destitués qu'en vertu
» d'un arrêté du Conseil exécutif. Ils auront

---

(1) Premier adjoint. — Appointement et solde de l'Armée de ligne des Volontaires nationaux, de la Gendarmerie nationale, des Compagnies de vétérans et des Invalides. — Traitement des officiers généraux, aides de camp, adjudants généraux, commissaires des guerres, adjudants de place et employés de toute espèce, à la réserve de ce qui concerne l'artillerie et le génie.

Second adjoint. — Masses et fournitures de vivres, fourrages, habillement, campement, remontes, casernements, chauffage, hôpitaux et ambulances de toute espèce, ainsi que les marchés qui leur sont relatifs. — Étapes et convois militaires.

Troisième adjoint. — Artillerie, fortifications et tout ce qui a rapport au matériel, au personnel, aux traitements et aux appointements concernant cette partie.

Quatrième adjoint. — Détails relatifs à l'inspection, police, discipline, contrôle et manœuvre des troupes. — Cours martiales, crimes et délits militaires. — Commissaires des guerres. — Gendarmerie nationale. — Collection et envoi des Lois militaires.

Cinquième adjoint. — Expédition des ordres de service aux officiers généraux; correspondance avec les officiers généraux, les commandants temporaires et les corps administratifs. — Mouvements et logement des troupes; projets de rassemblement et d'embarquement, garnisons, vaisseaux; rassemblements et détails relatifs aux Volontaires nationaux.

Sixième adjoint. — Promotions et brevets de vétérans; nomination aux emplois, avancement et remplacement des officiers de tous grades; congés et retraites; expédition des brevets de pension, admission aux Invalides et aux Écoles militaires. Objets non prévus dans la distribution générale.

» la signature des ordres nécessaires à l'accom-
» plissement des mesures décidées par le Mi-
» nistre. »

Le surlendemain du jour où ce décret avait été adopté, le scrutin d'élection fut ouvert à la Convention pour la nomination du nouveau Ministre de la guerre, et Beurnonville fut nommé à la majorité de 356 voix sur 600 (1) (4 Février). Quant à Pache, ceux qui l'avaient si opiniâtrement soutenu, ne l'abandonnèrent pas; Chambon, qui avait succédé à Pétion, ayant donné sa démission, l'ex-Ministre de la guerre, désigné par les Jacobins comme le plus digne d'occuper le poste vacant, fut nommé Maire de Paris par les Sections.

Il eût été difficile de prendre la direction de l'Administration de la guerre dans des circonstances plus défavorables que celles où se trouvait Beurnonville. La Prusse et l'Autriche terminaient leurs préparatifs, le Piémont n'attendait qu'une occasion favorable, l'Angle-

---

(1) Le nombre des membres de la Convention était de 749; mais l'envoi de Commissaires dans les Départements ou aux armées le réduisait notablement.

Les généraux entre lesquels avaient été réparties les voix qui manquaient à Beurnonville, étaient : Achille Duchâtelet, 216; Alexandre Beauharnais, 16; Servan, 10; Dumouriez, 1; Lacuée, 1; etc.

terre et la Hollande armaient contre la France ; il était évident que sous peu on aurait la guerre avec l'Espagne ; enfin la Belgique se désaffectionnait de plus en plus.

Il est vrai que le Comté de Nice avait obtenu de former le 85ᵉ Département Français sous le nom d'Alpes Maritimes (13 Février), et que de petites principautés, entre autres celle de Monaco qui s'était constituée en République, réclamaient une faveur analogue ; mais l'acquisition de ces alliés constituait presque une ironie en comparaison des ennemis formidables qui surgissaient de tous côtés.

Bien que sous l'administration de Pache on eût dépensé par mois près de deux cents millions (1), les armées réduites à un maigre effectif manquaient de tout ; les soumissionnaires de marchés, effrayés des mesures répressives projetées à leur égard, et ne voyant plus qu'un gain médiocre ou nul s'ils étaient obligés de livrer de bonnes fournitures, réclamaient la résiliation des traités ; d'autres se refusaient simplement à les exécuter ; enfin,

---

(1) Rapport des Commissaires de la Convention envoyés en Belgique pour reconnaître les causes du dénûment de l'armée de Dumouriez.

les charretiers, qui s'étaient engagés un an auparavant dans le service des convois militaires, imitaient la défection des autres Volontaires; ils abandonnaient dans les villages ou sur les routes les voitures qui leur étaient confiées, et ajoutaient ainsi à la difficulté des approvisionnements.

Beurnonville accepta avec résignation et dévouement la tâche ingrate qui le séparait de ses soldats qu'il aimait, et il tenta courageusement de réparer les maux causés par son inhabile prédécesseur. Son arrivée au Ministère coïncidait d'ailleurs avec l'adoption d'un plan de réorganisation complète de la Force Militaire.

Les Comités de défense générale et de la guerre avaient été chargés de faire un rapport sur les moyens de maintenir la dignité et l'indivisibilité de la République menacée par tant d'ennemis; le résultat de leurs travaux fut présenté à la Convention par Dubois-Crancé, le 25 Janvier, c'est-à-dire quatre jours après la mort du Roi. La gravité des circonstances impliqua à cette séance la plus grande solennité.

« La République peut être attaquée au Nord,

» à l'Est, au Midi et sur les côtes de l'Océan;
» en discutant les moyens à la disposition des
» Puissances ennemies, et en examinant les
» points sur lesquels la guerre doit être offen-
» sive ou défensive, on est arrivé à conclure
» que huit armées sont nécessaires, indépen-
» damment de celle de l'intérieur.

» Pour que ces neuf armées possèdent un
» effectif imposant soutenu par des réserves
» suffisantes, il est indispensable que la Répu-
» blique ait sur pied 502,000 hommes, dont
» 53,000 de troupes à cheval et 20,000 d'ar-
» tillerie. »

La discussion approfondie de ces deux propositions fondamentales fit adopter pour la disposition des forces de la République la répartition suivante :

	Généraux.	Lieux de rassemblement.
1° Armée du Nord (y compris l'armée de Belgique)........	Dumouriez.....	Bruxelles..
2° Armée des Ardennes	Valence........	Sedan.
3° — de la Moselle..	Beurnonville (1).	Metz.
4° — du Rhin......	Custine........	Strasbourg.
5° — des Alpes.....	Kellermann.....	Grenoble.
6° — d'Italie.......	Biron..........	Antibes.
7° — des Pyrénées..	Servan.........	Perpignan et Bayonne.
8° — des Côtes.....	Labourdonnaye.	La Rochelle, Vannes, Quimper, St-Malo, le Havre.
9° — de Réserve....	Berruyer.......	Villes de l'intérieur.

---

(1) En acceptant le portefeuille de la guerre, Beurnonville, sans

Quant aux 502,000 hommes nécessaires pour résister aux *despotes coalisés*, le Comité de la guerre est chargé de proposer dans un bref délai les mesures propres à les réunir sous les drapeaux. Le 7 Février, Dubois-Crancé présente son rapport; il établit d'abord la situation des forces de la République au moment présent :

« Depuis le licenciement des Régiments
» Suisses, il reste 98 Régiments de ligne, cha-
» cun de deux bataillons, qui, à 750 hommes
» par bataillon, devraient, au complet, faire
» un effectif de 147,000 hommes; mais d'après
» les derniers états de revue (Décembre), il
» y a un déficit de 34,000 hommes.

» Quant aux Volontaires, on compte 517 ba-
» taillons; 135 n'ont pas fourni l'état de leurs
» forces; les autres comprenaient en moyenne
» 559 hommes au 1er Décembre; en les éva-
» luant tous à ce taux uniforme, on arrive à
» un total de 289,000 hommes.

» La République avait donc, au 1er Décem-
» bre, 402,000 hommes sous les armes; mais

---

doute dans la croyance qu'il ne resterait pas longtemps ministre, avait conservé nominativement le commandement de l'armée de la Moselle. L'intérim était fait par le général Ligniville.

» depuis cette époque, la guerre, la rigueur de
» la saison, le dénûment absolu, le désir des
» Volontaires de revoir leurs foyers, ont oc-
» casionné de grands changements dont l'im-
» portance n'est pas encore connue et ne pour-
» rait l'être que par de nouveaux états de
» revue. »

Cette dernière phrase sauvait la position. Le Comité de la guerre avait aligné des chiffres de manière à déguiser l'état misérable dans lequel les armées étaient déjà au 1er Décembre. Depuis ce jour, elles avaient décru rapidement ainsi qu'il le disait. Mais il s'adressait à des auditeurs qui savaient d'avance le véritable état des choses; les Commissaires de la Convention envoyés en Belgique avaient maintes fois parlé de compagnies dont l'effectif n'était plus que de cinq hommes; les 135 bataillons, qui n'avaient pas, disait-on, fourni l'état de leurs forces, n'existaient plus en réalité que par leurs états-majors, et le chiffre de 559 hommes, adopté comme moyenne de l'effectif des bataillons de Volontaires, constituait au contraire une rare exception.

Aussi la Convention, complice en cette occasion du Comité de la guerre, entendit-elle la conclusion suivante sans manifester aucun étonnement :

« Le déficit de 34,000 hommes signalé pour
» les Troupes de ligne au 1ᵉʳ Décembre, est
» vraisemblablement de plus de 40,000 en ce
» moment. L'effectif moyen de 559 hommes
» pour les bataillons de Volontaires, à cette
» époque, a singulièrement diminué par le
» départ de ceux qui ont quitté les drapeaux.
» Si l'on ajoute à ce déficit celui de la Cava-
» lerie, des Troupes légères et de l'Artillerie,
» *il en résulte que, pour arriver à l'effectif*
» *adopté de* 502,000 *hommes, vous avez à*
» *faire une levée de* 300,000 *hommes*, dont
» 100,000 de Troupes de ligne et 200,000
» Volontaires (1).

» Si tous les bataillons étaient à leur complet
» réglementaire, 750 hommes pour les Troupes
» de ligne et 800 pour les Volontaires, votre

---

(1) La manière dont ces chiffres furent groupés par Dubois-Crancé, a induit en erreur plusieurs historiens pour lesquels l'effectif de l'armée ne constituait qu'un accessoire. Adoptant comme exact le chiffre de 400,000 hommes, auquel ils ont ajouté les 300,000 à recruter, ils ont conclu que la Convention avait décidé que l'effectif total devait être de 700,000 hommes. Le Comité de la guerre disait au contraire : Vous aviez 400,000 hommes au 1ᵉʳ Décembre ; depuis cette époque, des pertes nombreuses ont eu lieu ; si actuellement vous recrutez 300,000 soldats, vous atteindrez le chiffre de 500,000 hommes.

» armée serait de 800,000 hommes ; vous avez
» donc actuellement, en officiers et en états-
» majors, des cadres pour cet effectif. L'in-
» térêt des finances est lésé, et l'Adminis-
» tration de la guerre en est plus compliquée.
» Il importe de profiter du grand vide qui
» existe pour détruire ces abus et donner à la
» Force militaire une ordonnance facile,
» mieux réglée et plus imposante.

» Pour l'approprier au régime national qui
» doit faire la base de la félicité publique, il est
» temps de la ramener au principe d'Egalité,
» qui veut qu'aucun ne soit administrateur que
» par le choix libre de ses administrés. Le Co-
» mité de la guerre pense donc que, sans ou-
» blier les récompenses dues à ceux qui se sont
» dévoués à l'état militaire, la reconnaissance
» de la Convention s'exercerait dignement à
» l'égard des braves Troupes de ligne, en
» les considérant toutes comme des Volon-
» taires nationaux et en les réunissant aux
» citoyens-soldats leurs frères d'armes, afin
» de n'en faire qu'un seul et même faisceau
» contre les ennemis de la Patrie.

» Si l'on n'agit pas ainsi, après qu'on aura
» complété la Cavalerie; l'Artillerie, les Troupes

» légères et les bataillons de Volontaires, il sera
» peut-être difficile de trouver des hommes de
» bonne volonté pour compléter les bataillons
» de ligne soumis à des formes et à des règles
» qui peuvent contrarier les vœux et les droits
» des citoyens.

» D'un autre côté, on a trop senti les incon-
» vénients de tant de Corps différents, isolés,
» inconnus même depuis longtemps, dont plu-
» sieurs chefs avaient plus de zèle que de con-
» naissances militaires, et dont l'administration
» était tellement compliquée, que ni le Mi-
» nistre, ni les Généraux eux-mêmes n'ont pu,
» pendant une partie de la campagne, en
» suivre les détails. Il importe aussi que tout
» Corps en activité soit au complet, afin que la
» République ne solde pas une foule d'états-
» majors inutiles et dispendieux, que l'admi-
» nistration cesse d'être compliquée, et que les
» généraux sachent au juste le véritable effectif
» sur lequel ils peuvent compter et aux besoins
» duquel ils doivent subvenir.

» Le moyen de concilier ces différentes exi-
» gences est de réunir un bataillon de ligne
» avec deux bataillons de Volontaires, pour en
» faire un seul et même Corps dénommé *demi-*

» *brigade.* Il ne désorganisera que des états-
» majors ; il resserrera les liens de la Fraternité
» entre les Soldats et les Volontaires ; il donnera
» aux uns des exemples de civisme et de
» dévouement ; il apprendra aux autres la
» discipline ; enfin, il est conforme au grand
» principe de l'Egalité.

» Les demi-brigades, formées de trois ba-
» taillons, comprendraient aussi une compa-
» gnie d'artillerie de six pièces de canon, et
» faciliteraient extrêmement les opérations des
» généraux, qui ne calculent que par batail-
» lons, demi-brigades, brigades et divisions.
» Aussi ont-ils donné leur adhésion à ce plan,
» qui réalise ce qu'ils ont fait constamment
» jusqu'ici, en assurant l'exactitude du service
» par la réunion de bataillons de ligne et de
» bataillons volontaires. »

Ce projet, d'après lequel l'Armée serait entièrement composée de citoyens-soldats, effraye à bon droit un grand nombre de Conventionnels : « Est-ce au moment où la cam-
» pagne va s'ouvrir contre tant d'ennemis à
» la fois qu'on peut songer à refondre l'or-
» ganisation d'une armée dispersée sur tous
» les points du territoire ? Est-ce en présence

» de l'Ennemi qu'il convient de donner aux
» Troupes de ligne des droits nouveaux pour
» l'élection de leurs chefs? La veille de la
» bataille, on verra donc les Compagnies se
» transformer en corps électoraux? L'intrigue
» s'établira, et chaque individu briguera des
» suffrages au moment où sa seule ambition
» devrait être la victoire du lendemain.

» D'ailleurs, l'élection des officiers est con-
» traire aux conditions du succès : l'obéissance
» passsive est impossible de la part de l'élec-
» teur envers celui qu'il a élu. Les officiers de
» Volontaires qui ont acquis quelque expé-
» rience condamnent les premiers l'usage
» auquel ils doivent leurs épaulettes, et ils
» font des vœux pour lui voir substituer
» quelque autre mode plus compatible avec
» les exigences d'une bonne discipline. N'a-
» t-on pas vu des places vacantes mises à
» l'enchère dans certains bataillons? Des no-
» minations indignes n'ont-elles pas prouvé
» que l'égalité des droits ne donne pas l'é-
» galité de capacité? Les officiers qui doi-
» vent leur position actuelle à leurs services,
» à leur amour du devoir, à leur utile sévérité
» même, ne seront pas réélus; ils se retire-

» ront, et l'on perdra ainsi tous les fruits qu'on
» eût pu retirer de leur expérience.

» Quant à *l'amalgame* des Troupes de ligne
» et des Volontaires, les différentes armées
» ne possédant pas la même proportion de ces
» deux éléments, il faudrait, pour y procéder,
» faire courir des bataillons du Nord au Midi,
» et réciproquement. La fusion est donc de
» toute impossibilité au moment présent. Com-
» posée comme elle l'est actuellement, l'Armée
» a repoussé l'Ennemi du sol national; elle
» saura bien encore anéantir la tyrannie.
» Ajournez donc toute organisation militaire
» nouvelle jusqu'à la fin de la campagne.

» Le Despotisme est plus habile que nous.
» A Vienne, à Berlin, à Madrid, il ne se fait ni
» discours, ni rapports, ni projets; mais on re-
» crute et on complète les armées. Agissons de
» même : que les Comités des finances, de dé-
» fense générale et de la guerre présentent un
» moyen de remplir les cadres actuels sans
» anéantir les Troupes de ligne, dont l'exis-
» tence est un puissant stimulant pour l'é-
» mulation des Volontaires. Le combat de
» gloire qui s'effectue entre les deux prin-
» cipaux éléments de la Force militaire ne doit

» pas s'éteindre au moment des batailles. Tout,
» en un mot, semble concourir à persuader de
» laisser l'Armée telle qu'elle est. »

Mais l'esprit révolutionnaire ne manque pas de sophismes pour combattre ces idées raisonnables : « Ce n'est pas seulement du nombre
» et de la discipline des soldats que l'on doit
» attendre la Victoire; on ne l'obtiendra qu'en
» raison des progrès que l'esprit républicain
» fera dans les armées; le plan du Comité
» militaire est essentiellement capable d'y concourir. Si tous les Soldats ne sont pas uniquement des Citoyens, l'orgueil militaire,
» lorsque vous serez vainqueurs, s'élèvera au-
» dessus de votre autorité.

» Sans doute l'instabilité de l'avancement
» peut dégoûter certains chefs, porter les
» soldats à la licence, énerver la discipline et
» compromettre l'esprit de subordination;
» mais il est de toute nécessité de vaincre
» l'ancien esprit de l'Armée, si vous voulez
» qu'elle soit victorieuse à son tour.

» Qu'importe, d'ailleurs, que des institutions
» utiles à la masse contrarient des vues particulières? Les emplois n'existent pas pour le
» bien de ceux qui les possèdent, mais pour le

» salut de la République. L'intérêt d'officiers
» ambitieux doit-il être une considération dans
» un changement utile à la Nation ? La Patrie
» est-elle l'esclave de ses gens de guerre ?

» Les Elections militaires, si on les adoptait
» pour les états-majors et pour les généraux,
» auraient effectivement des dangers, parce
» qu'une armée n'est pas un Corps ; elle est
» l'agrégation de plusieurs Corps qui n'ont de
» liaison entre eux que par les chefs que leur
» donne la République ; une armée qui élirait
» son général serait une armée de rebelles.

» Mais l'élection des officiers des bataillons
» est, pour le soldat, un droit de Cité, parce
» que le Corps dont il fait partie constitue une
» corporation. Nul n'est plus apte que le sol-
» dat à juger la conduite, la bravoure et le
» caractère de ceux avec lesquels il a vécu,
» tandis que, si vous laissez tant de places mi-
» litaires à la disposition des Généraux et du
» Pouvoir exécutif, vous les rendez puissants
» contre vous-mêmes, vous rétablissez la Mo-
» narchie.

» On parle de choix mauvais faits par la voie
» de l'élection ; les connaissances indispensa-
» bles à tout officier subalterne ne sont-elles

» donc pas à la portée de presque tous les
» individus qui parcourent la carrière mili-
» taire?

» Quant à la difficulté d'amalgamer les ba-
» taillons de ligne et les bataillons de Volon-
» taires, il ne manque pas de généraux capa-
» bles qui ne demandent, pour y procéder,
» que le temps nécessaire à une revue.

Après plusieurs jours de discussion, la Convention prit la décision suivante (12 Février):

« A compter de la publication du présent
» décret, il n'y aura plus de distinction, ni de
» différence de régime entre les troupes appe-
» lées Régiments de ligne et les Volontaires
» nationaux. »

A l'établissement de ce principe fondamental succédèrent rapidement d'autres décrets (14 Février):

« L'Armée de terre de la République sera
» organisée sur les bases présentées dans le
» plan du Comité de la guerre.

» *L'exécution de cette organisation est*
» *renvoyée à la fin de la campagne pro-*
» *chaine.*

» La solde des Troupes de ligne, infanterie,

» sera la même que celle des Volontaires na-
» tionaux, chacun suivant son grade. Il sera
» fait raison aux soldats et aux sous-officiers de
» cette augmentation, à compter du 1er Janvier
» dernier.

» Les soldats des Régiments de ligne étant
» engagés, ils sont tenus de remplir leur enga-
» gement jusqu'à la paix. Les Volontaires ne
» pourront être liés que pour une campagne;
» mais ceux qui continueront le service pen-
» dant la guerre recevront, par mois, 3 livres
» de gratification pendant la seconde campagne,
» et 4 livres 10 sols pendant la troisième..
» Cette mesure est applicable aux Volontaires
» qui ont servi la campagne dernière, et ceux
» qui y ont des droits toucheront leur gratifi-
» cation à dater du 1er Décembre dernier.

» Tout défenseur de la Patrie, à qui ses ser-
» vices auront mérité une pension à la fin de
» la guerre et qui voudra acquérir une portion
» de domaine national, pourra abandonner sa
» pension en payement; elle sera reçue au
» taux de dix pour cent, de sorte qu'une pen-
» sion de 300 livres équivaudra à un capital
» de 3,000.

» Le Comité de la guerre présentera inces-

» samment un projet de loi sur le recrutement
» de l'armée. »

La partie de ce décret qui rendait les défenseurs de la Patrie aptes à acquérir des portions de domaines nationaux, reçut ensuite l'extension suivante (19 Février) :

« Tout militaire qui sera réformé par les
» changements que pourrait amener la paix,
» obtiendra à titre de pension de retraite, s'il
» a dix ans de service en comptant les campa-
» gnes pour deux ans, le quart de ses appoin-
» tements de paix. Il recevra aussi, pour
» chaque année de campagne en sus, un tren-
» tième des trois quarts des mêmes appoin-
» tements.

» Quant aux militaires qui n'auront pas dix
» ans de service à la fin de la guerre, et qui
» auront cependant servi la Patrie sans inter-
» ruption, il leur sera payé à la réforme et
» sans distinction de grade, à titre de gratifica-
» tion : 60 livres pour une campagne.

   150 — pour deux campagnes.
   300 — — trois · —
   500 — — quatre —

» Des biens des Émigrés pour la valeur de

» quatre cents millions, seront affectés aux
» militaires qui voudront les acquérir en
» échange des pensions auxquelles ils auront
» droit. »

Il parut avantageux d'adopter de suite pour les divers grades, l'usage de dénominations nouvelles en rapport avec la future organisation de *l'embrigadement* (19 Février) :

« A l'avenir, ceux qui remplissent les fonc-
» tions de lieutenant-colonel s'appelleront
» chefs de bataillon dans l'infanterie, et dans
» la cavalerie, chefs d'escadron. Les colonels
» s'appelleront chefs de brigade; les maré-
» chaux de camp, généraux de brigade; les
» lieutenants généraux, généraux de division;
» les généraux d'armée, généraux en chef. En
» conséquence, toutes les dénominations de
» lieutenant-colonel, colonel, maréchal de
» camp, lieutenant-général et maréchal de
» France, sont supprimées. »

Les conditions principales dans lesquelles devait s'effectuer *l'amalgame*, peuvent se résumer ainsi :

« L'uniforme sera le même pour toute l'In-
» fanterie : il sera aux couleurs nationales ;
» ce changement se fera à mesure que l'ha-
» billement des Troupes de ligne aura besoin
» d'être renouvelé.

» La première demi-brigade sera composée
» du premier bataillon du premier régiment
» d'Infanterie et des deux bataillons de Volon-
» taires le plus à sa portée. La seconde demi-
» brigade sera composée du deuxième ba-
» taillon du premier régiment d'infanterie et
» des deux bataillons de Volontaires les plus
» voisins.

» Le reste de l'armée suivra le même mode
» de réunion, de manière que, par ordre de
» numéros, les 196 bataillons de ligne, unis
» à 392 bataillons de Volontaires, formeront
» 196 demi-brigades d'infanterie.

» Chaque demi-brigade sera ainsi composée :
» *État-major.* — Un chef de brigade, trois
» chefs de bataillon, deux quartiers-maîtres-
» trésoriers, trois adjudants-majors, trois
» chirurgiens-majors, trois adjudants-sous-
» officiers, un tambour-major, un caporal tam-
» bour, trois musiciens dont un chef, trois
» maîtres tailleurs, trois maîtres cordonniers.

» *Bataillon.* — Neuf Compagnies, dont une
» de grenadiers et huit de fusiliers.

» *Compagnie de grenadiers.* — Un capi-
» taine, un lieutenant, un sous-lieutenant, un
» sergent-major, deux sergents, un caporal-
» fourrier, quatre caporaux, quatre apprentis,
» quarante-huit grenadiers, deux tambours.
» Total : 3 officiers et 62 grenadiers.

» *Compagnie de fusiliers.* — Un capitaine,
» un lieutenant, un sous-lieutenant, un ser-
» gent-major, trois sergents, un caporal-four-
» rier, six caporaux, six apprentis, soixante-
» sept fusiliers, deux tambours. Total : 3 offi-
» ciers et 86 fusiliers.

» Il sera attaché, à chaque demi-brigade,
» six pièces de canon du calibre de 4; ces
» pièces seront servies par une compagnie de
» Canonniers Volontaires composée comme
» celle des Grenadiers, si ce n'est que le nom-
» bre des canonniers sera porté à 64 hommes,
» non compris les officiers et les sous-offi-
» ciers.

» *Complet d'une demi-brigade* : 2,437
» hommes, y compris les officiers, et six pièces
» de 4.

» *Complet de l'Infanterie de ligne :* 196

CHAP. XIX. — JANVIER ET FÉVRIER 1793.

» demi-brigades ou 477,622 hommes, avec
» 1,176 pièces de campagne. »

La loi de l'avancement fut ainsi établie :

» Dans tous les grades, excepté ceux de
» chef de brigade et de caporal, l'avancement
» aura lieu de deux manières : un tiers *par*
» *ancienneté* sur toute la demi-brigade, les
» deux autres tiers *au choix* dans le bataillon
» où sera la place vacante. A titre égal de deux
» concurrents, la place appartiendra au plus
» âgé.

» Le *Chef de brigade* sera toujours pris à
» l'ancienneté parmi les trois chefs de bataillon
» de la demi-brigade. On nommera d'abord le
» plus ancien de service, ensuite le plus ancien
» de grade, et ainsi de suite.

» Les *Caporaux* seront toujours nommés au
» choix parmi tous les Volontaires du Bataillon,
» mais seulement par les Volontaires de la
» Compagnie où la place sera vacante.

» Les *Quartiers-Maîtres-Trésoriers, Ad-*
» *judants-Majors, Adjudants-sous-Officiers*
» seront à la nomination du Conseil d'adminis-
» tration de la demi-brigade et pourront être

» choisis indifféremment dans les trois batail-
» lons.

» Pour les grades auxquels on parviendra
» tantôt par l'ancienneté et tantôt par le choix,
» les nominations au choix se feront dans les
» conditions suivantes :

» 1° Pour le *Chef de bataillon*, seront *Élec-*
» *teurs* tous ceux qui composent le bataillon
» où l'emploi est vacant ;

» 2° Pour les places de *Capitaine, Lieute-*
» *nant, Sous-Lieutenant* et *Sergent*, les
» Électeurs seront tous les membres de la
» Compagnie où le grade sera vacant et qui y
» seront subordonnés ;

» 3° Les Electeurs écriront ou feront écrire
» leur bulletin de présentation et le remettront
» eux-mêmes dans une boîte fermée, au mo-
» ment de l'appel qui sera fait à cet effet. Le
» scrutin sera dépouillé sur-le-champ, en
» présence de tous les Electeurs, par les trois
» plus anciens soldats qui sauront lire et
» écrire.

» 4° Les candidats seront pris dans le grade
» immédiatement inférieur à celui qui sera
» vacant ;

» 5° Les trois candidats qui auront réuni le

» plus de suffrages seront ensuite soumis à un
» scrutin épuratoire de la part des individus
» ayant dans le bataillon le grade égal à celui
» qui sera vacant ; ces derniers choisiront celui
» qu'ils jugeront le plus méritant.

» 6° Tout militaire qui viendrait en armes
» à une Election sera puni de huit jours de
» prison et perdra son droit d'élection pour
» un an.

» 7° Les procès-verbaux de chaque nomina-
» tion seront inscrits sur un registre ; le
» double sera envoyé au Ministre de la guerre,
» qui fera expédier des brevets datés du jour
» de la nomination.

» 8° Les Elus seront reconnus par les Corps,
» dans les formes accoutumées, le lendemain
» de leur nomination ; ils entreront immé-
» diatement en fonctions.

» 9° Les Elections se feront dans la huitaine
» qui suivra la vacance d'une place au choix ;
» les chefs de Corps y tiendront la main. Quant
» aux places à l'ancienneté, ils les feront rem-
» plir, à l'instant de la vacance, par ceux
» auxquels elles appartiendront de droit, et ils
» en rendront compte au Ministre.

» Les emplois de *Généraux de brigade*

» seront donnés aux Chefs de brigade dans la
» proportion d'un tiers à l'ancienneté de
» service, et les deux autres tiers au choix du
» Ministre de la guerre, qui, chaque mois,
» rendra compte au Corps législatif des pro-
» motions qu'il aura faites.

» Il en sera de même pour les promotions
» du grade de général de brigade à celui de
» *Général de division.*

» Les *Généraux en chef* n'auront qu'une
» Commission temporaire; ils seront choisis,
» par le Conseil exécutif, parmi les généraux
» de division, sous la ratification expresse de
» l'Assemblée nationale.

Les autres Armes furent l'objet de dispositions analogues :

» L'*Infanterie légère* recevra la même for-
» mation que l'Infanterie de ligne. En consé-
» quence, on organisera en bataillons les Corps
» francs à pied et les troupes d'infanterie des
» Légions. Deux de ces bataillons seront en-
» suite incorporés avec chacun des 14 batail-
» lons d'Infanterie légère existants. On aura
» ainsi 14 demi-brigades d'Infanterie légère,
» pour lesquelles l'avancement suivra les

» mêmes règles que dans l'Infanterie de ligne.

» Les 29 *Régiments de Cavalerie* et les » 18 *Régiments de Dragons*, actuellement de » trois escadrons, seront portés à quatre es-» cadrons à raison de 100 hommes par com-» pagnie ; provisoirement, les escadrons res-» teront fixés à 170 hommes.

» Pour opérer la formation du nouvel esca-» dron, les officiers et les sous-officiers seront » choisis par le Ministre, chacun dans son grade » respectif, parmi les officiers et sous-officiers » des trois escadrons existants. L'avancement » aura lieu ensuite d'après les règles indiquées » pour l'Infanterie.

» Les 12 *Régiments de Chasseurs à cheval* » et les 8 *Régiments de Hussards*, actuelle-» ment de quatre escadrons, seront portés à » cinq escadrons, sur le même pied que la Ca-» valerie de ligne.

» 8 régiments de Chasseurs à cheval seront » formés de la Cavalerie des Légions et de tous » les Corps francs à cheval.

» Après que la Cavalerie légère aura été

» ainsi organisée, l'avancement aura lieu
» comme dans l'Infanterie.

» *L'Artillerie* conservera son organisation
» actuelle; mais elle aura la faculté de se re-
» cruter, tant que durera la guerre, d'indivi-
» dus de bonne volonté venant des autres
» corps, sous l'agrément du Général comman-
» dant la Division.

» Les lieutenants continueront d'être choisis
» au concours, dans l'Ecole d'artillerie établie à
» Châlons, pour la moitié des places qui n'est
» pas accordée par la loi aux sous-officiers.

» Les Canonniers auront la même solde que
» l'Infanterie, sans préjudice des augmenta-
» tions proportionnelles dont ils jouissaient
» précédemment; de sorte qu'ils continueront
» à recevoir 1 sou de paye de plus que le soldat
» de ligne.

» Les compagnies d'Artillerie à cheval seront
» portées au nombre de vingt (1).

» Le Ministre de la guerre est autorisé à

---

(1) L'artillerie à cheval était de création récente. Lorsque les puissances étrangères en eurent fait usage dans la guerre de Sept-Ans, il fut maintes fois question d'introduire cette nouvelle Arme dans l'armée Française. Lafayette, de retour d'un voyage en Si-

» compléter le corps du *Génie* militaire soit
» par des ingénieurs géographes, soit par des
» ingénieurs des Ponts et Chaussées, auxquels
» le service fait jusque-là dans leur état comp-
» tera comme service militaire.

» Le nombre des Elèves du Génie à l'Ecole
» de Mézières sera augmenté, et le Ministre de
» la guerre pourra employer dans les armées
» ceux qui en seront jugés capables par les exa-
» minateurs.

» Les corps de *Gendarmerie* (infanterie et
» cavalerie) employés à l'Armée resteront pro-
» visoirement tels qu'ils sont; ils seront recru-
» tés parmi les gendarmes de leurs Départe-
» ments respectifs; les remplacements, pour
» les emplois vacants, auront lieu suivant les
» formes prescrites pour les autres troupes.

» L'*Etat-Major* de chaque armée compren-

---

lésie (1785) où il avait assisté aux grandes revues passées par Frédéric II, en avait très-fort préconisé l'utilité. La première batterie à cheval fut organisée à Metz par le général Mathieu Dumas (1791 et 1792); le succès de ce premier essai ayant dépassé les espérances qu'on en avait conçues, neuf compagnies de six bouches à feu et de soixante-seize hommes furent créées (Avril 1792), et figurèrent dignement à Valmy et à Jemmapes. — *Mémoires* du général Mathieu Dumas. — *Dictionnaire* du général Bardin.

» dra un général en chef, un général de divi-
» sion et deux généraux de brigade d'avant-
» garde, un général de division et deux géné-
» raux de brigade de réserve, un général de
» brigade chef d'état-major, quatre adjudants
» généraux et huit adjoints pour le bureau, un
» commissaire général et deux commissaires
» ordinaires, un quartier-maître général.

» Chaque *Division* sera composée de quatre
» demi-brigades et commandée par un général
» de division ayant sous ses ordres deux géné-
» raux de brigade, un adjudant général, deux
» adjoints et un commissaire des guerres.

» Le tiers des adjudants généraux aura le
» grade de chef de brigade, les deux autres
» tiers celui de chef de bataillon.

» Les généraux ne pourront choisir leurs
» aides de camp que parmi les officiers em-
» ployés dans l'armée, qui conserveront leur
» rang et leurs droits à l'avancement dans les
» Corps dont ils font partie. Il ne pourra être
» choisi plus de deux officiers par bataillon,
» ni plus d'un officier par escadron, pour être
» aide-de-camp.

» En récapitulant les effectifs des troupes de

» différentes Armes, d'après les bases proposées
» par le Comité de la Guerre et acceptées par
» la Convention, on arrivait au résultat sui-
» vant (nombres ronds) :

Infanterie de ligne, y compris l'artillerie des brigades...............	477,000 hommes.
Infanterie légère............	33,000
Cavalerie et dragons.........	32,000
Cavalerie légère............	30.000
Artillerie................	12,000
Gendarmerie.............	7,000
Total.....	591,000

L'excédant de ce total sur l'effectif de 502,000 hommes adopté comme nécessaire, ne pouvait soulever d'objections, puisqu'en définitif l'Etat ne devait solder que les contingents présents sous les drapeaux.

La mise à exécution de la plupart des dispositions ainsi arrêtées par la Convention ne devait avoir lieu qu'à la fin de la campagne de 1793; mais il importait de recruter rapidement le contingent dont l'appel sous les drapeaux avait été reconnu indispensable :

« (20 Février). La Convention nationale rap-
» pelle aux Français que les despotes coalisés
» menacent la République; elle fait un appel

» de 300,000 hommes pour compléter les
» armées.

» Sont en état de réquisition permanente et
» à la disposition du Ministre et des Généraux,
» jusqu'au complément du recrutement, les
» Gardes nationaux de dix-huit à quarante
» ans, non mariés ou veufs sans enfants.

» La réquisition se fera à raison de la popu-
» lation des Départements et d'après le tableau
» de répartition qui leur sera envoyé. Les
» départements du Mont-Blanc et des Alpes-
» Maritimes y concourront.

» Chaque Département recevra incessam-
» ment l'état numérique des hommes qu'il doit
» fournir (1). Dans les vingt-quatre heures,
» les Administrations départementales en feront
» la répartition par District. Dans le même dé-
» lai, les Directoires des districts partageront
» ce contingent partiel entre les Communes.

» Dès que les Officiers municipaux d'une

---

(1) État des hommes à fournir par chaque Département en raison de sa population, déduction faite du nombre d'hommes déjà fournis et restés sous les drapeaux. — *Moniteur universel* du 26 Février 1793.

Ain, 3,160. — Aisne, 1,600. — Allier, 2,240, etc. . . . .
. . . .
Paris, 12.800. — Pas-de-Calais, etc., etc.

» Commune connaîtront le nombre des Volon-
» taires qu'elle doit fournir, ils en donneront
» connaissance aux citoyens convoqués à cet
» effet, et, pendant les trois jours qui sui-
» vront cette notification, il sera ouvert un re-
» gistre sur lequel se feront inscrire ceux qui
» veulent se consacrer à la défense de la Patrie.

» Si les inscriptions volontaires ne suffisent
» pas pour compléter le contingent demandé,
» les Communes adopteront à la pluralité des
» voix le mode qui leur paraîtra le plus conve-
» nable pour y parvenir; le complément ne
» sera pris néanmoins que parmi les hommes
» de dix-huit à quarante ans, en exceptant ceux
» qui sont mariés ou veufs avec enfants.

» Les citoyens qui se sont fait remplacer l'an
» dernier dans les bataillons, ne sont pas
» exempts de servir la Patrie cette année.

» Ceux qui seront désignés par les Commu-
» nes pour faire partie du contingent auront la
» faculté de se faire remplacer par un citoyen
» dont ils répondront, jusqu'à ce qu'il ait été
» agréé par le Corps. »

Immédiatement après la promulgation de
ce décret, le Conseil exécutif provisoire décide

que la Capitale doit donner l'exemple au reste de la France. A cet effet, il requiert la Commune de prendre les mesures les plus efficaces pour accélérer le recrutement des 12,800 hommes auxquels Paris a été taxé dans la répartition générale. Celle-ci répond que la fixation d'un contingent est presque une injure pour les Sections, qu'aucune réquisition ne sera nécessaire, et que le nombre des enrôlements volontaires surpassera de beaucoup l'effectif qui lui est demandé. Elle charge ensuite quarante-huit de ses membres de se rendre dans les quarante-huit Sections ; ils doivent indiquer à chacune d'elles la quantité d'hommes à fournir et l'inviter à la dépasser autant que possible.

Le 6 Mars, quelques faibles détachements, formés à la hâte dans l'espoir qu'ils serviront d'exemple, défilent devant l'Assemblée nationale, se disant prêts à partir et jurant de ne rentrer dans leurs foyers que lorsqu'ils auront *exterminé le dernier des tyrans*. Ce même jour, la Convention déclare que la République est en guerre avec le Roi d'Espagne.

L'agitation causée dans les Sections par l'annonce du recrutement, coïncida avec un mouvement populaire auquel la cherté des denrées d'usage journalier servit de prétexte. Bien que la Municipalité assurât l'approvisionnement de Paris en farines, les agitateurs répétaient sans cesse qu'on était à la veille de manquer de pain ; en outre, la langueur du commerce jointe à la dépréciation des assignats avait accru le prix du sucre, du café, du savon, de la chandelle, etc. La classe ouvrière qui recevait de son travail la même valeur nominale que par le passé, souffrait cruellement de ce renchérissement ; par suite, elle ne se montrait que trop disposée à suivre les conseils perfides de ceux qui lui représentaient les commerçants comme des accapareurs auxquels était due la misère publique (1) et contre lesquels il était juste de sévir.

---

(1) *Journal de la République* rédigé par Marat, l'ami du Peuple. — 25 Février 1793.

« Quand les lâches mandataires du Peuple encouragent au crime
» par l'impunité, on ne doit pas trouver étrange que le Peuple,
» poussé au désespoir, se fasse lui-même justice. Laissons là les
» mesures répressives des Lois ; il n'est que trop évident qu'elles ont
» toujours été et seront toujours sans effet.

» Dans tout pays où les droits du Peuple ne sont pas de vains
» titres consignés fastueusement dans une simple déclaration, le
» pillage de quelques magasins à la porte desquels on pendrait les
» accapareurs, mettrait fin aux malversations. »

Les classes plus aisées ne concourant que le moins possible au service de la Garde nationale, ce ressentiment populaire était partagé par ceux des soldats de Santerre qui se montraient assidus aux prises d'armes; loin de s'opposer aux désordres qu'il entraînait, ils étaient au contraire portés à y concourir. Le manque de répression contre les excès de la populace était favorisé par l'inertie du Commandant général qui, lors même qu'il eût pu se faire obéir, eût perdu son reste de popularité en opposant ses troupes aux habitants. Aussi, lorsqu'après plusieurs jours d'agitation croissante, on eut à peu près acquis la certitude qu'une sérieuse manifestation aurait lieu, le 25 Février, contre les accapareurs, Santerre choisit ce moment pour aller à Versailles procéder à l'organisation d'un Corps de gendarmerie, mission dont il avait été chargé par le Ministre de la guerre.

Un champ libre reste ainsi à l'émeute. Dès six heures du matin, des groupes de femmes, où se trouvent mêlés des hommes habillés comme elles, assiégent les portes des boulangers; mais à huit heures, tout le pain demandé ayant été fourni, les émeutiers, trompés dans leur attente, se rejettent sur les boutiques des épiciers. Les petits détaillants, aussi bien que les gros commerçants, se voient enlever leurs marchandises à des prix inférieurs fixés arbitrairement et que même on ne leur paye pas. La foule ne se contente pas des denrées d'un usage journalier; la cannelle et la vanille qui valaient alors 120 livres (assignats) sont taxées à 30 sols; quant aux marchandises dont les pillards ignorent l'usage, elles sont répandues, gaspillées ou foulées aux pieds.

En apprenant ces désordres, la Convention requiert la Municipalité de prendre de promptes mesures; elle enjoint même de battre au besoin la générale. Cette décision excite la colère du public qui assiste aux délibérations de la Commune; il applaudit au contraire chaque fois que des émissaires viennent annoncer quelques nouveaux faits de pillage. Quant aux membres du Conseil, plusieurs expriment l'opinion que les épiciers sont justement punis d'avoir longtemps vendu trop cher.

Enfin, à cinq heures du soir, le rappel se fait entendre et quelques patrouilles apparaissent; la Commune allègue alors que, puisque les défenseurs de l'ordre se rassemblent, il serait superflu de battre la générale. Les petits détachements qu'a réunis le tambour se portent vers les rues où se commettent les plus grands excès; mais dans chacun d'eux se trouvent des parents, des amis et des connaissances de ceux qui emportent les marchandises des épiciers. Des sourires, des plaisanteries et des poignées de main s'échangent entre la force armée et les pillards. Quelques officiers veulent faire leur devoir; aussitôt ils sont abandonnés par leurs soldats, la foule les maltraite, et plusieurs sont blessés. Dans la soirée, les rues sont encombrées de boutiques ambulantes où se vendent les produits des larcins de la journée.

Le lendemain matin, l'agitation la plus forte est passée; le pillage chez les épiciers n'offrant plus à la populace l'attrait de la nouveauté, quelques points seulement sont encore le théâtre de désordres. Santerre fait alors battre la générale dans tous les quartiers; la force armée apparaît de tous côtés; de nombreux détachements vont se placer devant les boutiques; plusieurs protégent celles où dès la veille tout à été enlevé.

Il n'en fallait pas tant pour ranimer l'ardeur

de la foule ; de divers côtés, on s'amuse à tromper la faible vigilance des soi-disant protecteurs de l'ordre sur les dispositions desquels on est parfaitement rassuré. Ici, un individu paré d'une écharpe tricolore réclame le passage comme officier municipal; les rangs s'ouvrent, les émeutiers s'y précipitent, la boutique est envahie ; Gardes nationaux et hommes du peuple rient également de ce *bon tour* pendant que la pauvre famille qu'on ruine se livre au désespoir. Ailleurs, des femmes armées de seringues se rangent vis-à-vis d'un peloton dont elles singent les mouvements et qu'elles inondent au moyen de leur ridicule artillerie à laquelle l'eau du ruisseau fournit des munitions ; elles se rapprochent peu à peu, pénètrent dans les rangs où on les accable de quolibets, et un magasin est encore mis au pillage. Cette inertie de la force armée n'exclut pas pourtant tout sentiment d'humanité : certaines Compagnies se cotisent pour indemniser une pauvre veuve qu'un peu d'énergie de leur part eût sauvé de la mendicité.

Sur quelques points cependant, la populace ayant eu affaire à des Gardes nationaux moins accommodants, plusieurs arrestations furent opérées. Les déclamateurs révolutionnaires prétendirent alors que les prisonniers étaient des émigrés, des comtesses déguisées et des domestiques de *ci-devants;* on accusa de ce mouvement populaire la ligue des tyrans, l'or de l'étranger et les efforts des aristocrates qui, disait-on, avaient cherché à égarer le *peuple* et à le porter aux plus graves excès. Santerre fit une proclamation dans laquelle il attribuait ce désordre aux émissaires et aux écrivains payés par Lafayette.

Avec plus de raison, les Girondins dénoncèrent à la Convention les instigateurs habituels du pillage et du meurtre. Ils parvinrent à faire traduire Marat devant les tribunaux et lui fournirent ainsi l'occasion d'un acquittement suivi d'un triomphe populaire. Huit mois ne s'étaient pas écoulés depuis le jour où le parti de la Gironde était parvenu à ses fins, en abattant la Royauté ainsi que la Constitution de 1791, et déjà les 90,000 Gardes nationaux Parisiens étaient insuffisants pour protéger les propriétés particulières les plus modestes.

CHAPITRE XX.

DUMOURIEZ EN HOLLANDE. — RECRUTEMENT DE 300,000 HOMMES.

(Février et Mars 1793.)

Sommaire :

Accueil fait par les Troupes de ligne aux premières dispositions prises pour amener leur fusion avec les Volontaires.
But de l'invasion de la Hollande. Plan de Dumouriez. — Faiblesse numérique de ses troupes. — Entrée en Hollande. — Prise de Bréda, de Gertruydenberg et du fort de Klundert. — Préparatifs pour le passage du Moerdyk. — Déroute générale de l'armée en Belgique. — Dumouriez reçoit l'ordre d'abandonner la Hollande.
Mesures prises par la Convention pour activer le recrutement des 300,000 hommes. — Envoi de Commissaires dans les Sections de Paris et dans tous les Départements. — Mesures prises par la Commune. — Enthousiasme guerrier des Sections. — Leurs demandes.
La Convention admet le principe d'une taxe sur les riches et la création d'un tribunal criminel extraordinaire. — Les généraux Stengel et Lanoue sont décrétés d'arrestation.
Exaltation croissante des Sections. — Projets de massacres. — Tentatives contre les Girondins et les Ministres. — Beurnonville à la tête des Fédérés Brestois concourt à disperser les émeutiers.
Sage administration de Beurnonville. — Accusé par les Montagnards, il donne sa démission, et il est réélu par la Convention.
Accusations contre les généraux. — Pétition extravagante de la Section Poissonnière contre Dumouriez.
Suite du recrutement des 300,000 hommes. — Nouvelles mesures adoptées par la Convention et par la Commune. — Enrôlements dans les Sections de Paris. — Le Ministre de la guerre reçoit l'ordre de hâter le départ des Fédérés. — Enthousiasme dans certains Départements.

Exemptions légales du recrutement. — Faux enrôlés à Paris. — Difficultés qu'éprouve l'exécution de la réquisition dans plusieurs Départements. — Soulèvements partiels. — Insurrection de la Vendée.

La Convention, en décrétant l'abolition de toute différence de régime entre les Troupes de ligne et les Volontaires, avait reconnu la nécessité de retarder la mise en pratique de ce principe jusqu'à la fin de la campagne de 1793 ; mais en même temps, elle avait spécifié les points sur lesquels devait porter son application immédiate.

Le droit à l'élection des Chefs, accordé aux Régiments, semblait ouvrir une carrière plus large à l'ambition de tous ; aussi, bien qu'il fût improuvé par le bon sens instinctif ou par l'humeur chagrine de vieux soldats sans espoir d'avancement, il fut accueilli par de favorables acclamations. L'égalité de solde avec les Volontaires constituait une bonification qui ne pouvait rencontrer que des approbateurs.

Il n'en fut pas de même de la similitude de l'habillement. Les Troupes de ligne tenaient à honneur de conserver l'habit blanc qui les distinguait des citoyens-soldats, auxquels elles ne reconnaissaient qu'une aptitude militaire très-restreinte. L'ancien uniforme devant être seulement modifié à mesure des besoins, les précautions les plus minutieuses furent prises pour sa conservation, et lorsqu'il fallut absolument en remplacer les parties principales, les soldats appliquèrent sur leurs nouveaux vêtements les boutons et les autres signes qui pouvaient faire reconnaître les Corps de l'ancienne armée. Leurs officiers, dont les grades avaient été laborieusement acquis, n'admettaient aucune parité entre eux et les officiers nommés par les Volontaires; aussi donnaient-ils l'exemple de la désobéissance au décret qui proscrivait le vieil uniforme blanc.

Sur les autres points, la dissemblance continua entre les deux espèces de troupes; l'inégalité existait surtout à l'égard de la pénalité : ainsi, en vertu des lois existantes, un soldat déserteur était passible des galères, tandis que, dans le même cas, le Volontaire n'avait encore à redouter que les reproches de sa Municipalité et l'improbation de ses concitoyens, punitions illusoires en raison de la généralité de la défection.

Les dispositions par lesquelles on préparait la fusion des Régiments et des Bataillons de Volontaires n'étaient pas encore entièrement arrêtées, lorsque la campagne de 1793 s'ouvrit activement dans le Nord.

Aux yeux de Dumouriez, le parti le plus raisonnable eût été d'abandonner les Pays-Bas que les troupes Françaises, désorganisées par la misère, étaient incapables de défendre, et de se retirer derrière les Places du département du Nord, en conservant les bords de l'Escaut et la citadelle de Namur. Mais à Paris, cette proposition eût été taxée de lâcheté ou de trahison; en outre, le général pensait qu'une semblable retraite le déconsidérerait aux yeux de ses soldats; enfin, l'armée de Belgique, rentrée en France, eût été plus immédiatement soumise à l'action subversive des Jacobins.

Le génie fécond de Dumouriez lui suggéra un projet qui remédiait à ces divers inconvénients, et dont la réussite devait ramener parmi ses troupes une abondance inconnue depuis longtemps. La Hollande, surprise par la déclaration de guerre, était hors d'état de résister à une attaque subite: armes, habillements, chevaux, vivres et argent, tout ce qui manquait aux Français s'y trouvait réuni. En compensant l'insuffisance des moyens par la célérité des opérations, un coup de main heureux pouvait assurer le succès de cette audacieuse invasion.

Les réfugiés Hollandais, qui avaient formé un Comité révolutionnaire à Anvers, assuraient à Dumouriez que le parti *patriote* était puissant à Amsterdam, à Harlem, à Dordrecht et en Zélande; ils lui avaient même proposé un plan d'invasion qu'il jugea inexécutable, mais auquel il feignit de se rendre pour mieux masquer ses combinaisons : elles reposaient sur ce que le Stathouder n'avait ni armée rassemblée, ni plan de défense arrêté. De toutes les manières d'attaquer, le plan de Dumouriez était le moins présumable; d'après ses propres expressions, c'était *faire passer une armée par le trou d'une aiguille.*

Le hardi général voulait partir d'Anvers avec quelques troupes réunies à la hâte, laisser à gauche Berg-op-Zoom et à droite Breda ainsi que GertruydenBerg, arriver au village du Moerdyk et traverser le bras de mer de deux lieues qui le sépare de Dordrecht. Une fois débarqué, il se serait trouvé au cœur de la Hollande et ne comptait plus rencontrer d'obstacles en marchant sur Rotterdam, Delft, La Haye, Leyde et Harlem jusqu'à Amsterdam, puisqu'il prenait ainsi à revers toutes les défenses du pays envahi. Pour dérouter l'Ennemi jusqu'au dernier moment, le lieutenant général Miranda devait, avec l'armée de Belgique, assiéger Maestricht et Venloo; puis, lorsqu'il aurait appris le débarquement de Dumouriez à Dordrecht, il aurait laissé les siéges au soin de quelque autre général pour marcher avec 25,000 hommes sur Nimègue, où Dumouriez l'eût rejoint en passant par Utrecht. Alors les deux Corps d'armée réunis se seraient retrouvés devant les Impériaux, mais ravitaillés, habillés et approvisionnés aux dépens de la Hollande d'une part, et de l'autre, par les soins de Beurnonville, qu'une profonde amitié liait à Dumouriez (1).

---

(1) D'après les *Mémoires de Dumouriez*, ce plan ne constituait que le commencement d'opérations beaucoup plus vastes qui peuvent se résumer ainsi : « En cas de réussite, une fois maître de la Hollande,
» renvoyer en Belgique les bataillons de Volontaires nationaux ; ne
» conserver que les troupes de ligne et faire appel aux généraux les
» plus dévoués; ne laisser faire dans le gouvernement Batave que les
» changements indispensables, dissoudre le Comité révolutionnaire
» Hollandais, empêcher l'arrivée des Commissaires de la Convention
» et des émissaires des Jacobins ; annoncer aux Anglais une neutra-
» lité parfaite et armer sur-le-champ à Rotterdam, en Zélande et
» dans le Texel, une flotte pour s'asurer des possessions de l'Inde et
» en renforcer les garnisons. Créer en Hollande une armée d'obser-
» vation de 30,000 hommes ; restreindre l'armée Française au pays de

Les précautions les plus minutieuses furent prises par ce dernier pour que son secret ne fût pas éventé; afin d'éviter l'indiscrétion ou la mauvaise volonté de quelque commis de la guerre, le Ministre fut seulement prévenu qu'on allait envahir la Hollande; ceux des généraux de l'armée de Belgique qui ne devaient pas coopérer à l'opération reçurent des ordres dont l'exécution devait contribuer à tromper l'Ennemi. Au lieu de faire venir ses aides de camp et ses équipages, Dumouriez les laissa à Liége pour faire croire qu'il y retournerait, et, en dix jours, il avait organisé à Anvers un nouvel état-major et une petite armée de 14,000 hommes. Par les soins de leur Général,

---

» Liége; annuler dans toute la Belgique le décret révolutionnaire du » 15 Décembre et offrir à la nation Belge de constituer la forme de » gouvernement qui lui plairait. — Rassembler alors un certain » nombre de bataillons Belges qu'il était facile de porter jusqu'à » 40,000 hommes; proposer aux Impériaux une suspension d'armes; « s'ils refusaient, réunir les Hollandais, les Belges et les troupes de » ligne Françaises pour les rejeter au delà du Rhin; s'ils acceptaient, » ou bien après leur défaite, continuer à cimenter l'union des Répu- » bliques Belge et Batave. — Proposer à la France de s'allier avec » elles à condition de reprendre la Constitution de 1791 pour faire » cesser l'anarchie; en cas de refus, marcher sur Paris avec les » troupes de ligne Françaises et 40,000 Belges et Bataves, pour dis- » perser la Convention et anéantir le Jacobinisme. »
    Dumouriez ajoute que ce plan ne fut communiqué qu'à trois personnes qui seraient, d'après Miranda, Westermann, Danton et Lacroix.

ces troupes se croyaient elles-mêmes fortes de 30,000 hommes; les habitants d'Anvers qui avaient vu passer et repasser beaucoup de Corps différents en exagéraient encore le nombre, et plus tard, les Hollandais crurent avoir affaire à une armée considérable (1).

---

(1) Cette armée était ainsi composée :

Infanterie.... — 21 bataillons, dont 2 de troupes de ligne, et 3 de Volontaires ayant fait la dernière campagne. Les autres étaient de nouvelle levée et composés de très-jeunes gens.

2 bataillons de Gendarmerie nationale qui n'en composaient qu'un pour l'effectif.

Cavalerie... — 100 cavaliers du 20ᵉ régiment, excellents.

50 dragons du 6ᵉ régiment.

8ᵉ régiment de hussards: à peu près 300 hommes, mal armés, mal montés et de nouvelle levée.

100 hussards Belges, assez bons.

80 dragons Bataves.

300 hommes à cheval de la Légion du Nord, commandés par le colonel Westermann, de nouvelle levée et très-indisciplinés.

Troupes légères. — 3 bataillons Bataves, environ 1500 hommes qui ont fort bien servi.

1000 Belges levés à Bourges et à Gand, dont 200 dragons à pied.

1200 hommes de l'Infanterie de la Légion du Nord, très-pillards et médiocres soldats.

Le tout complet aurait pu monter à 18,000 hommes, et ne formait qu'un corps de 13,500 combattants.

Artillerie... — 4 pièces de 12, 8 de 8, 4 mortiers de 10 pouces, 20 petits mortiers pour grenades et 4 obusiers.

— *Mémoires* de Dumouriez.

Dumouriez annonça à ses soldats qu'ils allaient tenter une expédition hardie, qu'ils auraient à supporter la rigueur du climat, à prendre des places fortes entourées d'inondations, à traverser des bras de mer et des canaux, mais qu'ensuite ils trouveraient en abondance des amis, des armes, des vivres, des habits et de l'argent; les troupes étaient pleines d'ardeur et de confiance (1).

Pour mieux déguiser leur faiblesse numérique, Dumouriez les répartit en quatre Corps, ayant chacun une petite division d'artillerie. Le 16 Février, l'avant-garde pénétra sur le territoire Hollandais; elle devait s'avancer immédiatement jusqu'au bras de mer du Moerdyk, afin d'y réunir tous les bateaux dont elle pourrait s'emparer sur la côte. Dumouriez savait qu'elle eût pu être écrasée par les trois garnisons de Berg-op-Zoom, de Bréda et de Gertruydenberg réunies; mais il comptait avec

---

(1) Le soldat Français est très-spirituel ; il faut raisonner avec lui, et dès que son général a le bon esprit de le prévenir des obstacles qu'il rencontrera, il ne pense plus qu'à les vaincre et il s'en fait un jeu. Si, au contraire, on lui cache ses dangers, il s'étonne en les apercevant; et une fois que le découragement le presse, ou plutôt le dégoût de ce qu'on veut lui faire faire, la méfiance s'en mêle, il devient presque impossible de le rallier et d'en tirer aucun parti. — *Mémoires* de Dumouriez.

raison que, puisque nul plan général de défense n'avait été adopté, chaque commandant Hollandais, en apprenant l'arrivée d'une armée que la renommée disait très-forte, songerait à défendre sa Place et ne compromettrait pas sa garnison pour secourir les positions voisines. Il suffisait donc de faire insulter chaque ville par quelques troupes pour prolonger l'erreur commune jusqu'au moment où l'on pourrait traverser le bras de mer du Moerdyk.

Ce plan dut être modifié. L'avant-garde fut trop lente à se saisir des bateaux que les Hollandais conduisirent sur le bord opposé; le mal n'était pas irréparable, puisqu'on espérait trouver d'autres moyens de transport; mais le temps de les chercher et de les aménager pour qu'ils pussent faire face à un ennemi prévenu, constituait un retard pendant lequel Dumouriez ne voulut pas laisser les garnisons Hollandaises sans occupation. Le général d'Arçon, ingénieur expérimenté (1), qui comman-

---

(1) Le général Lemiceaud d'Arçon, qui avait alors soixante ans, s'était distingué dans la guerre de Sept Ans, notamment à la défense de Cassel (1761). En 1780, il avait conçu, pour le siège de Gibraltar, le projet audacieux de batteries insubmersibles et incombustibles destinées à faire brèche du côté de la mer avec cent

dait la colonne de droite, reçut l'ordre de bloquer Bréda; le colonel Leclerc agit de même à l'égard de Berg-op-Zoom avec la colonne de gauche; le général Berneron, à la tête de l'avant-garde, alla assiéger les forts de Klundert et de Williemstadt. Quant à Dumouriez, il s'installa avec la colonne du centre au Moerdyk, sur le bord de la mer, et il fit chercher dans les divers canaux les bâtiments nécessaires pour l'expédition.

L'armée de Dumouriez ne coûtait déjà plus que sa solde. Le pays fournissait gratuitement les vivres et les fourrages; les habitants donnaient de l'argent pour favoriser le succès de l'invasion; en raison de ces marques de cordialité, le Général avait recommandé à ses soldats de traiter les habitants avec la plus grande humanité; néanmoins les Gendarmes nationaux et les Troupes légères se livraient à d'odieuses exactions.

Le siége ou plutôt le blocus de Berg-op-Zoom détermina seulement quelques sorties

---

cinquante bouches à feu. Il avait été dénoncé comme aristocrate et s'était retiré à Saint-Germain, lorsque Dumouriez, appréciateur de son mérite, le demanda à son ami Beurnonville, qui se hâta de le lui envoyer. — *Biographie universelle.*

de la garnison qui amenèrent de nombreux déserteurs Bataves dans les rangs des Français. Quant à la ville de Bréda, elle était défendue par une nombreuse artillerie, bien palissadée et couverte par une inondation; la garnison y était presque aussi forte que la colonne des assiégeants (4,000 hommes). Le général d'Arçon, sans ouvrir de tranchée, dressa simplement deux batteries de quatre mortiers et de quatre obusiers, très-près de la Place; les ennemis lui répondirent par un feu très-vif pendant trois journées consécutives (1).

Le quatrième jour, les assiégeants étaient à bout de ressources; il ne restait plus qu'une soixantaine de bombes que d'Arçon allait lancer avant de se retirer, lorsque le colonel Philippe de Vaux (2), suivant les instructions de Du_

---

(1) La gaieté que ce siége en miniature inspirait aux soldats, les poussait à des actes de témérité qui étonnaient singulièrement l'ennemi. Quelques-uns allèrent un jour danser la carmagnole jusque sur les glacis de la Place, du côté où elle n'est pas inondée. Une trentaine de dragons Hollandais, sortis de la ville, sabrèrent les danseurs et emmenèrent six prisonniers, tout en perdant eux-mêmes quelques hommes et quelques chevaux. — *Mémoires* de Dumouriez.

(2) Le colonel Philippe de Vaux, né à Bruxelles, était fils naturel du prince Charles de Lorraine. Il avait d'abord servi en Autriche et il avait ensuite pris parti contre l'Empereur dans les révolutions de

mouriez dont il était aide de camp, entra dans Bréda en parlementaire. Il annonça au Gouverneur que le Général en chef allait arriver avec *toute son armée*, et que dès lors il n'y aurait plus aucun quartier à espérer. Cette sommation hautaine confirmait les bruits propagés sur les forces de Dumouriez; elle détermina une capitulation (26 Février) que l'on facilita en accordant au Commandant ennemi les honneurs de la guerre et tout ce qu'il parut désirer. Le siége n'avait pas coûté 20 hommes des deux côtés, et les vainqueurs entrèrent dans Bréda où ils trouvèrent 200 bouches à feu, 300 milliers de poudre et 5,000 fusils de munition dont ils avaient le plus grand besoin.

Le général d'Arçon alla ensuite attaquer Gertruydenberg. Lorsqu'on eut placé les batteries et échangé quelques coups de canon, le colonel Philippe de Vaux alla porter la sommation ordinaire en faisant sonner bien haut la reddition de Bréda; la capitulation fut rapidement conclue (7 Mars); c'était encore

---

son pays. Dumouriez, qui l'avait connu à Paris, se l'était attaché en qualité d'aide de camp. Il lui reconnaissait toutes les qualités nécessaires pour devenir un très-bon général. — *Mémoires* de Dumouriez.

150 bouches à feu, 200 milliers de poudre, des bombes, des boulets et, ce qui était plus essentiel aux projets de Dumouriez, un bon port et trente bâtiments de transport. On en avait pris cinq à Bréda.

Le fort de Klundert attaqué par l'avant-garde fut vigoureusement défendu par un lieutenant-colonel Westphalien qui n'avait avec lui que 150 hommes; mais une batterie de quatre canons et de petits mortiers, placée à 150 toises de la Place derrière la digue même de l'inondation qui la défendait, eut bientôt percé toutes les maisons (1) et rendu la position intenable. Le brave commandant encloua ses canons et voulut se retirer avec les restes de sa garnison au fort voisin de Williemstadt; mais il fut coupé par la cavalerie Batave alliée, et tué au moment où les Français pénétraient dans la Place qu'il venait d'abandonner. Les pièces de canon qu'on y trouva, les mortiers, leurs projectiles servirent, ainsi que la poudre, à aller mettre le siége devant Williemstadt.

Pendant ce temps, Dumouriez, posté au

---

(1) Ces places Hollandaises étaient dépourvues de casemates.

Moerdyk avec la colonne du centre, organisait sa flottille au moyen de matelots et de charpentiers levés dans les ports des environs ; on leur avait assigné une forte paye à laquelle subvenaient les fonds que le Comité révolutionnaire Hollandais prélevait sur les biens du prince d'Orange et de ses partisans. Des bâtiments garde-côtes étant venus canonner les Français dans les premiers jours de leur installation sur le rivage, on avait fait venir de Bréda des pièces de 24 qui mettaient à l'abri de toute insulte le camp où les troupes attendaient impatiemment leur passage sur l'autre bord.

La plus grande gaieté y régnait ; les vivres ne manquaient pas ; l'eau était assez bonne, et les distributions d'eau-de-vie se faisaient régulièrement. Les soldats avaient construit des huttes couvertes en paille pour se préserver des intempéries ; une plaisanterie de Dumouriez sur ce cantonnement aquatique y avait donné naissance à des saillies perpétuelles sur le *camp des Castors*, les *travaux des Castors* et enfin le *général des Castors*.

Tous les cœurs étaient ouverts à l'espérance ; des renforts envoyés par Beurnonville et commandés par le général de Flers étaient arrivés ; vingt-trois bateaux pontés, du port de 20 à 70 tonneaux, étaient convenablement aménagés et pourvus de vivres ; ceux qui devaient former l'avant-garde de la flottille avaient été armés de canons ; Dumouriez avait combiné, pour le passage du bras de mer, un plan qui devait neutraliser les efforts de la moitié des bâtiments ennemis réunis sur l'autre rive; rien ne semblait plus s'opposer à l'opération hardie qu'il avait si bien commencée; la nuit du 9 au 10 Mars avait été fixée pour l'embarquement.

Tout à coup, une foudroyante nouvelle vient anéantir ses projets. Le prince de Cobourg a su profiter du désordre qui régnait dans les cantonnements Français dispersés autour de la Meuse; à la tête d'une armée formidable, il est arrivé jusqu'à Aix-la-Chapelle que le général Myaczinski (1) a été obligé d'évacuer

---

(1) Le général Myaczinski, né à Varsovie en 1750, était en 1770 un des chefs de la Confédération de Pologne, alors que Dumouriez y avait été envoyé en mission par la Cour de France. Après avoir gaspillé ou perdu sa fortune dans les troubles politiques et avoir été fait prisonnier par les Russes, il était venu réclamer en France des indemnités que Dumouriez ne put lui faire obtenir. Pour l'en dédommager, ce dernier lui fit accorder l'autorisation de lever un Corps franc et lui donna ensuite le commandement d'une division avec le grade de maréchal-de-camp (1792).

après un combat meurtrier soutenu dans les rues de la ville. Le général Miranda a cru devoir alors abandonner le siége de Maestricht où ont pénétré les Impériaux qui, poursuivant leurs avantages, sont entrés à Liége et se sont emparés des magasins qui commençaient à s'y former. Dans l'impossibilité de défendre cette ville ouverte, Valence, Dampierre et Myaczinski ont battu en retraite pour rejoindre Miranda. Mais, leurs troupes étant composées en majeure partie de Volontaires sans éducation militaire et sans confiance dans leurs officiers, la consternation et le désordre ont été tels que les bagages et une partie du matériel ont été enlevés ou abandonnés. Des bataillons entiers ont repris la route de la frontière. D'un autre côté, les généraux Stengel et Neuilly, séparés des autres corps d'armée par l'Ennemi, ont été rejetés dans le Lim-

---

Le Ministre Secrétaire d'Etat Bertrand de Molleville rapporte dans ses *Mémoires*, que le général Myaczinski lui proposa, en juillet 1792, d'épier les démarches de Dumouriez et même de favoriser la marche des Alliés qui s'avançaient pour soutenir Louis XVI, en faisant envelopper et tailler en pièces l'avant-garde de l'armée, si on voulait lui donner 200,000 fr. Cette infâme proposition fut rejetée par le Roi et par le Ministre avec tout le mépris qu'elle méritait.

Manuel, dans sa *Police dévoilée*, fait du même individu un portrait moins hideux, mais cependant peu flatteur.

bourg; ils ont pu cependant rallier à Namur la division d'Harville. En somme les Français, moins 10,000 déserteurs dispersés depuis Bruxelles jusqu'à la frontière, sont ralliés à Tirlemont et à Namur; mais les troupes, découragées et furieuses contre leurs chefs, redemandent à grands cris le vainqueur de l'Argonne et de Jemmapes.

Des courriers, envoyés par les Commissaires de la Convention en Belgique, se succèdent sans interruption au Moerdyk pour presser le retour de Dumouriez. Celui-ci répond qu'à la vérité, l'abandon d'Aix-la-Chapelle qui a nécessité la levée du siége de Maestricht, réduit l'armée à une défensive régulière, mais que Valence et Miranda en connaissent parfaitement les détails, et qu'à moins de perdre absolument la tête, les 50,000 hommes réunis entre Tirlemont et Louvain doivent y suffire. Quant à lui, en envahissant la Hollande, il sauvera les Pays-Bas, et rien n'est perdu si on lui laisse le temps d'achever son expédition.

Cependant les rapports alarmants des Commissaires de la Convention ont persuadé l'Assemblée nationale : Dumouriez est considéré comme pouvant seul sauver l'armée de la Belgique. On lui envoie l'injonction la plus absolue d'abandonner l'invasion de la Hollande et d'aller prendre le commandement des troupes à Tirlemont. Cet ordre arrive au Moerdyk, le 8 Mars, dans la soirée; Dumouriez passe la nuit à détailler ses plans au général de Flers pour que l'on poursuive l'expédition en son absence (1) et, le lendemain, jour où avait dû s'effectuer l'embarquement, il part, le désespoir dans l'âme, pour aller prendre le commandement des troupes vaincues en Belgique.

En même temps la Convention arrête les mesures propres à accélérer le recrutement des 300,000 hommes qui vient d'être décrété:
« Quatre-vingt-seize membres de la Con-
» vention se rendront immédiatement, deux
» à deux, dans les quarante-huit Sections
» de Paris pour les instruire de l'état actuel
» de l'armée de Belgique; pour rappeler à

---

(1) Ces recommandations restèrent sans effet : le départ de Dumouriez avait glacé tous les cœurs. Les officiers les plus enthousiastes, ceux qui avaient montré le plus d'ardeur et d'impatience trouvèrent alors l'entreprise impossible. Elle le devint effectivement quelques jours après : la marine Hollandaise s'était renforcée et les Prussiens s'avançaient par Bois-le-Duc. — *Mémoires* de Dumouriez.

» tous les citoyens en état de porter les armes,
» le serment qu'ils ont prêté de maintenir jus-
» qu'à la mort la Liberté ainsi que l'Egalité, et
» pour les requérir au nom de la Patrie de
» voler au secours de leurs frères. »

Quant aux départements, quatre-vingt-deux Commissaires, choisis aussi parmi les Conventionnels, sont nommés pour les parcourir deux à deux.

» Ils sont autorisés à prendre toutes les
» mesures qu'ils jugeront nécessaires pour
» faire compléter à l'instant dans chaque
» Département le contingent demandé, et
» même à requérir au besoin tous les citoyens
» en état de porter les armes.

» Il doivent obliger tous les citoyens qui
» ne rejoindront pas les armées à déposer
» leurs armes de guerre ainsi que leurs habil-
» lements et leurs équipements militaires, sauf
» indemnités fixées par des experts.

» Ils peuvent mettre en réquisition tous les
» chevaux et mulets non employés à l'agricul-
» ture ou aux arts de première nécessité.

» Ils ont le droit de suspendre et même de
» mettre en état d'arrestation tous les fonc-
» tionnaires suspects. »

De son côté, la Commune de Paris fait
arborer, en signe du danger de la Patrie, des
drapeaux noirs au sommet de l'Hôtel-de-Ville
et de l'église Métropolitaine; une proclamation chaleureuse est adressée aux habitants (1);

---

(1) *Commune de Paris.* — *Proclamation* du 8 Mars 1793 :

« Aux armes, Citoyens! Aux armes!
» Si vous tardez, tout est perdu.
» Une grande partie de la Belgique est envahie; Aix-la-Chapelle,
» Liége, Bruxelles doivent être maintenant au pouvoir de l'Ennemi.
» La grosse artillerie, les bagages, le trésor de l'armée se replient
» avec précipitation sur Valenciennes, seule ville qui puisse arrêter
» un instant l'Etranger. Ce qui ne pourra suivre sera jeté dans la
» Meuse. Dumouriez fait des conquêtes en Hollande; mais si des
» forces considérables ne le soutiennent pas, Dumouriez, et avec lui
» l'élite des armées Françaises, peuvent être engloutis.
» Parisiens, envisagez la grandeur du danger; voulez-vous per-
» mettre que l'Ennemi vienne encore désoler la terre de la Liberté,
» brûler vos villes, vos campagnes?
» Parisiens, c'est contre vous surtout que cette guerre abominable
» est dirigée. Ce sont vos femmes, vos enfants qu'on veut massacrer;
» c'est Paris qu'on veut réduire en cendres. Rappelez-vous que cet
» insolent Brunswick a juré de n'y point laisser pierre sur pierre.
» Parisiens, sauvez encore une fois la chose publique; encore une
» fois donnez l'exemple. Levez-vous, armez-vous, marchez, et ces
» bandes d'esclaves reculeront encore devant vous; il faut un der-
» nier effort; il faut porter un coup terrible, un dernier coup : il
» faut que cette campagne décide du sort du monde; il faut épou-
» vanter, exterminer les rois.
» Hommes du 14 Juillet, du 5 Octobre, du 10 Août, réveillez-
» vous!
» Vos frères, vos enfants menacés par l'Ennemi, enveloppés
» peut-être, vous appellent; vos frères, vos enfants massacrés au
» 10 Août, dans les plaines de la Champagne, sous les décombres de
» Lille embrasé; vos frères, tués à Jemmapes...... Levez-vous, il faut
» les venger.

les spectacles sont fermés et le rappel bat de tous côtés pour appeler les citoyens dans les assemblées des Sections où vont se rendre les Commissaires de la Convention. Plusieurs d'entre elles spontanément réunies ont déjà pris des arrêtés ; la Section de la Butte-des-Moulins a décidé qu'elle ne délivrera aucun passe-port avant que le recrutement ne soit totalement effectué ; la Section des Sans-Culottes demande que les barrières soient fermées sur-le-champ, afin que nul ne puisse se soustraire à la réquisition (8 Mars).

Le lendemain (9 Mars), le Maire et le Procureur de la Commune de Paris, Pache et Chaumette, se présentent devant la Convention et lui annoncent que la population Parisienne veut se lever tout entière pour marcher à l'Ennemi ; leurs assertions sont confirmées par celles des Commissaires de l'Assemblée qui, la veille, se sont rendus dans les différentes circonscriptions. « Qu'il ne soit pas question

---

» Que toutes les armes soient portées dans les Sections ; que l'on
» y jure de sauver la Patrie ; qu'on la sauve ! Malheur à celui qui
» hésiterait ! Que dès demain des milliers d'hommes sortent de
» Paris ; c'est aujourd'hui le combat à mort entre les hommes et les
» rois, entre l'esclavage et la Liberté ! »

» de recrutement, » a dit la Section de la Halle au Blé, « tous les citoyens partiront. » Ailleurs, les patriotes ont juré à l'unanimité d'imiter les habitants de Sagonte en s'ensevelissant sous leurs maisons embrasées, plutôt que de se soumettre au joug des tyrans coalisés. Une autre Section a déclaré qu'elle brûle de verser son sang pour cimenter le triomphe de la Liberté. Toutes ont fait des protestations analogues.

Mais d'autres vœux se joignent à ces assurances belliqueuses. La Section de l'Oratoire s'indigne de ce que les individus les plus riches ne fassent pas acte de patriotisme en offrant de concourir aux frais de la guerre; la Section des Gravilliers exprime la même opinion et propose de frapper d'une imposition extraordinaire tous ceux qui possèdent un revenu supérieur à 1,500 livres. D'autres Sections craignent que le départ des *patriotes* ne laisse le territoire exposé sans défense aux intrigues des traîtres et des aristocrates; elles ne seront rassurées que par l'établissement d'un tribunal chargé de punir les ennemis du bien public et d'effrayer les conspirateurs. Dans la déroute des armées en Belgique, la Section de la Halle aux Draps voit une preuve manifeste de la trahison des anciens nobles qui sont encore au service, et elle demande qu'on rappelle des armées tous ceux qui ont fait partie des classes autrefois privilégiées. La Section des Piques insiste sur l'urgence de soumettre la conduite des généraux à un sévère examen.

La Convention décide en principe qu'une taxe spéciale sera imposée aux riches, et qu'un tribunal criminel extraordinaire sera institué pour frapper les traîtres, les conspirateurs et les contre-révolutionnaires (1).

Elle décrète, en outre, que le général Stengel, qui commandait l'avant-garde en Belgique, et le général Lanoue, qui couvrait le siége de Maëstricht, seront traduits à sa barre (2).

---

(1) Cette juridiction nouvelle devait s'exercer sans appel et sans recours au tribunal de cassation. Elle comprenait cinq juges, un accusateur public, ses deux adjoints, et douze jurés, tous nommés par la Convention nationale et choisis dans le Département de Paris ainsi que dans les quatre Départements voisins. Les biens des condamnés à mort étaient acquis à la République qui se chargeait d'avoir soin de leurs veuves et de leurs enfants.

(2) Le général Stengel, sujet de l'Electeur Palatin, avait d'abord servi dans le régiment d'Alsace ; il avait ensuite fait la guerre contre les Turcs avec les Polonais, sous les ordres du prince Radziwil. Lors de la révolution du 10 Août, il était colonel d'un régiment de Hussards à Douai (Ardennes), et il avait convoqué chez lui plusieurs

Ces décisions furent prises pendant deux jours de l'agitation la plus fiévreuse. La fermentation due aux nouvelles désastreuses de la Belgique et entretenue par la Convention ainsi que par la Commune en vue du recrutement, était encore exaltée par les orateurs démagogues qui appelaient la colère des patriotes sur les conspirateurs et les contre-révolutionnaires, c'est-à-dire, sur les Députés qui n'avaient pas voté la mort du Roi, et les Girondins qui

---

chefs de Corps, pour déclarer collectivement à Lafayette qu'il les trouverait prêts à marcher au secours du Roi. Cette tentative eut le sort de celle de Dillon, et Stengel continua à servir son pays d'adoption. — Dans le cantonnement d'Aix-la-Chapelle, où il commandait avant la déroute, il avait éveillé la susceptibilité des commissaires de la Convention en demandant à servir ailleurs si l'on devait employer ses troupes contre l'Electeur Palatin, dont il était sujet. Ce dernier mot sonnait mal aux oreilles de ces républicains; aussi avaient-ils réclamé pour qu'on ne laissât pas commander des *hommes libres* par un individu qui se qualifiait *sujet* d'un prince.

Le général Lanoue, brave et respectable à tous égards, avait été dénoncé à la Convention comme ayant *refusé de marcher* contre l'Ennemi, lors du siége de Lille (Octobre 1792). L'Assemblée nationale accueillant sans examen toutes les accusations portées contre les généraux que l'on savait attachés au Roi ou à la Constitution de 1791, Lanoue fut arrêté à Douai et mis en prison. Mais trois semaines après, Dumouriez se préparant à envahir la Belgique, se porta caution pour lui, l'emmena à Valenciennes et en fit son aide de camp. Ce fait ayant motivé des dénonciations contre Dumouriez, Lanoue craignit de devenir la cause de quelque désagrément pour son ami; il retourna de lui-même en prison, et écrivit à la Convention pour demander à être jugé. On l'envoya devant le tribunal de Lille; il fut absous à l'unanimité et reprit le commandement que lui ôta cette nouvelle accusation.

avaient espéré le sauver de l'échafaud en demandant l'appel au Peuple. Des provocateurs au meurtre propageaient le bruit que les Prussiens, en entrant à Liége, avaient exercé sur les patriotes Belges des cruautés qui exigeaient d'éclatantes représailles; ils ajoutaient qu'il fallait fermer les barrières, sonner le tocsin, tirer le canon d'alarme et compléter les journées de Septembre.

Mais la Commune, ne se sentant pas encore assez puissante pour tenter une journée insurrectionnelle dans laquelle elle se substituerait à la Convention, s'opposa à ces mouvements prématurés. Aussi, pendant la nuit, les désordres se bornèrent-ils à quelques presses brisées par des bandes d'émeutiers; on y vit figurer des Dragons de la République et des Fédérés qui, naguère considérés comme des réactionnaires, avaient peu à peu cédé à la contagion de l'esprit du mal. Parmi les contingents venus des Départements à la voix des Girondins, on ne pouvait plus guère appeler au secours de l'ordre que sept ou huit cents hommes arrivés récemment de Quimper et de Nantes, et connus sous le nom de Fédérés Brestois.

Le lendemain, 10 Mars, l'oisiveté du Dimanche ajoute aux causes qui menacent d'amener de sinistres événements. Dès le matin, des inconnus recommandent aux factionnaires des portes de l'enceinte législative (1) de ne laisser entrer aucune femme dans les tribunes, parce que le *Peuple* viendra dans la journée couper la tête d'un certain nombre de Députés. Les Sectionnaires fêtent les enrôlés dans les cabarets; les assemblées des Sections sont abandonnées aux démagogues effrénés qui prennent des arrêtés incendiaires contre lesquels la Commune continue à protester. La Convention est le théâtre de discussions orageuses relatives à l'installation du Tribunal extraordinaire : les Députés modérés savent que leur vie est menacée; les autres pensent que la manifestation populaire qui se prépare va les débarrasser de leurs adversaires.

Au sortir d'un repas que la Section de la Halle au Blé a donné à ses enrôlés, un millier d'individus exaltés par l'ivresse vont défiler en armes au club des Jacobins en chantant la Mar-

---

(1) Le service près de la Convention était alors principalement fait par une compagnie de Grenadiers-gendarmes spécialement instituée à cet effet.

seillaise et la Carmagnole. Les applaudissements ajoutent encore à leur frénésie; ils jurent de n'aller combattre les ennemis du dehors qu'après avoir exterminé ceux du dedans, les contre-révolutionnaires, les Girondins et les Ministres qui sont d'accord avec eux.

Quelques membres du Club invoquent l'inviolabilité des Députés; mais cette opposition augmente encore la rage des forcenés qui se divisent en deux bandes. L'une doit aller à la Convention couper les têtes des Girondins; l'autre veut égorger les Ministres pour faire *maison nette*. A l'approche du moment fatal, les deux partis extrêmes de la Convention, animés des sentiments les plus hostiles, sont prêts à en venir aux mains; tous ont des armes sous leurs habits; une épouvantable collision paraît inévitable. Quant aux Ministres, ils sont réunis chez l'un d'eux, Lebrun, sans aucun moyen de se défendre ou de porter secours aux Députés menacés.

Contre l'attente générale, cette terrible journée n'amena pas de sanglants résultats. La Commune repoussa énergiquement les émeutiers qui vinrent lui annoncer triomphalement que tout marchait au gré de ses désirs. Un des

Députés girondins put faire prendre les armes aux Fédérés Brestois; Beurnonville, qui avait été spécialement désigné aux assassins et dont l'hôtel était déjà cerné, put escalader le mur d'un jardin et se mettre à la tête de ce fidèle bataillon. Cette nouvelle refroidit considérablement l'ardeur des perturbateurs; une pluie abondante, dissipant une partie de leur ivresse, acheva leur dispersion.

Le lendemain, ce mouvement était désavoué par tous les partis comme attentatoire à la Représentation nationale; ceux mêmes dont il n'avait contrarié les vues que par trop de précipitation, rédigeaient des adresses pour recommander au *Peuple* de se défier des agitateurs payés, disaient-ils, par l'Angleterre et par l'Emigration pour le pousser aux excès les plus regrettables; Beurnonville était cité comme ayant sauvé l'inviolabilité de la Convention.

Ce n'était pas seulement en raison de ses liaisons avec les Députés modérés que le Ministre de la guerre avait été voué aux poignards ou à la hache des assassins, il s'était attiré la haine des Jacobins en expulsant de ses bureaux les employés démagogues qui les avaient envahis sous l'administration de Pache, son prédécesseur; il avait interrompu de scandaleux trafics qui enrichissaient les commis et les fournisseurs en faisant périr les soldats dans la misère; des hypothèques avaient été prises sur les biens des entrepreneurs ou de leurs cautions, pour forcer les soumissionnaires de marchés à exécuter les traités qu'ils avaient tenté de résilier aussitôt que s'étaient manifestés les premiers symptômes d'une surveillance gênante pour leur cupidité.

Les armées voyaient enfin arriver des approvisionnements sérieux; de divers côtés les magasins se garnissaient; les hôpitaux militaires avaient reçu des matelas vainement réclamés depuis longtemps. Afin de réunir rapidement une grande quantité d'habillements militaires, cent mille uniformes venaient d'être achetés à des particuliers sur tous les points du territoire. Les exportations de chevaux, mulets, grains, fourrages, bestiaux et comestibles de toutes sortes avaient été interdites.

Les Montagnards, dans l'impossibilité de décrier cette administration éclairée, inventèrent un grief contre le Ministre : ils l'accusèrent de ne pas communiquer à l'Assemblée nationale les dépêches les plus importantes ou de n'en faire part qu'après les avoir altérées. Pour toute réponse, Beurnonville envoya sa démission, heureux, disait-il, de retourner à la tête d'une armée. Mais le scrutin ouvert pour lui donner un successeur le vengea noblement; il fut réélu à la majorité de 336 voix sur 520, et il se résigna une seconde fois à conserver la position difficile qu'il avait acceptée par dévouement (14 Mars).

Le parti malintentionné qui calomniait Beurnonville, accusait tous les généraux avec la même astuce : « Comment voulez-vous » que les soldats se montrent confiants et cou- » rageux, » disait Robespierre, « lorsqu'ils » voient à leur tête des chefs coupables et im- » punis.» Les Sections de Paris recevaient ainsi d'en haut une impulsion à laquelle elles n'étaient que trop portées à obéir et dont elles exagéraient encore les effets par leurs déclamations habituelles. Ces assemblées orageuses, dominées par un petit nombre d'hommes ruinés ou flétris, étaient alors fréquentées par un grand nombre de bravaches à plumet qu'une fuite honteuse avait ramenés de Belgique et qui justifiaient leur prudent retour en vociférant contre les trahisons des généraux. Par l'effet des mensonges qu'ils avaient débités lors de leur passage dans les villes; des courriers partis du Ministère étaient arrêtés sur la route de Belgique comme portant des dépêches à des traîtres qui vendaient la Patrie; à Paris, les Sections obsédaient la Convention de pétitions extravagantes dirigées contre les généraux.

Le 12 Mars, un détachement fourni par la Section Poissonnière pour le recrutement des 300,000 hommes, est admis à défiler devant la Convention. Suivant l'habitude, l'orateur de la députation prend la parole : « Citoyens, la
» Section Poissonnière se félicite de pouvoir
» donner une preuve de son patriotisme en
» devançant de quelques jours les autres trou-
» pes qui partiront incessamment de Paris.
» Mais, mandataires du Peuple, nous de-
» vons vous transmettre ses justes plaintes : la
» Convention n'a pas déployé toute l'énergie
» qu'on en attendait ; Beurnonville n'eût
» point dû parvenir au Ministère, il n'a point
» la confiance de la Nation ; au nom des ci-
» toyens ici présents, je vous demande sa des-
» titution. Les généraux ne sont pas à leur
» poste ; c'est par leur faute que notre avant-
» garde a été forcée ; je demande un décret

» d'accusation contre Dumouriez et son état-
» major..... »

A ces mots, un tonnerre d'indignation éclate de toutes parts : « Dumouriez, » s'écrie-t-on, « était à cinquante lieues du théâtre du désas-» tre, et s'emparait de Bréda et de Gertruyden-» berg! — La Section Poissonnière doit être » déclarée calomniatrice! — L'orateur est un » traître, — un scélérat, — un aristocrate dé-» guisé, — qu'on le mette en arrestation! »

Au plus fort du tumulte, on remarque tout à coup l'étrange drapeau des malencontreux pétitionnaires. Il est rouge et blanc, orné de fleur de lis et garni d'une *cravate* blanche. La colère n'a plus de bornes; les vociférations des tribunes se mêlent aux clameurs des Conventionnels; l'orateur de la députation, le porte-drapeau et les Volontaires restent consternés de l'effet qu'ils ont produit.

Une citoyenne des tribunes jette alors un ruban tricolore pour remplacer la cravate blanche du drapeau; son nom est inscrit avec mention honorable au procès-verbal de la séance. Les Volontaires, revenus de leur surprise, déclarent qu'ils partagent les sentiments de l'Assemblée, prêtent le serment de fidélité à la

République, déchirent leur drapeau, le foulent aux pieds, et placent au bout de la hampe un bonnet de liberté. Ces démonstrations patriotiques sont chaleureusement applaudies; l'orateur et le porte-drapeau restent seuls exposés à l'indignation générale vivement exprimée par plusieurs Députés : « Ce qui vient de se passer
» est un trait de lumière. Nouveau Protée, l'Aris-
» tocratie prend le masque du patriotisme pour
» priver la République de ses généraux. Dumou-
» riez a sauvé la France dans les plaines de la
» Champagne, il a fait pâlir les puissances du
» Nord, il n'est pas étonnant que les despotes
» prodiguent leurs trésors pour le faire assas-
» siner. Puisqu'un tribunal extraordinaire vient
» d'être décrété, les deux scélérats qui sont à la
» barre doivent y être traduits les premiers, afin
» qu'on connaisse leurs complices. L'un d'eux
» est le président de la Section Poissonnière, qui
» porta autrefois le nom de *Menus Plaisirs*,
» comme pour marquer ce qu'il y avait de plus
» corrompu, non pas parmi le peuple, qui ne
» connut jamais que des plaisir innocents, mais
» à la cour des Rois. Cette Section a encore
» trois drapeaux pareils à celui qui vient d'être
» déchiré.

» Le crime veille tandis que le patriotisme
» dort. La perte du vainqueur de l'Argonne et
» de Jemmapes est en ce moment le but que
» poursuit l'Etranger. La preuve, c'est que des
» médailles d'argent, à l'effigie de *Louis XVI*
» *martyrisé*, ont été envoyées à des Députés
» avec des billets anonymes dénonçant que des
» distributions abondantes de ces signes con-
» tre-révolutionnaires sont faites à Bruxelles
» par la jeune Crumpipen, maîtresse de Du-
» mouriez.

» Sans doute, dans une République, il faut
» que le roc Tarpéien soit près du Capitole ;
» mais, jusqu'à présent, Dumouriez n'est en-
» core monté qu'au Capitole ; et si des scélérats
» viennent dire que la roche Tarpéienne est là,
» il faut leur répondre qu'elle leur est des-
» tinée. »

Les deux malheureux ainsi désignés à la vindicte générale étaient restés pâles, indécis et tremblants; ils peuvent enfin balbutier leur réponse : « Ils sont bien loin d'être des agents
» de l'Aristocratie ou de l'Etranger; on peut
» consulter leur quartier sur leur patriotisme ;
» l'un est Juge de paix, l'autre n'a été que
» momentanément Président de la Section.

» Depuis quelques jours, les têtes s'y sont considérablement échauffées ; l'adresse lue à la Convention a été rédigée dans un moment d'effervescence, et ils sont seulement coupables d'avoir accepté le titre de commissaires pour la présenter à l'Assemblée nationale.

» Quant au drapeau, comme ils ne sont pas militaires, leur ignorance en pareille matière est leur excuse. On a pris au hasard, pour défiler devant la Convention, une vieille *enseigne* qui était depuis longtemps abandonnée. »

Les Volontaires confirment les dires des deux accusés ; on conclut que le Président et le Juge de paix de la Section Poissonnière peuvent avoir été, sans s'en douter, les agents des contre-révolutionnaires ; ils se sont montrés dupes, mais non criminels ; on les renvoie au Comité de sûreté générale pour y être interrogés.

Pendant cette période si agitée, la Convention adopte successivement toutes les propositions de nature à activer le recrutement. Bien que la levée des 300,000 hommes ne concerne en principe que les célibataires et les veufs sans enfants, on admet que l'enthousiasme guerrier sera partagé par de nombreux pères de famille. Les bourses vacantes dans les colléges sont déclarées appartenir de droit aux fils de ceux qui partiront pour la frontière, et une dépense immédiate de dix millions est votée pour subvenir aux besoins des femmes et des enfants délaissés pour le salut de la Patrie. Les fonctionnaires qui s'enrôleront recevront le tiers de leur traitement pendant la guerre, et on leur restituera leurs places à la fin de la campagne. Tout militaire est désormais autorisé à se marier sans permission de ses supérieurs.

De son côté, la Commune déclare que, dans ses bureaux, tous les célibataires vont être être remplacés par des pères de famille ; elle engage les administrations et les maisons de commerce à l'imiter à cet égard ; les citoyens que leur âge ou des infirmités retiendront à Paris sont invités à livrer les armes ou les effets militaires en leur possession, pour équiper les Volontaires.

Les Sections paraissent animées d'un zèle ardent ; chacune d'elles a créé un comité d'enrôlement dont les membres, précédés de la musique militaire, se rendent successivement sur les carrefours et dans les principales rues de la circonscription. Là, on lit à la foule des proclamations belliqueuses; tout individu qui se présente comme Volontaire est applaudi et embrassé; l'un lui met un habit d'uniforme, un autre lui passe un baudrier garni d'un sabre, un troisième lui abandonne son fusil et sa giberne; le plus souvent l'enrôlé reçoit aussi une prime en assignats.

Dès qu'une Section a réuni un détachement d'un effectif présentable, les membres du comité de l'enrôlement le mènent, drapeau et tambours en tête devant la Convention. L'orateur de la troupe prononce alors une harangue boursouflée sur la taxe imposée aux riches, l'installation du tribunal extraordinaire, le serment d'exterminer les tyrans, le désarmement des suspects, l'urgence d'aiguiser les poignards pour frapper tout individu aspirant à la dictature, etc. La Convention et les tribunes applaudissent; les Enrôlés défilent au chant de la Marseillaise et terminent leur journée par un repas civique.

Ce recrutement mit fin à la querelle que chacun des deux partis extrêmes de la Convention s'obstinait à soutenir relativement aux

Fédérés. Les Girondins avaient enfin obtenu que ces troupes départementales fissent le service d'honneur près de l'Assemblée conjointement avec la Garde nationale Parisienne; mais déjà la plupart des Fédérés, gagnés par la contagion révolutionnaire, ne pouvaient plus être considérés comme des défenseurs de l'ordre; ils fraternisaient avec la populace et se mêlaient à elle pour danser la Carmagnole au son du tambour; aussi étaient-ils devenus pour Marat de *braves gens ayant rejeté les principes criminels qu'on avait voulu leur suggérer.*

Dès lors ces détachements, confondus sans caractère d'individualité parmi les Sections Armées, s'y trouvèrent dans une fausse position; aussi plusieurs d'entre eux demandèrent-ils à retourner dans leurs provinces. A l'appui de ce désir, les Marseillais alléguèrent les services qu'ils pourraient rendre à bord des corsaires que les ports armaient pour la guerre maritime.

» On ne peut pourtant admettre, » dirent alors les Montagnards, « que des Corps armés » élèvent sans cesse la prétention d'indiquer » les localités où ils daignent consentir à faire » le service militaire. Puisque les bataillons de » Fédérés se sont organisés pour défendre la

» Patrie, qu'ils rentrent dans la loi commune
» et que le Ministre de la guerre les envoie aux
» frontières. »

Un décret de la Convention mit effectivement les Fédérés à la disposition du Pouvoir exécutif (19 Février). Ces troupes départementales en avaient conçu un ressentiment qui faisait présager leur désobéissance, lorsque le recrutement des 300,000 hommes fournit contre elles un nouvel argument : « Les Parisiens, qui s'apprêtaient tous à voler aux frontières, disait-on, voient avec déplaisir que les bataillons départementaux tous formés ne fassent aucun préparatif de départ ; l'empressement pour les enrôlements en diminuera infailliblement. » La Convention enjoignit alors au Ministre de la guerre de presser le départ des Fédérés ; mais pour éviter de la part des Marseillais une résistance aussi dangereuse qu'inopportune, elle décréta aussi que les Fédérés venus de places maritimes seraient principalement employés sur les côtes (12 Mars) ; c'était leur laisser toute latitude de retourner dans leur pays.

Pendant que le recrutement occasionne à

Paris une agitation qui simule l'enthousiasme, les premiers rapports des Autorités départementales constatent une émulation universelle. La Rochelle, Libourne, Auxerre annoncent que le nombre de leurs enrolés dépassera le contingent qui leur a été demandé et que les femmes donnent leurs bijoux pour acheter des fusils et des uniformes. A Tarbes, les citoyens réunis pour procéder à l'enrôlement jurent d'abattre le Despote Espagnol et de porter le drapeau de la République jusqu'aux colonnes d'Hercule. Nuits ouvre une souscription pour élever deux monuments où seront inscrits les noms de ceux de ses enfants qui feront la campagne de la Liberté ; Meaux demande le remplacement de tous les professeurs de son collége dont la seule aspiration est de devenir soldats ; Saumur illumine en apprenant le nouveau sacrifice réclamé par la Patrie ; de tous côtés, on annonce que les Commissaires de la Convention, chargés de présider au recrutement, seront reçus aux acclamations des populations et que leur mission sera rapidement terminée.

En réponse à ces protestations, la Convention décrétait chaque jour que tel Département, telle Ville, telle Commune avait bien mérité de la Patrie. Néanmoins le recrutement des 300,000 hommes fut soumis aux vicissitudes qui sont le partage inévitable des mesures hâtives et dont l'exécution repose sur la mobilité de l'enthousiasme.

Il y eut d'abord des exceptions légales. La Convention voulant sauvegarder la fabrication des assignats, interdit tout déplacement au nombreux personnel qui en était chargé. Une défense semblable existait depuis plusieurs mois à l'égard des ouvriers des manufactures d'armes. Les craintes de la population Parisienne relativement à sa subsistance, motivèrent la même interdiction pour les boulangers. L'obligation de ne pas interrompre l'approvisionnement des armées, la fit décréter pour la multitude de charretiers et de conducteurs qui dépendaient du service des convois. Le Ministre de la guerre réclama la même exception en faveur des directeurs et des employés des hôpitaux, des payeurs, etc. On admit une foule d'exemptions analogues.

En outre, des fraudes de diverses sortes concoururent à diminuer le contingent: ainsi à Paris (1), un grand nombre d'individus avaient adopté le *métier d'enrôlés*. Après avoir touché une prime, défilé devant la Convention et pris leur part du repas civique, ils vendaient le soir à bas prix les armes et les habits qu'on leur avait délivrés dans la journée, et recommençaient le même manége avec plusieurs détachements successifs. Santerre dénonça le fait à la Commune qui, dans son désir de donner plus d'apparence aux détachements de Volontaires, n'y était pas restée étrangère. Il fallut cependant accorder une sorte de satisfaction à la plainte du général de la Garde nationale : on recommanda aux Sections de n'admettre parmi les enrôlés que des citoyens biens connus, de peur, ajouta-t-on, qu'il ne s'y glissât des aristocrates; il fut égament interdit aux armuriers d'acheter des sabres ou des fusils à aucun particulier.

Les secours promis aux femmes et aux enfants des nouveaux Volontaires amenèrent un autre genre d'abus. Aussitôt que quelques faibles détachements eurent franchi les barrières, les bureaux des Sections furent assaillis

---

(1) Le contingent de Paris était de 12.800 hommes, c'est-à-dire, en moyenne 266 hommes pour chacune des 48 Sections.

par une foule déguenillée tellement nombreuse qu'il semblait que chacun de ceux qui étaient partis avait laissé à Paris plusieurs femmes et une grande quantité d'enfants. L'évidence de l'imposture servit malheureusement de prétexte pour repousser les réclamations les mieux fondées.

Non-seulement des fraudes de toute nature furent employées pour se soustraire au service militaire; mais, dans un grand nombre de localités, on résista ouvertement aux exigences du recrutement. Des soulèvements eurent lieu dans le Calvados, la Côte-d'Or, Saône-et-Loire, le Puy-de-Dôme, etc.; on les imputa aux agitateurs contre-révolutionnaires. Cette explication ne constituait qu'une faible partie de la vérité; mais elle donnait le droit d'employer des mesures rigoureuses contre les délinquants. L'énergie déployée à cette occasion par les autorités républicaines amena, suivant les localités, des effets bien différents.

A la première annonce du recrutement, l'administration départementale de l'Eure avait protesté à la Convention, ainsi que beaucoup d'autres, que l'effectif de ses Volontaires dépasserait le chiffre qui lui avait été fixé; mais, lorsque les habitants d'Evreux furent réunis dans l'église où devait s'effectuer l'enrôlement, des réclamations s'élevèrent au sujet de la quotité du contingent, trop fort, disait-on, pour une ville qui avait déjà fourni en diverses occasions un grand nombre de Volontaires ; aux protestations succédèrent des symptômes menaçants : l'arbre de la Liberté fut coupé. Les Officiers municipaux répondirent à ces manifestations en requérant le concours de la force armée ; un canon fut chargé à mitraille en présence des récalcitrants : les plus exaltés furent emprisonnés comme aristocrates, et le recrutement s'effectua par la voie du tirage au sort.

Il n'en fut pas de même dans les départements de l'Ouest dont la Révolution froissait depuis longtemps les coutumes et les croyances. Le Dimanche 10 Mars, le tirage devait avoir lieu à Saint-Florent-le-Vieil (Maine-et-Loire) pour un grand nombre de paroisses de l'Anjou et du Poitou. Les autorités, inquiètes des dispositions des populations y rassemblent un appareil militaire imposant. De leur côté, les jeunes gens arrivent accompagnés de leurs amis et de leurs parents. Une harangue impérieuse qui augmente le mécontentement général, est suivie de sommations menaçantes; la foule résistant aux gendarmes, un coup de canon à mitraille est tiré; mais les paysans, qui l'ont évité en se jetant à terre, se relèvent subitement; armés simplement de leurs bâtons, ils fondent sur les pièces, dispersent les soldats, se rendent maîtres de la ville et brûlent les archives dans un feu de joie.

Le soir, le tocsin sonne dans toutes les paroisses. Un marchand colporteur de laine, un soldat de l'armée des Emigrés et deux gardes-chasses, Cathelineau, Forêt, Stofflet et Tonnelet sont les premiers chefs de l'insurrection. Le 15 Mars, des bandes de paysans mettent en fuite la Garde nationale de Chollet et s'emparent de la ville. La République portait désormais dans son sein le plus terrible de ses ennemis.

CHAPITRE XXI.

ÉVACUATION DE LA BELGIQUE. — ÉMIGRATION DE DUMOURIEZ.

(Mars et Avril 1793).

Sommaire :

Désordres qui signalent la réunion des villes Belges à la France. Retour de Dumouriez à Bruxelles. — Mesures prises contre les démagogues. — Réorganisation rapide de l'armée Française en Belgique. — Marche en avant. — Combat de Tirlemont. — Obligation de livrer une bataille rangée.

Plan de la bataille de Neerwinden. — Journée du 18 Mars. — Succès du Centre et de l'Aile droite. — Retraite de l'Aile gauche. — Impossibilité de la ramener contre l'Ennemi. — Manœuvre de l'Aile droite et du Centre pour se reporter en arrière.

Bonne contenance des troupes de ligne. — La désertion et l'inconduite des Volontaires forcent à continuer la retraite. — Proclamation de Dumouriez à son armée. — Il demande à la Convention la suppression du mode d'élection des officiers. — On propose à l'Assemblée l'établissement d'un Code pénal militaire. — Opposition faite par Marat. — Discussions à la Convention. — Décret d'arrestation rendu contre le général Miranda. — Les peines concernant la désertion sont déclarées applicables aux Volontaires qui abandonneront les drapeaux.

Suite de la retraite de Dumouriez. — Sa première entrevue avec le colonel autrichien Mack. — L'accroissement de la défection des Volontaires ruine le second plan formé par le Général pour la défense du territoire français.

Projet de Dumouriez de rétablir un Roi et la Constitution de 1791. — Sa lettre à Beurnonville sur l'impossibilité de défendre le territoire. — Seconde entrevue avec le colonel Marck. — Plans contre-révolutionnaires. — Paroles de Dumouriez à trois émissaires Jacobins. — Il est mandé à la barre de la Convention. — Le Ministre de la guerre et quatre Commissaires sont envoyés à l'armée du Nord.

Opinions des troupes de ligne, des Volontaires et des Généraux. — Tentative d'assassinat contre Dumouriez. — Il essaie inutilement de s'emparer de Lille, de Valenciennes et de Condé. — Son refus d'obéissance au décret qui le mande à la barre de la Convention. — Il envoie le Ministre de la Guerre et les Commissaires comme ôtages au feld-maréchal Clerfayt.

Les troupes de ligne se déclarent pour Dumouriez. — Trois bataillons de Volontaires tentent de l'arrêter. — Sa fuite. — Son retour au camp avec une escorte Autrichienne dont la vue change les sentiments des soldats. — Il quitte le territoire.

A l'époque où les Ennemis rentraient victorieux dans le pays Liégeois, la Convention, affectant de considérer les pétitions des sociétés démocratiques comme exprimant les vœux des populations de la Belgique, décrétait journellement l'annexion de quelque cité Belge à la France. Gand, Bruges, Liége, Louvain furent ainsi successivement déclarés partie intégrante de la République. Le Hainaut reçut la dénomination de Département de Jemmapes. Chacun de ces décrets était, dans la ville qu'il concernait, l'occasion d'une fête où les démocrates commettaient les excès les plus révoltants sous prétexte de républicanisme.

Le 25 Février, le club révolutionnaire de Bruxelles proclama que cette ville était réunie à la France; aussitôt la Légion des Sans-Culottes Bruxellois, qui était commandée par un

Français prenant le titre de général, envahit les rues, les édifices publics et même des maisons particulières, en détruisant les statues et les effigies des Ducs, des Rois et des Empereurs. Des sujets mythologiques, chefs-d'œuvre des arts, n'échappèrent pas à leur rage ignorante ; des tableaux de maîtres fameux furent détruits parce que leurs cadres étaient ornés de quelques écussons.

Des scènes analogues avaient inauguré pour la plupart des cités Belges le régime de Liberté auquel elles avaient aspiré. Aussi les résultats prédits par Dumouriez s'étaient-ils réalisés. Des protestations contre la réunion à la République se multipliaient dans les villes et dans les campagnes ; les populations étaient soulevées à Wawres, Hall, Braines et Soignies. A Tournay, la cocarde tricolore fut foulée aux pieds ; 10,000 paysans réunis à Grammont, emprisonnèrent des Commissaires Français et mirent en fuite des détachements de la garnison de Gand.

Ces sentiments hostiles s'étant manifestés plus fortement encore lors de la retraite qui réunit les troupes Françaises à Louvain, des villages d'où l'on avait tiré sur les soldats furent soumis à des exécutions militaires; le général Moreton, qui favorisait les excès démagogiques, menaçait les Bruxellois du même sort, si le moindre mouvement trahissait l'indignation causée par les profanations commises dans les Églises; on ne s'était pas contenté d'en enlever l'argenterie ou le cuivre, on avait violé la sainteté des sépultures pour retirer le plomb des cercueils.

Telle était la situation, lorsque Dumouriez, accourant du Moerdyk, fit son entrée à Bruxelles (11 Mars). Le jour même, il publia une proclamation pour rassurer les habitants :

« L'intention de la République n'a jamais
» été de porter dans les Pays-Bas le brigan-
» dage que s'y sont permis les agents du Pou-
» voir exécutif avec une tyrannie qui désho-
» nore les Français et qui met les Belges au
» désespoir.

» L'argenterie des Eglises sera restituée.

» Les Corps administratifs et les habitants
» sont invités à dresser des plaintes appuyées
» de procès-verbaux contre les faits vexatoires
» dont ils ont été les victimes.

« Néanmoins tout individu qui voudra se
» faire justice à lui-même sera puni de mort.

» Les villes et les villages, coupables de quel-
» ques attaques contre l'armée Française qui
» ne peut être rendue responsable des crimes
» de certains particuliers, seront brûlés et
» rasés.

« Il est défendu aux Sociétés patriotiques de
» s'immiscer dans les affaires civiles et mili-
» taires. Si quelque club prend un arrêté con-
» traire à cette défense, il sera immédiatement
» fermé. »

En même temps Dumouriez écrivit à l'Assemblée nationale (12 Mars) une lettre où il
dépeignit énergiquement l'oppression dont
souffrait la nation Belge et les funestes conséquences que la haine de la population pouvait
avoir pour le sort de l'armée; enfin, il rap-
pela à la Convention ses devoirs envers l'humanité et les promesses prodiguées aux Pays-
Bas au nom de la Liberté et de la Fraternité.
Cet écrit, répandu dans toute la Belgique, y
causa une impression d'autant plus favorable
que le général le confirma par des actes immédiats. Les plus ardents jacobins furent renvoyés en France; la Légion des Sans-Culottes
fut dissoute, et son chef mis au cachot (1). Le

---

(1) Ce misérable demanda plus tard une récompense aux chefs

général Moreton dut céder le commandement de Bruxelles au général Duval. Ces sages mesures amenèrent quelques vives discussions entre Dumouriez et les quatre Commissaires de la Convention en Belgique (1).

Duval, qui revenait de Louvain, dépeignit à Dumouriez le désordre et la consternation de l'armée; les tentes ayant été perdues dans la retraite, une partie des troupes était réduite à bivouaquer; on se livrait à la maraude et à toutes sortes d'exactions contre les paysans; un grand nombre de bataillons n'avaient plus de canons.

Dumouriez ordonna aux officiers et aux soldats qui encombraient Bruxelles depuis la déroute, de retourner immédiatement au camp et il expédia des injonctions analogues à Tournay, à Mons et dans toutes les villes du Département du Nord. Il se rendit ensuite à Lou-

---

de l'armée Etrangère, en alléguant qu'il avait puissamment servi leur cause par les excès commis sous ses ordres au nom de la République.

(1) Le Conventionnel Camus qui était fort irascible, dit un jour à Dumouriez : « On vous accuse d'être César; si j'en étais sûr, je » deviendrais Brutus, et je vous poignarderais. » — « Mon cher » Camus, » répondit Dumouriez, « je ne suis pas César, vous n'êtes » pas Brutus, et la menace de mourir de votre main est pour moi » un brevet d'immortalité. » — *Mémoires* de Dumouriez.

vain où son arrivée fit renaître la joie parmi les soldats; tous écoutaient docilement les reproches qu'il leur adressait sur leurs désordres et sur leur manque de confiance envers les généraux; ils se déclaraient prêts à réparer leurs torts, pourvu, disaient-ils, qu'il ne les abandonnât plus.

Ces heureuses dispositions contribuèrent à la réorganisation rapide de l'armée. Dumouriez se retrouva à la tête de 40,000 hommes d'infanterie et 4,500 cavaliers, sans compter deux divisions détachées : celle de Lamarlière (5,000 hommes) et celle d'Harville (12,000 hommes)(1). Pour lui laisser la libre disposition de toutes ces troupes, les Commissaires de la Convention en Belgique requirent les Gardes nationaux des Départements du Nord, du Pas-de-Calais, de la Somme et des Ardennes de venir remplacer les garnisons de Bruxelles, Anvers, Gand, Mons et Tournay.

Mais au lieu de 10,000 Gardes nationaux sur lesquels on comptait, on ne vit arriver que

---

(1) Ces chiffres sembleraient contredire ce qui a été dit plus haut de la faiblesse des armées, si l'on n'observait pas qu'il s'agit ici de la réunion des quatre armées des Côtes, du Nord, de la Belgique et des Ardennes.

des contingents ridicules créés pour la circonstance. Ils se composaient de vieillards et d'enfants réunis en compagnies incomplètes et auxquels on avait promis la nourriture et 20 sols par jour; ils étaient armés de piques, de pistolets et de couteaux de chasse. Dès leur arrivée, ils rappelèrent qu'ils ne venaient pas pour se battre, mais seulement pour tenir garnison. La vue de semblables auxiliaires ne pouvait exciter que le sourire ou la pitié; Dumouriez les renvoya en France.

Dans l'armée reconstituée à la hâte, les lieutenants-généraux Valence, Egalité et Miranda commandaient respectivement l'Aile droite, le Centre et l'Aile gauche. Le premier mouvement en avant fut signalé par la reprise de Tirlemont (16 Mars); ce combat où furent seulement engagées les deux avant-gardes, soutenues chacune par l'armée dont elle dépendait, coûta 1,200 hommes aux Autrichiens.

Après ce premier succès qui rendit la confiance aux troupes républicaines, il était urgent de prendre un parti décisif. L'armée Impériale attendait de nombreux renforts et sa cavalerie, double de celle des Français, était supérieure en qualité. Dumouriez, au contraire, ne pouvait espérer aucun secours prochain; il n'avait pas un nombre suffisant de généraux (1); ses troupes indisciplinées, et pour la plupart nullement aguerries, étaient incapables d'exécuter patiemment les manœuvres qui eussent permis de défendre les Pays-Bas méthodiquement et pied-à-pied. Il y avait nécessité de tenter le succès d'une bataille; il fallait la livrer avant que les nouveaux Corps attendus par l'Ennemi fussent arrivés.

La victoire était douteuse; mais la gravité des circonstances commandait impérieusement d'en tenter la possibilité. Le gain d'une bataille rétablissait la gloire des armes Françaises, rendait la confiance à la Convention, rattachait la nation Belge à la cause du vainqueur et y assurait le prompt concours d'un contingent de 20,000 hommes, dont la formation était retardée par l'incertitude des événements. En outre, on regagnait le terrain perdu à Liége et à Aix-la-Chapelle, puisque dans cette partie du pays dénuée de places fortes, l'ennemi battu ne pouvait trouver d'appui qu'à Maestricht; enfin, on reprenait l'expédition de Hollande.

---

(1) Cette armée ne comptait alors que cinq lieutenants généraux, et douze maréchaux de camp dont six étaient détachés.

En cas d'insuccès, Dumouriez comptait jeter son armée dans les villes fortifiées et former, en dehors du territoire Français, une ligne imposante de défense passant par Namur, Mons, Tournay, Courtrai, Anvers, Bréda et Gertruydenberg. Alors les Impériaux se trouveraient au milieu d'un demi-cercle dont il fallait attaquer les extrémités pour opérer avec succès, et la guerre de siége comportait des longueurs dont on pourrait tirer parti.

Le 17 Mars, les deux Armées, à peu près égales en nombre, occupaient deux lignes parallèles de deux lieues de longueur. Les Français tenaient la plaine en avant de Tirlemont, entre deux rivières, la Grande et la Petite-Gette. Cette dernière les séparait des Autrichiens, rangés sur les hauteurs qui relient les villages de Neerlanden, Landen, Neerwinden, Owerwinden et Racour.

Le plan de Dumouriez consistait à faire franchir en même temps la Petite-Gette à ses trois corps d'armée ; l'Aile gauche, occupant alors les positions d'Orsmaël et de Leau, s'arrêtait et servait de pivot à une conversion que le Centre et la Droite devaient exécuter en s'emparant des villages occupés par les Autrichiens. L'ennemi, qui était alors placé dans la direction de Leau à Neerwinden, eût été ainsi refoulé entre Leau et Saint-Trond.

Le 18 Mars, à neuf heures du matin, l'armée Française s'ébranle. La Petite-Gette est traversée avec ardeur; l'Aile gauche s'empare d'Orsmaël ainsi que de Leau et n'a plus qu'à se maintenir fermement dans cette position. Le Centre et l'Aile droite gravissent avec enthousiasme les pentes au haut desquelles se trouvent les Autrichiens; les villages sont tour à tour pris et repris par les Français et par les Impériaux; le principal d'entre eux, Neerwinden, est occupé par Dumouriez pour la troisième fois après un horrible carnage. Mais ses troupes y sont accumulées et confondues; il est impossible de les remettre en ordre au milieu de cet épouvantable champ de bataille; Dumouriez se reporte un peu en arrière, recompose ses bataillons, place son artillerie et s'apprête à se maintenir dans cette position.

En ce moment deux formidables colonnes de cavalerie débouchent par Neerwinden et Owerwinden pour fondre sur ses troupes. L'une est prévenue par le général Valence qui la repousse à la tête de la cavalerie Française;

mais, grièvement blessé (1), il est obligé de remettre son commandement entre les mains du général Egalité. Le général Thouvenot laisse froidement arriver la seconde colonne, fait ouvrir les rangs pour livrer passage à sa course impétueuse, et, dès qu'elle a dépassé l'infanterie, il l'accable d'un feu de mitraille et de mousqueterie qui la détruit ou la disperse.

Dumouriez reste ainsi maître du champ de bataille, en avant duquel est Neerwinden où ne se trouvent plus que des morts et des mourants des deux Armées; il renforce encore sa position dans l'espérance d'exécuter, le lendemain, le mouvement de conversion, qui doit compléter le succès. Le Centre et l'Aile droite allument leurs feux de bivouac pour la nuit.

Mais aucune nouvelle n'arrive de l'Aile gauche; on a cessé d'entendre son feu à deux heures de l'après-midi; tout porte à croire qu'elle s'est maintenue sur le terrain occupé dans la matinée; néanmoins, ce silence prolongé paraît d'autant plus suspect à Dumouriez qu'il lui semble voir les Impériaux ren-

---

(1) Valence avait reçu à la tête trois coups de sabre, dont un lui avait rabattu la peau du crâne sur les yeux.

forcer, aux dépens de leur Aile droite, leur Aile gauche qui lui fait face. Dans son inquiétude, il monte à cheval avec le général Thouvenot, deux aides de camp et deux domestiques.

A dix heures du soir, il arrive au village de Laer, position extrême de la colonne du Centre, et il s'aperçoit avec stupéfaction que le général Dampierre, dont la division s'est admirablement conduite dans la journée, a repris, en arrière de la Petite-Gette, la position qu'il occupait le matin avant la bataille. Il continue sa route, et, près du pont d'Orsmaël, lorsqu'il croit approcher des troupes de Miranda, il échappe avec peine à un parti de Hulans. Il se dirige alors vers Tirlemont, de plus en plus étonné de la solitude qui l'environne, jusqu'à ce qu'enfin, à une demi-lieue de la ville, il rencontre quelques bataillons en désordre. Il entre à minuit dans Tirlemont et il y trouve Miranda que Valence blessé exhorte inutilement à se reporter en avant.

Il apprend alors que l'Aile gauche a été très-vigoureusement attaquée par les Impériaux dans les positions qu'elle leur avait enlevées, et que les Volontaires, n'ayant pas su soutenir le choc, s'étaient débandés en fuyant jusqu'à Tirlemont. Miranda entraîné n'avait eu ni le temps, ni la force de les rallier, et, contrairement à son devoir (1), il n'en avait donné aucun avis au Général en chef. Cette brusque retraite, en découvrant la gauche du Centre, avait forcé Dampierre à se retirer en arrière de la Petite-Gette.

Ainsi, l'Aile droite et une partie du Centre se trouvent en avant de la Petite-Gette, tandis que l'Aile gauche, en désordre, est à deux lieues en arrière. Dumouriez prévoit que, par un coup de vigueur, l'Ennemi peut couper sa ligne, anéantir la partie droite de son armée et écraser ensuite la portion de gauche. Ses espérances de victoire sont renversées ; il se décide froidement à la retraite.

Pour l'effectuer avec succès, il est de toute nécessité que l'Aile gauche se reporte en avant, afin de protéger le mouvement du Centre et de l'Aile droite qui doivent repasser la rivière

---

(1) Miranda était mécontent de n'avoir pas été consulté sur le plan de la bataille dont il blâmait les dispositions. Il accusait Dumouriez et Thouvenot qu'il appelait le *conseil* du Général en chef, d'avoir opposé l'Aile gauche qu'il commandait à des forces trop supérieures ; le désastre dont il venait d'être la victime, augmentait encore son ressentiment.

en vue de l'Ennemi. Dumouriez ordonne sévèrement à Miranda de rallier ses troupes, et il se met en personne à leur tête. Mais c'est en vain qu'il veut les conduire à l'attaque des hauteurs qu'elles ont occupées la veille et dont les Autrichiens se sont emparés; les Volontaires découragés par leur défaite, sont sans ardeur. Deux fois mises en mouvement, les colonnes s'arrêtent et supportent, sans avancer, le feu des batteries ennemies. Au moment où Dumouriez leur représente que cette constance passive est plus difficile et plus dangereuse que l'élan d'une attaque à la baïonnette, un boulet renverse son cheval; les plus rapprochés de lui prennent la fuite, mais le Général est déjà remonté sur un autre cheval, et sa voix maintient encore sur le champ de bataille ses soldats indécis.

Heureusement, Dampierre tenait ferme dans sa position en arrière de la Gette, et les Impériaux, encore sous l'impression du combat de la veille, se bornèrent à échanger quelques coups de canon avec l'Aile droite et le Centre de l'armée Française, qui exécutaient leur mouvement de retraite en repassant la rivière. Cette opération fut conduite avec le plus intrépide sang-froid par le général Egalité (19 Mars).

L'Ennemi admira cette marche en arrière faite avec tant d'ordre et de fierté que l'armée républicaine semblait reprendre volontairement les positions occupées la veille de la bataille. Elle y était réinstallée dans la soirée; mais elle comptait 4,000 morts et les troupes de ligne seules faisaient bonne contenance : les Volontaires, disant tout haut qu'il était inutile de se faire tuer en Belgique et qu'il fallait aller défendre les foyers, désertaient par bataillons et par compagnies comme après la déroute d'Aix-la-Chapelle.

Dumouriez voit son armée fondre entre ses mains et il acquiert la douloureuse conviction qu'il n'y a plus qu'à se retirer au plus tôt pour couvrir la défection des fuyards et empêcher que leurs détachements ne soient massacrés par les paysans ou par les Impériaux. En conséquence, il passe la Grande-Gette pendant la nuit et se retire sur les hauteurs de Crumptich, en arrière de Tirlemont. L'Ennemi, trompé par les feux de bivouac entretenus avec soin, ne se mit en mouvement que le lendemain (20 Mars) pour attaquer Tirlemont d'où les Français avaient pu évacuer leurs magasins.

Arrivé à Crumptich, Dumouriez adresse une proclamation à son armée : « Les troupes de » l'Aile gauche doivent êtres honteuses d'avoir » fui lorsque l'Aile droite et le Centre mar- » chaient à une victoire assurée ; mais il leur » sera bientôt fourni l'occasion de la revanche » éclatante à laquelle elles doivent aspirer. » L'indiscipline et le brigandage étant les prin- » pales causes de la défaite, tout officier qui » s'écartera de ses troupes en présence de » l'Ennemi aura les cheveux rasés, sera chassé » et signalé comme un lâche à sa Municipalité; » tout fuyard criant qu'on est trahi ou coupé » sera puni de mort; il en sera de même de » tout soldat ou volontaire convaincu de vol » ou de meurtre. »

Le 21 Mars, la Convention apprend la défaite de Neerwinden par une lettre de Dumouriez, qui se termine ainsi : « Les soldats » manquent d'officiers expérimentés. Je pro- » pose la suppression du mode d'élection ; » l'élection ne donne pas le talent, ne com- » mande pas la confiance et n'obtient pas la » subordination. »

Le conventionnel Aubry représente alors qu'une armée ne peut exister sans discipline ; d'autres députés se joignent à lui pour affirmer que le Ministre de la guerre leur a avoué l'impuissance des Cours martiales et pour demander que la Convention s'occupe, sans plus tarder, de la rédaction d'un Code pénal militaire. A ces mots, Marat prend la parole : « C'est l'arti-
» fice ordinaire des chefs perfides, lorsqu'ils
» ont essuyé un revers, d'en accuser les soldats
» patriotes et de solliciter des lois de sang con-
» tre les hommes que leur zèle brûlant porte à
» voler aux frontières. Ce ne sont point les
» soldats qui sont des voleurs, ce sont quel-
» ques-uns de leurs chefs.. . . . .
» Nous sommes arrivés au moment de déchi-
» rer le voile et de tout dire. Nous n'avons pas
» de généraux capables de faire face à l'En-
» nemi ; nous n'avons pas de troupes capables
» de livrer bataille. » Cette infâme accusation soulève une indignation générale ; des Députés s'écrient que Marat est payé par l'Ennemi ; d'autres, ce qui était plus vrai, le taxent de démence. L'abject orateur se défend avec son cynisme ordinaire, et l'Assemblée passe à l'ordre du jour.

Cependant les rapports des Commissaires de la Convention en Belgique confirment ceux de Dumouriez (22 Mars) : « On a vu des habi-
» tants demander vainement grâce à genoux,
» et il s'est commis d'atroces barbaries. Les
» pillages et les meurtres sont les œuvres de
» déserteurs qui, pour couvrir leur lâcheté,
» crient à la trahison. Afin d'avoir un pré-
» texte de vengeance contre les paysans qu'ils
» volent et qu'ils assassinent, ils les accusent
» de favoriser les Autrichiens qui, selon eux,
» égorgent les prisonniers. Si l'on voulait
» établir le nombre de Cours martiales né-
» cessaires pour informer contre ces indi-
» gnes soldats, il faudrait dégarnir les Corps
» afin d'avoir une quantité suffisante de jurés
» et de témoins.

» Un grand mal résulte du mode actuel d'é-
» lection. Les intrigants, pour devenir officiers,
» promettent aux Volontaires l'indiscipline et
» l'impunité. Si l'on ne réforme pas ce genre
» de nomination, on ne peut espérer avoir de
» bonnes troupes.

» Enfin, la Convention ayant déjà fait dis-
» paraître, en partie, les différences qui exis-
» taient entre les soldats de ligne et les Vo-

» lontaires, elle est invitée à rendre com-
» munes aux deux espèces de troupes les
» peines que les Lois infligent aux soldats dé-
» serteurs. »

Sous l'impression causée par la défaite de Neerwinden, cette proposition est d'abord applaudie ; mais, comme toujours, l'esprit révolutionnaire vient affaiblir la portée de cette approbation : « Il ne faut pas ajouter une créance
» absolue aux nouvelles effrayantes qu'exagère
» le sentiment d'une journée malheureuse. Si
» l'on a perdu quelques canons, n'en fabri-
» que-t-on donc plus à Douai ? On a éprouvé
» un échec, il sera bientôt réparé. On a perdu
» des hommes, mais ils sont morts glorieuse-
» ment, en dignes héros de la Liberté, et les Vo-
» lontaires accourent par milliers des Départe-
» ments pour les remplacer. Avant d'imputer
» aux soldats tous les torts de la défaite, s'est-on
» informé si les généraux ne sont pas répré-
» hensibles. Pourquoi la Convention souffre-
» t-elle que les armées soient commandées, ici
» par un Espagnol, là par un Allemand, ail-
» leurs par un Polonais (1) ? Qu'une Commis-

---

(1) Miranda, Stengel, Myaczinski.

» sion soit chargée d'examiner la conduite des
» généraux. »

A la suite de ces différentes propositions, la Convention rend les décrets suivants (24 Mars) :
» Miranda, qui paraît aussi coupable que Sten-
» gel et Lanoue, sera mis en arrestation (1).

» Les peines applicables aux soldats de ligne
» déserteurs seront infligées aux Volontaires
» qui abandonneront les drapeaux.

Cependant Dumouriez, continuant forcément son mouvement de retraite, livra encore un combat glorieux à Louvain (22 Mars). Le soir de ce même jour, le colonel Mack, chef d'état-major de l'armée Impériale et officier d'un mérite reconnu, vint parlementer relativement aux prisonniers et aux blessés des deux partis. Dès cette première entrevue, le général Français et le colonel Autrichien se plurent mutuellement, et il en résulta une convention verbale que chacun

---

(1) Les Montagnards avaient chaleureusement appuyé ce décret pour deux raisons : Miranda, très-lié avec Pétion, était la créature des Girondins qui l'avaient fait nommer général ; en outre, il devait nécessairement résulter de sa défense des charges contre Dumouriez.

d'eux trouvait avantageuse à son point de vue. Dumouriez qui savait son armée impuissante, parut faire une concession en s'engageant à ne plus livrer bataille; de son côté, le colonel Mack promit que les Impériaux n'exécuteraient pas d'attaque en règle contre les Français, qui opéreraient ainsi leur retraite sans être sérieusement inquiétés. D'autres conférences devaient régler les faits ultérieurs après l'évacuation de Bruxelles.

Cet accord tacite ne pouvant être divulgué à tous les généraux, les engagements partiels continuèrent de divers côtés; heureusement l'Ennemi ignorait le désastreux état de l'armée républicaine, qui se retirait en désordre sous la protection d'une arrière-garde de 15,000 hommes de troupes de ligne commandée par Dumouriez. Heureusement les mesures réparatrices prises par le général Français à l'égard de la Belgique, avaient adouci l'irritation des populations; les plus grands ménagements furent encore recommandés pour le passage dans Bruxelles, qui s'effectua sans pillage et sans insultes d'aucun côté (25 Mars).

Dans cette marche rétrograde, Dumouriez apprit que la défection générale des Volontaires avait obligé les généraux Ferrand et Neuilly à quitter Mons nuitamment, et qu'il leur restait à peine les troupes nécessaires pour jeter des garnisons dans les places Françaises de Condé, le Quesnoy et Valenciennes. Le lieutenant général Marassé s'estima heureux d'avoir pu, par l'évacuation d'Anvers, sauver une dizaine de mille hommes destinés à occuper Aire, Saint-Omer et Dunkerque. De tous côtés arrivaient des nouvelles analogues; le second plan de défense basé sur l'occupation d'une ligne de Places fortes en avant du territoire national, se trouvait à son tour complétement renversé.

Ainsi Dumouriez avait vu ses succès en Belgique arrêtés à la fin de l'année 1792, par le mauvais vouloir et l'ineptie d'un Ministre jacobin; dès l'ouverture de la campagne de 1793, la Convention, en le rappelant de la Hollande, avait empêché le succès d'une diversion dont il espérait de magnifiques résultats; la perte de la bataille de Neerwinden avait été la conséquence du détestable régime militaire établi par la Révolution; enfin, les funestes conséquences de l'organisation républicaine de l'Armée se manifestaient encore en ruinant le dernier plan conçu pour empêcher l'envahissement de la France. Aux yeux de Dumouriez, c'en était trop ; il importait, non-seulement à la gloire mais au salut du pays, de mettre fin à un régime anarchique qui, par son essence même, était opposé aux conditions élémentaires de tout succès, l'ordre et la discipline ; il fallait renverser ce gouvernement destructeur, cause incessante de revers et de malheurs ; celui qu'on pouvait le plus raisonnablement tenter de lui subsistuer était la Royauté avec la Constitution de 1791.

C'est dans cette disposition d'esprit que Dumouriez, arrivé à Tournay (28 Mars), fait part à Beurnonville des déplorables circonstances qui anéantissent son dernier projet de défense:
« Les maux et les périls s'aggravent de jour en
» jour. Il n'y a pas pour dix jours de vivres sur
» toute la frontière. Si l'on ne recrute pas avec
» promptitude les bataillons de ligne aux dé
» pens des Volontaires, si cinquante autorités
» plus absurdes les unes que les autres contra-
» rient et traversent les opérations militaires,
» je saurai bien avec quelques braves gens
» m'ensevelir sous les ruines de la Patrie ;
» mais il m'est impossible d'empêcher l'Ennemi

» de pénétrer dans telle partie de la frontière
» qu'il le voudra. Sans s'arrêter à prendre les
» places, l'Ennemi a 20,000 hommes de cava-
» lerie, avec lesquels il peut mettre à feu et à
» sang tout le territoire sur la route de Paris...
» Jamais crise plus dangereuse n'a menacé un
» peuple plus frappé de vertige. 100,000 Alle-
» mands, Anglais, Hollandais, Prussiens et
» Hanovriens sont près d'envahir le pays, et on
» ne peut leur opposer que des fuyards sans
» munitions, sans vivres, sans armes et sans
» habits. Si l'imprudence et l'exagération con-
» tinuent à diriger les gouvernants et à éton-
» ner les gens sensés par une activité révolu-
» tionnaire incompréhensible, la France est
» perdue. On ne fonde les républiques que sur
» la vertu; on ne les soutient qu'avec du cou-
» rage, de l'ordre et de la sagesse. »

La veille du jour où Dumouriez écrivait ainsi à Beurnonville, il avait eu à Ath une seconde entrevue avec le colonel Mack. Après qu'ils se furent mutuellement félicités d'avoir épargné au pays Belge des désastres inutiles, Dumouriez fit part au colonel de son projet de marcher sur Paris. Il fut convenu que, s'il n'avait pas besoin de secours, ainsi qu'il le désirait, l'armée Impériale resterait sur la frontière sans avancer, et que l'évacuation totale de la Belgique serait le prix de cette condescendance; sinon le général Français devait indiquer lui-même le nombre et l'espèce de troupes qui lui seraient nécessaires, et ce renfort devait marcher sous sa seule direction. La ville de Condé, remise comme garantie aux Autrichiens qui y tiendraient garnison sans aucune prétention à la conserver, devait être rendue à la France à la fin de la guerre. Egalité, Valence et Thouvenot assistaient à cette seconde conférence qui ternissait tant de lauriers.

Dumouriez eut aussi plusieurs entretiens (26-29 Mars) avec trois émissaires des Jacobins, se disant chargés d'une mission par le Ministre des affaires étrangères (1); il ne cherchait plus à dissimuler ni ses ressentiments ni

---

(1) Proly, Dubuisson et Péreyra, les trois envoyés Jacobins, étaient venus pour épier les projets de Dumouriez, et probablement, ainsi qu'il le dit dans ses *Mémoires*, pour l'engager à substituer le Club des Jacobins à la Convention. Toujours est-il que, dans un but réel ou hypocrite, ils lui en firent la proposition. Après avoir échoué auprès du Général, ils se firent un mérite à la Convention de cette fausse tentative effectuée, dirent-ils, dans l'intention de mieux sonder les plans de Dumouriez.

ses projets : « La Révolution et les Jacobins
» sont les auteurs des maux qui pèsent sur la
» France ; un tel régime ne peut durer. Le Tri-
» bunal révolutionnaire est une infamie qu'il
» saura bien empêcher tant qu'il aura l'épée
» au côté. Il est assez fort pour se battre
» par devant et par derrière, et, dût-on l'ap-
» peler César, Monk ou Cromwell, il renver-
» sera les sept cent quarante-cinq régicides
» qui composent l'Assemblée nationale ; il sau-
» vera la Patrie.

» Le Gouvernement révolutionnaire a rempli
» l'armée de Volontaires qui ne sont que des
» poltrons ; à l'avenir, il ne veut avoir que des
» troupes de ligne ; c'est avec elles qu'il réta-
» blira un Roi et la Constitution. Au besoin, il
» fera la paix, il la fera seul, car aucune des
» puissances belligérantes ne voudrait traiter
» avec la Convention ; sans la paix, d'ailleurs,
» rien ne peut empêcher l'Etranger d'être dans
» trois jours à Paris. Il ne s'agit plus de Li-
» berté, ni de République ; il y a cru trois jours ;
» c'est une folie, une absurdité, et, depuis Jem-
» mapes, il a pleuré tous les succès remportés
» pour une si mauvaise cause. Il n'y a qu'un
» remède : la paix et un Roi quel qu'il soit.

» Si la Convention le décrète d'arrestation,
» il s'en moque; il la défie de le faire saisir au
» milieu de son armée. Enfin, si ses projets
» échouent, il lui restera toujours, comme der-
» nière ressource, un temps de galop vers les
» Autrichiens. »

La lettre adressée à Beurnonville et le procès-verbal des entretiens des envoyés des Jacobins furent lus à la Convention le 1ᵉʳ Avril; mais déjà l'Assemblée était instruite des intentions de Dumouriez. Deux Conventionnels, Danton et Lacroix, envoyés près de lui pour obtenir rétractation de la lettre improbatrice si applaudie en Belgique, n'avaient rapporté qu'une réponse évasive, et, d'autre part, une foule de renseignements arrivant de l'Armée dénonçaient les propos et la conduite contre-révolutionnaires de son chef. Aussi, sur la proposition du Comité de défense générale, l'Assemblée avait-elle rendu le décret suivant (31 Mars) :

« La Convention nationale mande à sa barre
» le général Dumouriez.

» Le Ministre de la guerre partira à l'instant
» pour l'armée du Nord, à l'effet d'en connaî-
» tre l'état et d'en rendre compte.

» Quatre Commissaires pris dans la Convention se rendront de suite à la même armée, avec pouvoir de suspendre et faire arrêter tous généraux et officiers quels qu'ils soient et de les faire traduire à la barre. »

De son côté, Dumouriez s'était transporté à Bruille d'où il menaçait Lille, Condé et Valenciennes. Dans chacune de ces trois villes, les Commissaires de la Convention en mission dans les départements du Nord, les agents du Pouvoir exécutif et les chefs des Sociétés populaires s'efforçaient de maintenir l'enthousiasme républicain à la hauteur du danger. De Lille, les Commissaires écrivirent même à Dumouriez (29 Mars) de se rendre auprès d'eux pour se disculper des accusations intentées contre lui. Le Général répondit qu'en présence de l'Ennemi, il lui était impossible d'abandonner son armée, mais que, dès qu'il le pourrait, on le verrait à Lille, où il comptait entrer avec des troupes pour punir les lâches qui, après avoir abandonné leurs drapeaux, osaient encore calomnier les défenseurs de la Patrie. Il ajoutait que, d'ailleurs, il leur répondrait avec franchise s'ils venaient eux-mêmes jusque dans son camp.

Les troupes de Dumouriez étaient très-divisées d'opinions sur son compte. Les Corps de ligne, qui venaient de le voir à cheval nuit et jour pour diriger la retraite, partageaient par enthousiasme son animosité contre la Convention et les Jacobins. L'Infanterie et la Cavalerie lui étaient surtout très-dévouées ; l'Artillerie, quoique moins prononcée, avait annoncé qu'elle le défendrait contre les malveillants. Le bruit s'étant répandu qu'il allait être mandé à la barre de l'Assemblée, les soldats des différentes Armes répétaient hautement qu'ils se chargeaient de l'escorter jusqu'à Paris ; mais il en était tout autrement de la plupart des bataillons de Volontaires ; aussi les deux partis opposés se surveillaient-ils mutuellement avec la plus grande défiance. Quant aux généraux, quelques-uns étaient décidés à marcher avec leur chef contre les Jacobins ; d'autres, par esprit du devoir, par ambition ou par l'effet d'anciennes mésintelligences, blâmaient ses projets vaguement divulgués, et se promettaient de ne pas y concourir ou de les entraver.

Le 31 Mars, six Volontaires du 3me bataillon de la Marne demandent à parler à Dumouriez qui les fait introduire. Ils portent écrit à la craie sur leurs chapeaux: *la République ou la Mort;* l'un d'eux adresse au Général une harangue républicaine; il lui annonce qu'il recevra incessamment l'ordre de comparaître devant la Convention, et il l'engage à s'y conformer, sans quoi, dit-il, ils ont juré tous six, ainsi que beaucoup de leurs camarades, d'imiter Brutus et de le poignarder. Dumouriez leur répond froidement qu'ils sont aveuglés par un faux zèle, et qu'ils doivent voir par eux-mêmes qu'un gouvernement anarchique sans frein, sans justice et sans lois ne peut subsister. Pendant qu'il leur parle, les six Volontaires s'approchent insensiblement pour l'entourer, lorsque tout à coup le capitaine Baptiste Renard s'élance sur le plus avancé en appelant la garde; les Volontaires sont entourés avant d'avoir pu faire usage de leurs armes. Dumouriez défend qu'on les maltraite; il ordonne seulement de s'assurer de leurs personnes.

Cette tentative d'assassinat excite une vive indignation parmi les troupes de ligne; elle se traduit par une recrudescence de chaleureuses protestations de dévouement qui décident le Général à mettre ses projets à exécution.

Il enjoint à Myaczinski de marcher sur Lille

avec 4,000 hommes et d'y faire arrêter les Commissaires de la Convention ainsi que les principaux clubistes. Comptant sur le maréchal de camp Ferrand qui commande à Valenciennes (1), il lui paraît suffisant d'y envoyer ses instructions par un officier dévoué : Lescuyer, grand-prévôt de l'armée et major général de la cavalerie Belge, sollicite cette mission et l'obtient.

Mais en marchant vers Lille, Myaczinski confie le but de son expédition à plusieurs officiers, et entre autres au mulâtre Saint-Georges, colonel d'un régiment de Hussards (2); suivant les conseils de ce dernier, il pénètre dans la ville avec une faible escorte et, dès qu'il a dépassé les ponts-levis, la porte se referme sur lui ; il est arrêté pendant que sa Division

---

(1) Le maréchal de camp Ferrand avait été fait successivement colonel et général par Dumouriez.

(2) Saint-Georges (ci-devant chevalier), fils d'un fermier-général et d'une négresse, avait été amené très-jeune à Paris, où il avait acquis une grande réputation pour son aptitude à l'étude et son habileté à tous les exercices du corps, surtout à l'escrime. Il fut successivement mousquetaire, écuyer de Mme de Montesson, mariée secrètement au duc d'Orléans mort en 1785, et capitaine des gardes du duc de Chartres. Il avait joué un rôle actif dans les manœuvres politiques dont le foyer était au Palais-Royal. En 1792, il avait levé un corps de Hussards avec lequel il avait valeureusement servi dans la campagne de l'Argonne. Il avait alors quarante-huit ans.—*Biographie universelle*.

erre sans direction sur les glacis de la ville. Dumouriez en est immédiatement informé; il envoie pour la rallier le colonel Philippe de Vaux qui est également fait prisonnier, et la Division, obéissant à l'ordre qu'elle reçoit de la ville, campe sous le canon de la Place.

A Valenciennes, le général Ferrand refuse, par esprit du devoir, de prendre part à une œuvre contre-révolutionnaire. Par indécision de caractère ou par trahison préméditée, Lescuyer adresse d'abord à Dumouriez l'explication circonstanciée des moyens qu'il compte employer pour opérer l'arrestation des Commissaires de la Convention, et il fait ensuite cause commune avec les Jacobins.

Après ce double insuccès, il ne reste plus à Dumouriez que la ville de Condé qui puisse lui servir de base d'opération. Il s'en rapproche en transférant son quartier général aux Boues de Saint-Amand (1er Avril). Le général Neuilly qui commandait à Condé lui était dévoué; mais les Commissaires de Valenciennes ayant eu le temps d'y envoyer des émissaires, des manifestes et des assignats, Neuilly n'était plus le maître dans la Place et Dumouriez n'y pouvait entrer immédiatement.

Dans son nouveau camp, il voit arriver de Condé, Lecointre, fils du Conventionnel et capitaine de la Compagnie des canonniers de Versailles. Cet officier, à la suite des propos républicains les plus exagérés, a été maltraité par des Dragons contre lesquels il vient porter plainte. Dumouriez songe à se faire un ôtage du fils du Député de Seine-et-Oise ; il le fait arrêter ainsi qu'un lieutenant-colonel de l'état-major de l'armée, de Piles, qui ne cesse de déclamer contre lui. N'ayant aucun lieu sûr pour y mettre ces prisonniers, il les envoie tous deux, ainsi que les six Volontaires qui ont tenté de l'assassiner, au feld-maréchal Clerfayt avec prière de les faire garder dans la citadelle de Tournay.

Le même jour, un lieutenant général renommé pour sa bravoure, Leveneur, lui demande l'autorisation de s'éloigner de l'armée pour *cause de santé;* elle lui est accordée ainsi qu'au général Stetenhoffen. Dampierre, dont la Division occupe le Quesnoy, est depuis longtemps en mésintelligence avec Dumouriez ; il se déclare soumis aux Commissaires de la Convention ; il en est de même des généraux Rosières et Kermorvan, qui sont au camp de

Bruille, et du général Chancel, qui est cantonné à Fresnes.

Dumouriez ne s'attendait pas à être ainsi délaissé par des généraux dont une partie lui avait de sérieuses obligations, et qu'il avait tous entendus déclamer plus ou moins fortement contre l'anarchie et les Jacobins. Ces défections concouraient à rendre sa position plus critique de moment en moment, lorsque, le 2 Avril, à quatre heures du soir, deux courriers annoncent l'arrivée du Ministre de la guerre et des quatre commissaires de la Convention, Camus, Bancal, Quinette et Lamarque. Aussitôt Dumouriez ordonne à Nordmann, colonel des hussards de Berchiny, de ranger son régiment en bataille et de tenir à pied un officier sûr avec trente hommes prêts à exécuter ses ordres.

Les délégués de la Convention suivent de près ceux qui les ont annoncés ; ils sont introduits dans l'appartement de Dumouriez qui embrasse Beurnonville, et attend la communication que viennent lui faire les Commissaires ; mais ceux-ci refusent de s'expliquer devant le nombreux état-major qui les considère d'un œil irrité. Dumouriez, Beurnonville, Valence et les députés passent dans un cabinet voisin; l'état-major insiste pour qu'au moins la porte en reste ouverte, et Camus présente au Général le décret qui le mande à la barre de l'Assemblée nationale.

Dumouriez ne refuse pas positivement de s'y rendre; mais il demande d'abord qu'on lui accorde un délai dont les Commissaires peuvent, dit-il, constater par eux-mêmes la nécessité en voyant l'état de désorganisation de son armée. Il ajoute qu'ayant déjà offert plusieurs fois sa démission depuis trois mois, il est prêt à la donner à l'instant même. « Mais après, que » ferez-vous ? » lui demande Camus.—« Ce qui » me conviendra, » répond le Général; « mais je » ne suis pas assez dupe pour me livrer moi- » même au tribunal révolutionnaire. On veut » ma tête, et je suis déterminé à ne pas la don- » ner. Vous dites que ma désobéissance perdra » la République; la République n'existe pas, » nous ne connaissons que l'Anarchie. Ayez » un gouvernement et des lois, alors je con- » sentirai à rendre compte de ma conduite; » le premier, je demanderai qu'elle soit sou- » mise à l'examen d'un tribunal. »

Après cette violente discussion qui dure près

de deux heures, les Commissaires se retirent pour délibérer. Dumouriez, Beurnonville et Valence rentrent dans le salon où ils sont attendus avec impatience et inquiétude. Dans ce moment de suprême anxiété pour tous, Dumouriez adresse quelques plaisanteries à ses officiers : « Quel topique me conseillez-vous de » mettre sur mes plaies ? » dit-il à Menuret, médecin en chef de l'armée. — « Un grain de » désobéissance, mon général. »

Bientôt les quatre députés rentrent et somment définitivement Dumouriez d'obéir au décret de la Convention ; le Général refuse. Les Commissaires lui déclarent alors qu'il est suspendu de ses fonctions et qu'il va être mis en état d'arrestation ; à ces mots, il s'élève parmi les officiers un murmure d'indignation qu'augmentent encore quelques paroles des Conventionnels ; des manifestations plus démonstratives vont éclater, lorsque Dumouriez fait entrer ses Hussards et leur ordonne d'arrêter les Députés ainsi que le Ministre (1), mais sans leur faire aucun mal. Le jour même, un

---

(1) Dans un moment d'entretien particulier, Beurnonville avait prié Dumouriez de lui faire partager le sort des Députés quel qu'il fût.

escadron les conduit à Tournay où ils sont remis au feld-maréchal Clerfayt. Une recommandation particulière était faite en faveur de Beurnonville.

Dumouriez adresse alors à ses soldats une proclamation qui leur apprend l'arrestation des Commissaires, et leur annonce qu'il y a trêve aux hostilités avec les Autrichiens. « Le temps » est venu, » ajoute-t-il, « où l'Armée doit émet- » tre sa volonté, purger la France des agita- » teurs ainsi que des assassins, et rendre au » Pays la Constitution à laquelle il a si souvent » juré fidélité. » L'irritation des Volontaires s'en accroît. Les troupes de ligne applaudissent; mais, comme elles sont en butte à des instigations multipliées, Dumouriez projette pour le surlendemain (5 Avril) un mouvement qui les éloignera de Valenciennes et mettra fin à la dangereuse oisiveté du camp. La journée d'intervalle doit être consacrée à une conférence avec le prince de Cobourg et le colonel Mack.

Le 4 Avril, Dumouriez monte à cheval de grand matin pour s'y rendre; l'escadron d'escorte se faisant attendre, il se met en route accompagné du général Egalité et suivi d'un état-major dans lequel se trouvent le colonel Thouvenot (1), le capitaine Baptiste Renard ainsi que les demoiselles Fernig, qui, depuis le camp de Maulde, n'ont pas quitté l'armée. Le secrétaire du Général, huit hussards d'ordonnance et des domestiques portent la petite troupe à une trentaine de cavaliers.

Sur la route, elle rencontre trois bataillons de Volontaires de l'Yonne qui marchent vers Condé avec leur artillerie. Dumouriez, étonné de ce mouvement qu'il n'a pas commandé, s'écarte du chemin pour aller dans une maison écrire l'ordre de les faire rétrograder. A ce moment, les Volontaires qui forment la tête de la colonne se mettent à courir à toutes jambes après l'escorte du Général, en criant : « Ar- » rête! arrête! » D'autres se précipitent dans une direction différente pour couper la retraite à Dumouriez.

Le Général s'élance en avant avec son escorte ; après quelques pas, son cheval refusant de franchir un ravin plein d'eau, il l'abandonne et traverse à pied le fossé sous une grêle de balles. Un domestique d'Egalité, qui

---

(1) Frère du général.

était très-leste, lui donne son cheval et fuit à toutes jambes. Mais des milliers de coups de fusil sont tirés sur les fuyards ; plusieurs chevaux sont abattus ; Thouvenot monte en croupe derrière Baptiste Renard ; les deux sœurs Fernig sont aussi réduites à fuir sur une seule monture. Le secrétaire du Général tombe entre les mains des Volontaires ; deux hussards et deux domestiques sont tués.

La petite troupe est dispersée dans diverses directions. Dumouriez longe l'Escaut, toujours poursuivi par les plus acharnés ; il arrive près d'un bac et se fait mettre à l'autre bord avec cinq de ses compagnons ; le soir il atteint Bury, où il passe la nuit en conférences avec le colonel Mack.

Le lendemain, il l'étonne en lui annonçant l'audacieuse résolution de retourner dans son camp, et il se met en route escorté par un escadron Autrichien. Il est bientôt rejoint par les hussards de Berchiny ainsi que par quelques autres corps de cavalerie, et, lorsqu'il arrive aux avant-postes Français, de longs hourras manifestent la joie des troupes indignées de l'attentat de la veille.

Mais tout à coup l'enthousiasme fait place à

la stupeur. L'escorte étrangère qui accompagne Dumouriez dénonce la réalité d'un pacte conclu avec l'Ennemi, et confirme les dires des accusateurs dont les soldats ont jusque-là repoussé les suggestions. Aux joyeuses acclamations succède un silence improbateur ; les rangs curieux et bienveillants qui se sont formés pour saluer le retour du Général s'écartent de son passage.

En vain Dumouriez parcourt divers groupes, en répétant qu'il ne s'agit pas de marcher sur Paris avec les Autrichiens et que les étrangers ne dépasseront pas la première ligne des places frontières ; l'esprit national n'admet pas l'idée de la guerre civile faite avec un tel appui, et les considérations politiques dont la masse ne cherche même pas à comprendre les subtilités, sont nulles auprès du sentiment instinctif qui repousse l'Étranger du territoire. L'artillerie attelle spontanément ses pièces et part la première pour se retirer à Valenciennes ; les autres Corps l'imitent en se dirigeant vers quelque place Française ; l'armée se brise ; les Autrichiens eussent pu à ce moment marcher sans obstacles sérieux jusqu'à Paris.

Dumouriez déçu dans son dernier espoir

s'éloigne avec Valence, Egalité, Thouvenot et un grand nombre d'officiers ; il est suivi par des fractions de divers Corps et par le régiment de Berchiny tout entier. A son arrivée dans le camp Autrichien, le prince de Cobourg et le colonel Mack le sollicitent vainement de donner suite à leurs projets communs. « Il a accepté les étrangers pour auxiliaires, » répond-il, « lorsqu'il s'agissait d'assurer la sé-
» curité des frontières, pendant qu'à la tête des
» troupes Françaises il irait renverser le san-
» glant pouvoir qui domine à Paris ; mais il se
» refuse à toute tentative faite avec le concours
» unique de l'ennemi naturel de son pays. »

Il part ensuite pour l'exil dans lequel il devait vieillir et mourir.

CHAPITRE XXII.

CONSÉQUENCES DE LA TRAHISON DE DUMOURIEZ. — ACCUSATION DES MONTAGNARDS CONTRE LES GÉNÉRAUX. — LEVÉES DE CONTINGENTS ADDITIONNELS. — INERTIE DE LA GARDE NATIONALE PARISIENNE.

(Avril et Mai 1793.)

Sommaire :

Mesures décrétées contre Dumouriez et ses complices. — Création du Comité de salut public. — Bouchotte est nommé Ministre de la guerre. — Dampierre prend le commandement de l'armée du Nord et des Ardennes. — Dispositions relatives aux Commissaires de la Convention, en mission près des Armées.

Projet d'organiser à Péronne une armée de 40,000 Sans-Culottes. — Les *victimes* de Dumouriez. — Proposition de Santerre sur le moyen de former l'armée de 40,000 hommes. — Pétitions extravagantes des Sections. — Insinuations contre-révolutionnaires. — Le Tribunal criminel extraordinaire reçoit l'ordre de fonctionner.

Dampierre et ses troupes au camp de Famars. — Lenteurs de la marche des Alliés. — Retraite de Custine dans les lignes de Wiessembourg. — La Convention déclare qu'il possède sa confiance. — Il est accusé par Marat et par Hébert.

Tribunal criminel extraordinaire. — Condamnation à mort du colonel Vaujour, de Myaczinski et de Philippe de Vaux. — Acquittements des généraux Miranda, Stengel, Lanoue, etc.

Attaques dirigées par Marat contre divers généraux. — Dénonciations contre Biron et Kellermann. — Mot infâme de Couthon à l'occasion de la mort de Dampierre. — But des accusations des Montagnards contre les généraux.

Désagréments de Santerre dans son poste de commandant en chef de la Garde nationale.

Les Espagnols s'avancent jusqu'à Saint-Laurent de Cerda. —

Appel fait aux populations par les Représentants du Peuple en mission. — Mesures patriotiques prises par le Département de l'Hérault. — La Convention autorise toutes les Communes à lever des hommes et des impôts.

On décide qu'à Paris est principalement réservé l'honneur d'étouffer la guerre civile de la Vendée. — La Commune offre 12,000 hommes ; Santerre annonce qu'il se mettra à leur tête. — Difficultés de ce recrutement.

Demandes d'argent faites à la Convention par les contingents des diverses Sections. — Épuration des bataillons destinés à la Vendée.

Arrêtés patriotiques pris par les Départements de la Haute-Vienne et des Landes. — Mesures arbitraires décrétées dans la plupart des localités. — Réclamations universelles qu'elles excitent.

Lutte des Girondins et des Montagnards. — Boulanger refuse le commandement en chef de la Garde nationale Parisienne. — Plan de l'insurrection contre la Convention. — Henriot est nommé commandant provisoire de la Garde nationale. — Journée du 2 Juin. — Inertie de la Garde nationale. — Henriot en est définitivement élu commandant en chef.

La connaissance des événements qui se succèdent à l'armée de Belgique, porte au comble l'indignation de la Convention contre le général rebelle à la République. Dumouriez déclaré traître à la Patrie est mis hors la Loi : tout citoyen est autorisé à lui courir sus ; une récompense de 300,000 livres et des couronnes civiques attendent ceux qui le saisiront mort ou vif (3 Avril).

Dans chaque localité, les parents et les enfants des officiers de son armée seront gardés à vue et serviront d'ôtages jusqu'à ce que les troupes se déclarent soumises au nouveau chef qui leur sera donné. Le conventionnel Egalité est soumis à une surveillance rigoureuse; il lui est interdit de sortir de Paris; il en est de même de son collègue Sillery, beau-père de Valence dont la femme et les enfants sont incarcérés.

Les Comités de sûreté et de défense générale lancent des mandats d'arrestation contre un grand nombre d'officiers soupçonnés d'avoir pris part à la trahison. Myaczinski et Philippe de Vaux seront amenés à Paris et mis au secret dans les prisons de l'Abbaye.

Les Autrichiens ont violé le droit des gens en retenant prisonniers le Ministre et les Députés que leur a livrés Dumouriez; mais la République saura, au besoin, exercer de sanglantes représailles. Des parents du prince de Cobourg, deux neveux du feld-maréchal Clerfayt et d'autres étrangers d'illustre naissance ont été faits prisonniers à Mons, à Mayence, etc. Tous seront immédiatement transférés à Paris; leur sort dépendra de celui des cinq citoyens iniquement détenus dans les citadelles du despotisme (5 Avril).

La subite imminence du péril fait accuser le Pouvoir exécutif de négligence; on n'explique pas son silence prolongé au sujet de machinations dont il devait être instruit; des feuilles périodiques l'appellent ironiquement *le Comité de Dumouriez*. Dans les terribles circonstances où l'on se trouve, il semble urgent de concentrer la force du Gouvernement en la plaçant sous la volonté immédiate de l'Assemblée nationale; en conséquence, il est créé un Comité de salut public composé de neuf Conventionnels qui sont immédiatement choisis par appel nominal (1). Ce nouveau pouvoir doit délibérer en secret; il est chargé de surveiller et d'accélérer l'action du Conseil exécutif dont il peut même suspendre les arrêts; dans les circonstances urgentes, il est autorisé à prendre des mesures auxquelles le Conseil est tenu de se conformer sans délai. Le Comité de salut public doit être renouvelé de mois en mois (6 Avril).

Le colonel Bouchotte, commandant à Cambrai et connu pour son civisme républicain, est nommé Ministre de la guerre en remplacement de Beurnonville que quelques voix accusent

---

(1) Les neuf membres composant le premier Comité de salut public étaient : Barère, Delmas, Breard, Cambon, Jean Debry, Danton, Guithon-Morveaux, Treilhard et Lacroix. On leur adjoignit trois suppléants : Robert Lindet, Isnard et Cambacérès.

déjà de s'être entendu avec Dumouriez. Le lieutenant général Dampierre qui, au Quesnoy, a combattu la trahison en faisant répéter à ses soldats le serment d'obéissance à la Convention, est nommé Général en chef de l'armée du Nord et des Ardennes.

Six Commissaires sont envoyés à cette armée pour rétablir les communications et rallier entre eux les divers Corps; quatorze autres partent pour mettre en état de défense les Places fortes menacées. Mais le nom de *Commissaire* ne paraît plus suffisant pour désigner des Députés munis des pouvoirs les plus absolus; en outre, il semble utile de leur attribuer un uniforme qui indique à la première vue la qualité dont ils sont revêtus : désormais, ils conserveront le nom de *Représentants du peuple*, et, en attendant qu'un costume spécial leur soit affecté, ils porteront un sabre pendu à un baudrier en cuir pardessus l'habit, une écharpe tricolore en ceinture, et un chapeau rond surmonté de trois plumes aux trois couleurs.

Une armée de 40,000 hommes sera immédiatement organisée à Péronne pour couvrir la Capitale: « Puisque, depuis le commencement

» de la Révolution, il y a toujours eu des tra-
» hisons de la part des ci-devant nobles et des
» aristocrates, » dit Danton; « puisque vous
» voulez que cette armée nouvelle soit invin-
» cible, décrétez qu'elle sera uniquement com-
» posée de Sans-Culottes, et qu'aucun ancien
» privilégié n'y sera admis, ni comme Volon-
» taire, ni comme Officier. Il faut aussi que les
» aristocrates soient sous la pique des Sans-
» Culottes de l'intérieur entretenus par la Na-
» tion. » En approbation de ces deux propositions, la Convention décrète qu'il sera formé
dans chaque ville une Garde composée des citoyens les plus pauvres et salariés par la République. L'armée de 40,000 hommes sera uniquement formée de purs Sans-Culottes, aux
premiers rangs desquels on distinguera, dit-
on, les nombreuses *victimes de Dumouriez*.

Cette dénomination nouvelle était alors attribuée à plusieurs catégories d'individus. Le
1er Avril, deux Hussards de la Liberté s'étaient
présentés à la Convention : « Nous sommes
» délégués, » avaient-ils dit, « par dix-sept de
» nos camarades qui, depuis longtemps, gé-
» missent dans les fers. Notre seul crime est
» d'avoir soutenu la Liberté contre le général

» qui vient de dévoiler ses horribles projets en
» faveur du despotisme. Le traître y préludait
» en Hollande, en contestant aux Volontaires
» le droit d'élire leurs chefs; nous avons voulu
» résister à sa tyrannie et il nous a fait incar-
» cérer. Nous demandons à être mis en liberté
» ainsi que nos camarades. »

La vérité était que le Corps des Hussards de la Liberté avait été levé par un tailleur de Lille, ivrogne et fripon, qui avait acquis ainsi des épaulettes d'officier supérieur. En Hollande, la mauvaise conduite et l'incapacité de ce chef improvisé, avaient conduit Dumouriez à le casser de son grade et à le remplacer par Morgan, un de ses aides de camp. Une partie du Corps s'étant alors insurgée, Dumouriez avait fait incarcérer à Anvers une partie des séditieux; les autres avaient été envoyés à Paris et mis également en prison.

Cependant les deux Hussards sont favorablement écoutés; la Convention décide qu'ils seront mis à même d'aller exercer leur *bouillant patriotisme* contre l'Étranger. Mais les prisons de Paris renferment encore d'autres militaires Sans-Culottes qui expient dans les fers quelque *honorable* résistance aux ordres du général mis hors la Loi ; un Commissaire est nommé par la Commune pour les faire mettre en liberté. Enfin, par extension de la même idée, on allègue à la Convention qu'il se trouve encore aux galères des soldats expiant le crime de désertion, qui constitue un acte de patriotisme lorsqu'il s'agit de se soustraire à la tyrannie d'une autorité traître ou contre-révolutionnaire ; il est décidé que ces galériens seront délivrés, pour que la République en danger ne soit privée du secours d'aucun de ses enfants.

Les soldats incarcérés n'étaient pas les seules *victimes* de Dumouriez. Après la bataille de Neerwinden, un grand nombre de fuyards étaient accourus jusque dans la Capitale ; la Commune et le Comité de sûreté générale prenaient contre ceux qui ne pouvaient présenter un congé en bonne forme ou un billet d'hôpital, des mesures qui en atteignaient la presque totalité ; mais les nouveaux événements font changer le sentiment général à leur égard. Ces déserteurs allèguent qu'ils ont fui, non pas l'ennemi, mais la tyrannie du traître Dumouriez, dont ils avaient su démêler les sinistres projets. « Ils se sont résignés, » disent-ils, « à
» encourir momentanément la réprobation des

» purs patriotes plutôt que de rester dans une
» position où ils eussent pu être forcés de mar-
» cher contre la République pour laquelle ils
» sont prêts à verser jusqu'à la dernière goutte
» de leur sang. Qu'on leur donne pour chef
» un bon Sans-Culotte, ils étonneront le monde
» du bruit de leurs exploits. » Tous les fuyards, les poltrons et les indisciplinés sont ainsi réhabilités ; il est décidé qu'ils formeront le noyau de l'armée de Péronne.

Néanmoins, la Commune conservant quelque défiance à l'égard des dispositions belliqueuses des *victimes* de Dumouriez, rend le décret suivant : « Tout individu revenu des armées devra,
» sous peine d'être traité comme suspect, faire
» connaître avant quarante-huit heures, au Co-
» mité de surveillance de sa Section, son nom,
» sa demeure et le bataillon dans lequel il ser-
» vait. Tous les logeurs ou aubergistes sont
» également tenus de faire aux mêmes Comités
» la déclaration des Volontaires qu'ils ont hé-
» bergés. »

D'un autre côté, Santerre propose à la Convention un moyen qui lui paraît simple pour avoir de suite à Péronne une armée de 40,000 hommes : « Rien n'est plus facile; puisqu'il y a

» actuellement dans la Capitale plus de 80,000
» Gardes nationaux. Décrétez que de Paris
» doit sortir le salut de la Patrie, et la moitié
» de cette force armée sera en route avant
» trois jours. Cette mesure n'entraînera d'au-
» tre obligation que de pourvoir à la subsis-
» tance des familles des 40,000 hommes ainsi
» mobilisés. » La Convention qualifie d'élan
patriotique cette proposition d'autant plus absurde qu'elle succède presque immédiatement
aux difficultés qu'on a éprouvées pour réunir
une partie du contingent Parisien dans le recrutement des 300,000 hommes; néanmoins
elle ne lui donne prudemment aucune suite.
Quant aux Sections, une seule montre quelques dispositions belliqueuses en demandant
que l'on fasse tirer au sort sans aucune exception tous les citoyens de seize à cinquante
ans; les députations des autres ne font entendre
que de vagues déclamations sur la destitution
des généraux ci-devant nobles, la convenance
d'accorder une pension de 600 livres à tout
défenseur de la Patrie, l'obligation à ceux dont
les revenus dépassent 2,000 livres, de verser
tout l'excédant pour subvenir aux besoins de la
guerre, etc.

Pourtant, quelques pétitions tranchent sur l'uniformité générale par leur extravagance : « Dumouriez ayant voulu restaurer la tyran- » nie, » dit une Section, « il faut rendre im- » possible le retour d'un pareil attentat, en » créant une Légion de Tyrannicides, et en vo- » tant un million de récompense pour tout in- » dividu qui rapportera en France la tête d'un » despote. » Une citoyenne demande qu'on oblige tous les *égoïstes* à marcher à la fron- tière à la place des Sans-Culottes, et qu'à la première trahison, leurs femmes et leurs en- fants retenus en ôtages soient immédiatement égorgés. Malgré l'exaltation du moment, l'au- teur de cette féroce stupidité est honteusement expulsée de l'enceinte législative.

Non-seulement l'enthousiasme semble faire défaut, mais des insinuations anti-révolution- naires, répandues d'abord à voix basse et sous la forme dubitative, prennent peu à peu de la consistance : « Les Autrichiens et les Prussiens » qu'on affecte tant de redouter, sont peut-être » les meilleures gens du monde. Au pis-aller, » on ne peut être plus mal à l'aise que sous » une République si agitée et si exigeante ; on » en serait quitte en retournant à la Monar-

» chie. Les Etrangers qui veulent rétablir un
» Roi, ont en définitive intérêt à ménager
» Paris et ses habitants, puisque sans doute le
» nouveau Monarque n'a pas la prétention
» d'asseoir son trône sur des décombres et de
» ne régner que sur des cadavres » (1).

Ces idées, en se propageant sourdement, effrayent à bon droit les révolutionnaires les plus compromis qui n'ont d'autre alternative que de vaincre ou de mourir; aussi le Tribunal criminel extraordinaire reçoit-il l'ordre de fonctionner sans délai. Les deux premiers condamnés, un gentilhomme convaincu d'émigration et un canonnier de la compagnie de la Sorbonne qui a parlé en faveur de la Royauté, sont exécutés, le 7 Avril, sur la place du Carrousel (2).

Pendant ce temps, Dampierre avait réuni les troupes de Dumouriez au camp de Famars, sous les murs de Valenciennes, et il s'était solidement retranché dans cette position avec 30,000 hommes. Cette opération fut favorisée

---

(1) *Révolutions de Paris*, par Prudhomme.
(2) Louis Dumoulaus, ci-devant gentilhomme.
    Nicolas Lutier, canonnier de la 6ᵉ division.

par le plan de campagne des Alliés qui procédaient avec une lenteur heureuse pour la République : les Impériaux ne voulaient pas s'avancer davantage tant que les Prussiens n'auraient pas repris Mayence dont Custine était alors entièrement séparé.

Vers le milieu du mois de Mars, ce général s'était placé avec 40,000 hommes dans le coude que forme le Rhin à Bingen ; assailli à gauche et à droite par deux armées Impériales, commandées l'une par Brunswick et l'autre par Wurmser, tandis qu'une troisième colonne sous les ordres du prince de Hohenlohe faisait diversion aux deux principales attaques, Custine avait battu en retraite sans pouvoir rallier les troupes qui occupaient Mayence. Dans sa marche en arrière, il comptait que les revers des Vosges étaient défendus par les généraux d'Estourmel et Ligneville ; mais ces positions ayant été abandonnées par ordre de Beurnonville, alors Ministre de la guerre, Custine crut devoir se réfugier précipitamment sous le canon de Landau dans les lignes de Weissembourg (30 Mars). Mayence resta ainsi isolé avec 20,000 hommes de garnison qui heureusement étaient approvisionnés pour plusieurs mois.

En rendant compte de ce triste résultat à l'Assemblée nationale, Custine accusa amèrement Beurnonville, d'Estourmel et Ligneville, et il conclut en envoyant sa démission ; mais d'après les rapports de ses Commissaires, la Convention, loin d'accepter cette offre, déclara que Custine avait toute sa confiance et elle lui enjoignit de rester à la tête de l'armée « avec » laquelle il avait jusque-là si glorieusement » servi la République. » (4 Avril).

Le lendemain du jour où l'Assemblée nationale s'est ainsi prononcée en faveur du général de l'armée du Rhin, il est accusé de trahison par le *Journal de la République* (Marat) et par le *Père Duchesne* (Hébert). Des Députés s'indignent, mais Marat leur tient tête avec son audace accoutumée; bien plus, il gourmande la Convention sur son aveugle sécurité à l'égard des *généraux conspirateurs* : « Seul, » ajoute-t-il, « il a montré de la prévoyance, » puisque, au moment où l'on couronnait Du- » mouriez sous le ridicule prétexte qu'il avait » sauvé la Patrie, seul il a persisté à l'accuser » et que les événements lui ont donné raison. » Seul, il a été d'avis qu'on ne laissât pas Beur- » nonville partir pour l'armée de Dumouriez,

» son complice, car la trahison de ce Ministre
» est manifeste aujourd'hui. Le patriotisme de
» Custine n'est pas de meilleur aloi; d'ailleurs,
» comment les généraux ne trahiraient-ils pas,
» lorsque le Conseil exécutif n'est lui-même
» composé que de traîtres. » La Convention
écoute ces divagations avec la résignation à laquelle le cynisme de Marat a su la forcer si souvent.

D'après les rapports de Custine, d'Estourmel et Ligneville augmentèrent la liste des généraux décrétés d'arrestation, qui attendaient le jugement du Tribunal criminel extraordinaire ou la décision des Comités de la Convention chargés de décider s'ils avaient effectivement donné lieu à quelque inculpation.

Au début de ses fonctions, le Tribunal extraordinaire se piqua d'une intégrité égale à son implacabilité. Il venait de condamner à mort un colonel de Dragons de l'armée de Dumouriez, Vaujour, pour avoir hautement parlé de dissoudre par la force la Convention et les Jacobins (20 Avril), lorsque d'Harambure y comparut. Cet officier général, étant à Strasbourg, avait reçu de l'étranger des lettres dans lesquelles Monsieur, frère de Louis XVI, se déclarait Régent de France. Il les avait envoyées à la Municipalité pour qu'elle les consignât dans ses procès-verbaux; mais ce fait si simple avait été taxé, par les Commissaires de la Convention, de provocation au rétablissement de la Royauté. Cette accusation ridicule tomba devant les franches explications du général, et son acquittement excita les applaudissements de tout l'auditoire (22 Avril).

Il en fut de même pour Miranda. Le Tribunal extraordinaire consacra onze séances à peser les charges de trahison accumulées contre ce général relativement à la levée du siége de Maestricht et à la défaite de Neerwinden. Un avocat expérimenté, Chauveau-Lagarde, s'attacha à détruire chaque grief d'accusation aussitôt qu'il apparaissait; les juges et les assistants furent ainsi amenés insensiblement aux dispositions les plus favorables, et lorsque l'accusé eut été déclaré absous, la foule le porta en triomphe jusqu'à la maison de son habile défenseur (16 Mai).

Quant au général Myaczinski, son sort ne pouvait être douteux; condamné à mort pour tentatives contre-révolutionnaires (9 Mai), il demanda à faire des révélations qui n'eurent pour effet que de retarder son exécution; mais après des déclarations confuses dans lesquelles il accusa quelques députés et plusieurs de ses camarades, il perdit la vie sur la place de la Révolution. Sa fin ne précéda que de quelques jours celle du colonel Philippe de Vaux, l'ancien aide de camp de Dumouriez, qui mourut avec une remarquable fermeté (26 Mai).

Les généraux Stengel et Lanoue, incriminés en raison des échecs subis en Belgique, furent acquittés. On admit également qu'il n'y avait pas lieu à inculpation contre Destourmel et Ligneville; ils prouvèrent, pièces en main, que le mouvement stratégique qui avait si fortement irrité Custine, leur avait été ordonné par Beurnonville alors Ministre de la guerre.

Un général d'origine révolutionnaire, Westermann, avait été également arrêté. Coupable de posséder la confiance de Dumouriez, on lui avait reproché en outre de n'avoir pas obéi assez rapidement aux ordres des Commissaires de la Convention qui lui avaient enjoint de ramener ses troupes sous les murs de Lille.

Westermann portait, sur le champ de bataille comme dans la vie privée, l'humeur bouillante qui l'avait placé, le 10 Août, à la tête des assaillants des Tuileries. Ainsi, après un combat malheureux, il avait hautement proclamé que le bataillon Parisien des Lombards ne se composait que de lâches et de poltrons ; la Section des Lombards, en même temps qu'elle procédait à une enquête au sujet de cette accusation, se vengea de Westermann en le dénonçant au club des Jacobins, comme ayant autrefois volé des couverts d'argent chez un restaurateur. Il en était résulté une polémique des plus irritantes entre la Section et les amis du général. Une autre fois, Westermann envoyé en mission à Paris par Dumouriez avait rencontré Marat qui, dans son journal de la République, l'avait accusé de malversations en Belgique ; le saisir et lui appliquer une rude correction à grands coups de fourreau de sabre avait été pour l'énergique soldat l'affaire d'un moment ; les passants avaient applaudi à cet acte de vigueur, mais Westermann s'était fait ainsi un ennemi aussi dangereux qu'irréconciliable.

Lorsqu'il eut été arrêté, une nombreuse députation des compagnons d'armes qu'il devançait toujours sur le champ de bataille, se pré-

senta à la Convention et réclama sa liberté :
» S'il est innocent, » répondit le Président, « il
» vous sera rendu ; s'il est coupable, sa tête
» tombera. » Mais bientôt le Comité de salut
public se prononça en faveur de Westermann
qui retourna prendre le commandement de la
Légion du Nord qu'il avait créée (4 Mai).

Cependant, à mesure que les Comités chargés
par la Convention d'examiner la conduite des
chefs militaires, les rendent à la liberté ou les
renvoient au Tribunal extraordinaire, à mesure que ce tribunal les condamne ou les acquitte, de nouvelles imputations créent sans
relâche d'autres accusés. Moreton, qui a été
suspendu de ses fonctions par Dumouriez pour
avoir soutenu les démagogues de la Belgique,
est traité par Marat d'*âme damnée de Lafayette*. Le même dénonciateur reproduit sans
cesse contre le général Chazot l'histoire oubliée
des deux bataillons Parisiens, le Mauconseil et
le Républicain. D'un autre côté, l'Administration du département de la Meuse, épousant la
querelle de quelques Volontaires punis par
Chazot pour cause d'insubordination, l'accuse
de décourager les citoyens-soldats par des rigueurs intempestives. La Convention mande

Chazot à sa barre. Arrivé à Paris, ce général réclame un prompt jugement qui lui permette de retourner à son armée; en attendant le jour de la justice, il peut, suivant un usage assez répandu alors, circuler dans Paris accompagné d'un gendarme (1).

Aucun général, quels que soient les gages qu'il ait donnés à la Révolution, n'échappe aux dénonciations sans cause et aux accusations sans examen. Lorsqu'il s'agit de transférer à Marseille les membres de la famille de Bourbon, autres que ceux qui sont détenus au Temple : « Y pensez-vous ! » s'écrient quelques Députés. « Marseille n'est-il pas voisin de l'armée d'Italie que commande Biron ? » (2)

---

(1) Après que Chazot eut perdu six semaines à Paris, le Comité de la guerre déclara qu'il n'y avait lieu à aucune inculpation contre lui.

(2) Biron (Louis de Gontaut, ci-devant duc de), né en 1748 et connu à la cour jusqu'en 1788 sous le nom de duc de Lauzun. Brillant et prodigue, il était déjà ruiné en 1777; il alla plus tard faire la guerre en Amérique où sa conduite et sa valeur chevaleresque le firent remarquer. La mauvaise impression qui résultait de ses dissipations fit qu'à la mort du maréchal de Biron, son oncle (1788), le commandement du régiment des Gardes françaises lui fut refusé pour être donné au duc du Châtelet. Le dépit qu'il en ressentit contribua à le jeter dans la voie de la Révolution, et il débuta dans sa carrière d'opposition en prenant part aux manœuvres qui se tramaient au Palais-Royal. Après avoir été député de la Noblesse du Quercy aux États-généraux, il était sorti avec honneur des intrigues politiques en prenant le commandement d'une armée, lorsque la guerre devint imminente. — *Biographie universelle*.

— « Si Biron est suspect, qu'on le destitue ! » répondent d'autres Conventionnels, « ou plutôt, » il faut enjoindre au Comité de salut public » de présenter un projet de décret qui rappelle » des armées tous les ci-devant nobles. »

Mais ce n'est pas seulement l'ancienne noblesse qu'on poursuit dans les généraux. Kellermann, l'ancien hussard de la Légion de Conflans devenu le héros de Valmy, est violemment incriminé à son tour et rappelé de l'armée des Alpes (1er Mai); après avoir été interrogé par le Comité de salut public il est renvoyé à la tête de ses troupes (18 Mai). Le 8 Mai, un boulet frappe à mort Dampierre, tandis qu'il exécute avec dévouement une attaque imprudente qu'il a blâmée, mais qui a été ordonnée par les Représentants du peuple à l'armée du Nord. Malgré l'opposition de Marat, qui s'indigne de ce qu'on accorde aux généraux des distinctions auxquelles ne peuvent prétendre les soldats, la Convention décerne à Dampierre les honneurs du Panthéon. « Néanmoins, » dit Couthon, « il a bien fait de mourir, car son acte d'accusation était déjà préparé. »

Ce mot infâme caractérise la ligne de conduite qu'avaient secrètement adoptée les chefs

Montagnards ou Jacobins. Depuis le commencement de la Révolution, tout avait concouru à démocratiser l'Armée : les Volontaires avaient choisi leurs chefs ; dans les troupes de ligne, des traits de bravoure innombrables avaient d'abord fait nommer officiers un grand nombre de simples soldats ; plus tard, le droit général d'élection était venu ajouter à l'esprit démocratique de l'Armée. La facilité avec laquelle s'obtenaient les grades, autrefois si difficiles à conquérir, était telle que lorsque Baptiste Renard eut été nommé capitaine en récompense de sa conduite à Jemmapes, les valets de chambre de plusieurs généraux demandèrent la même faveur à l'Assemblée nationale. On s'était même ému à la Convention de la grande quantité d'officiers illettrés qui se produisaient de tous côtés ; le parti exalté avait alors soutenu avec sa violence habituelle qu'il n'était pas nécessaire de savoir *baragouiner* du grec ou du latin pour défendre la Patrie.

Mais une armée démocratique ne suffisait pas aux Montagnards ; il fallait qu'elle fût *Jacobine.* Aussi sous le ministère de Pache, les plus influents des chefs révolutionnaires étaient-ils continuellement dans les bureaux de la guerre pour faire placer leurs créatures. Dans les vingt-quatre heures qui avaient précédé la destitution de ce Ministre inhabile, soixante places d'officiers supérieurs avaient été données à la hâte; son perruquier, âgé de dix-neuf ans, avait été nommé Commissaire des guerres.

Néanmoins, ces esprits subversifs n'avaient encore eu que peu d'occasions de procéder à des nominations aux grades les plus élevés : parmi les officiers généraux, les uns occupaient depuis longtemps leur position ; les autres avaient été promus sur le champ de bataille ou par droit d'ancienneté; un grand nombre devaient leur grade aux Girondins ; quelques-uns étaient des débris de l'ancienne Cour. Tous, avec plus ou moins de sincérité, se targuaient de sentiments républicains; mais on ne pouvait espérer les gagner à la cause des Montagnards et des Jacobins. Tel était leur crime; il fallait les fatiguer, les dégoûter et au besoin les détruire, pour leur substituer des Sans-Culottes; de là, ces accusations incessantes de trahison à propos de faits ridicules qui ne résistaient pas au moindre examen. La défection de Lafayette et celle de

Dumouriez étaient invoquées pour justifier tous les soupçons ; l'impulsion était donnée ; les masses, à la fois crédules et méfiantes, concouraient au but de leurs orateurs de prédilection : les dénonciations affluaient de tous côtés contre les chefs militaires.

Malgré son *pur patriotisme*, le général de la Garde nationale Parisienne, Santerre, n'échappe pas au sort commun : à chaque instant, il est dénoncé par ses subordonnés pour les faits les plus insignifiants. La Section des Piques l'accuse de trahison parce que, dans un projet de casernement présenté à la Commune, il n'a attribué qu'une contenance de 300 hommes à un bâtiment militaire dans lequel on peut en loger 600 ; une autre Section le taxe de *faux sans-culottisme*, parce qu'il cumule la solde de son grade militaire avec les profits de son état de brasseur. Une revue de Canonniers qu'il a ordonnée pour le 28 Avril soulève les récriminations les plus violentes : « C'est le fait d'un contre-
» révolutionnaire de commander une revue
» pour le jour où l'on doit célébrer les funé-
» railles de Lajouski, ce chaud patriote qui a

» été membre de tous les comités insurrec-
» tionnels, qui a pris part à tous les complots
» et a figuré dans toutes les émeutes. On veut
» empêcher les Canonniers de se joindre aux
» Sectionnaires pour célébrer avec eux l'abo-
» lition de la Loi martiale, en brûlant les
» drapeaux rouges sur la tombe de celui qui
» n'a cessé de maudire cette abominable in-
» vention du traître Lafayette » (1). Néanmoins, Santerre persiste dans son ordre malencontreux. Les Canonniers et les Sectionnaires s'adressent alors à la Commune qui
reproche au *patriote* Santerre de ne pas
montrer assez de déférence pour la mémoire
du *modèle des Sans-Culottes*; elle décom-
mande la revue, et les *purs Républicains*
réunis brûlent les drapeaux rouges sur la
tombe de l'*immortel* Lajouski (28 Avril).

---

(1) Dès l'installation de la République, les *patriotes* du faubourg Saint-Antoine avaient demandé à l'Assemblée nationale, l'abolition de la Loi martiale qui réglait les mesures de rigueur à employer dans le cas de troubles persistants. « Le mot de *force armée,* » disaient-ils, « ne doit pas souiller le Code d'un peuple républicain » Bien que cette opinion eût reçu les applaudissements de la Convention, la Loi martiale n'avait pas encore été officiellement abolie, et les démocrates profitaient de la mort de Lajouski pour faire une manifestation qui tendait à forcer la main aux législateurs. La Convention prononça l'abrogation de la Loi martiale, le 23 Juin suivant.

Santerre éprouvait encore bien d'autres désagréments. Il luttait avec peine contre les exigences de quelques Compagnies plus particulièrement composées de sacripants qui s'intitulaient *grenadiers*, bien que cette dénomination eût été proscrite en vue de l'Egalité. Malgré ses ordres les plus sévères, lorsqu'il faisait des rondes, il trouvait sans cesse les corps-de-garde abandonnés par les officiers et encombrés de filles publiques. Pour assurer la garde du Temple, on avait été obligé de créer un service d'hommes spéciaux qui recevaient une solde journalière de trois livres. Mais ce qui irritait surtout le général de la Garde nationale, c'est que depuis huit mois qu'il exerçait son commandement, il n'avait pu encore obtenir le contrôle exact de ses troupes.

Ses exhortations et ses ordres ayant également échoué contre l'inertie et l'insouciance des Commandants de compagnie, Santerre déclare qu'à l'avenir, les capitaines qui ne lui remettront pas l'état exact de leurs soldats seront suspendus de leurs fonctions (15 Avril). Aussitôt les Sections du Mail et de Marseille prennent des arrêtés par lesquels elles déclarent nul cet ordre *despotique;* la Section de Molière et

La Fontaine dénonce aux quarante-sept autres la volonté de Santerre comme liberticide; toutes réclament à la Commune qui mande devant elle le Commandant en chef et lui fait observer qu'il n'a aucun droit de suspendre les officiers. Santerre objecte que, faute de moyens de répression, il lui sera impossible d'obtenir l'obéissance nécessaire au service; mais la Commune tient bon et, tout en se déclarant convaincue des sentiments patriotiques et républicains du général, elle l'engage à ne pas dépasser les bornes de ses attributions.

Ces échecs répétés froissaient profondément l'amour-propre de Santerre et lui avaient inspiré le secret désir d'abandonner sa position, en allant exercer à l'Armée son commandement de maréchal de camp.

Vers la fin d'Avril, la plupart des Commissaires délégués par la Convention pour le recrutement des 300,000 hommes, revinrent siéger à l'Assemblée, et le Comité de Salut Public annonça que les renforts reçus par les armées leur permettraient de reprendre bientôt l'offensive. Cette déclaration n'était vraie qu'en partie. Les armées du Nord, du Rhin et d'Italie avaient effectivement déjà reçu quelques renforts ; mais l'insurrection des départements de l'Ouest, les fraudes, les exemptions, le mauvais vouloir de certains contingents, l'inertie des autorités et le désordre général avaient concouru à affaiblir singulièrement les résultats qu'on attendait de ce recrutement. L'armée des Pyrénées n'existait pas encore, pour ainsi dire, lorsque l'armée Espagnole, qui par bonheur était aussi peu nombreuse que mal approvisionnée, s'avança jusqu'à Saint-Laurent de Cerda.

Aussitôt les Représentants du peuple en mission dans le Midi font appel au patriotisme des citoyens pour arrêter la marche de l'Ennemi. Des réquisitions sont envoyées dans les Départements voisins ; celui de l'Hérault entre autres est taxé à 5,000 hommes. La population objecte qu'elle vient de fournir son contingent au recrutement général ; mais les Autorités départementales, d'accord avec les Représentants du peuple, répondent que la plupart de ceux qui sont partis pour la frontière sont des remplaçants, et qu'au moment présent où l'on s'adresse aux véritables citoyens, nul ne peut, vu l'imminence du danger, se dispenser d'accepter le titre glorieux de Volontaire.

En conséquence, il est arrêté que cette nouvelle réquisition s'opérera par *voie d'indication*, c'est-à-dire en choisissant les citoyens qui, par leur courage, leur caractère et leur aptitude physique, semblent devoir constituer les meilleurs défenseurs de la République. On nomme pour procéder à cette opération un Comité qui affiche des listes nominatives dans l'enceinte des Sociétés populaires de chaque localité; par l'effet de ce moyen redoutable, les 5,000 hommes demandés sont rapidement réunis.

Le même Département décide aussi que chaque Commune veillera à ce que ceux qui restent dans leurs foyers fassent à tour de rôle une journée de labourage ou de tout autre travail au bénéfice des *Volontaires* peu aisés. En outre, il sera subvenu aux besoins des familles pauvres que la réquisition prive de leurs chefs, au moyen d'une taxe de cinq millions imposée aux individus riches dont l'égoïsme et l'indifférence pour la chose publique sont généralement connus.

A la lecture de ces décisions que lui transmettent ses Commissaires (27 Avril), l'enthousiasme de la Convention ne connaît pas de

bornes. Le Département de l'Hérault est déclaré avoir bien mérité de la Patrie; tous les autres sont invités à suivre ce glorieux exemple et autorisés à lever aussi des *forces additionnelles* ainsi qu'à faire des emprunts forcés : « Que craindre de l'Europe entière, » s'écrie Danton, « lorsque chaque localité va ainsi faire
» surgir des hommes et des millions. Imposer
» les riches, c'est les servir ; plus le sacrifice
» qu'on leur demandera sera grand, plus le
» fonds des propriétés sera garanti contre
» l'envahissement des Ennemis. Paris lui seul
» offre en hommes et en argent des ressources
» incalculables; elles devraient être employées
» à mettre fin aux troubles de la Vendée qu'il
» faut étouffer à tout prix. »

Conformément à cette conclusion, la Convention déclare que l'honneur d'écraser les *brigands* Vendéens est principalement réservé à la population Parisienne. La Commune envoie aux quarante-huit Sections des Commissaires chargés de leur apprendre « ce qu'on
» attend de leur patriotisme qui ne peut se
» laisser surpasser par celui des habitants de
» l'Hérault. En huit jours, la guerre civile
» doit être étouffée, et les Volontaires Pari-

» siens vainqueurs dans cette campagne aussi
» courte que glorieuse, conserveront les ar-
» mes et les habits qui leur auront été distri-
» bués pour leur patriotique expédition »
(29 Avril).

Le 1ᵉʳ Mai, le Maire de Paris, à la tête d'une députation de la Commune, annonce à la Convention que, dans un bref délai, 12,000 hommes et trente pièces de canon vont partir pour la Vendée. Santerre prend ensuite la parole :
« Il se mettra lui-même à la tête de ces douze
» mille hommes qui seront bientôt suivis de
» cent mille autres; s'il peut joindre les
» révoltés, leur extermination sera l'affaire
» d'un moment ; après quoi, il se propose
» d'effectuer une descente dans la Grande-
» Bretagne et d'appeler le peuple Anglais à
» l'exercice de la Liberté. »

Pour la levée des 12,000 nouveaux Volontaires Parisiens, la Commune arrête que chacune des compagnies de la Garde nationale fournira quatorze hommes (1); en imitation du *recrutement par voie d'indication* inauguré dans le Département de l'Hérault, ces futurs

---

(1) Chaque compagnie Parisienne était *officiellement* de 126 hommes.

exterminateurs des rebelles de la Vendée seront choisis par le Comité révolutionnaire de chacune des Sections.

Mais lorsque ces Comités veulent procéder aux fonctions dont ils viennent d'être investis, ils restent indécis devant les déclamations véhémentes par lesquelles le personnel divisé des assemblées sectionnaires prétend les guider dans leurs appréciations. Les uns veulent qu'on fasse partir indistinctement les riches et les pauvres sans autoriser aucune espèce de remplacement; les autres proposent d'enrôler tous les citoyens qui n'allégueront pas de motifs indispensables pour séjourner à Paris; les gens mariés demandent que le choix n'atteigne que les veufs et les célibataires. Les réactionnaires augmentent à dessein le tumulte; les clercs de notaire, les commis des maisons de commerce et tous ceux que menace particulièrement *le recrutement par voie d'indication*, lui font une opposition acharnée; au Luxembourg et aux Champs-Elysées, la force armée dissipe des rassemblements séditieux. Les journaux prennent part à la lutte; ceux qui ne soutiennent pas le nouveau mode de réquisition sont suspendus par la Commune;

elle envoie aussi dans les Sections, des Commissaires chargés de faire cesser les discussions sur la Vendée pour éviter l'éclat de ces bruyantes mésintelligences entre les bons et les mauvais citoyens, entre les *Sans-Culottes* et les *Messieurs* (5 Mai).

Cependant on est partout d'accord pour demander qu'avant d'enrôler les citoyens, on fasse partir pour la Vendée les Corps armés qui sont à Paris, y compris les Grenadiers-gendarmes chargés du service spécial auprès de la Convention. La Commune se hâte de satisfaire ce vœu général ; un rapide recensement fait reconnaître qu'il existe encore dans la Capitale 2,900 hommes, fractions de troupes soldées et derniers Fédérés ; ils reçoivent immédiatement leur ordre de départ. Les Grenadiers-gendarmes, cédant à de secrètes insinuations, demandent à aller combattre les rebelles, ce qui leur est accordé (1). La Commune apprend alors aux Sections que leur juste désir est accompli et que nulle raison

---

(1) Le vœu que l'on avait insinué aux Sections, avait principalement pour but de faire sortir de Paris toutes les troupes soldées et surtout les Grenadiers-gendarmes, avant l'expédition que les agitateurs en chef méditaient contre la Convention et qui eut lieu le 31 Mai.

ne s'oppose plus à l'exécution de la réquisition. Pour exciter leur émulation, elle ajoute qu'un Département voisin (Seine-et-Marne), lève 14,000 hommes et fixe à onze millions la taxe sur les riches. Elle-même porte à douze millions l'emprunt forcé qu'elle veut imposer aux citoyens proportionnellement à la quotité de leur fortune (1), en déclarant qu'il est destiné à fournir les fonds nécessaires à la levée des 12,000 Volontaires ainsi qu'à subvenir aux besoins de leurs femmes et de leurs enfants.

La Convention, impatientée de toutes ces lenteurs, envoie inutilement de nouveaux Commissaires pour les faire cesser, lorsque, par impuissance de satisfaire au nouveau recrutement, la Section de l'Observatoire décide qu'une partie de l'emprunt forcé sera distribuée à ceux qui se déclareront Volon-

---

(1) « Pour la répartition de cet impôt, les Commissaires des Sec-
» tions se baseront sur ce que le nécessaire est de 1,500 livres par an
» pour un père de famille et de 1,000 livres pour sa femme et pour
» chacun de ses enfants. Au delà, tout sera considéré comme superflu
» et, par conséquent, soumis à l'impôt. Celui qui a 1,000 livres de
» superflu, en versera au moins 30 ; celui qui a 50,000 livres en
» excédant, en versera 20,000. Le premier tiers de cette imposition
» est exigible dans les quarante-huit heures ; le deuxième tiers dans
» la quinzaine, et le troisième avant la fin du mois. »

taires, et qu'une autre portion sera réservée pour leur constituer des rentes à leur retour ; à son imitation, la Section Popincourt déclare que tout individu qui s'enrôlera recevra d'abord 100 livres, qu'il touchera une pension de 400 livres au retour et que, pendant son absence, sa femme et ses enfants recevront chacun 20 sols par jour ; les autres Sections font des promesses analogues. La Commune juge alors qu'il est prudent de réglementer ces décrets qui menacent d'absorber la totalité de l'emprunt forcé ; elle fixe à 500 livres la somme que doit toucher chaque Volontaire partant pour la Vendée, et dès lors, ceux qui se présentent pour s'enrôler sont qualifiés par l'ironie parisienne de *héros à cinq cents livres*.

Il faut aussi des canons et des chevaux. Chaque Section est invitée à livrer une ou deux de ses pièces d'artillerie que remplaceront aussitôt que possible les fonderies de la Capitale. Une *Commission des chevaux de luxe* est instituée pour mettre en réquisition les attelages qui peuvent être utiles à l'armée. Des médecins, des vieillards, des gens infirmes et surtout les loueurs de carrosses réclament pour obtenir des exemptions à cette loi générale; on s'indigne de leurs sentiments peu civiques, et leurs chevaux sont, comme les autres, marqués au fer chaud d'un bonnet de liberté qui les signale comme appartenant à la République. Par l'effet d'un zèle exagéré, des cavaliers sont brusquement démontés dans les rues, et des citoyens sortant des spectacles ne trouvent plus que leurs voitures sans chevaux pour les traîner.

Enfin, le 13 Mai, les *héros à cinq cents livres* de la Section du Panthéon, prêts à partir pour la Vendée, se présentent devant la Convention : « Nos frères sont en danger, » dit leur orateur ; « leurs cris se sont fait en-
» tendre dans la Section du Panthéon-Français,
» et aussitôt elle a rassemblé 600 hommes et
» une compagnie de canonniers pour voler à
» leur secours. S'il en est besoin, elle en
» fournira bien davantage; mais comme elle a
» plus de patriotisme que de richesses, nous
» vous demandons une avance de 150,000 li-
» vres remboursables par le moyen d'une
» nouvelle contribution sur les riches. »

Cette pétition est convertie en motion par Marat, tandis que le dégoût qu'inspire cette cupidité inattendue se traduit par de nombreuses réclamations; cependant on représente qu'un refus empêcherait le départ de ces *Volontaires;* en conséquence, l'Assemblée accorde la demande, mais avec la restriction que le Comité des Finances s'occupera, dans le plus court délai, du mode de remboursement de cette dépense dans laquelle on ne veut voir qu'une avance de secours.

Le même jour, la Section des Tuileries présente ses Volontaires qui réclament aussi à titre de prêt une somme de 70,000 livres; les enrôlés des Sections Beaurepaire, Bonne-Nouvelle, du Luxembourg, etc., viennent à leur tour présenter des demandes analogues. La Convention s'indigne en vain contre cette coalition que semblent avoir formée les nouveaux contingents pour vider le Trésor; leurs pétitions qu'on n'ose refuser péremptoirement, sont renvoyées à l'examen du Comité des finances, ce qui ajourne momentanément leur départ.

D'ailleurs, le bruit se répand qu'il s'est glissé dans ces nouveaux bataillons un grand nombre de contre-révolutionnaires qui se proposent de servir les *brigands* au lieu de les combattre. La Commune nomme douze commissaires chargés de procéder à un *scrutin épuratoire* qui ne doit y laisser que de purs Sans-Culottes ; ces opérations retardent encore la mise en route des *héros à cinq cents livres* (1).

De leur côté, les Départements, surexcités par les éloges accordés à celui de l'Hérault, lèvent des bataillons ou des compagnies et imposent des emprunts forcés. Ils parviennent à trouver encore parmi les populations une certaine bonne volonté, en déclarant que ces *forces additionnelles* sont, ainsi que celles de la Capitale, destinées à étouffer rapidement l'insurrection Vendéenne. Les Représentants du peuple en mission affirment que l'extinction de la révolte sera l'affaire de quelques jours, et ils rappellent que, d'après un décret de la Convention, tout volontaire ayant participé à l'expédition contre les Départements soulevés rentrera pour jamais dans ses foyers.

D'après ces trompeuses assurances, les nou-

---

(1) La Commune avait imaginé ce prétexte pour retarder le départ de ces bataillons dont la composition était un gage certain qu'ils agiraient contre la Convention dans l'insurrection qui se préparait et qui éclata le 31 Mai.

veaux Corps s'engagent à servir pendant deux ou trois mois, temps jugé plus que nécessaire pour anéantir la rébellion.

Chacun d'eux diffère des autres par l'habillement, l'armement et la durée du temps qu'il doit passer sous les drapeaux. Presque tous sont levés dans des conditions qui leur sont particulières ; ainsi, pour la Haute-Vienne, la réquisition des *forces additionnelles* coïncidant avec le terme annuel auquel les officiers des Gardes nationales doivent être réélus, les Administrateurs du département font observer que ces officiers dont les fonctions expirent, sont parfaitement habillés et armés ; leur absence, au moment où ils doivent être remplacés par des hommes choisis dans les compagnies, ne formera aucun vide et n'occasionnera aucune désorganisation : en conséquence, tous les officiers des Gardes nationales de la Haute-Vienne sont requis de se rendre à Limoges, où ils seront organisés en compagnies qu'on dirigera sur la Vendée. Leur patriotisme n'hésitera certainement pas devant cette glorieuse mission ; mais si quelqu'un d'entre eux se refusait à marcher, il serait taxé d'infamie et déclaré suspect.

De tous côtés, les Administrations départementales cherchent à se dépasser mutuellement par l'adoption de mesures de plus en plus *patriotiques*. Dans les Landes, il est enjoint aux tailleurs et aux cordonniers de travailler uniquement pour les enrôlés. Tous les citoyens qui ont des manteaux ou des habits bleus, tous les négociants qui ont des draps susceptibles d'être teints en bleu, sont tenus de les porter à la Maison commune de leur localité pour qu'on les y achète après estimation. Il est défendu aux tanneurs de vendre au public les cuirs qui peuvent convenir à la chaussure des Volontaires.

Dans le même Département, tous les fusils de chasse doivent être réunis par Commune, afin que les armuriers et les serruriers y adaptent des baïonnettes. Chaque fusil sera ensuite remis à son propriétaire s'il part pour la frontière ou pour la Vendée ; sinon, l'arme sera délivrée à un Volontaire, et l'ancien possesseur recevra en échange une pique, s'il est reconnu bon citoyen.

Des arrêtés aussi arbitraires sont rendus dans la plupart des Départements ; selon le caprice des Autorités, ils concernent les grains, les fourrages, les chevaux, les impôts forcés, etc.

Les populations subissent ainsi toutes sortes de vexations inopinées qui excitent des réclamations universelles auprès de la Convention. On demande que du moins les taxes révolutionnaires soient établies d'après des bases précises, et que leur fixation ne soit plus abandonnée à l'appréciation d'Administrations guidées trop souvent par l'envie, la rancune ou la haine. On représente aussi que depuis deux mois, sous le prétendu régime de la Liberté, il s'est fait plus d'arrestations que pendant les trente dernières années du *Despotisme*.

L'expression de ces nombreux mécontentements vient en aide aux Girondins qui soutiennent alors leur lutte suprême contre les Montagnards ; aux violences de leurs adversaires que soutiennent les Jacobins, les Cordeliers, la Commune et la populace de Paris, ils opposent énergiquement le mandat qu'ils ont reçu des Départements dont ils sont les représentants. Ils défient leurs ennemis d'oser rechercher la véritable opinion du Pays en convoquant les Assemblées primaires pour nommer une autre Convention ; ils déclarent que si les outrages, les persécutions ou la mort les font disparaître de l'Assemblée, leurs commettants sauront bien les venger, et que Paris lui-même, coupable d'avoir laissé violer la Représentation nationale, sera peut-être rayé de la liste des Cités.

L'Enceinte législative n'est plus qu'une arène ouverte aux récriminations les plus passionnées ; chaque parti accuse ses adversaires d'être complices de Dumouriez ou d'Orléans. Le progrès révolutionnaire ayant fait disparaître le duel, considéré comme préjugé de l'ancien régime, nul ne mesure ses paroles ; les injures les plus grossières s'échangent entre les deux camps : les noms de traîtres, misérables, gredins, brigands, assassins, ne sont relevés par ceux auxquels ils s'adressent qu'au moyen d'épithètes tirés du même vocabulaire.

Au Club des Jacobins, on discute les moyens de purger l'Assemblée nationale de ceux que l'on assimile alors aux royalistes ; parmi eux, vingt-deux sont ouvertement désignés aux poignards des *patriotes*. Déjà des députations populaires sont venues demander que ces Représentants soient dépouillés de leur inviolabilité liberticide et livrés aux tribunaux, lorsque la Commune, d'accord avec une réunion récemment formée par les Commissaires des Sections sous la dénomination de *Comité central révolutionnaire*, prend le parti d'exécuter le coup hardi qui doit satisfaire les Sans-Culottes en éliminant les vingt-deux *traîtres* de la Convention.

Pour réussir, il importe de mettre à la place de Santerre prêt à partir pour la Vendée, un autre *patriote* d'un civisme également éprouvé. Le Conseil de la Commune procède à cette élection par l'appel nominal de ses membres : Boulanger, commandant en second du bataillon de la Halle au Blé, est proclamé à l'unanimité Général en chef de la Garde nationale (17 Mai) (1). Mais aussitôt les Sections du Panthéon, du Temple et d'autres encore viennent réclamer contre ce mode de nomination contraire au principe adopté le 10 Août : le Commandant général doit être élu par la totalité des Parisiens armés; la Section de l'Arsenal déclare par un arrêté qu'elle ne reconnaîtra l'autorité de Boulanger que pendant vingt-quatre heures.

La Commune s'excuse vis-à-vis des Sections

---

(1) Sur 75 membres présents au Conseil de la Commune, Boulanger obtint 74 suffrages.

en alléguant que, si elle n'a pas remis à leur décision la nomination du Commandant général, c'est qu'elle n'a pas voulu les distraire du recrutement pour la Vendée dont elles s'occupent encore ; de son côté, Boulanger, ému de ces populaires réclamations, se démet du grade qu'il n'a d'abord accepté, dit-il, que par désir de se rendre utile (20 Mai); la Commune décide alors que les Sections seront convoquées pour procéder à l'élection du remplaçant de Santerre (21 Mai).

Pendant ces débats, des nouvelles irritantes arrivent de divers côtés. A Bordeaux, à Lyon et à Marseille, des Sections ont pris les armes pour résister aux vexations croissantes des Municipalités républicaines ; l'agitation de la Normandie fait craindre qu'elle ne fasse cause commune avec la Vendée ; on apprend que l'armée du Nord a été repoussée entre Bouchain et Cambrai ; en Vendée, Lescure a battu les troupes républicaines et s'est emparé de Fontenay ; on parle aussi d'une descente que vont effectuer les Anglais sur les côtes de la Bretagne.

Ces faits favorables aux contre-révolutionnaires ne permettent plus, dit-on, d'hésiter à retrancher de la Convention les Députés réactionnaires; aux clubs des Cordeliers et des Jacobins, on propose de les égorger en colorant l'assassinat de prétextes plus ou moins adroits. Enfin, le plan de l'insurrection est arrêté; il s'agit de convoquer toute la force armée Parisienne au nom de la Commune, d'en entourer la Convention et de lui présenter une pétition à laquelle on la forcera d'obéir.

Le 30 Mai, les Commissaires de trente-trois Sections réunis à l'Evêché se déclarent en insurrection permanente pour sauver la République menacée, disent-ils, par la faction oppressive de la Liberté. Dans la nuit, le tocsin et la générale retentissent; les mêmes Commissaires annoncent au Conseil de la Commune que le *Peuple* reprenant ses droits, casse toutes les autorités constituées. Le Conseil déclare qu'il reconnaît le pouvoir du peuple et il se retire; aussitôt, on lui annonce qu'en vertu de la même volonté populaire, il est réinstallé dans ses fonctions. Cette comédie avait pour but de doter la Commune de pleins pouvoirs révolutionnaires. Elle en use immédiatement en plaçant provisoirement à la tête de la Garde nationale, Henriot, commandant du Bataillon des Sans-Culottes (31 Mai).

Pour que la populace ne fasse pas défaut et domine la bourgeoisie des Sections, il est décidé que, pendant tout le temps qu'il restera sous les armes, chaque citoyen peu aisé recevra quarante sols par jour ; cette solde sera prélevée sur l'emprunt forcé. Le rappel rassemble tous les Gardes nationaux ; l'extrême majorité des 80,000 hommes ainsi réunis ignore ce dont il s'agit et se laisse conduire avec docilité par l'autorité audacieuse qui a pris le commandement. Bientôt, Henriot viole la loi qui défend sous peine de mort de faire tirer le canon d'alarme sans un décret de la Convention, et les détonations de l'artillerie se mêlent au bruit du tocsin et de la générale.

Au milieu de l'incertitude universelle, les Sections de la Butte-des-Moulins, du Mail et des Champs-Élysées, qui de tout temps se sont déclarées contre la Montagne et les Jacobins, attendent l'arme au pied que le drame prenne un caractère plus déterminé. Effrayés de ces dispositions, des émissaires des Jacobins se répandent dans les différents quartiers, répétant que ces trois Sections sont royalistes et qu'elles ont arboré la cocarde ainsi que le drapeau blanc. La Section Saint-Antoine descend alors de son faubourg, jurant qu'elle aura raison de ces contre-révolutionnaires ; de son côté, la Section de la Butte-des-Moulins se retranche dans le Palais-Egalité, ferme les grilles, apprête ses canons et se dispose à soutenir un siége. Cependant des officiers du faubourg Saint-Antoine s'approchent et reconnaissent que la Section incriminée porte toujours le drapeau et la cocarde tricolores ; des pourparlers ont lieu ; la Butte-des-Moulins nie les projets royalistes qu'on lui impute ; des poignées de main s'échangent à travers les grilles et les deux Sections réconciliées parcourent ensemble la Capitale.

Ces promenades de la force armée continuent ainsi pendant deux jours ; la Convention est en proie au tumulte le plus orageux, tandis que le Comité de salut public s'indigne en vain de l'audace de la Commune. Enfin les conjurés veulent en finir : dans la nuit du 1ᵉʳ au 2 Juin, le tocsin, la générale et le canon d'alarme se font entendre de nouveau et, dès la pointe du jour, la Convention est entourée par 80,000 Gardes nationaux.

Parmi eux, on ne peut compter, comme prêts à obéir à la volonté de la Commune et aux ordres d'Henriot, que quelques milliers de forcenés, des compagnies de Canonniers et les bataillons organisés pour la Vendée qui ont été à dessein retenus à Courbevoie, et qu'on a fait rentrer à Paris après de copieuses distributions de vin et d'assignats. Ils sont placés en première ligne autour de la Convention avec 160 bouches à feu et *des grils à rougir les boulets*. Le reste de la Garde nationale est disposé en arrière et assiste à l'événement sans y prendre part.

La Convention paraissant ainsi assiégée par 80,000 hommes, d'insolents pétitionnaires s'y présentent et demandent énergiquement l'arrestation des Députés *conspirateurs*. En vain l'on invoque l'inviolabilité de la Représentation nationale; des menaces répondent aux mesures dilatoires par lesquelles on tente de détourner l'orage; l'ordre est donné de ne laisser sortir aucun Député avant que le *Peuple* n'ait obtenu satisfaction.

Des Conventionnels s'indignent de voir l'Assemblée prisonnière: « Prouvons que nous som-
» mes libres, » dit un député, « sortons tous,

» et vous verrez que le Peuple nous livrera pas-
» sage. » La Convention tout entière s'avance
du côté du Carrousel ; mais Henriot qui s'y
trouve à la tête des Cannoniers, annonce au
Président que les Députés ne passeront que
lorsqu'ils auront livré leurs vingt-deux collègues contre-révolutionnaires. « Saisissez ce
» rebelle, » dit le Président aux soldats. —
« Canonniers, à vos pièces ! » s'écrie Henriot.

La Convention fait une seconde tentative
du côté du jardin. Placés au dehors, des bataillons bien intentionnés lui font signe de venir les
joindre ; mais sa marche est de nouveau arrêtée
par les troupes dévouées à la Commune. Hu-
miliée, elle rentre dans la salle de ses séances,
et lorsque les Députés ont repris leurs places :
« Vous voyez bien, » leur dit effrontément
Couthon, « que vous êtes libres, respectés et
» obéis par le *peuple* ; hâtez-vous donc de le
» satisfaire. » On murmure qu'il faut pourtant
sortir de cette terrible situation ; la plupart des
Députés allèguent qu'ils ne sont pas libres et
refusent de voter ; les Montagnards et les émeutiers qui remplissent la salle, décrètent la mise
en arrestation des Girondins dénoncés par la
Commune.

Ainsi, l'inviolabilité de la Représentation nationale était foulée aux pieds pendant que la Convention était entourée de 80,000 Gardes nationaux dont la presque totalité désapprouvait cet attentat; comme toujours, une audacieuse minorité avait su triompher de la masse des citoyens armés.

Peu après (11 Juin), Henriot donne sa démission en déclarant que, puisque le calme est rétabli, le *Peuple* n'a plus besoin de ses services et qu'un général Sans-Culotte doit savoir être soldat. La Commune exalte son désintéressement hypocrite et les Sections Armées sont convoquées pour élire leur chef. Deux candidats sont en présence : Henriot et Raffet, commandant du bataillon de la Butte-des-Moulins. Sur 80,000 Sectionnaires, 15,000 seulement prennent part au scrutin et Henriot réunit au delà de 9,000 suffrages. La Garde nationale Parisienne reste ainsi sous le commandement d'un ancien laquais chassé pour vol qui, après avoir été successivement charlatan et mouchard, s'est signalé dans les massacres de Septembre.

CHAPITRE XXIII.

REVERS DES ARMÉES SUR LE RHIN, AU NORD ET EN VENDÉE. — TRAVAUX MILITAIRES DU PREMIER COMITÉ DE SALUT PUBLIC. — INSURRECTION DU CALVADOS.

(Mai, Juin et Juillet 1793).

Sommaire :

Siége de Mayence. — Custine est mis à la tête de l'armée du Nord. — Avant de remettre le commandement de l'armée du Rhin à Beauharnais, il veut tenter un nouvel effort contre l'Ennemi et il est battu.
Position critique de l'armée du Nord. — Elle est obligée de se retirer sous le canon de Bouchain. — La ville de Condé est assiégée sans espoir de secours. — Valenciennes est investi.
Défaites des troupes de la République en Vendée. — Accusations contre divers généraux. — Le général Biron est envoyé en Vendée.
Incapacité du Ministre de la guerre, Bouchotte, que soutient opiniâtrement le parti exalté.
Travaux militaires du Comité de salut public. — La République entretiendra onze armées. — Représentants du Peuple auprès de chacune d'elles. — Division des Gardes nationaux en quatre classes de réquisition. — Code pénal militaire. — Création de deux tribunaux militaires auprès de chaque armée. — Mesures prises contre les femmes qui encombrent les armées et contre les déserteurs ennemis qui se font monter, habiller et armer pour vendre ensuite chevaux, armes et habits. — Généraux à la tête des onze armées. — Discussion sur les officiers composant les états-majors. — Plaintes contre Bouchotte qui donne sa démission. — Beauharnais refuse d'accepter le portefeuille de la guerre. — Nomination d'Alexandre au Ministère de la guerre. — Elle est rapportée et Bouchotte reste en place. — Envoi aux armées des journaux les plus révolutionnaires. — Levée de 30,000 hommes de cavalerie. — Augmentation de

l'artillerie Parisienne. — Création de compagnies d'artillerie dans tous les Départements. — La plupart des mesures décrétées par la Convention, sur la proposition du Comité de salut public, ne sont pas suivies d'exécution.

Insurrection de divers Départements en faveur des Girondins. — Le général Félix Wimpfen se déclare pour eux. — Formation d'une petite armée Parisienne pour marcher contre la rébellion.— Combat ridicule entre les troupes de la Convention et celles des Girondins. — Fin de l'insurrection du Calvados.

La ville de Mayence, isolée par la retraite de Custine dans les lignes de Weissembourg (30 Mars), était assiégée par 70,000 Prussiens; 20,000 hommes de garnison et des vivres qui semblaient devoir suffire jusqu'à l'époque où l'on serait secouru, permettaient aux généraux Doyré, Meunier, Kléber et Aubert Dubayet de résister vigoureusement. Les Représentants du peuple Merlin (de Thionville) et Rewbell y déployaient aussi la plus grande intrépidité. Privés de toute nouvelle de l'extérieur, les héroïques défenseurs de Mayence déployaient d'autant plus d'audace et d'ardeur qu'ils s'attendaient à voir leurs efforts couronnés de succès par le retour de Custine et de l'armée du Rhin, qui ne pouvaient tarder, croyaient-ils, à venir les délivrer.

Sur ces entrefaites, Dampierre ayant été

tué à l'armée du Nord (8 Mai), la situation critique de cette partie des frontières fit sentir l'urgence de lui donner pour successeur le général jugé le plus habile: le Comité de salut public insista près de la Convention pour que le choix du Pouvoir exécutif tombât sur Custine. Ce général venait alors de fournir un nouveau prétexte aux déclamations des journaux les plus révolutionnaires. A Hornebach, non loin de Weissembourg, des soldats avaient pillé les habitants chez lesquels ils logeaient et dont ils étaient parfaitement traités. Par ordre de Custine, un sergent principal instigateur du désordre fut fusillé; quant aux autres coupables, on les contraignit à tirer au sort, et celui que désigna le hasard fut passé par les armes.

Les dénonciations qui se produisirent au sujet de cet acte de sévérité, furent impuissantes à détruire la bonne impression qui résultait du rapport fait en faveur de ce général par le Comité de salut public; la Convention reconnut la nécessité de la terrible justice de Custine qui fut nommé commandant en chef de l'armée du Nord; Beauharnais fut désigné pour le remplacer à l'armée du Rhin.

Custine voulut remettre une armée victorieuse entre les mains de son successeur; en conséquence, il tenta une action générale dans le but d'enlever un corps de 8,000 Autrichiens campés à Reinzabern (17 Mai). Malheureusement, par suite d'ordres mal compris ou mal exécutés, la Division du général Ferrière manœuvra sans rencontrer l'Ennemi ; la diversion sur laquelle comptait Custine n'eut pas lieu, et il resta seul exposé aux efforts des Impériaux. La retraite devint nécessaire ; elle s'effectua en désordre et l'on entendit de nouveau dans les rangs Français le cri fatal de *sauve qui peut!* On regagna enfin les positions de Weissembourg et de Lauterbourg.

Custine accusa Ferrière de cet insuccès; celui-ci se défendit en taxant d'impéritie et d'incivisme le général en chef qui, après avoir remis l'armée du Rhin à Beauharnais (23 Mai), partit pour rejoindre l'armée du Nord ; elle était provisoirement commandée par le vieux général Lamarche et sa situation empirait en ce moment même d'une manière désastreuse.

Le 23 Mai, l'Ennemi, qui voulait empêcher les Français de porter secours à Condé qu'il assiégeait, attaqua tous les postes qu'ils occupaient depuis Orchies et Saint-Amand jusqu'au Quesnoy et Maubeuge. On se battit ainsi en même temps sur un terrain d'une dizaine de lieues de longueur. Les divers combats commencés avec le jour durèrent jusqu'à la nuit ; mais alors, l'armée Française tournée par la droite, fut obligée d'évacuer le camp de Famars ; elle jeta 10,000 hommes dans Valenciennes et se retira sous le canon de Bouchain. Le lendemain, le camp d'Anzin et quelques autres postes ayant été enlevés, Valenciennes fut investi par l'Ennemi. Ainsi, lorsque Custine arriva à Bouchain pour prendre le commandement de l'armée du Nord, la ville de Condé était assiégée sans espoir probable de secours, et l'Ennemi, maître des hauteurs qui dominent Valenciennes, lançait déjà des obus dans la citadelle.

Les armes de la République n'étaient pas plus heureuses en Vendée. A l'origine, on n'avait eu à opposer à un ennemi qui surgissait et disparaissait instantanément, que de faibles garnisons et quelques colonnes de Gardes nationaux. Les déroutes fréquentes de ces petits corps républicains avaient augmenté l'audace des insurgés et porté au comble les appréhensions des villes qui se voyaient au moment d'être attaquées sans pouvoir se défendre ; elles avaient en outre favorisé les accusations contre les généraux que cette guerre sans direction unique condamnait à des défaites inévitables. Marcé et Quétineau furent incarcérés comme suspects de trahison. Berruyer, bien qu'il eût joué le même rôle que Santerre lors de la mort du roi Louis XVI, n'échappa pas aux dénonciations : « Comment » peut-on accorder la moindre confiance à » Berruyer, » s'écrie Marat à la Convention. « N'a-t-il pas été envoyé en Vendée par Beur- » nonville ? Quant à Ligonier, tout le monde » sait qu'il est Anglais. » On lui répond qu'il se trompe et que le général Ligonier est Français. « Cela m'est égal, » répond le dénonciateur sans se déconcerter, « il ne m'en est pas moins » suspect. »

Dans le mois de Mai, les succès des Vendéens s'accroissent encore ; Parthenay, Lachâteigneraye et Argenton-le-Peuple sont en leur pouvoir. Les Gardes nationaux du pays qu'on a jusque-là opposés aux *brigands* sont aussi des cultivateurs ; ils désertent pour aller retrouver leurs champs. De tous côtés, on demande à la Convention des hommes, des armes, des chevaux, des canons et un général expérimenté. Les *forces additionnelles* levées dans les Départements prennent la route de la Vendée; après l'expédition contre la Convention, les *héros à cinq cents livres* s'y dirigent aussi sous les ordres de Santerre, et Biron, quittant l'armée d'Italie, arrive à Niort pour prendre le commandement de ces bandes sans cohésion (28 Mai).

Deux jours après, il écrit au Ministre que la prétendue armée à la tête de laquelle on vient de le placer, n'est qu'un ramas d'hommes plongés dans une confusion impossible à décrire. D'après lui, on doit rendre grâces au hasard que cette multitude sans cohésion, sans armes, sans confiance et sans courage, n'ait pas encore été exterminée tout entière par les rebelles qui ont à leur disposition des forces formidables (1).

---

(1) Charette qui pouvait rassembler 15 à 20,000 hommes contenait les troupes des Sables et de Nantes; de Royrand et Sapinaud, avec 13,000 hommes, occupaient Montaigu et couvraient la route de Nantes à La Rochelle; la *grande armée catholique*, sous Cathelineau, Stofflet, Bonchamp et d'Elbée, observait les rives de la Loire ainsi que les débouchés d'Angers et de Saumur; enfin, les avenues de Poitiers et de Niort étaient interceptées par *l'armée du Poitou*, que commandaient Lescure et Henri de La Rochejaquelein; ces deux dernières s'élevèrent un moment jusqu'à 60,000 hommes.

Cette guerre civile augmentait notablement les privations de la population Parisienne. Deux factionnaires à la porte des boulangers ne suffisant plus alors pour empêcher le pillage, deux Commissaires spéciaux nommés par la Commune surveillaient chaque boutique. A mesure que s'étendit l'insurrection Vendéenne, les arrivages de bœufs diminuèrent d'une manière inquiétante. Chollet qui expédiait annuellement sept cents de ces animaux sur le marché de Poissy, n'en envoyait presque plus.

Déjà, pour diminuer la consommation des armées qui était de huit cents bœufs par jour, on avait autorisé les entrepreneurs des vivres à livrer un quart de leurs fournitures en moutons; mais, en raison du déficit croissant des bestiaux, cette mesure n'apporta pas d'allégement sensible à la situation. La population Parisienne demandait la taxation uniforme des denrées dont elle espérait un soulagement à sa misère; elle ne se montrait que médiocrement satisfaite, lorsque le Conseil de la Commune répondait à ses plaintes en lui représentant que les défenseurs de Condé, de Valenciennes et de Mayence enduraient pour la Patrie des privations encore plus considérables.

Divers moyens avaient été présentés à la Convention pour remédier à cette extrême pénurie. Un député avait proposé de forcer les laboureurs à amener leurs bœufs sur les marchés ; cette mesure absurde qui eût ruiné l'agriculture, avait été immédiatement repoussée. On avait aussi parlé de l'observation d'un *carême civique* pendant un ou deux mois, pour laisser aux bestiaux le temps de grandir et de se multiplier ; la Section de l'Homme-Armé (Marais) et celle de Montmartre ayant annoncé qu'elles allaient se conformer à cette invitation patriotique, il en était simplement résulté ce qu'on eût pu prévoir : le renchérissement des légumes avait occasionné un redoublement de plaintes dans la partie de la population que la misère soumettait à un carême forcé. Les femmes des Volontaires auxquelles on avait vainement promis aide et secours, se fondaient sur leurs droits pour faire entendre des réclamations souvent menaçantes. On dut renoncer à faire vendre le Séminaire du Luxembourg comme bien national, pour ne pas mettre sur le pavé trois cents familles de Volontaires ou soi-disant telles, qui y avaient élu domicile sans aucune autorisation.

Les cris de détresse des populations, les échecs successifs des armées du Nord et du Rhin, le siége de Condé et de Valenciennes, l'insurrection générale de la Vendée, la résistance de Lyon, de Marseille et de Bordeaux aux exigences des autorités révolutionnaires, enfin le soulèvement de nombreux Départements en faveur des Girondins, n'arrêtaient pas les Jacobins dans l'impulsion désordonnée que leurs chefs continuaient à imprimer à la Révolution ; les uns étaient trop avancés pour reculer ; les autres avaient foi dans l'œuvre républicaine. Quelques-uns de leurs collègues moins exaltés leur ayant ironiquement demandé par quels événements heureux ils espéraient conjurer tant de désastres et s'ils étaient garantis ou rassurés par quelque marché secret conclu avec la Victoire : « Non, » avait répondu un de ces implacables démolisseurs ; « mais nous avons passé un traité avec la » Mort. »

L'esprit de destruction et d'anarchie dont ils étaient la personnification, devait prolonger les revers militaires en maintenant dans les armées la misère, le désordre et l'indiscipline. Bouchotte auquel ils avaient fait donner le portefeuille de la guerre, leur obéissait aveuglément ; aussi trouvait-il en eux de puissants appuis dans les fréquentes occasions où quelque voix s'élevait pour faire ressortir ses fautes et ses maladresses.

Dès son installation (6 Avril), il avait rappelé près de lui, avec le titre de secrétaire général, Vincent, créature de Pache et démagogue effréné que Beurnonville avait expulsé des bureaux de la guerre. Il en fut de même pour les autres places du Ministère ; les employés y passèrent de nouveau leur temps dans des conciliabules révolutionnaires, et l'on vit se reproduire les dilapidations, les abus et les mesures contradictoires. Ainsi, la Manufacture d'armes de Maubeuge reçut l'injonction d'envoyer à Paris, pour qu'ils y fussent réparés dans les Sections, 40,000 fusils dont elle était surchargée, tandis qu'en même temps, on faisait partir de Paris pour Maubeuge des escouades d'ouvriers destinés à remettre ces mêmes armes en état. Un décret d'une sagesse évidente prescrivait de n'envoyer aux frontières que des Volontaires armés et équipés ; la pénurie de fusils porta Bouchotte à faire partir des recrues qui, disait-il, seraient ar-

mées à leur point de destination. Mais un grand nombre de ces nouveaux soldats ne trouvant pas de fusils aux lieux de rassemblement, retournaient dans leurs Départements. Les Girondins avaient taxé Bouchotte de plus d'incapacité que n'en avait montré Pache lui-même; Robespierre jeune avait répondu que ce n'était nullement décrier Bouchotte, puisque chacun savait que « si la sage administra-
» tion de Pache n'avait pas amené de résultats
» satisfaisants, c'est qu'elle avait été perpétuel-
» lement entravée par les intrigues de Dumou-
» riez. » La conséquence de ces accusations contre le fonctionnaire Jacobin fut que, le 2 Juin, des adjoints du Ministre se trouvèrent parmi les meneurs les plus actifs qui obtinrent si impérieusement l'arrestation des Députés Girondins.

Les hommes laborieux et éclairés qui composaient le Comité de salut public créé le 6 Avril, avaient cependant pris à tâche de remédier à la désorganisation générale de la force militaire; les propositions qu'ils soumirent à l'Assemblée furent généralement adoptées sans discussion.

On décida que la République entretiendrait onze armées sur les frontières (30 Avril) :

Armée du Nord, — de Dunkerque à Maubeuge.
— des Ardennes, — de Maubeuge à Longwy.
— de la Moselle, — de Longwy à Bitche.
— du Rhin, — de Bitche à Porentrui.
— des Alpes, — depuis le département de l'Aisne jusqu'à celui du Var inclusivement.
— d'Italie, — depuis le département des Alpes maritimes jusqu'à l'embouchure du Rhône.
— des Pyrénées-Orientales, — depuis l'embouchure du Rhône jusqu'à la rive droite de la Garonne.
— des Pyrénées-Occidentales, — toute la frontière à gauche de la Garonne.
— des côtes de La Rochelle. — de l'embouchure de la Gironde à celle de la Loire.
— des côtes de Brest, — de l'embouchure de la Loire à Saint-Malo.
— des côtes de Cherbourg, — de Saint-Malo à Lanthie-.

Tous les Représentants du peuple en mission près des armées furent révoqués et remplacés par d'autres qui reçurent du Comité de salut public des instructions uniformes, principalement sur la surveillance à exercer à l'égard des généraux. Le nombre de ces délégués fut de quatre auprès de chaque armée ; deux étaient chargés du personnel ; les deux autres devaient s'occuper des Places et des fortifications dépendantes de la circonscription attribuée à chaque armée (1). Ils devaient être renouve-

---

(1) Par exception, et pour des considérations spéciales, le nombre de ces Commissaires fut de six pour l'armée de La Rochelle, dix pour l'armée du Rhin et douze pour l'armée du Nord.

lés par moitié tous les mois. Leurs pouvoirs étaient illimités, sauf à rendre compte de leurs actes à la Convention (30 Avril). Cependant le Comité de salut public fit décider par l'Assemblée que les réquisitions à effectuer par ces délégués, pour former des bataillons avec les Gardes nationaux des Départements, auraient lieu par classes et dans l'ordre suivant (30 Mai) :

1º Les citoyens de seize à vingt-cinq ans;

2º Ceux de vingt-cinq à trente-cinq;

3º Ceux de trente-cinq à quarante-cinq;

4º Tout individu en état de porter les armes.

Dans l'intention de réprimer les actes de désertion, d'insubordination et de brigandage qui avaient tant de fois compromis les opérations des généraux, un Code pénal militaire fut rédigé en quelques jours (du 24 Avril au 11 Mai), et deux Tribunaux criminels militaires durent être créés dans chacune des onze armées (1).

---

(1) *Extrait du décret relatif aux tribunaux criminels militaires.*

« Deux tribunaux criminels militaires seront créés dans chacune
» des armées de la République. L'un siégera au quartier général;
» l'autre, au point central du territoire occupé par les troupes.
» Chaque tribunal se composera d'un accusateur militaire; de
» trois juges, de neuf jurés et d'un greffier;

Le Comité de salut public tenta aussi de débarrasser les armées de la multitude de femmes qui les encombraient, depuis que les militaires avaient été autorisés à se marier sans permission. Les généraux, les officiers et les soldats étaient suivis de leurs femmes ou de leurs maîtresses qui absorbaient les subsistances, surchargeaient les chariots, ruinaient les chevaux des cavaliers qui les portaient en croupe et occasionnaient de fréquentes querelles. Il fut décidé que toutes les femmes seraient renvoyées (30 Avril) (1).

» Des officiers de police de sûreté, ne devant être ni militaires, ni » employés de l'armée, seront nommés par le Conseil exécutif pour » résider dans les localités occupées par les troupes. Ils surveilleront » les généraux, les officiers et les soldats.

» L'Accusateur militaire ne pourra être choisi parmi les membres de » l'armée. Il recevra et soumettra à la juridiction du Tribunal les » dénonciations, dont la voie reste ouverte à tous contre tous. — Les » juges seront pris parmi les Officiers de police de sûreté; ils décide- » ront s'il y a lieu à accusation et feront arrêter les prévenus sur le » sort desquels ils statueront ensuite. — Les Jurés seront des mili- » taires de différents grades.

» L'Accusateur militaire sera chargé de faire exécuter les juge- » ments dans les vingt-quatre heures.

» Il sera attaché à chaque armée pour le service des tribunaux un détachement de 130 hommes de gendarmerie commandés par un » lieutenant-colonel. »

(1) On n'avait admis d'exception que pour quatre blanchisseuses par bataillon et pour les vivandières. Les femmes qui, en assez grand nombre, servaient comme soldats, furent déclarées exclues du service militaire ; il leur fut alloué, ainsi qu'aux femmes mariées, cinq

Une grande quantité de déserteurs ennemis venaient jurer fidélité à la République. Beaucoup de ces étrangers touchaient les gratifications légales et désertaient ensuite, après avoir vendu les armes, les habits et les chevaux qu'on leur avait délivrés. Le Comité de salut public fit décider que les déserteurs ennemis seraient employés à l'intérieur ou sur les frontières opposées à celle qui leur avait donné entrée (19 Mai). On exigea dès lors un an de service pour les faire participer aux avantages précédemment décrétés en leur faveur.

Par suite des nouveaux commandements attribués à Custine, à Beauharnais et à Biron, le commandement des armées fut ainsi réparti :

Armée du Nord et armée des Ardennes,	— général Custine.
— de la Moselle	— Houchard.
— du Rhin	— Beauharnais.
— des Alpes	— Kellermann.
— d'Italie	— Brunet.
— des Pyrénées-Orientales	— Deflers.
— des Pyrénées-Occidentales. . . .	— Servan.
— des côtes de La Rochelle	— Biron.
— des côtes de Brest	— Canclaux.
— des côtes de la Manche.	— Felix Wimpfen

Le Comité de salut public présenta ensuite à la Convention la liste des officiers qui de-

---

sols par lieue pour retourner dans leurs foyers ; mais aucune de ces prescriptions ne fut exécutée.

vaient composer les États-majors de ces différentes armées ; la plupart étaient des protégés de l'un des deux partis qui divisaient l'Assemblée ; aussi dut-on renoncer à une lecture publique qui soulevait d'orageuses discussions (13 Mai).

Elles le devinrent bien davantage, lorsque le Comité de salut public voulut éloigner Bouchotte du Ministère : « Il existe dans ses bu- » reaux une stagnation terrible, » disait Cambon dans un rapport fait au nom du Comité. « Elle tient à ce que tous les employés de ce » département ont été changés. Je défie qui » que ce soit de faire marcher cette *machine*.» (7 Mai.)

Blâmé par le Comité de salut public, attaqué par les Députés modérés, dénoncé comme coupable de basses complaisances envers la Commune (1), convaincu enfin d'avoir passé avec des fournisseurs des traités plus onéreux qu'aucun de ses prédécesseurs, Bouchotte, avant deux mois d'exercice écoulés, se résout à offrir

---

(1) Bouchotte s'était engagé à ne laisser conclure aucun marché sans que le nom du soumissionnaire n'eût été agréé par le Conseil de la Commune.

sa démission (29 Mai). L'Assemblée l'accepte et le Comité de salut public, chargé de présenter un candidat méritant, désigne Beauharnais, général en chef de l'armée du Rhin (13 Juin).

Mais le parti exalté s'oppose à cette nomination : « On sait bien, » dit-il, « qu'on a forcé
» Bouchotte à donner sa démission. On peut
» sans doute lui reprocher quelques fautes;
» mais quel fonctionnaire n'en commettrait
» pas dans un poste si difficile? On ne conteste
» pas le civisme de Beauharnais; mais n'est-
» il pas d'une extrême utilité à l'armée qu'il
» commande. Tant que la Constitution n'aura
» pas statué sur ce que sera le futur Pouvoir
» exécutif, Bouchotte et ses collègues suffi-
» sent bien pour diriger provisoirement les
» administrations dont ils sont chargés. Enfin,
» ce n'est pas lorsqu'un Ministre commence
» à être au courant de ses travaux qu'il faut
» songer à le remplacer. »

Le Comité soutient son candidat : « Beau-
» harnais, recommandable par ses talents mili-
» taires et par son patriotisme, a été longtemps
» adjudant général de l'armée du Rhin, genre
» de noviciat le plus utile pour l'administration

» du Département de la guerre. On objecte
» qu'il est utile à son armée ; la direction cen-
» trale de toutes les forces militaires est bien
» autrement importante. C'est dans le Minis-
» tère de la guerre que réside actuellement le
» plus grand danger. Pour le moment, il est
» impossible d'obtenir des bureaux un ren-
» seignement sur les questions les plus simples
» et les plus élémentaires. Tout y languit dans
» une stagnation et une inertie déplorables. »

La Convention conclut en faveur de Beauharnais (13 Juin); mais tandis que la Commune réclame contre ce choix d'un ci-devant noble, Beauharnais refuse d'accepter des fonctions que sa modestie lui fait juger au-dessus de ses forces (19 Juin). Le Comité de salut public propose alors Alexandre, commissaire des guerres à l'armée des Alpes, qui est nommé Ministre séance tenante.

Les Montagnards protestent contre cette nouvelle élection : « Le 10 Août, Alexandre était
» encore courtier à la Bourse. Depuis, il est
» parvenu à se faire nommer Commissaire
» des guerres; mais est-ce dans de semblables
» mains qu'il convient de remettre des fonc-
» tions aussi importantes que difficiles ? » Plu-

sieurs Députés soutiennent au contraire Alexandre : « Avant le 10 Août, il était commandant
» du bataillon du Faubourg Saint-Marceau.
» Depuis cette époque, il sert dans les armées
» de la République avec un zèle et une activité
» qui le font rechercher par tous les généraux.
» Louvois et d'Argenson, les meilleurs mi-
» nistres de la guerre de l'ancien régime, n'a-
» vaient été ni capitaines ni lieutenants-colo-
» nels. »

Ces assertions contradictoires font rapporter le décret rendu en faveur d'Alexandre (23 Juin); on décide qu'il sera établi une liste de candidats parmi lesquels la Convention choisira le successeur de Bouchotte; mais les Montagnards parviennent encore à faire ajourner cette nouvelle présentation et Bouchotte reste, en dépit du décret de l'Assemblée, dans le poste élevé où il continue à agir avec la même impéritie. Bien plus, cédant comme d'habitude aux volontés de ceux qui l'y soutiennent, il fait adresser régulièrement aux armées les feuilles les plus révolutionnaires ; *le Père Duchesne, le Journal des hommes libres, le Journal universel*, etc., apparaissent dans les camps pour « empêcher

» les soldats de *s'engouer* des généraux (1). »

Malgré ces difficultés, le Comité de salut public tente de poursuivre son œuvre de réorganisation. Pour mettre la Cavalerie en proportion avec l'Infanterie augmentée par le recrutement des 300,000 hommes, une levée de 30,000 cavaliers est décrétée. La répartition entre les Départements en est simple ; chacun d'eux fournira un dixième du contingent qui lui a été affecté dans le recrutement des 300,000 hommes. Les chevaux de luxe et les chevaux d'Emigrés seront mis en réquisition dans tous les Départements (27 Juin).

L'augmentation de l'Artillerie n'est pas jugée moins indispensable. Jusque-là, le véritable patriotisme des Canonniers Parisiens a souvent fait face aux besoins les plus pressants (2), et

---

(1) Paroles de Bouchotte.— *Papiers trouvés chez Robespierre* après le 9 Thermidor.

(2) Composée d'ouvriers habitués aux travaux manuels les plus rudes, l'Artillerie de Paris donna souvent des preuves du plus remarquable dévouement. Le Ministre de la guerre ayant fait connaître (Mai) que l'armée des Pyrénées Occidentales était complétement dépourvue d'artillerie de campagne, quatre compagnies de Canonniers Parisiens se dirigèrent en poste sur Bayonne avec leurs canons. De même, lorsque les Vendéens eurent pris Saumur (8 Juin) et que l'armée républicaine, repliée sur Tours et Angers, demanda un puissant renfort d'artillerie, 4,000 Canonniers partirent en poste dans les

il importe de ne pas laisser dépérir une telle pépinière: « Les compagnies de Canonniers
» Parisiens seront complétées et leur nombre
» sera augmenté ; de nouvelles écoles d'artil-
» lerie seront établies ; tout citoyen qui s'y
» exercera pour se dévouer au service de la
» Patrie, recevra une solde de quarante sols
» par jour. Des Commissaires seront envoyés
» aux fonderies de Chaillot pour presser la fa-
» brication des pièces qui doivent être res-
» tituées aux Sections en échange de celles
» qu'elles ont fournies. Les serruriers, taillan-
» diers et charrons sont mis en état de réqui-
» sition permanente pour le prompt achève-
» ment des affûts, caissons et chariots d'artil-
» lerie.

» En outre, il est enjoint à chaque Dépar-
» tement d'organiser une compagnie de canon-
» niers armée de deux bouches à feu ; si les
» inscriptions volontaires ne suffisent pas pour
» la compléter, les Autorités départementales
» choisiront des recrues parmi les citoyens
» de la première classe de réquisition. Ces

---

vingt-quatre heures avec quarante-huit canons empruntés aux Sections (12 Juin).

» Compagnies seront casernées; on leur four-
» nira un terrain pour l'exercice du canon, et
» deux instructeurs leur seront, au besoin,
» envoyés par le Ministre de la Guerre (Juin et
Juillet).

» L'Artillerie à cheval sera aussi augmentée
» de huit compagnies. »

Les travaux militaires du premier Comité de salut public eussent inauguré une ère de réorganisation, si les décrets de la Convention eussent été exécutés; mais alors toute mesure qui ne favorisait pas quelque passion révolutionnaire n'était suivie d'aucun effet; toute œuvre réparatrice était paralysée par l'inertie ou le mauvais vouloir des Jacobins du Ministère de la guerre, peu disposés à seconder un Comité qui avait tenté de remplacer Bouchotte dont la destitution eût sans doute amené leur expulsion. Par suite, l'organisation des onze armées resta en souffrance, les Tribunaux militaires ne furent pas installés, les femmes continuèrent à encombrer les bataillons, etc. Bouchotte fut plus que jamais soutenu par les Montagnards et les Jacobins qui, taxant de tiédeur la plupart des membres du Comité de salut public, aspiraient à les remplacer par des révolutionnaires plus énergiques.

De son côté, le parti de la Gironde vaincu dans la Capitale, cherche à relever sa cause dans les Départements.

C'est dans l'intérêt de leur seule ambition que les Girondins ont fait la journée du 10 Août et créé la République; aussi, dès qu'ils sont renversés par leurs fougueux adversaires, il n'est plus question parmi eux de cette abnégation antique tant de fois préconisée à la tribune en phrases redondantes : ils oublient les lois de mort qu'ils ont fait rendre contre les Emigrés, et les anathèmes qu'ils ont lancés contre les *rebelles* de la Vendée ; ils invoquent la vengeance nationale contre le parti qui a violé la Représentation du pays, sans se rappeler qu'ils ont eux-mêmes renversé la Constitution de 1791 et la Royauté que leur mission leur ordonnait de défendre. La vue de la Patrie saignant à toutes les frontières ne les arrête pas dans leurs projets, et nul d'entre eux n'appréhende qu'une nouvelle guerre civile vienne encore en aide aux efforts de l'Etranger.

A l'instigation de Buzot, un des Girondins fugitifs, les Administrateurs de l'Eure ont décidé que 4,000 hommes de leur Département marcheraient sur Paris, et ils ont invité les Départements voisins à former avec eux une *ligue fédérative*. D'autres Girondins se sont réunis à Caen; le général Félix Wimpfen, commandant l'armée des côtes de Cherbourg (1), s'est prononcé pour eux; une *assemblée centrale de résistance à l'oppression* a été formée. De même qu'à Evreux, on veut lever une armée pour délivrer l'Assemblée nationale du joug de l'anarchie.

A la première nouvelle de ces mouvements contre-révolutionnaires, la Convention mande Félix Wimpfen à sa barre; mais il répond qu'il ne se dirigera vers Paris qu'à la tête de 60,000 hommes. Il est immédiatement décrété d'arrestation et il est défendu à tout citoyen de lui obéir (26 Juin).

Les espérances du général et des Girondins sont momentanément entretenues par l'agitation qui règne en Normandie; leur appel a mis les armes à la main à un grand nombre de

---

(1) L'armée des côtes de Cherbourg était encore à organiser.

jeunes gens qui ont cru d'abord à un mouvement royaliste, mais dont l'enthousiasme s'éteint dès qu'ils reconnaissent dans les chefs de l'insurrection projetée, un parti de régicides vaincus qui crie : *Vive la République*, tout en voulant marcher contre la Convention. Au jour fixé pour la prise d'armes, huit bataillons de Gardes nationales sont passés en revue par Wimpfen et harangués par deux Girondins ; le général les exhorte ensuite « à s'enrôler sous » les drapeaux d'une liberté sans licence et sans » anarchie, afin de fonder à Paris le retour de la » paix et de la tranquillité. » *Dix-sept* hommes seulement s'offrent à le suivre.

Dans cette extrémité, le maréchal de camp comte de Puisaye, chef royaliste qui a autrefois tenté de lever en Bretagne et en Normandie une armée pour délivrer Louis XVI, offre aux Girondins le secours des cinq ou six cents hommes qu'il commande. Quelques individus s'y joignent, et tous se dirigent vers Evreux pour s'y réunir aux *troupes* de Buzot. Sur la route, ils font appel au patriotisme de ceux qui ont blâmé la violation de la Représentation nationale ; mais les Autorités municipales auxquelles la population est habituée à obéir restant froides et indécises, l'armée des Girondins ne reçoit que des renforts insignifiants.

La Convention, pour étouffer rapidement ce commencement d'insurrection, décide qu'il appartient encore à la population Parisienne de ramener au devoir ceux qui ne sont maintenus dans leur égarement que par les députés contre-révolutionnaires. Sur l'invitation du Comité de salut public, la Commune arrête (1ᵉʳ Juillet) qu'il partira dans six jours, 1,800 hommes formant deux bataillons : « Ces deux
» bataillons sont destinés à rétablir le calme, à
» fraterniser avec les bons citoyens de la ville
» d'Evreux et à imposer aux malveillants. Ils ne
» sont pas tenus d'être en uniforme.

» Chacun d'eux sera précédé d'une compa-
» gnie de canonniers avec deux pièces de cam-
» pagne.

» Ils resteront à Evreux jusqu'à ce que leurs
» frères aient juré avec eux l'unité et l'indivi-
» sibilité de la République. »

Pour former cette nouvelle troupe, chaque compagnie des Sections Armées doit fournir deux hommes ; mais on voit se reproduire les difficultés qui ont signalé les recrutements précédents. La Commune décide alors que chaque Section réunira les citoyens de la 1re classe de réquisition, et que le tirage au sort décidera (6 Juillet).

Par ce moyen, les 1,800 hommes sont rassemblés ; on en compose deux bataillons à chacun desquels on affecte deux pièces de canon ; pour cavalerie, on y adjoint 300 gendarmes tirés des environs, et la petite armée se met en marche.

Le 13 Juillet, les troupes de la Convention rencontrent celles des Girondins près de Paci, à trois lieues d'Evreux ; mais elles se considèrent comme chargées surtout d'une mission de fraternisation et ne se soucient guère de livrer bataille. Il en est de même de l'armée des Girondins dans laquelle un grand nombre d'assignats ont été répandus par des émissaires Jacobins et qui ne se sent pas soutenue par les populations. Quelques coups de fusil sont néanmoins tirés, après lesquels chacune des deux troupes fait volte-face et retourne en arrière. Le lendemain, elles reparaissent toutes deux sur le terrain, aussi peu enthousiasmées que la veille ; mais les Parisiens font quelques décharges d'artillerie avec la plus grande rapidité ; aux premiers coups, l'armée d'Evreux lâche pied et abandonne le champ de bataille à l'armée de la Convention, tout étonnée d'avoir remporté la victoire.

Le général Wimpfen chercha à rallier près de Lisieux les débris sains et saufs de ses troupes, auxquelles des agents Jacobins continuaient à prodiguer les assignats; ne pouvant y parvenir, il prit le parti de se soustraire dans une retraite ignorée aux rigueurs du Tribunal extraordinaire (1).

L'issue ridicule de la rencontre de Paci-sur-Eure servit mieux la Convention que ne l'eût fait une véritable victoire; elle sut en profiter habilement. De peur de trouver trop de coupables, les mesures habituelles de répression furent remplacées par une clémence inusitée envers des *frères momentanément égarés;* la plupart des Administrations municipales compromises en profitèrent pour rentrer en grâce auprès de l'Assemblée. En outre, la Constitution que l'on réclamait depuis si longtemps, fut rapidement achevée et envoyée à tous les Départements; ce fut encore, pour les autorités vacillantes et indécises, un prétexte

---

(1) Il resta caché aux environs de Bayeux, jusqu'après le 9 Thermidor.

de soumission à la Convention. De redoutables manœuvres contre-révolutionnaires persistèrent à agiter Lyon, Marseille et Toulon; mais la plupart des Départements du centre se rallièrent à l'autorité principale; l'Eure et le Calvados firent de même.

Après avoir longuement fraternisé avec les habitants d'Evreux, l'armée victorieuse à Paci fit à Caen une entrée triomphale; le même jour, le général Fourny qui avait trempé dans la conspiration des Girondins, se brûla la cervelle.

Telle fut la fin de l'échauffourée qui fit momentanément donner au Calvados le nom de Nouvelle-Vendée, par une assimilation que ne méritaient pas la bravoure et le dévouement désintéressé des paysans qui marchaient au combat sous les ordres de Lescure et de La Rochejaquelein.

CHAPITRE XXIV.

SITUATION DES ARMÉES. — DESTITUTION DE BIRON ET DE CUSTINE. — MESURES EXTRÊMES CONTRE LA VENDÉE.

(Juin, Juillet et Août 1793.)

Sommaire :

Dispositions militaires de la Constitution de 1793.
Armées des Pyrénées-Occidentales et des Pyrénées-Orientales. — Leur faiblesse numérique. — Succès des Espagnols.
Armées des Alpes et d'Italie. — Vaines attaques contre le poste de Saorgio. — Déroute de l'armée d'Italie. — Sa position critique.
Armées des côtes de Cherbourg et des côtes de Brest.
Armée des côtes de La Rochelle. — Sa déplorable composition. — Prise de Saumur par les Vendéens. — Héroïsme ou lâcheté de divers Corps. — Défection de bataillons dont le temps d'engagement est expiré. — Les Vendéens échouent dans l'attaque de Nantes. — Succès de Westermann. Il est rangé par les démagogues parmi les aristocrates militaires.
Remplacement du premier Comité de salut public. — Camille Desmoulins défend le général Arthur Dillon à la Convention. — La perte de Biron et de Custine est résolue.
Position difficile de Biron à la tête de l'armée des côtes de La Rochelle. — L'incarcération de Rossignol lui est à dessein faussement imputée. — Il est dénoncé à la Convention et rappelé. — Le commandement de l'armée des côtes de La Rochelle, successivement attribué à Diettmann et à Beysser, est donné à Rossignol.
Armée du Nord et des Ardennes. — Custine est accusé par les journaux révolutionnaires. — Prise de Condé. — Custine à Paris. — Il est acclamé au Palais-Royal et dénoncé à la Convention. — Son arrestation.
Armée du Rhin et de la Moselle. — Capitulation de Mayence. — Décret qui met en accusation Custine et les défenseurs de Mayence. — Réhabilitation des Mayençais.

Prise de Valenciennes. — Incarcération de Ferrand et de Biron. Défaite de Westermann. — Il est mandé à la barre de la Convention. — Déroute de l'armée des côtes de La Rochelle. — Mesures décrétées pour mettre la Vendée à feu et à sang.

La Constitution de 1793, bien que l'époque de sa mise à exécution restât indéterminée, fut généralement reçue avec enthousiasme comme devant prochainement ouvrir l'ère de la régularité. Au point de vue militaire, elle consacrait les dispositions suivantes:

« La force générale de la République est
» composée du Peuple entier.

» La République entretient à sa solde, même
» en temps de paix, une force armée de terre
» et de mer.

» Tous les Français sont soldats; ils sont tous
» exercés au maniement des armes.

» Il n'y a point de Généralissime.

» La différence des grades, leurs marques
» distinctives et la subordination ne subsistent
» que relativement au service, et pendant sa
» durée.

» La force publique employée pour main-
» tenir l'ordre et la paix dans l'intérieur n'agit
» que sur la réquisition par écrit des autorités
» constituées.

» La force publique employée contre les
» ennemis du dehors agit sous les ordres du
» Conseil exécutif.

» Nul Corps armé ne peut délibérer. »

La disposition en vertu de laquelle la subordination des inférieurs n'était obligatoire qu'au moment des prises d'armes, constituait un des principes invoqués par les Volontaires pour satisfaire leur tendance constante à l'indépendance. Sauf cette coutume pernicieuse, par laquelle l'esprit révolutionnaire voulait anéantir ce qui restait encore des anciennes traditions de l'Armée, l'Acte constitutionnel ne consacrait rien de nouveau : les recrutements successifs, les réquisitions des Gardes nationales et les levées additionnelles avaient sufsamment démontré que tout citoyen pouvait être instantanément forcé au service militaire.

Ces efforts eussent dû aboutir à mettre les onze armées sur un pied respectable; mais les départements insurgés de l'Ouest n'étaient pas les seuls qui eussent encore à fournir leurs contingents; un grand nombre de localités conservaient leurs bataillons pour les opposer aux mouvements anarchiques ; une notable partie des citoyens récemment enrôlés cherchaient, par tous les moyens, à prolonger les retards occasionnés par leur équipement et surtout par leur armement; le désordre général favorisait les fraudes et les subterfuges; aussi la faiblesse numérique des armées continuait-elle à motiver les plaintes réitérées des généraux (1).

---

(1) Il est impossible de suivre exactement les effectifs des armées de la République à cette époque. Les réquisitions des Gardes nationales leur apportaient des accroissements inopinés qui disparaissaient avec la même rapidité; au Ministère, on comptait comme présents, des contingents qui n'avaient pas rejoint les drapeaux; les rapports des Représentants du peuple et les comptes rendus à la Convention comportaient généralement des nombre faux qui avaient pour but de simuler une force imposante.

Un portefeuille trouvé dans le bureau de Saint-Just, après le 9 Thermidor, contenait le tableau ci-dessous :

Force des armées de la République au 15 juillet 1793.

Armée du Nord	92,000 hommes.
— des Ardennes.	16,000 —
— de la Moselle	83,000 —
— du Rhin	100,000 —
— des Alpes.	32,000 —
— d'Italie.	26,000 —
— des Pyrénées-Orientales.	32,000 —
— des Pyrénées-Occidentales . . .	20,000 —
— des côtes de La Rochelle	53,000 —
— des côtes de Brest.	15,000 —
— des côtes de Cherbourg	10,000 —
	479,000 hommes.

Ces chiffres, contestables d'ailleurs, ne concernaient pas les armées, mais les circonscriptions dans lesquelles elles se trouvaient. Ils comprennent donc les bataillons qui n'avaient pas rejoint, les garnisons, les dépôts, la gendarmerie, etc.

Ainsi l'armée des Alpes y est indiquée comme étant de 32,000

Aux Pyrénées occidentales (Juillet), Servan s'efforçait, avec 10,000 hommes, de fermer le chemin de Bayonne aux Espagnols dont les tentatives étaient d'ailleurs assez faibles, parce que leurs principaux efforts se tournaient vers les Pyrénées orientales, en raison des anciennes prétentions de l'Espagne sur le Roussillon.

De ce côté, ils s'étaient successivement emparés de Fort-les-Bains (Juin) (1) et de Bel-

---

hommes, tandis que Kellermann se plaignait, à la même époque, de n'avoir que 23,000 hommes à sa disposition.

Une preuve encore plus évidente, c'est que, *d'après le même document*, l'armée du Nord, portée à 92,000 hommes dans le tableau ci-dessus, était alors ainsi composée :

Présents sous les armes.	40,288 hommes.
Aux hopitaux	8,063 —
Détachés	4,632 —
En congé ou en permission	264 —
En prison	356 —
Total . . .	53,603 hommes.

Quinze jours plus tard, le nombre d'hommes présents n'y était plus que de 38,338, — *Mémoires* de Barère.

(1) La garnison de Fort-les-Bains incriminée pour avoir rendu la place, se défendit ainsi par la voie des journaux :

« Vous qui affectez un scepticisme cruel pour de braves soldats, répondez.

» Avions-nous des canonniers en assez grand nombre pour manœuvrer six pièces de 4 et une pièce de 12 ?

» Avions-nous des boulets de calibre pour la pièce de 12 ?

» N'avions-nous pas deux pièces de 4 presque hors de service ?

» Avions-nous du papier pour gargousses ?.

» Avions-nous des mandrins pour gargousses ?

» Avions-nous une pharmacie et un chirurgien ?

» Avions-nous du sel, du lard, de l'eau-de-vie, de la viande salée ?

legarde (Juillet); ils menaçaient alors Collioure et Perpignan, tandis que le général Deflers, qui s'opposait à eux avec 13,000 hommes, pouvait à peine retenir sous les drapeaux les Gardes nationaux de réquisition que l'appât d'une abondante récolte rappelait dans leurs foyers.

Le 15 Juillet, Kellermann se plaignait à la Convention de n'avoir que 23,000 hommes à l'armée des Alpes qui, avec l'armée d'Italie commandée par Brunet, avait en face des forces ennemies bien supérieures. Cette dernière se composait de 20,000 hommes dans l'état le plus déplorable; après d'inutiles efforts pour s'emparer du poste important de Saorgio, elle avait éprouvé une déroute complète (12 Juin) qui la forçait de rester sur la défensive. Pour comble de malheur, deux flottes, l'une An-

---

» Avions-nous pour plus de quarante-cinq jours de pain ?
» N'avons-nous pas tenu pendant cinquante-six jours ?
» Avec des pièces de 4, n'avons-nous pas répondu à des pièces de grosse artillerie ?
» N'avons-nous pas fait le coup de fusil chaque jour ?
» N'avons-nous pas répondu négativement à six sommations différentes ?
» Nous restait-il une ration de pain ?
» En un mot, ne manquions-nous pas de tout ?... et à qui la faute ?»

glaise et l'autre Espagnole, venaient d'apparaître dans la Méditerranée; elles empêchaient l'arrivée par mer des approvisionnements de cette armée que des troupes de débarquement eussent pu mettre entre deux feux.

A l'Ouest, l'armée des côtes de Cherbourg n'était pas encore organisée, lorsque son général, Wimpfen, avait pris fait et cause pour les Girondins (Juin). L'armée des côtes de Brest, sous les ordres de Canclaux, occupait Nantes et la Loire-Inférieure; elle se composait de garnisons et de Gardes nationales sans effectif numérique bien précis.

L'armée des côtes de La Rochelle, récemment mise sous les ordres de Biron, avait pour points de rassemblement Saumur, Angers, Niort, La Rochelle et les Sables. Elle réunissait les Gardes nationales des environs, les *forces additionnelles* venues des Départements, les *héros à cinq cents livres* de Santerre, la légion Germanique (1), la légion du Nord et quelques batail-

---

(1) La légion Germanique dont la formation datait du 5 Septembre 1792, comprenait quatre escadrons de cuirassiers, quatre escadrons de dragons, deux bataillons de chasseurs à pied, un bataillon d'infanterie et une compagnie d'artillerie; en tout 3,000 hommes, dont 1,000 à cheval et 2,000 à pied.

Les autres légions étaient de composition analogue.

lons de ligne dénommés *Bataillons* ou *Compagnies d'Orléans* (1).

Dans ses rapports à la Convention, Barère évaluait à 60,000 hommes cette multitude sans cohésion. La plupart des détachements départementaux qui y figuraient étaient arrivés chacun avec un commandant qui s'intitulait *général* et ne voulait pas reconnaître d'autorité supérieure à la sienne. Pour débrouiller ce chaos, les Commissaires de La Convention en mission à Saumur, à Niort et à la Rochelle, se contrariaient entre eux et entravaient les opérations des Généraux. Les agents des Jacobins, des Cordeliers et du Conseil exécutif donnaient aussi des ordres; ils accusaient de despotisme ou de trahison tout chef militaire qui tentait de s'opposer à l'insubordination.

Dans de telles conditions, une armée ne pouvait éprouver que des défaites. Les paniques y étaient continuelles, et les fuyards entraînaient dans leur déroute des Corps qui, livrés à eux-mêmes, n'eussent pas lâché pied

---

(1) Dans le but d'envoyer en Vendée quelques troupes aguerries, on avait enjoint aux armées de choisir six hommes par compagnie et de les diriger sur Orléans, où ils avaient été formés en bataillons qui furent envoyés à l'armée des côtes de La Rochelle.

devant les Vendéens. La légion Germanique et la légion du Nord, généralement composées d'anciens soldats Français ou Suisses, se livraient au pillage et traînaient une multitude de femmes après elles; mais on y observait une discipline relative et elles étaient très-braves; leur courage resta souvent sans résultats par l'effet de la lâcheté des Corps qui eussent dû les soutenir : le combat du 9 Juin en offrit un exemple caractéristique.

Dans cette journée, ainsi qu'il arrivait le plus souvent, les cris de *trahison* et de *sauve qui peut* avaient déterminé une panique générale; Menou et Berruyer, couverts de blessures, avaient tenté vainement d'arrêter les fuyards. Les Vendéens restaient maîtres de Saumur; Coustard voulait y rentrer en les prenant par derrière, ce qui obligeait de traverser un pont à l'extrémité duquel les vainqueurs avaient établi une batterie formidable.

Il ordonne à Weissen, colonel de la légion Germanique, de s'emparer de la batterie avec ses cuirassiers. « Où diable nous envoies-tu? » répond celui-ci après avoir jeté un coup d'œil sur la position. « A la mort, » répond Coustard, « mais le salut de la République l'exige. » Weissen range ses cavaliers, la charge sonne, l'ouragan des cuirassiers franchit le pont sous la mitraille, écrase les Vendéens sur leurs pièces et pénètre dans la ville. Mais l'infanterie refuse de suivre le mouvement qui lui a frayé un glorieux passage et les cuirassiers sont accablés par le nombre. Par un prodige de bonheur et d'audace, Weissen, couvert de sang, parvient à se dégager suivi de quelques-uns de ses soldats ; Coustard est obligé de se retirer à Angers.

Les terreurs subites, si fréquentes à l'armée des côtes de La Rochelle, étaient dues en partie à la persuasion que les Vendéens avaient des intelligences dans les bataillons républicains. Au moment du combat, le cri de *Vive le Roi!* avait surgi parfois des rangs des Sans-Culottes. On prétendait aussi que certains individus faisaient des absences pendant lesquelles ils allaient se mêler aux rebelles ; on en citait qui, disait-on, portaient des blessures, bien que leur bataillon n'eût pris part à aucun engagement récent.

Chaque déroute amenait des défections, et Santerre, bien loin d'aller porter le régime de la Liberté dans la Grande-Bretagne ainsi qu'il l'avait annoncé, se plaignait de ces nombreuses désertions. La Commune défendit aux assemblées Sectionnaires de discuter un sujet aussi scabreux ; mais cette prohibition fut sans effet. Bien que l'on fît grand bruit des cruautés exercées par les *Brigands*, les Vendéens traitaient les prisonniers avec humanité : ils leur rasaient les cheveux, leur faisaient jurer de ne plus servir dans une armée républicaine et les renvoyaient avec un passe-port au nom de Louis XVII. Bientôt les assemblées populaires furent encombrées d'individus aux cheveux rasés, prétendant pour refuser tout service armé qu'ils ne voulaient pas violer leurs serments. Afin de mettre un terme à ces allégations qui se multipliaient de plus en plus, la Commune décida que ceux qui oseraient se prévaloir d'un tel engagement seraient déclarés déserteurs et mis en état d'arrestation.

Des défections en masse se produisirent aussi dans l'armée des côtes de La Rochelle. Comme on avait affirmé de tous côtés que quelques jours seraient suffisants pour étouffer entièrement la rébellion, la plupart des contingents désignés sous le nom de *forces additionnelles* ne s'étaient enrôlés que pour deux ou trois mois. C'est dans ces conditions que Bordeaux avait vu partir deux bataillons, principalement composés de fils de négociants, qui avaient consciencieusement accompli leur devoir, jusqu'au 1ᵉʳ Juin, terme de leur engagement. Mais à cette époque, l'insurrection Vendéenne ayant pris un développement formidable, on leur fit entendre qu'il serait peu honorable de partir avant d'avoir exterminé les rebelles.

Les Bordelais prennent patience; mais au 1ᵉʳ Juillet, la situation est encore la même. Ils s'adressent alors à Biron qui soumet leur demande de départ au Pouvoir exécutif, et celui-ci envoie l'injonction de les retenir à l'armée. A cette nouvelle, les deux bataillons indignés font spontanément leurs préparatifs de voyage. Les Représentants du Peuple, après avoir vainement tenté de calmer ce violent mécontentement, feignent de céder, à condition que les deux Corps feront acte de patriotisme en laissant leurs armes à l'armée. Mais les fils de la Gironde ne se laissent pas prendre à un piége aussi grossier : ils remercient les Commissaires de la semi-autorisation qu'ils leur ont donnée, et ils s'établissent dans une position favorable pour le cas où on voudrait les attaquer. Puis, lorsqu'ils se sont assurés qu'on est dans l'impossibilité de songer à les inquiéter, ils partent en bon ordre aux yeux des Représentants du Peuple et des Généraux.

Cet exemple trouve des imitateurs; des Corps entiers quittent l'armée sans remplir aucune formalité et se fondant seulement sur ce que le temps de leur engagement est expiré. D'autres s'adressent à la Convention; les 11e, 12e et 13e bataillons de Seine-et-Oise entre autres, lui annoncent que, ne s'étant enrôlés que pour trois mois, ils veulent aussi rentrer dans leurs foyers. Sur la proposition de Danton, il est décidé « qu'aucun Corps soldé par la Ré-
» publique ne peut se dissoudre sans que son
» remplacement ait été préalablement ordonné.
» Tout citoyen qui quittera les drapeaux sans
» avoir obtenu de congé sera puni de mort. »
(15 Août).

Pendant ce temps, des succès partiels, interrompant parfois la suite d'échecs subis par les armées républicaines en Vendée, entretiennent à Paris l'espérance de voir étouffer la rébellion. Le 29 Juin, les *Brigands* tentent de s'emparer de la ville de Nantes, alors divisée en partis

Montagnard, Girondin et Royaliste. L'attaque étant prévue, trois hommes de talent ont tout préparé pour la défense : ce sont Canclaux, général en chef de l'armée des côtes de Brest; Beysser, général de brigade commandant militaire de Nantes, et le Commissaire général Pétiet. Assaillie de tous côtés par Cathelineau, d'Elbée, d'Autichamp, Talmont, Bonchamp et Charette, la ville résiste depuis dix-huit heures, lorsqu'une balle frappe Cathelineau, le pauvre colporteur que les paysans ont surnommé le *Saint d'Anjou* et auquel les chefs Vendéens ont habilement décerné le titre de généralissime; la nouvelle de sa mort se répand rapidement et les assaillants se retirent (1). Après cet insuccès, leur armée est momentanément licenciée, et les Représentants du peuple Bourbotte et Turreau rentrent à Saumur où ils replantent l'arbre de la liberté.

D'un autre côté, Biron a reçu l'injonction de sortir à tout prix de l'inaction dans laquelle le retient l'impossibilité d'opérer avec des troupes telles que celles qui composent la majorité

---

(1) Cathelineau mourut seulement le 14 Juillet; il avait été frappé au-dessus du coude, mais la gangrène s'empara de la blessure.

de l'armée des côtes de La Rochelle. Dans cette extrémité, il se résout à faire agir la Légion du Nord qui ne le cède en rien pour la bravoure à la Légion Germanique, et il donne à Westermann, qui la commande, des ordres que celui-ci attendait avec une fiévreuse irritation contre l'immobilité dans laquelle on le faisait languir. Aussitôt, ce fougueux général se met en marche; il arrive de nuit à Parthenay, égorge les sentinelles, enfonce les portes à coups de canon, entre au pas de charge dans la ville avec son infanterie, et poursuit les *Brigands* pendant trois lieues sur la route de Thouars (24 Juin).

Après un moment de repos pris à Saint-Maixent, il surprend et met au pillage le village d'Amailloux (1ᵉʳ Juillet), brûle à Clisson le château de Lescure, pénètre à Bressuire et s'empare de Châtillon où avait été établi le Conseil supérieur des armées Vendéennes (3 Juillet). Là, il est forcé de s'arrêter : les vivres, les souliers et les munitions lui manquent. Il fait savoir à Biron qu'il se dirige sur Bressuire où il attendra un ravitaillement et des renforts, car l'ennemi irrité contre la Légion du Nord qui lui est si funeste, a projeté de diriger sur elle ses plus grands efforts.

Westermann, parlant comme il agissait, traitait avec le plus grand mépris les bataillons de *héros à cinq cents livres* ; loin de prendre part aux clabauderies des Sans-Culottes contre Biron, il soutenait qu'un général, bien qu'il fût né noble, pouvait bravement servir son pays ; aussi, malgré sa bouillante bravoure, cet ancien chef des assaillants des Tuileries était-il en butte aux accusations des agents Jacobins qui infestaient l'armée des côtes de La Rochelle; d'après sa conduite militaire, il était considéré comme ayant renié son origine révolutionnaire par le parti qui ne voulait que des Sans-Culottes pour généraux.

Ce projet, d'abord dissimulé, n'était plus un mystère. Les Montagnards venaient d'obtenir la dissolution du premier Comité de salut public et son remplacement par un autre Comité composé de républicains plus avancés (1) (10 Juillet); Camille Desmoulins avait pris une part active à la discussion, en alléguant que c'était depuis l'installation du premier Comité qu'avaient eu lieu les plus grands désastres en Vendée et sur les frontières.

---

(1) Jean-Bon-Saint-André, Barère, Gasparin, Couthon, Thuriot, Saint-Just, Prieur (de la Marne), Hérault et Robert Lindet.

Son apostrophe virulente lui attira des réponses non moins emportées : « Si Camille in-
» crimine ainsi de véritables patriotes, c'est
» parce qu'il est corrompu par ses liaisons avec
» des aristocrates, et notamment avec Arthur
» Dillon. N'a-t-il pas proposé récemment de
» donner le commandement de l'armée du
» Nord à ce général, qui vient d'être incar-
» céré aux Madelonettes pour avoir participé
» à un complot dirigé contre la Républi-
» que? » (1).

Camille Desmoulins riposta que Dillon n'était ni royaliste, ni aristocrate, ni républicain, mais seulement un militaire de talent qui lui avait prédit tous les désastres survenus depuis plusieurs mois, et qui pouvait encore rendre d'utiles services à la République. Il prouva qu'un membre du Comité qu'on remplaçait, s'était acquis les éloges de ses collègues en présentant comme son propre ouvrage des projets militaires qu'avait rédigés Dillon.

Le lendemain, le rapport sur le prétendu

---

(1) Le général Arthur Dillon avait été arrêté sur le bruit d'un de ces complots tels que l'on en forgeait chaque jour. Il devait, disait-on, se mettre à la tête d'un certain nombre de conjurés, abattre la Montagne, délivrer le fils de Louis XVI, le proclamer Roi, faire déclarer Marie-Antoinette régente pendant la minorité, etc., etc.

complot de ce général ayant été présenté à la Convention, Camille voulut en démontrer l'absurdité; mais il ne put se faire entendre : « Je demande que la Convention ne permette » pas à Camille de se déshonorer, » s'écria Levasseur. « S'il veut devenir le défenseur » officieux d'un aristocrate, » dit Legendre, » qu'il aille se présenter au Tribunal extraor- » dinaire. »

Ainsi réduit au silence, Camille Desmoulins fait paraître un pamphlet (1) dans lequel il flagelle spirituellement la manière dont on prive la République des meilleurs généraux : « Il ne faut pas s'imaginer que tout sergent » puisse être général. Depuis qu'un officier » jusque-là inconnu, Dumouriez, a vaincu à » Jemmapes et a pris possession de toute la » Belgique, comme un maréchal-des-logis *avec* » *de la craie*, les succès de la République nous » ont donné la même ivresse que les succès de » son règne donnèrent à Louis XIV. Il prenait » ses généraux dans son antichambre, et nous » croyons pouvoir prendre les nôtres dans les

---

(1) *Lettre de Camille Desmoulins, Député de Paris à la Convention, au général Dillon, en prison aux Madelonettes.*

» rues. On est allé jusqu'à dire que nous avions
» trois millions de généraux ! »

Dans le même opuscule, Camille Desmoulins adresse à plusieurs chefs Montagnards de dures vérités (1) qui contribuent à aviver encore l'animosité contre les généraux. Les plus marquants étant Biron et Custine, ce sont eux qui doivent tomber les premiers ; les machinations qui doivent les perdre sont déjà commencées : dans la dernière lettre que Marat, retenu chez lui par la maladie, écrit à la Convention avant d'être frappé par Charlotte Corday (13 Juillet), il les appelle *les deux Dumouriez*.

Biron dont la santé était alors très-délabrée, souffrait sans doute aussi de sa singulière position : le successeur des ducs de Biron et de Lauzun, le descendant d'une lignée de Maréchaux de France, l'élégant dissipateur de la

---

(1) Extrait de la *Lettre à Dillon* :

« .... Aussi, Arthur Dillon, pourquoi avez-vous dit, en pré-
» sence de maints Députés, que lorsque Billaud Varennes était Com-
» missaire à votre armée, il avait eu un jour une belle peur, et qu'il
» vous avait toujours regardé comme un traître pour lui avoir fait
» voir l'ennemi ?..... On voit dans la démarche et le maintien de
» Saint-Just qu'il regarde sa tête comme la pierre angulaire de la
» République, et qu'il la porte sur ses épaules avec respect comme
» un saint-sacrement..., etc., etc. »

Cour de Louis XVI qui avait osé élever ses vœux jusqu'à la Reine de France, conduisait alors des bandes révolutionnaires contre des paysans qui défendaient la cause royale.

Sa prestance et ses manières décelaient sans cesse le grand seigneur sous l'habit du général républicain, et l'illustration de sa naissance constituait un crime irrémissible aux yeux de l'état-major anarchiste qui l'entourait. Parmi ces officiers que le népotisme révolutionnaire avait rapidement élevés, était Ronsin, l'ancien Commissaire ordonnateur qui avait autrefois entravé les opérations de Dumouriez en Belgique ; il avait été fait général en quelques jours (1) et il était le principal agent des Jacobins dans la Vendée ; lié avec Vincent, secrétaire général et conseiller ordinaire de Bouchotte, il comptait profiter, pour perdre Biron, d'une occasion qui ne se fit pas attendre.

Un autre officier supérieur de cette étrange armée était Rossignol, ancien ouvrier orfèvre et héros de la Bastille, qui avait donné, au 10 Août, le signal du meurtre du Commandant

---

(1) Ronsin fut nommé d'emblée capitaine, le 20 Juin 1793 ; — colonel, le 3 Juillet ; — général, le 4 Juillet.

de la Garde nationale, Mandat. Il avait figuré en d'autres circonstances, et notamment dans les journées qui avaient amené l'arrestation des Girondins ; pour ces *hauts faits*, il avait été nommé colonel de la 35e division de Gendarmerie, élévation subite qui n'avait pas changé ses habitudes : il passait ses journées dans les cabarets de Niort. Buvant un jour avec quelques soldats, il déclamait contre Biron et soutenait que les patriotes ne devaient pas obéissance à un général *traître* et *ci-devant*. Tout à coup apparaît Westermann qui, indigné de de ses propos, le fait conduire en prison. Aussitôt un agent Jacobin en sous-ordre est chargé d'écrire à la Convention que Biron a fait incarcérer le *patriote* Rossignol. Danton demande l'élargissement du prisonnier (9 Juillet); un autre Montagnard prend ensuite la parole :

« Cette détention justifie les doutes qu'on a
» depuis longtemps sur la conduite incivique
» de Biron qui n'a encore rien fait pour l'hon-
» neur de la République ; voilà ce qui arrivera
» tant qu'on aura des ex-nobles à la tête des
» armées ; ils trahiront en secondant les en-
» nemis par une coupable inertie. »

La Convention ordonne l'élargissement de

Rossignol, et renvoie au Comité de salut public l'examen de la conduite de Biron (9 Juillet). Deux jours après, ce Comité présente son rapport : « Ce n'est pas Biron qui a fait incarcérer » Rossignol. *Nous ne pouvons pas vous dis-* » *simuler* qu'il n'y a pas d'accusation positive » contre ce général ; mais les Commissaires de » la Convention sont unanimes à lui reprocher » la lenteur de ses opérations. D'ailleurs, il se » plaint lui-même de ce que de fréquentes in- » commodités et des attaques de goutte ne lui » laissent pas les forces et l'activité nécessaires » au commandement dont il est investi. »

La Convention enjoint alors au Ministre de la guerre de rappeler Biron et de présenter le général le plus apte à lui succéder (11 Juillet). Bouchotte désigne Diettmann ; mais on fait observer que cet officier général a récemment refusé le commandement de l'armée du Rhin (1). Un Conventionnel propose alors de donner le

---

(1) Lorsque Custine avait quitté le commandement de l'armée du Rhin pour aller prendre celui de l'armée du Nord, on avait d'abord voulu le remplacer par Diettmann qui motiva son refus sur ce qu'ayant toujours servi dans la cavalerie, il ne pensait pas connaître suffisamment les manœuvres de l'infanterie. Ce fut seulement alors qu'on plaça Alexandre Beauharnais à la tête de l'armée du Rhin.

commandement de l'armée des côtes de La Rochelle à Beysser qui vient de s'illustrer dans la défense de Nantes. L'Assemblée approuve cette motion ; mais un Député objecte que Beysser n'est qu'adjudant général (1) ; un autre, au contraire, certifie que depuis huit jours Beysser a été promu général de brigade. Enfin, un troisième rappelle à la Convention que ce n'est pas à elle à élire les généraux, qu'elle manque entièrement de données pour procéder à ces nominations, et qu'elle a seulement le pouvoir d'accepter ou de refuser le choix fait par le Ministre (12 Juillet).

On renvoie la question à Bouchotte qui, dans la même séance, annonce qu'il s'est concerté avec le Comité de salut public et que nul ne peut, mieux que Beysser, réunir les conditions de patriotisme et de talent nécessaires au commandement de l'armée des côtes de La Rochelle. La Convention confirme encore cette nomination ; mais cinq jours après (17 Juillet), on apprend qu'à peine délivrée de l'attaque des Vendéens, l'Administration municipale de Nantes a pris, en faveur des Girondins insur-

---

(1) Colonel de l'état-major de l'armée.

gés dans le Calvados, un arrêté contre-révolutionnaire auquel Beysser a adhéré. On s'indigne de l'ingratitude de cet ancien chirurgien qui trahissait, dit-on, alors qu'on le nommait général en chef; il est déclaré traître à la patrie.

Le lendemain (18 Juillet), on est informé que l'énergie du général Canclaux et des Commissaires de la Convention a triomphé de la tentative contre-révolutionnaire de Nantes, et qu'elle a été désavouée par ses auteurs. Cette rétractation est accueillie comme celles qui émanent chaque jour d'un grand nombre de localités où l'on s'est d'abord prononcé pour les Girondins : l'impossibilité de sévir contre tant de coupables force à la clémence. Beysser est seulement déclaré déchu de ses fonctions militaires et il lui est ordonné de comparaître à la barre de la Convention pour rendre compte de sa conduite (1).

Mais ces retards successifs apportés à la nomi-

---

(1) Beysser se présenta, le 5 Août, devant la Convention à laquelle il donna les explications suivantes : « Le 5 Juillet, en qualité de Com-
» mandant militaire de Nantes, il avait été requis d'assister au Con-
» seil que tenaient les Administrateurs du Département de la Loire-
» inférieure. Depuis l'attaque des Vendéens, c'est-à-dire depuis six
» jours, il n'avait guère quitté sa selle. Exténué de fatigue, à peine
» s'était-il assis dans un bon fauteuil qu'il s'était endormi, pendant

nation du successeur de Biron, ont favorisé les intrigues des Jacobins : le 27 Juillet, les Montagnards poussent des hourras de victoire, lorsque le Ministre de la guerre communique à la Convention le nom du nouveau Général en chef qu'ils savent tous d'avance, mais qu'ils sont pressés d'entendre proclamer ; le commandement de l'armée des côtes de La Rochelle est décerné à Rossignol.

Les manœuvres au moyen desquelles la Montagne obtint la destitution de Biron, coïncidèrent avec celles qu'elle employa dans le même but contre Custine. Ce général en arrivant au camp de César, entre Cambrai et Bouchain (25 Mai), y avait trouvé l'armée du Nord désorganisée par les retraites successives qui avaient été son partage depuis la bataille de Neerwin-

» qu'on prenait l'arrêté par lequel le Département s'insurgeait contre
» la Convention. On l'avait réveillé pour lui faire apposer sa signa-
» ture sur le procès-verbal de la délibération ; il l'avait fait croyant
» qu'il ne s'agissait que de quelque mesure municipale ressortant
» principalement de la compétence des officiers civils. Il se trouvait
» ainsi, sans le savoir, mériter les termes du décret qui le qualifiait
» de traître à la Patrie. »

Après ces explications, Beysser fut renvoyé devant le Comité de sûreté générale qui, à l'unanimité, répondit de son civisme et le rétablit dans ses fonctions (19 Août).

den. Certains bataillons étaient à peine au tiers de leur effectif; d'autres manquaient de tout; les soldats et les volontaires se livraient à la maraude et traitaient d'aristocrates ceux chez qui ils trouvaient des objets à leur convenance; chaque jour était ensanglanté par des duels qu'engendraient, entre les deux espèces de troupes, la divergence des sentiments politiques et des principes militaires, ainsi que la dissemblance d'uniforme.

Custine entreprit avec courage la tâche difficile de réorganisation qui lui était échue. Ses exhortations à la fois paternelles et sévères, son énergie et un terrible exemple analogue à ceux qu'il avait déjà deux fois donnés, firent cesser la maraude et le vagabondage. L'ordre se rétablit dans les rangs; on reprit confiance et la discipline en se ranimant rendit aux troupes quelque énergie. Mais ce n'était là qu'une partie des difficultés qu'avait à surmonter Custine; il ne croyait pas possible d'agir contre les Coalisés, à moins qu'on ne lui envoyât 20,000 hommes d'infanterie, 10,000 de cavalerie et 200 attelages pour l'artillerie et les charrois. A ces demandes, appuyées par les Représentants du peuple et admises

CHAP. XXIV. — JUIN ET JUILLET 1793.

par le Comité de Salut public, s'opposaient non-seulement les difficultés du moment, mais aussi les dispositions hostiles des Montagnards ainsi que la mauvaise volonté de Bouchotte et de Vincent qui n'ignoraient pas que Custine aspirait à être Ministre. Le caractère fier et impérieux du général donnait à sa correspondance un ton hautain qui irritait encore ses adversaires.

Le *Journal de la République* (Marat), le *Journal de la Montagne* (Lavaux), le *Père Duchesne* (Hébert), etc., qui le poursuivaient de calomnies atroces ou absurdes, étaient envoyés en grand nombre à son armée, et, en revenant d'une tournée d'inspection dans les Places sous son commandement (8 Juillet), il put constater la présence au camp de César d'une foule d'émissaires Jacobins qui répandaient des libelles propageant sur sa conduite des soupçons de trahison. Plusieurs de ces écrits sanguinaires rappelaient le *patriotisme éclairé* des soldats qui, à Lille, avaient autrefois massacré le général Théobald Dillon ainsi que le colonel Berthois, et ils exprimaient le regret qu'un *aussi noble exemple* ne trouvât pas d'imitateurs. Les troupes avaient pour Custine une haute estime; elles méprisèrent ces sinistres provocations, et des officiers durent même parfois s'interposer pour les empêcher de faire un mauvais parti aux orateurs démagogues. Les manifestations des soldats en faveur du général devinrent enfin tellement vives que les Représentants du peuple se virent contraints de désavouer par un ordre du jour plusieurs agents, organes semi-officiels du gouvernement; mais cet enthousiasme des troupes fournissait un nouveau grief allégué contre Custine par les Jacobins (1).

Pendant ce temps, Condé et Valenciennes étaient privés de toute communication avec l'armée du Nord. Le général Chancel, qui commandait à Condé, avait soutenu héroïquement les efforts des assaillants; mais cette Place, qui n'avait à l'origine que pour six semaines de vivres, était assiégée depuis trois mois et il avait fallu réduire d'une manière déplorable la ration des défenseurs (2); la position de la ville au mi-

---

(1) *Mémoires sur les opérations militaires des généraux Custine et Houchard*, par le baron Gay de Vernon.

(2) Ration journalière pendant les six dernières semaines du siége de Condé :

    11 onces de pain.
    2 — de cheval.
    1 — de riz.

lieu des eaux la privant de toute ressource végétale, il en était résulté une grande quantité de maladies. Enfin les dernières ressources manquèrent et Condé capitula (12 Juillet); 4,000 hommes, débris de la garnison, sortirent avec les honneurs de la guerre; puis, à un quart de lieue de la ville, ils déposèrent leurs armes et furent emmenés prisonniers à Aix-la-Chapelle et à Cologne. C'est dans cette dernière ville que fut conduit le général Chancel avec son état-major.

Le 15 Juillet, Custine fut mandé à Paris sous prétexte de concerter ses opérations militaires avec le Comité de salut public. Il comprit le piége grossier par lequel on le séparait de son armée; cependant, comme il avait hâte de sortir de la position pénible où il se trouvait, il s'empressa d'obéir; il était d'ailleurs rassuré par la pureté de ses intentions et persuadé que sa présence au Comité de salut public suffirait pour confondre Bouchotte. Dans la première conférence, il l'accusa en face de haine personnelle, d'inhabileté et de faiblesse; Bouchotte répondit en lui reprochant une ambition dangereuse qui serait, disait-il, tôt ou tard fatale à la Patrie.

Cependant, la présence à Paris du général de l'armée du Nord, causait une agitation qui excitait des inquiétudes habilement exagérées par les Montagnards. Custine, passant dans le jardin du Palais Égalité, fut salué par les acclamations de la population turbulente (21 Juillet) qui hantait les cafés et les maisons de jeu. L'occasion qui se présentait fut saisie avec avidité par les Jacobins; le soir même, le Comité de sûreté générale, qui présidait à la police et aux arrestations, lui fit défendre de sortir sans être accompagné d'un gendarme.

Le lendemain, Bazire ouvre le champ à la dénonciation : « La Convention ne doit pas per-
» mettre que, comme l'ont fait Dumouriez et
» Lafayette, un général paraisse dans les lieux
» publics pour y exciter l'enthousiasme. Sans
» rien préjuger sur Custine, on prétend qu'il
» a fait distribuer de l'argent pour susciter
» des mouvements en sa faveur. En quoi la
» présence d'un gendarme peut-elle empê-
» cher ses menées dangereuses pour la Ré-
» publique ? Comme mesure de sûreté gé-
» nérale, il doit être mis en état d'arresta-
» tion. »

« Quand un soldat manque à son devoir, »

s'écrie Simon, « Custine ne se borne pas à le
» faire garder par un gendarme; il le charge
» de fers. Est-ce parce qu'il a écrit qu'il faisait
» des papillotes avec les décrets de la Con-
» vention, qu'on le traite si doucement? Que
» le Comité de salut public soit chargé d'é-
» claircir ce fait, mais qu'en attendant Custine
» soit mis en prison. »

Bréard, ex-membre du premier Comité de
salut public, affirme en vain qu'aucun des faits
reprochés à Custine n'est parvenu à sa connaissance; les Montagnards objectent que cette
arrestation ne constituera qu'une mesure provisoire, lorsque Danton prend la parole : « Condé
» a été obligé de se rendre faute de vivres et
» Valenciennes est cerné de toutes parts. La
» Nation a des doutes sur Custine; il faut qu'il
» soit jugé » (1). Il est décidé que ce général
sera détenu à l'Abbaye.

---

(1) L'induction contre Custine, que l'orateur déduisait du sort de
Condé et de Valenciennes, constituait à la fois une injustice et une
perfidie contraire au caractère de Danton qui, malgré sa violence
habituelle, était généralement sans haine contre les individus.
Mais l'ancien général de l'armée du Rhin s'était attiré le ressentiment du révolutionnaire en s'exprimant sans ménagements sur
un point qui lui était d'autant plus sensible qu'il s'y sentait vulné-
rable : Custine avait dit que Danton, reconnu pour posséder infini-

Un Montagnard demande ensuite qu'on mette aussi en arrestation les officiers qui ont suivi Custine à Paris et qui, dit-il, *ont presque tous fait partie de l'état-major de Dumouriez.* Cette proposition est appuyée ; mais les informations font connaître que deux officiers seulement ont accompagné Custine : l'un est le frère du conventionnel Gay Vernon, et tous les Montagnards garantissent son patriotisme; l'autre est un jeune homme d'un bataillon de Lot-et-Garonne qui n'est à l'armée que depuis quinze jours. La Convention passe à l'ordre du jour sur cette dénonciation ; mais nul Député ne s'élève contre l'esprit de calomnie qui l'a dictée. Les ennemis de Custine ne perdent d'ailleurs pas leur temps ; dans la même séance (22 Juillet), la Convention reçoit un message de Bouchotte qui lui apprend qu'après une *mûre* délibération, le Conseil exécutif a destitué le général de l'armée du Nord.

Après le double succès ainsi obtenu par les

---

ment d'esprit et de talents, avait affecté, en Belgique, de ne pas s'apercevoir des tendances réactionnaires de Dumouriez, qu'il n'avait fait aucune dénonciation à ce sujet et que, par conséquent, la complicité de Danton avec Dumouriez était évidente.

Jacobins, Ronsin écrivait à Vincent : « Je te
» félicite d'avoir fait tomber Custine; pour
» moi, je n'ai pas mal contribué à la chute de
» Biron. Achève sur Beauharnais et ses sem-
» blables, une proscription si nécessaire au
» maintien de la République. »

Beauharnais se préparait alors à conduire
l'armée du Rhin au secours de Mayence. Houchard (1), à la tête de l'armée de la Moselle, faisait des préparatifs analogues ; mais leurs communs efforts auxquels on a reproché trop de
lenteur, devaient être stériles ; les deux armées
du Rhin et de la Moselle étaient en marche,
lorsqu'elles apprirent que Mayence avait capi-
tulé le 23 Juillet.

Cette nouvelle est transmise à la Convention
(28 Juillet) par les Représentants du peuple
auprès de l'armée de la Moselle ; d'après eux,
la capitulation est infâme : « La garnison avait
» encore du pain, aucune brèche n'existait à la

---

(1) Houchard, né en 1740 d'une famille plébéienne, s'était engagé
à quinze ans dans le régiment Royal Allemand (cavalerie). Il dut
uniquement son avancement à sa bravoure et à son mérite. Il était
capitaine dans le régiment de Bourbon (Dragons) et chevalier de
Saint-Louis, lorsqu'éclata la révolution dont il embrassa la cause
avec enthousiasme ainsi que presque tous ceux qu'on appelait alors
officiers de fortune. — *Biographie universelle*.

» Place et Mayence s'est rendu au moment
» où deux armées marchaient à son se-
» cours. Encore huit jours, et nous en-
» trions dans ses murs. L'artillerie immense
» enfermée dans la ville est devenue la proie
» des despotes qui eussent fui devant nous.
» Custine triomphe...... Le *scélérat* peut à
» présent livrer Condé et Valenciennes (1)...
» Nous vous envoyons copie du lâche traité
» qui a livré Mayence. Faites arrêter les chefs
» qui ont ainsi trahi et qu'une mort ignoble
» remplace celle qu'ils n'ont pas su attendre
» glorieusement. »

La Convention conclut sans examen à la culpabilité des défenseurs de Mayence; les Montagnards insistent sur l'imputation qui rend Custine responsable de ce nouveau malheur, et le Comité de salut public seconde leur animosité : « Le système de Custine, » dit Ba-
» rère, rapporteur ordinaire du Comité, « est le
» même que celui de Dumouriez; ce dernier a
» laissé en Belgique une nombreuse artillerie

---

(1) Les Représentants du peuple près l'armée de la Moselle gnoraient à ce moment la reddition de Condé qui avait eu lieu quelques jours auparavant.

» pour la faire tomber au pouvoir des ennemis;
» Custine, malgré les réclamations du généra.
» Favart, a retiré de Lille et enfermé dans
» Mayence soixante-seize pièces de canon afin
» de les livrer aux Prussiens. »

La Convention confond alors dans un même décret Custine et les Mayençais (28 Juillet):

« Il y a lieu à accusation contre le général
» Custine (1).

» Le général de brigade Doyré, commandant
» à Mayence, et tous les officiers de l'état-major
» de cette garnison seront amenés à Paris sous
» bonne et sûre garde.

» Les Représentants du peuple près la gar-
» nison de Mayence viendront immédiatement
» rendre compte à la Convention de la reddi-
» tion de cette ville.

» La garnison de Mayence rentrera dans
» l'intérieur du territoire » (2).

La veille, Custine avait écrit à l'Assemblée pour lui exprimer l'étonnement qu'il ressentait de son arrestation; il demandait qu'un prompt

---

(1) Indépendamment du décret d'incarcération, il fallait un décret d'accusation pour traduire un général en chef devant le tribunal extraordinaire.

(2) La capitulation portait que la garnison de Mayence ne servirait point, pendant un an, contre les armées des puissances coalisées.

jugement le mît à même de confondre ses calomniateurs. Ses ennemis montraient un empressement non moins grand à le traduire au Tribunal extraordinaire : « Qu'on le juge cette » semaine, toute affaire cessante, » s'écriait Billaud Varennes (29 Juillet), « et que dimanche, ce traître ne voie plus le jour » (1). On fit arrêter le fils de Custine et ceux qu'on croyait devoir s'intéresser à l'infortuné général ; on manda, pour déposer au procès, des officiers et des soldats qui avaient été incarcérés par ses ordres à Cambrai et dans d'autres villes.

Quant à la garnison de Mayence, jamais assemblée délibérante obéissant inconsidérément à sa première impression ne consacra un acte plus inique que celui par lequel la Conven-

---

(1) Tandis que la Convention délibérait, de nombreux colporteurs distribuaient gratis dans les rues d'infâmes libelles contre Custine. Hébert, aux Jacobins, et Vincent, aux Cordeliers, répétaient que « soixante adjudants généraux et aides de camp avaient accompagné » Custine pour lui créer un parti dans Paris ; que ces hommes vendus à leur général dont ils partageaient les forfaits, les rapines et » les débauches, étaient tous complices de Lafayette et de Dumouriez » ou agents de Cobourg, que, gorgés de richesses, ils soulevaient » les filles publiques et se répandaient chez les boulangers, » achetant les approvisionnements, les payant au poids de l'or et » faisant jeter dans la Seine le pain dont le pauvre peuple manquait. » — *Mémoire sur les opérations militaires des généraux en chef Custine et Houchard*, par le baron Gay de Vernon, ancien officier d'état major.

tion diffamait d'aussi braves soldats. Malgré les horribles privations qu'elle avait endurées (1), l'armée de Mayence eût pu tenir encore quelques jours ; mais en poussant ainsi la défense à la dernière extrémité, la garnison se fût trouvée dans l'obligation de se rendre sans conditions. En capitulant, au contraire, avant ce moment suprême, elle obtenait la libre sortie avec les honneurs de la guerre, et 17,000 hommes supérieurement aguerris étaient rendus à la France (2).

Ces explications données à la tribune par Merlin (de Thionville) (4 Août), changent les

---

(1) 500 hommes avaient péri par le feu de l'ennemi ; 4,900 blessés manquant de tout encombraient les hôpitaux. Dans les derniers jours du siége, un chat mort se vendait six livres ; un cheval crevé se débitait au prix de quarante sols la livre ; les soldats étaient réduits à faire leur soupe avec de l'huile de poisson, et quelques-uns y avaient mêlé une herbe vénéneuse qui les avait rendus fous. Il n'y avait plus ni boulets pour les pièces de 16, ni bombes pour les mortiers. La ville étant restée isolée depuis le jour de l'envahissement, les bruits les plus contradictoires y couraient ; l'ennemi les accréditait en faisant tomber entre les mains des défenseurs de faux *Moniteurs* qui annonçaient le rétablissement de Louis XVII sur le trône de France.

(2) Les soldats auxquels échappaient ces raisons déterminantes ne voulaient pas quitter la ville ; il y eut même une sédition que les Représentants du peuple et les généraux eurent de la peine à apaiser. Lorsque la garnison sortit en défilant devant lui, le roi de Prusse, en ennemi chevaleresque, complimenta successivement les officiers qui s'étaient le plus distingués pendant le siége.

sentiments de la Convention qui rend le décret suivant :

« La garnison de Mayence a bien mérité de
» la Patrie.

» Les officiers de son état-major qui sont en
» état d'arrestation, seront mis sur-le-champ
» en liberté.

» Le présent décret sera envoyé par des
» courriers extraordinaires aux Départements
» et aux armées. Les Représentants du peuple
» Merlin (de Thionville) et Rewbell se ren-
» dront sur-le-champ à Nancy pour le noti-
» fier à l'armée de Mayence. »

Cette dernière mesure était urgente ; sous l'influence du blâme exprimé par le premier décret, les villes refusaient de recevoir les *Mayençais* qu'une semblable conduite irritait. Leur indignation fut portée au comble lorsque l'état-major eut été arrêté à Sarrelouis ; ils se préparaient à attaquer la ville pour délivrer leurs officiers, quand le second décret de la Convention vint calmer leur ressentiment.

La prise de Mayence coïncida avec celle de la place de Valenciennes sur laquelle l'Ennemi, maître de Condé, avait porté tous ses efforts ;

le général Ferrand, qui l'avait autrefois empêchée de tomber entre les mains de Dumouriez, avait à s'y défendre contre les assaillants et contre les habitants qui voulaient le forcer à capituler. Enfin, la population complétement insurgée le força à rendre la place (28 Juillet). La garnison sortit avec les honneurs de la guerre sous la condition de ne pas servir pendant une année contre les armées coalisées.

La défense de Valenciennes peut être comptée parmi les plus beaux faits d'armes de la Révolution; cependant le général Ferrand fut décrété d'arrestation et incarcéré. Biron eut le même sort, bien que le Comité de salut public eût déclaré qu'il n'y avait lieu à aucune accusation contre lui; dès son arrivée à Paris, il fut conduit dans les prisons de l'Abbaye.

Westermann venait aussi de tomber en disgrâce. Le 5 Juillet, les chefs Vendéens avaient voulu attaquer de différents côtés la Légion du Nord qui leur faisait une guerre si redoutable. A l'approche de la première colonne des assaillants, un des bataillons de Volontaires qu'on avait donnés pour auxiliaires à Westermann et qui était chargé de la garde du camp, s'enfuit en abandonnant ses fusils et détermina une complète déroute ; onze pièces de canon tombèrent entre les mains des Vendéens qui rentrèrent à Châtillon.

Deux Représentants du peuple de l'armée des côtes de La Rochelle, Goupilleau (de Fontenay) et Bourdon (de l'Oise), se rendent alors à Parthenay où Westermann s'est retiré, et s'informent des causes de la défaite. Ce général les reçoit assez mal et accuse avec emportement le bataillon dont la lâcheté a compromis ses braves camarades de la Légion du Nord. Les Commissaires froissés envoient un rapport défavorable à la Convention (10 Juillet) : « Il y aurait péril à laisser Westermann
» à la tête d'une armée de Volontaires dans les-
» quels il n'a pas confiance ; il est également
» dangereux qu'il ait à sa disposition un Corps
» particulier qui lui est entièrement dévoué.
» L'intérêt national demande que la Légion du
» Nord soit organisée comme les autres troupes
» de la République : il s'y commet de nom-
» breuses dilapidations ; celui qui la commande
» se livre lui-même fréquemment au pil-
» lage,... etc. »

Les Montagnards appuient l'accusation :
« Comment laisser à la tête d'une armée ré-

» publicaine, un homme qui dit du mal des
» Volontaires; il ne suffit pas de le rappeler, il
» faut le livrer au Tribunal extraordinaire et
» que sa tête tombe sous le glaive de la Loi. »
Cependant, un Député faisant observer que
l'Assemblée se compromettrait en renvoyant
Westermann devant ce Tribunal avant d'avoir
acquis les preuves de sa culpabilité, il est décidé que ce général sera traduit à la barre,
qu'il ne lui sera plus accordé de commandement et que la Légion du Nord sera dissoute (1).

Mais la conduite des contingents de l'armée des côtes de La Rochelle occasionne encore plusieurs défaites. A Vihiers entre autres, aussitôt qu'apparaissent les Vendéens, plusieurs bataillons prennent la fuite sans brûler une amorce et en criant à la trahison. Les rebelles les poursuivent et leur tuent 2,000 hommes; Santerre, serré de près par deux royalistes qui veulent le saisir vivant, n'échappe qu'en faisant sauter un mur très-élevé à son cheval (2). Les charretiers ayant

---

(1) Westermann comparut peu après devant un tribunal militaire qui le renvoya de toute plainte, et il retourna faire la guerre en Vendée.

(2) Le bruit de la mort de Santerre s'étant répandu à Paris, on fit ainsi son épitaphe :

Ci-gît le général Santerre.
Qui n'eut de Mars que la *bière*.

coupé les traits de leurs chevaux pour s'échapper avec plus de rapidité, les canons et les bagages tombent entre les mains des Vendéens; l'armée républicaine ne trouve d'abri que sous les remparts de Saumur.

A la suite de cette humiliante déroute, le Comité de salut public accuse les contingents Parisiens devant la Convention, et les Montagnards qui se sont indignés contre Westermann, parce qu'il a traité certains Volontaires de lâches et de poltrons, entendent sans réclamer les conclusions de Barère : « Les uns jettent leurs
» armes, leurs sacs et leurs gibernes pour fuir
» plus rapidement; d'autres les vendent. *C'est*
» *le royalisme qui, dans Paris, a fait lever*
» *ces héros à cinq cents livres*, la honte de
» l'armée! Ils sont lâches, fuyards, indisci-
» plinés et pillards. »

« Votre armée, » ajoute le rapporteur du Comité de salut public, « ressemble à celle
» d'un roi de Perse; elle a cent soixante voi-
» tures de bagages, tandis que les *brigands*
» marchent avec leurs armes et un morceau
» de pain noir dans leur poche... Vos généraux
» conservent les formes et les usages de l'an-
» cien régime. On ne fera avantageusement la

» guerre aux rebelles qu'en se rapprochant de
» leur manière de combattre; au besoin, il faut
» changer entièrement la nature du sol où ils
» trouvent des refuges. » La Convention adopte
cette proposition et rend les décrets suivants
(26 Juillet) :

« Il sera formé sur-le-champ dans l'armée
» des côtes de La Rochelle, vingt-quatre com-
» pagnies de pionniers et d'ouvriers destinés
» aux opérations extraordinaires de la guerre
» qui va être faite contre les rebelles.

» Les forêts seront abattues. Les bois, les
» taillis et les genêts seront brûlés ; à cet effet,
» des masses de matières combustibles seront
» envoyées à l'armée. Les repaires des *brigands*
» seront détruits, leurs récoltes saccagées ou
» coupées et les bestiaux saisis. Les hommes
» seront tués ; les femmes, les enfants et les
» vieillards seront transférés dans l'intérieur
» de la République. »

(1ᵉʳ Août). « La garnison de Mayence, qui
» d'après sa capitulation ne peut servir pen-
» dant une année contre les Puissances coalisées,
» sera transportée en poste dans la Vendée.

CHAPITRE XXV.

DÉVELOPPEMENTS DE LA GUERRE CIVILE.—SECOND COMITE DE SALUT PUBLIC. — PROCÈS DE CUSTINE. — CONSÉQUENCES, POUR L'ARMÉE DES COTES DE LA ROCHELLE, DE LA NOMINATION D'UN GÉNÉRAL EN CHEF JACOBIN ET DE LA PRÉSENCE DE SEPT REPRÉSENTANTS DU PEUPLE.

(Juillet, Août et Septembre 1793.)

Sommaire :

Mouvements contre-révolutionnaires dans le Midi. — Kellermann marche sur Lyon avec 20,000 hommes.

Causes du salut de la France, dans le cours de l'année 1793. — Lenteur et désunion des coalisés.

Adjonction de Carnot, de Prieur (de la Côte-d'Or) et de Robespierre au Comité de salut public. — Différence des principes politiques de l'ancien et du nouveau Comité. — La Convention décide en vain, pour la troisième fois, le remplacement de Bouchotte.

Lenteurs du siége de Lyon. — Accusations contre Kellermann. — Entrée de Carteaux à Marseille. — Toulon se livre aux Anglais.

Condamnation à mort du général Lescuyer. — Procès de Custine. — Iniquités des accusations. — Sa condamnation. — Arrestation des généraux Miranda, Lamarlière, Sandoz, Laroque et autres.

Inconvénients de la présence des Représentants du peuple aux armées. — Rossignol prend le commandement de l'armée des côtes de La Rochelle.— Succès du général Tuncq. — Sa destitution. — Il est maintenu dans son commandement par la Convention. — Rossignol destitué par deux Représentants du peuple est réintégré par cinq de leurs collègues.

Arrivée des Mayençais en Vendée. — Canclaux et Rossignol prétendent les annexer chacun à son armée. — L'exécution du plan qui devait amener la fin de cette guerre, échoue par l'impéritie de Rossignol. — Déroute des troupes républicaines de Saumur et d'Angers. — Retraite de Kléber à Torfou. — Mort de Chevardin. — Retour à Nantes de l'armée de Brest et des Mayençais.

Réunion des armées de Brest et de La Rochelle sous la dénomination d'armée de l'Ouest. — Elle est mise sous les ordres du général Léchelle. — Canclaux est destitué et remplacé par Rossignol.

Les mouvements contre-révolutionnaires prenant dans le Midi une extension de plus en plus redoutable, l'Assemblée nationale rendait des décrets contre Toulouse, Aix, Beaucaire et Nîmes qui marchaient sur les traces de Marseille où les Sections révoltées avaient cassé les Commissaires de la Convention, incarcéré des *patriotes* et établi un tribunal pour les juger. Dans plusieurs villes de la Lozère, l'arbre de la Liberté avait été abattu et le drapeau tricolore avait été remplacé par le drapeau blanc. De nombreux rassemblements se formaient dans l'Ardèche; Bordeaux et Toulouse présentaient aussi de graves symptômes de réaction.

A Lyon, dès la fin du mois de Mai, le sang avait coulé dans un combat entre les Sections et la force armée; les convois de fusils destinés à l'armée des Alpes y étaient interceptés, et la ville illumina, lorsqu'il eut été décidé que le pouvoir de la Convention ne serait plus reconnu dans le Département et que la *Mon-*

tagne était mise hors la loi (Juillet). Il fut alors enjoint à Kellermann de distraire de l'armée des Alpes les troupes que les Représentants du peuple en mission jugeraient nécessaires pour réduire la ville rebelle. Déjà, dans plusieurs Départements, des rassemblements contre-révolutionnaires avaient été dispersés par les forces qu'on retenait dans les diverses localités pour les opposer à la réaction au lieu de les envoyer aux armées. Carteaux, nommé général de brigade par des Représentants du peuple (1), venait de battre avec 4,000 hommes un rassemblement de Marseillais et de Nimois qui cherchaient à opérer leur jonction avec les Lyonnais; à la suite de cet avantage, Avignon, Orange et Courtheson avaient été occupés par les troupes de la République dans les premiers jours d'Août. Ce fut alors que Kellermann, accompagné des Représentants du peuple Gau-

---

(1) Carteaux, né en 1751, fils d'un dragon du régiment de Thianges. Il avait contracté, dans les garnisons où il avait été élevé, une grande rudesse de caractère. Son père ayant eu la jambe emportée par un boulet, il le suivit à l'hôtel des Invalides et apprit la peinture comme élève de Doyen. Il fut ainsi tour à tour peintre et soldat dans plusieurs régiments. Devenu lieutenant de la Cavalerie nationale de Paris, il se distingua dans la journée du 10 Août et fut en récompense nommé adjudant-général (colonel). — *Biographie des hommes vivants.*

thier et Dubois-Crancé, marcha contre Lyon avec 20,000 hommes tirés de son armée ou requis dans les Départements voisins.

Dans ces tristes circonstances, il fut heureux pour la France qu'il ne se trouvât pas, parmi les généraux ennemis, un de ces génies audacieux ou de ces caractères entreprenants qui savent recueillir les fruits de la victoire en profitant de la désorganisation des vaincus. La lenteur des opérations des Alliés, la timidité avec laquelle ils s'avançaient et leur manque d'union constituèrent alors la véritable défense du pays qu'ils voulaient envahir (1).

---

(1) Cette opinion a été exprimée à la Chambre des Députés par le maréchal Bugeaud, alors général. — *Séance de la Chambre des Députés*, du 6 Janvier 1834.

Les orateurs de l'opposition voulaient faire insérer dans l'Adresse au Roi l'obligation pour la France de rétablir la nationalité Polonaise. En vain les gens pratiques alléguaient que pour marcher au secours de la Pologne, il fallait mettre sur pied 800,000 hommes et faire la guerre à toute l'Europe. Ces considérations étant d'un faible poids auprès de ceux qui avaient pour principal but d'embarrasser le Pouvoir, ils insistaient sur l'enthousiasme de la nation Française pour la cause Polonaise. C'est à ce sujet que le général Bugeaud prononça l'improvisation suivante :

« On a parlé de l'enthousiasme! Selon tout le monde, c'était là un
» grand moyen de guerre. Messieurs, l'enthousiasme est une fort
» bonne chose quand il est accompagné de bons bataillons ; quand il
» est seul, c'est une vertu passagère, éphémère comme toutes les
» passions violentes, et la moindre chose suffit pour la détruire.
» Quelques journées de mauvais bivouac le font disparaître ; une
» batterie de quarante bouches à feu qui vomit la mitraille sur les

Les représentants des diverses Puissances perdaient un temps précieux dans des conciliabules prolongés où ils discutaient avec avidité les conditions du futur démembrement de la France, et chacun d'eux s'attachait bien plus à faire prévaloir les intérêts particuliers de sa Nation qu'à assurer la réussite du plan général de la coalition. Il en résultait dans leurs opérations militaires des délais continuels que le second Comité de salut public devait mettre à profit.

Lorsque les neufs Conventionnels qui le

» enthousiastes... (on rit) les a bientôt réduits au silence. On vous
» a dit ensuite, et on redit à satiété que les bataillons de Volontaires,
» dans le commencement de la Révolution, avaient, grâces à l'en-
» thousiasme, vaincu l'Europe. Eh bien, Messieurs, c'est faux : vous
» n'avez qu'à consulter l'histoire. Dans les deux premières cam-
» pagnes, les bataillons de Volontaires furent presque indisciplinables
» parce qu'il s'y trouvait des hommes qui avaient apporté dans l'ar-
» mée l'esprit des Clubs, incompatible avec la discipline et la force
» militaire. Ils furent battus dans presque toutes les circonstances, et
» ce n'est qu'à la bataille de Fleurus qu'ils ont commencé à rendre
» des services (interruption). Messieurs, ce n'est qu'à Fleurus qu'ils
» ont commencé à rendre des services : à Jemmapes et à Valmy, les
» principales forces étaient composées de la vieille armée de ligne.
» ..... C'est le système de guerre que suivaient les Étrangers qui
» a sauvé la France. C'était un tâtonnement perpétuel qu'on appelait
» faussement *méthodique*. Il avait été, je crois, imaginé par un feld-
» maréchal Autrichien, appelé M. de Lascy. Il consistait à marcher à
» pas de tortue, à s'établir sur toutes les rivières, à prendre une place
» à droite et une place à gauche avant d'aller en avant. Voilà ce qui
» sauva la République Française, ce qui lui permit de rassembler des
» hommes et de les préparer aux grandes choses qu'ils firent plus
» tard. »

composaient se furent distribués les branches de l'administration, telles que les Affaires étrangères, l'Intérieur, la Marine, etc., ils reconnurent que parmi eux nul ne possédait les connaissances spéciales nécessaires pour diriger les opérations de la guerre et l'organisation des armées. Ils remédièrent à cette lacune en se faisant donner pour collègues deux Députés, officiers du génie, Carnot aîné (1) et Prieur (de la Côte-d'Or) (2). Le premier se chargea de la direction du personnel et le second prit celle du matériel (13 Août).

Quelques jours auparavant, il s'était produit dans le même Comité une place vacante par la démission du conventionnel Gasparin; Robes-

---

(1) Carnot l'aîné, né en 1753 d'une ancienne famille de bourgeoisie. Il était capitaine du génie et chevalier de Saint-Louis au commencement de la Révolution. Dans l'Assemblée législative, il appuya la proposition de remplacer tous les officiers par des sergents. En Janvier 1792, il fit rayer des règlements militaires le principe d'obéissance passive envers les officiers, proposa la fabrication de trois cent mille piques pour armer les Sans-Culottes et fit licencier la Garde constitutionnelle. Député à la Convention, il vota la mort du Roi sans appel et sans sursis. — *Biographie des hommes vivants*.

On verra plus tard combien la conduite militaire de Carnot fut en désaccord avec les principes subversifs qu'il avait émis dans l'Assemblée législative.

(2) Prieur-Duvernois, officier du génie et ami de Carnot. Il avait rempli plusieurs missions pendant la session de l'Assemblée législative. A la Convention, il avait voté la mort du Roi sans appel et sans sursis. Il ne paraissait presque jamais à la tribune, mais travaillait beaucoup dans les Comités. — *Biographie des hommes vivants*.

pierre parvint à son but en s'y faisant nommer. Dès lors, l'influence que ce nouveau membre du Comité de salut public exerça sur le Comité de sûreté générale, multiplia singulièrement les mesures de rigueur et les arrestations arbitraires (1).

La différence des tendances politiques du premier et du second Comité de salut public se manifesta dès l'origine. A la suite d'une nouvelle maladresse commise dans les bureaux de la guerre, un Député demanda formellement (25 Juillet) que l'on procédât au remplacement de Bouchotte, en vertu du décret que le premier Comité de salut public avait obtenu de l'Assemblée et dont les Montagnards étaient parvenus jusque-là à empêcher l'accomplissement. La Convention décida que l'élection du successeur de Bouchotte aurait lieu le lendemain ; c'était la troisième fois qu'elle exprimait cette même volonté.

Aussitôt, des députations de Sociétés populaires obéissant à de secrètes instigations, viennent réclamer en faveur du Ministre *patriote;*

---

(1) Le Comité de sûreté générale était chargé de tous les détails de police, d'incarcération et de mise en jugement.

leurs orateurs vantent sa probité et son civisme ; d'après eux, les *intrigants* qui ont autrefois calomnié Pache demandent aujourd'hui le renvoi de Bouchotte. Robespierre prend ensuite la parole : « Si l'on ne tend pas à désorga-
» niser les armées, si l'on veut donner quel-
» que assiette au gouvernement et obtenir de
» la suite dans les opérations militaires, on ne
» doit pas faire disparaître si vite les Ministres
» qui possèdent la confiance des Patriotes et
» sont en butte à la haine des aristocrates. Ceux
» qui s'acharnent contre Bouchotte voudraient
» voir au Ministère une de leurs créatures,
» un nouveau Beurnonville qui ne manquerait
» pas de trouver d'autres Dumouriez. Il est
» inutile d'en dire davantage à la Convention
» pour motiver l'abrogation du décret qui or-
» donne le remplacement de Bouchotte. »

Conformément à cette proposition, l'Assemblée révoque la décision rendue contre le fonctionnaire dont elle connaît l'incapacité (26 Juillet) et les Montagnards triomphent. Mais les rapports qui surgissent de tous côtés sur les dilapidations auxquelles donnent lieu les confections d'habits militaires sont tels que, quelques jours après, la Convention ordonne l'arrestation des agents de l'Administration de l'habillement dans toute l'étendue du territoire. D'un autre côté, le Comité de la guerre dénonce journellement l'impossibilité d'obtenir du Ministère le moindre renseignement sur l'effectif des armées, le nombre des chevaux dans les dépôts, les approvisionnement en artillerie et en munitions, etc.

Il en résulte une nouvelle explosion d'indignation contre Bouchotte (12 Août) : « Ce
» Ministre n'est qu'un *mannequin*; il n'exé-
» cute rien par lui-même; il croit avoir tout
» fait quand il a dit au Club des Jacobins qu'il
» est patriote, titre qu'on ne lui conteste pas,
» mais qui ne donne pas de talents militaires.
» Au moment où la République est déchirée
» par les ennemis de l'intérieur, au moment
» où Cambrai et Péronne sont sérieusement
» menacés par l'Etranger, il importe de savoir
» si le Comité de salut public pense que Bou-
» chotte possède, indépendamment de son
» patriotisme, les connaissances indispensables
» au poste qu'il occupe. »

Barère, le rapporteur ordinaire du Comité, se tira de cette difficulté avec son adresse habituelle à déguiser la vérité : « Le Comité

» reconnaît en Bouchotte un homme très-
» laborieux, d'un républicanisme assuré et
» d'une exacte probité. Si toutes les branches
» de son administration ne sont pas dans
» un état également satisfaisant, c'est qu'à
» aucune époque elles n'ont nécessité des tra-
» vaux aussi considérables. Mais la Convention
» n'a pas lieu de s'alarmer ; les Représentants
» du peuple en mission ne sont-ils pas autant
» de ministres de la guerre auprès des ar-
» mées ? »

A la suite de ce plaidoyer habilement terminé par un compliment flatteur pour l'amour-propre des Conventionnels, il n'est plus question du remplacement de Bouchotte ; mais ses preuves d'impéritie lui attirent encore de temps en temps des qualifications peu parlementaires ; ainsi Bourdon (de l'Oise) demande un jour s'il est possible que la Convention ne soit pas convaincue de l'*imbécillité* du Ministre de la guerre.

Cette injure était proférée à propos de la transmission de documents incomplets relatifs au siége de Lyon. Kellermann et les Représentants du peuple Dubois-Crancé et Gauthier, ayant inutilement engagé les Lyonnais à

la soumission, les hostilités avaient commencé le 8 Août. Mais les 20,000 hommes qu'avaient fournis l'armée des Alpes et les Gardes nationales étaient insuffisants pour réduire la ville; le manque d'artillerie retardait aussi les opérations. Un feu régulier n'était pas encore ouvert contre la Place que déjà les Montagnards affectaient de s'étonner que Lyon ne fût pas encore écrasé. Ils se montraient choqués de ce que Kellermann, auquel répugnait la destruction d'une ville Française, eût exigé un décret formel de la Convention avant d'en venir aux dernières mesures : « Pourquoi a-t-il parle-
» menté avec des rebelles? » s'écriait Amar.
» S'il n'a pas déjà pris Lyon, c'est qu'il s'en-
» tend avec eux pour trahir la République.
» Kellermann est un coupable dont il faut faire
» tomber la tête. »

Enfin, le bombardement de la ville commença (24 Août); mais l'insuffisance des assaillants et la vigueur avec laquelle ripostaient les *muscadins* Lyonnais, firent que, dans les quinze premiers jours, on n'obtint d'autres résultats que l'incendie d'un assez grand nombre de maisons des faubourgs et l'explosion de quelques magasins à poudre. Les huit Représentants du peuple, qui avaient été successivement envoyés à l'armée des Alpes ou dans les Départements voisins, multiplièrent alors les réquisitions de Gardes nationales et, vers le milieu de Septembre, d'innombrables contingents interceptèrent les chemins par lesquels les révoltés eussent pu recevoir des secours. Le siége était ainsi changé en un blocus dont les lenteurs s'accordaient mal avec les impatiences de la Convention.

Kellermann n'assistait pas au bombardement. Avant qu'il fut commencé, les Piémontais, profitant de son absence et de l'affaiblissement de l'armée des Alpes, avaient culbuté les avant-postes Français et les troupes républicaines avaient dû battre en retraite. A cette nouvelle, le vainqueur de Valmy quitta Lyon (19 Août) pour arrêter ce succès d'autant plus dangereux que, chez le peuple Savoisien, la désaffection avait succédé à l'enthousiasme pour la France. Comme autrefois en Belgique, des exigences insupportables avaient complétement désillusionné, sur les bienfaits de la Liberté, les populations qui ne comprenaient plus rien à la marche désordonnée de la Révolution.

Pendant que Kellermann allait ainsi s'opposer

à la jonction des Piémontais avec les Lyonnais, le général Carteaux, après plusieurs petits combats livrés aux rebelles Marseillais, les battit (24 Août) sur les hauteurs de Septèmes, leur dernière position, et les troupes républicaines firent à Marseille une entrée triomphale. Mais le jour même, ce succès fut compensé par un terrible événement : les Sections de Toulon, adhérant aux propositions de l'amiral Anglais Hood, proclamèrent Louis XVII roi de France en ouvrant leur port à l'escadre ennemie.

Les insurrections armées de la Vendée et du Midi coïncidaient avec de nombreux sujets d'effroi ou d'inquiétude pour le parti le plus exalté : partout on accordait aux assignats marqués à l'effigie royale la préférence sur ceux qui portaient l'empreinte du sceau de la République. A Paris, on était sous l'impression de l'assassinat de Marat par Charlotte Corday (1). Enfin la saisie par la police de la correspondance et du portefeuille d'un agent Anglais, avait porté à conclure que

---

(1) Parmi les Sectionnaires Armés, les *purs* portaient des cocardes au centre desquelles le portrait de l'*Ami du peuple* figurait dans un médaillon.

l'or étranger coopérait au discrédit des assignats, contribuait à la cherté des denrées, et soudoyait des agents de troubles, des incendiaires et même des assassins (1).

Il en résulta un redoublement d'acharnement contre les modérés, les suspects, les contre-révolutionnaires, etc. (2) ; des dispositions rigoureuses furent prises contre les étrangers et les nationaux qui entretenaient des relations à l'extérieur ; la Convention déclara le ministre Anglais Pitt *ennemi du genre humain*. Les tombes royales furent détruites à Saint-Denis le 10 Août, jour de la Fédération républicaine ; on décida que *la veuve Capet* serait transférée du Temple à la Conciergerie, pour être traduite au Tribunal (3) qui venait d'être divisé en deux *sections* afin de multiplier ses travaux homicides.

---

(1) Séance de la Convention du 1er Août 1793.

(2) A la fin du mois de Juillet, le nombre des détenus dans les différentes prisons de Paris était d'environ 4,500.

(3) *Rapport de Barère* dans la séance du 1er Août 1793.

« .... Qui a donc pu conserver à Londres, à Vienne, à Berlin,
» à Madrid l'espérance de rebâtir le trône parmi nous ? Est-ce notre
» trop long oubli des crimes de l'Autrichienne ? Est-ce notre étrange
» indifférence sur les individus de la famille de nos anciens tyrans ?
» Il est temps de sortir de cette impolitique apathie, et d'extirper
toutes les racines de la Royauté du sol de la République. »

Il procédait alors au jugement du général Lescuyer qui, lors de la rébellion de Dumouriez, avait démandé à être chargé de l'arrestation des Commissaires de la Convention à Valenciennes. Lescuyer n'avait pas accompli cette mission (1); cependant, dès son arrivée à Valenciennes, il avait adressé à Dumouriez une lettre dans laquelle il lui expliquait minutieusement les moyens qu'il comptait employer pour réussir. Cet écrit compromettant servit de pièce principale au procès (2). Lescuyer, condamné à mort, subit son jugement le 14 Août, à sept heures du soir (3).

La condamnation de ce général, aussi bien que celles de Myaczinski et de Philippe de

---

(1) Le général Ferrand, qui commandait alors à Valenciennes, empêcha, dit-il, Lescuyer de mettre ses projets à exécution. D'un autre côté, Dumouriez, dans ses *Mémoires*, accuse Lescuyer de l'avoir trahi en faisant cause commune avec les Commissaires pour l'arrestation desquels il s'était proposé.

(2) Cette lettre avait été trouvée dans la poche d'une redingote appartenant à Dumouriez et qui était attachée sur la selle d'un des chevaux tués par les Volontaires de l'Yonne, lorsqu'ils avaient essayé d'arrêter le général (4 Avril).

(3) La *Liste générale des condamnés à mort par le Tribunal révolutionnaire* a inscrit l'exécution de Lescuyer à la date du 14 *Juin*. Une des preuves de son erreur, c'est que dans la séance du 17 *Juillet*, la Convention refusa à la femme du général Lescuyer la permission de faire transférer dans son domicile, son mari dont la santé était altérée par le régime de la prison.

Vaux, était basée sur le droit de défense d'un gouvernement contre ceux qui l'attaquent à main armée ; mais elle fut suivie d'un procès intenté dans des conditions bien différentes.

Les ennemis de Custine avaient accumulé contre lui les chefs d'accusation. Toutes les opérations de guerre qu'il avait faites depuis deux années et qui lui avaient valu souvent des témoignages flatteurs de la Convention, furent examinées avec malveillance ; des questions, sur lesquelles des généraux expérimentés n'eussent décidé qu'après mûre délibération, furent tranchées, séance tenante, par des juges ignorants des premières notions militaires ; les succès furent amoindris, les revers devinrent des actes de trahison. Lorsque l'accusé demanda qu'on fît venir, à titre de témoins à décharge, un grand nombre de généraux qui avaient combattu sous ses ordres, on lui reprocha de vouloir priver de leurs chefs des armées qui étaient en présence de l'Ennemi.

L'ironie s'en mêla ; ce général qui, par des actes de vigueur et des intelligences habilement ménagées, s'était si rapidement emparé de Spire, de Worms et de Mayence, ne fut plus qu'un *enfonceur de portes ouvertes*. On lui imputa également à crime la perte de Mayence et le grand nombre de bouches à feu qu'il avait tirées des parcs d'artillerie Français pour en rendre la défense plus formidable. Tous les faiseurs de projets, toutes les têtes folles ou enthousiastes, tous les soi-disant amis de la liberté qui, traîtres à leur patrie, étaient allés lui demander des sommes considérables pour lui livrer des villes d'Allemagne impossibles à prendre ou à conserver, vinrent l'accuser d'avoir négligé perfidement les intérêts et la gloire de la République. A les entendre, Custine eût pu s'emparer de toute la Germanie.

Des pourparlers, autorisés par le Ministre des Affaires étrangères, avaient eu lieu entre l'ancien général de l'armée du Rhin et le prince de Brunswick, relativement à la conclusion d'un armistice ; ils furent signalés comme des connivences avec l'Etranger. Le titre d'Altesse Sérénissime, donné au prince de Brunswick dans la correspondance à ce sujet, devint aussi l'objet des déclamations du puritanisme républicain.

Les Jacobins et les Cordeliers des bureaux

de la guerre vinrent déposer avec acharnement contre Custine ; Vincent l'incrimina avec passion ; un sous-chef débita ensuite sur son compte de niaises calomnies (1) ; enfin, un dénonciateur en sous-ordre, qui avait sans doute mal retenu la leçon qui lui avait été faite, reprocha à ce général d'avoir laissé son armée dans les plaines au lieu de la poster sur les montagnes.

Aux accusations concernant les faits de guerre succèdent celles qui ont trait aux exemples de sévérité ordonnés dans des circonstances décisives et approuvés ensuite par la Convention : « Il a fait fusiller des officiers et des soldats pour » les fautes les plus légères. » Le licenciement d'une division de Gendarmerie indisciplinée devient de sa part un acte de tyrannie (2).

---

(1) *Déposition de ce sous-chef des bureaux de la guerre* : « Dumou- » riez et Custine ont suivi une conduite identique. Dumouriez s'est » trop avancé en Belgique, et Custine en Allemagne. Tous deux, » dans leurs retraites, ont laissé prendre à l'ennemi des magasins de » vivres et d'habillements. Dumouriez a fait massacrer nos frères à » Jemmapes et à Neerwinden ; Custine les a fait tuer à Francfort. On » ne peut douter que son dessein ne fût de faire périr les 20,000 » hommes laissés dans Mayence. »

(2) Les Divisions formées des anciens gendarmes des Départements constituaient de bonnes troupes ; mais celles qui avaient été composées du rebut du régiment des Gardes françaises, des héros de la Bastille, des hommes des journées d'Octobre et des vainqueurs du

Des individus dont l'amour-propre a été blessé par Custine dans des circonstances des plus insignifiantes, viennent aussi déposer contre lui. L'un prétend qu'on ne pouvait aborder l'accusé ; un autre lui reproche de n'avoir jamais invité les *patriotes* à sa table ; un troisième le dénonce comme ayant toujours traîné à sa suite un grand nombre de voitures pour son service personnel, tandis qu'il reste avéré que deux fourgons lui ont toujours suffi. Des distributeurs de journaux, expulsés d'un camp où les

---

10 Août donnaient un exemple déplorable au reste de l'armée. En Belgique, la conduite de la 32ᵉ Division fut telle que Beurnonville, alors Ministre de la guerre, ordonna qu'on la fît rétrograder jusqu'à la frontière (Mars 1793). Ces gendarmes prétendaient, en vertu de l'Egalité, ne reconnaître aucun supérieur ; plusieurs fois, des détachements envoyés pour en arrêter quelques-uns, furent reçus par eux à coups de sabres et de pistolets.

Une de ces Divisions indisciplinées s'étant insurgée auprès de Mayence (Février 1793) pour obtenir une augmentation de paye, Custine s'était présenté hardiment devant les gendarmes, leur avait reproché leurs prétentions injustes puisqu'ils avaient une solde plus forte que celle des autres troupes, et il avait demandé qu'on lui désignât les mécontents. Les officiers, nommés par les gendarmes et faisant cause commune avec eux, avaient répondu que le Corps tout entier voulait partir si l'on n'admettait pas ses réclamations ; Custine les avait alors menacés de les exterminer en les faisant charger par un Corps d'armée.

Plus tard, l'impossibilité de faire servir de pareils misérables l'avait forcé à les licencier.

Le 4 Avril 1793, le général Lacuée écrivait de l'armée des Pyrénées : « La seule frayeur des braves gendarmes du 3ᵉ escadron est » qu'on ne leur envoie, pour hommes de remplacement, des gen- » darmes qui se sont déshonorés dans l'armée du général Custine. »

soldats se fussent portés contre eux à des voies de fait sans l'intervention des officiers, viennent se plaindre à leur tour (1).

On dénie ensuite le dévouement du général à la République ; on l'accuse d'avoir parlé contre la Convention, de ne pas avoir eu égard aux recommandations des Sociétés populaires de différentes villes pour faire avancer ou destituer certains officiers et, enfin, d'être resté plusieurs jours à Paris sans se présenter une seule fois au Club des Jacobins.

Quelques témoignages désavouèrent cependant ce fatras de dénonciations injustes ou ridicules. Les représentants du peuple Johannot et Nicolas Haussmann, le général de brigade Villers, les aides de camp de l'accusé, Schramm et Baraguey-d'Hilliers, protestèrent en sa faveur.

---

(1) *Mémoire sur les opérations militaires des généraux en chef Custine et Houchard*, par le baron Gay de Vernon, ancien officier d'état-major.

« . . . . Baraguey-d'Hilliers fut obligé de s'interposer pour sous-
» traire à la fureur des soldats un des misérables qui cherchaient à
» les exciter contre Custine ; au camp de Paillencourt, les adjudants
» généraux, Jarry et Chérin, servirent de sauvegarde au Commis-
» saire du Pouvoir exécutif Scellier et à son secrétaire, qui dis-
» tribuaient des exemplaires de l'*Ami du Peuple*, du *Républicain*
» *français*, du *Père Duchesne* et du *Journal de la Montagne*. Car les
» troupes aimaient et vénéraient Custine.... »

Ces dépositions, qui constituaient de véritables actes de courage, augmentèrent encore l'embarras dans lequel les juges étaient plongés. Pendant neuf jours que durèrent ces débats, l'accusé avait montré un sang-froid et une énergie remarquables; ne cédant sur rien, et confondant souvent ses calomniateurs, il avait parfois interverti les rôles en devenant accusateur. Sa fermeté et la justesse de ses observations avaient jeté le Tribunal dans une telle perplexité que, malgré les instructions qu'il avait reçues, Coffinhal, le président, hésitait à prononcer le fatal arrêt.

Cependant la volonté des Jacobins et des Montagnards l'emporta. Custine fut condamné à mort comme « ayant coopéré à des manœuvres » et à des intelligences dont le but était de faci- » liter l'entrée des étrangers sur le territoire de » la République et dont l'effet avait été de faire » tomber aux mains de l'ennemi les villes de » Francfort, Mayence, Condé et Valenciennes. »

Custine parut écouter ce jugement avec assez d'indifférence; l'auditoire, ainsi que cela lui avait été recommandé, observait le plus grand silence, lorsque tout à coup on entendit au dehors les bruyants applaudissements de la foule qui n'avait pu entrer et qui venait d'apprendre la condamnation de celui qu'on lui dépeignait depuis longtemps comme coupable des plus noires trahisons (1).

Custine eut la tête tranchée, le matin du 28 Août, sur la place de la Révolution (2).

La persécution contre les anciens généraux marchait alors ouvertement. Miranda, qui vivait retiré à Belleville depuis son acquittement par le Tribunal, avait été emprisonné de nou-

---

(1) La lecture la plus attentive de la procédure relative au général Custine ne révèle aucun fait qui implique la moindre trahison; cependant, à cette époque, l'opinion publique était tellement influencée que beaucoup de gens de bonne foi crurent qu'il avait effectivement mérité la mort. Le montagnard Levasseur (de la Sarthe), dans ses *Mémoires* écrits plus de trente ans après la Révolution, persiste à exprimer l'idée de la culpabilité du général; mais il reconnaît lui-même n'avoir aucune raison à donner à l'appui de son opinion; seulement « *il croit plus facilement que ses collègues ont ac-* » *quis la preuve de la trahison d'un général appartenant à une caste* » *ennemie, qu'il ne peut se figurer ce général livré par eux à la mort,* » *au moment où ses services étaient utiles à la patrie.* »

Cette allégation n'est pas soutenable; si les ennemis de Custine eussent pu citer un seul fait capital à sa charge, ils n'auraient pas jugé nécessaire d'accumuler contre lui les accusations injustes, erronées ou ridicules dont sont remplis ces tristes débats.

(2) « Custine, après avoir entendu sa sentence de mort, entra » dans le greffe, se jeta à genoux et resta dans cette attitude reli- » gieuse pendant deux heures pour implorer le secours et la protec- » tion du Ciel; il pria son confesseur de passer la nuit avec lui ; » il écrivit à son fils une lettre dans laquelle, après lui avoir fait les » adieux d'un père prêt à mourir, il l'exhortait à se rappeler de sa » mémoire dans les beaux jours de la République, et à faire alors

veau en raison de ses anciennes relations avec les Girondins. Les Représentants du peuple aux armées se firent les complices de ceux qui étaient les maîtres de la situation. Un différend qui se prolongeait à Lille entre le général Lamarlière, dénoncé comme aristocrate, et le général Lavalette, qui entretenait des liaisons avec des gens de bas étage, fournit à Robespierre un prétexte pour accuser le premier d'être ami de Custine et de vouloir livrer Lille aux Autrichiens. Lamarlière fut emprisonné. Le général Omoran fut arrêté comme ayant voulu livrer le camp de Cassel à l'ennemi; les généraux Laroque, Sandoz et quantité d'autres furent incarcérés à l'Abbaye ou à la Conciergerie.

A la suite de ces faits qui faisaient entrevoir un sinistre avenir à chaque chef militaire, Eustace, citoyen des Etats-Unis qui servait en

---

» tout ce qui dépendrait de lui pour le réhabiliter dans l'esprit de la
» Nation pour laquelle il allait mourir innocent. Il fut conduit au
» supplice, ayant à ses côtés un ministre de la religion qui lui lisait
» des passages d'un livre de piété et lui faisait embrasser un crucifix.
» Custine portait une redingote nationale; il regardait avec sensi-
» bilité le peuple qui applaudissait à son supplice; ses yeux atten-
» dris et quelquefois mouillés de larmes se fixaient vers le ciel.
   » Arrivé au lieu de l'exécution, il s'est mis à genoux sur les pre-
» miers degrés de l'échelle; puis, se relevant, il a jeté les yeux sur
» le fer fatal, et est monté avec fermeté sur l'échafaud. » — *Moniteur universel* du 4 Septembre 1793.

qualité de général dans les armées Françaises, réclama les passe-ports nécessaires pour retourner dans sa patrie. Le général Sparre, qui commandait à Strasbourg, et Beauharnais, chef de l'armée du Rhin, écrivirent à la Convention qu'ayant le malheur d'être issus de la classe proscrite, ils se croyaient obligés de donner leur démission pour ôter à leurs concitoyens tout sujet d'inquiétude à leur égard. Les vacances qui se produisirent ainsi de divers côtés, furent remplies par des officiers inconnus que les Jacobins protégeaient en raison de l'exaltation de leur *patriotisme*.

Les généraux dont le mérite eût encore pu être un gage de succès, voyant les plans de leurs opérations renversés par des Représentants du peuple ignorants des premiers principes de la guerre, répugnaient à encourir la responsabilité de combinaisons qu'ils n'approuvaient pas. D'un autre côté, la présence de ces Commissaires qui s'occupaient à la fois de la direction de la guerre et de l'administration, corrompait de plus en plus ce qui restait encore des anciennes traditions militaires. Accueillant avec faveur les plaintes des soldats, affaiblissant par système le pouvoir des généraux et ayant sans cesse l'esprit préoccupé de soupçons de trahison, ils avaient introduit dans les camps la confusion, l'espionnage et la délation (1).

La multiplicité de ces Représentants du peuple auprès de certaines armées constitua un autre inconvénient ; investis d'une puissance égale, ils se jalousaient et donnaient des ordres contradictoires ; de mesquines rivalités compromirent les plus grands intérêts. L'armée des côtes de La Rochelle fournit de nombreux exemples des funestes conséquences qu'entraîna la présence de sept Représentants du peuple jointe à l'inhabileté de Rossignol, premier général en chef nommé par l'influence des Jacobins (27 Juillet).

---

(1) « .... Nous vîmes arriver des Représentants du peuple aux
» armées. Envoyés pour découvrir de prétendues conspirations, ils ne
» voulaient voir partout que des conspirateurs, et ils ne trouvèrent
» que trop de misérables que l'espoir de récompenses fit descendre
» au rôle de délateurs. On a dit que dans ce temps de désordre et
» d'anarchie, l'honneur Français s'était réfugié aux armées ; on peut
» dire aussi que, avec ces proconsuls d'espèce nouvelle, la mé-
» fiance vint s'y établir. On s'évitait ; chacun craignait celui qui
» jusqu'alors avait été son plus dévoué compagnon d'armes, mais
» surtout on fuyait un Représentant du peuple presque comme on
» fuit une bête enragée. Chose étrange ! Pendant que leurs mesures
» inspiraient la terreur autour d'eux, leurs décisions qu'ils rendaient
» avec toute l'importance de l'ignorance, les couvraient de ridicule :
» on riait de pitié tout en frémissant d'horreur. » *Mémoires* du duc
de Rovigo.

Cette promotion avait stupéfié tous ceux qui portaient sérieusement l'habit militaire; une telle position attribuée à un démagogue, qui devait à l'émeute ses épaulettes de colonel et qui n'était connu à l'armée que comme un *pilier de cabaret*, dépassait tout ce qu'avait osé jusque-là le népotisme républicain. Du reste, à part son ignorance et ses mœurs grossières, Rossignol était brave, franc, désintéressé et doué d'un certain esprit naturel; aussi avait-il été lui-même très-étonné de son prodigieux avancement. Convaincu que deux mois, passés à la tête d'une division de gendarmerie à boire avec ses soldats, ne l'avaient pas doté de grandes connaissances militaires, il avait d'abord voulu refuser la haute faveur dont il était l'objet. Mais Ronsin et les autres agents Jacobins n'entendaient pas avoir le démenti de cette audacieuse nomination qui consacrait d'une manière éclatante le principe de la substitution de *purs Sans-Culottes* aux anciens généraux. Rossignol, rassuré par leurs promesses de l'aider en toutes circonstances, consentit à accéder à leurs vœux.

Ses protecteurs voulurent lui faire inaugurer sa nouvelle position par un succès. Le

5 Août, sa colonne sortit de Saumur et dispersa un faible détachement de *Blancs* cantonnés à Doué. Un glorieux bulletin fut ensuite envoyé à la Convention ; il rapportait que la victoire avait coûté la vie à six soldats républicains, et il attribuait à l'ennemi une perte de **600** hommes.

Des succès plus sérieux avaient été récemment obtenus par une autre colonne de l'armée de La Rochelle, qui occupait Luçon. Elle était commandée par le général Tuncq, ancien soldat aux antécédents plus que douteux, qui, ayant acquis la protection de certains Montagnards par sa conduite dans la journée du 10 Août, avait été réintégré dans l'armée ; il venait de battre deux fois les Vendéens. Ces preuves de talent militaire, jointes à son origine révolutionnaire, pouvaient faire de Tuncq un concurrent sérieux pour Rossignol ; aussi Ronsin et ses acolytes du *parti de Saumur* travaillaient-ils sourdement à obtenir sa destitution. D'un autre côté, les chefs royalistes aspiraient à venger sur la colonne de Luçon les deux défaites auxquelles les troupes républicaines ne les avaient pas habitués.

Les deux périls qui menacent Tuncq éclatent

en même temps. Le 13 Août, 40,000 Vendéens, sous les ordres de Lescure, d'Elbée, la Rochejaquelein et Charette, se préparent à attaquer la colonne de Luçon. Cette agglomération formidable n'étonne pas Tuncq, bien qu'il n'ait que 6,000 hommes à lui opposer ; d'ailleurs, il n'a aucun secours à espérer : il faut vaincre ou mourir. Il combine ses dispositions et encourage ses soldats en leur rappelant le double succès qu'ils ont déjà obtenu. Les derniers préparatifs pour la journée du lendemain sont terminés, lorsqu'à onze heures du soir, arrive un courrier porteur d'une dépêche ministérielle qui suspend Tuncq de ses fonctions.

Les deux Représentants du peuple à la colonne de Luçon, Bourdon (de l'Oise) et Goupilleau (de Fontenay), tremblent que dans un moment d'humeur bien naturel, Tuncq n'obéisse immédiatement et ne leur laisse la responsabilité du combat inégal prêt à s'engager; mais le général les rassure. Le lendemain, les chefs royalistes se fiant à la supériorité du nombre, déploient leurs troupes en rase campagne. Au moment où leurs soldats, inaccoutumés à ce genre de combat, montrent de l'hésitation, Tuncq manœuvre habilement en faisant agir vigoureusement son artillerie légère, et il reste maître du champ de bataille (14 Août).

Bourdon et Goupilleau, en faisant part de ce succès à la Convention, réclament contre la destitution du chef militaire auquel il est dû :
« Il y a eu erreur ou injustice manifeste. A
» l'inspection de la lettre ministérielle, il
» est évident que le nom du général a été
» ajouté sur un blanc-seing obtenu par quel-
» que intrigue. Tuncq est fils d'un honnête tis-
» serand; il a trente et un ans de service, dont
» huit en qualité de soldat; il vient de rempor-
» ter, en dix-huit jours, trois victoires sur les re-
» belles; nous avons usé de nos pleins pouvoirs
» en le maintenant dans le poste où il rend de
» tels services à la République. »

Cette communication entraîne une discussion d'où il résulte qu'avant la Révolution, Tuncq a encouru une condamnation pour faits peu honorables (1); mais on admet que sa con-

---

(1) Tuncq fut accusé en termes généraux à la Convention ; mais au Club des Jacobins, il fut ainsi incriminé à tort ou à raison : « Il a été huissier à Bordeaux, et il s'en est fait chasser ainsi que
» de plusieurs autres villes. Pour avoir de l'argent, il épousait
» toutes les femmes des environs; il a des enfants dans divers
» coins de la République. Il est si peu républicain qu'il a porté toutes
» les croix de Malte, de Saint-Louis, etc., et pris les titres de duc,

duite présente rachète ses fautes passées, et il est maintenu à la tête de la colonne de Luçon (17 Août). Bourdon et Goupilleau triomphent ainsi du *parti de Saumur* et projettent de l'abattre tout à fait.

L'occasion qu'ils cherchent se présente presque aussitôt. Rossignol faisant une tournée d'inspection arrive à Luçon, peu satisfait des succès du général Tuncq et mécontent du récent décret rendu par la Convention. Après une entrevue des plus orageuses, il continue sa route en se livrant à certains actes de pillage qui lui sont habituels; mais Bourdon et Goupilleau en tirent parti; ils prennent un arrêté qui le destitue de son commandement en chef et en rendent ainsi compte à la Convention : « Cet
» inhabile général n'est qu'un pillard; il fait
» enfoncer les portes des caves pour s'appro-
» prier leur contenu, bien qu'il passe les jour-
» nées à boire au cabaret avec le premier venu.
» A Luçon, blâmant les efforts héroïques de la
» petite colonne qui a battu 40,000 Vendéens,

» marquis, comte, etc., quoiqu'il eût le bonheur de naître dans la
» classe du peuple. » — *Séance du 11 septembre 1793, de la Société des Amis de la Liberté et de l'Égalité,* séant aux ci-devant Jacobins de Paris.

» il a osé dire qu'on ne doit marcher à l'en-
» nemi qu'avec des forces supérieures. Ce n'est
» pas avec de pareils principes que Tuncq et
» sa poignée de républicains ont remporté
» trois victoires successives. La suspension du
» général en chef de l'armée des côtes de La
» Rochelle éveillera sans doute la calomnie;
» mais le bien public doit être le seul mobile
» des Représentants du peuple. »

De leur côté, les cinq Commissaires qui sont à Saumur, Merlin, Michet, Choudieu, Richard et Bourbotte, ont cassé l'arrêté de leurs collègues et réintégré Rossignol dans ses fonctions. Bourbotte vient ensuite demander justice à l'Assemblée : « Le plus grand tort de Rossignol
» aux yeux de ceux qui ont prétendu le desti-
» tuer, » dit-il, « est d'avoir assuré qu'avant
» peu, suivant les décrets de l'Assemblée, il
» marchera dans la Vendée le fer et le feu à
» la main. Goupilleau, étant de Fontenay, se
» trouve en mission dans le pays où sont ses
» propriétés; de là sa haine contre le *sans-*
» *culotte* qui commande l'armée de La Ro-
» chelle. D'ailleurs, n'est-il pas étrange que,
» lorsque sept Représentants du peuple sont en
» mission près d'une armée, deux d'entre eux,

» éloignés de soixante lieues du quartier gé-
» néral, se permettent d'en destituer le chef su-
» prême sans consulter leurs collègues et sans
» être retenus par l'idée de leur minorité. »
Bourbotte conclut à ce que la Convention confirme l'arrêté qui a restitué à Rossignol le commandement; cette demande est chaudement soutenue par les Montagnards; Goupilleau et Bourdon sont rappelés (28 Août), et Tuncq, mécontent, abandonne la colonne de Luçon.

Cette dissension est à peine étouffée qu'une autre lui succède. Dans les derniers jours d'Août, les 17,000 *Mayençais* arrivent en Vendée où l'on attendait leur venue pour commencer les hostilités sur une grande échelle. Canclaux, général en chef de l'armée des côtes de Brest, et Rossignol, général en chef de l'armée des côtes de La Rochelle, veulent tous deux avoir sous leurs ordres ces fameux auxiliaires. Le projet étant de mettre simultanément en marche des troupes qui partiront de Nantes, Saumur, Angers, Niort et Luçon pour enfermer les Vendéens dans un cercle dont on espère qu'ils ne sortiront pas, la colonne qui possédera les Mayençais agira d'une manière plus décisive en refoulant vigoureusement les rebelles sur les autres autres Corps d'armée. Aussi les deux généraux en chef ont-ils formé chacun un plan de campagne qui leur assurerait la coopération des Mayençais et qui est opiniâtrement soutenu par les Représentants du peuple en mission auprès de chacune des deux armées.

Rossignol veut que les forces principales partent de Saumur pour acculer les *Brigands* à la mer et à la Basse-Loire. Canclaux soutient qu'il est imprudent de laisser la mer ouverte aux Vendéens quand des escadres ennemies sont signalées sur les côtes; il veut partir de Nantes et refouler les rebelles dans le haut du pays, car alors, si les colonnes à leur poursuite ne les exterminent pas, ils seront obligés de se disperser dans l'intérieur où leur destruction est infaillible. Des considérations qu'on n'ose énoncer compliquent aussi la question. On craint que l'annexion des Mayençais aux bandes désordonnées de Saumur n'introduise parmi eux l'insubordination; en outre, ces braves soldats désirent servir sous Canclaux militaire expérimenté (1),

---

(1) Canclaux (ci-devant comte de) né en 1740, entra en 1756

tandis qu'ils redoutent d'être commandés par Rossignol.

En raison des différents rapports envoyés par les agents Jacobins ou par les Représentants du peuple de chaque armée, les deux plans ont été successivement approuvés et désapprouvés à Paris, lorsqu'un Conseil de guerre, tenu à Saumur par tous les généraux et les Représentants, décide la question (2 Septembre) : suivant l'avis de Canclaux, on arrête que l'armée des côtes de Brest, à laquelle seront attachés les Mayençais, partira de Nantes pour refouler les rebelles dans la Haute-Vendée, tandis que des colonnes sorties en même temps de Saumur, des Sables, de Luçon et de Niort, leur fermeront le passage.

Rossignol éprouve une vive contrariété de cette résolution qui renverse ses projets ; les agents Jacobins du *parti de Saumur* en conçoivent un ressentiment que Ronsin manifeste d'une manière digne de lui. Il suspend tout à coup les distributions de vivres qui ont été

---

dans le régiment de Conti (cavalerie) ; il était major quand la Révolution éclata. L'émigration, en causant des vides nombreux dans les cadres, le porta au grade de colonel ; il devint ensuite maréchal de camp, le 1er avril 1791, et lieutenant général, le 7 septembre 1792.
— *Biographie des hommes vivants.*

faites jusque-là aux Mayençais par les Administrateurs de l'armée de La Rochelle; Canclaux fait alors partir ses nouveaux soldats pour Nantes, où ils sont accueillis avec la cordialité la plus empressée (7 Septembre).

Au moment où ces discordes font naître dans l'Ouest de nouveaux éléments d'insuccès, le Comité de salut public, confiant dans la réussite du plan projeté, reçoit les applaudissements de la Convention en lui annonçant que sous peu de jours les rebelles de la Vendée seront complétement anéantis.

Pendant que les différentes colonnes font leurs préparatifs pour l'exécution de l'opération générale fixée au 9 Septembre, la colonne de Luçon, par un déplacement prématuré, s'avance jusqu'à Chantonnay sous les ordres de son nouveau commandant, Lecomte, chef du bataillon *le Vengeur*; mais elle éprouve un échec considérable dans lequel Lecomte est tué; une partie de l'artillerie est perdue ainsi que les bagages. Un nouveau chef, Beffroy, en prend alors le commandement et s'occupe immédiatement de la remettre en état de concourir au mouvement stratégique sur lequel on compte pour terminer cette guerre.

Le 9 Septembre, Canclaux part de Nantes avec l'armée de Brest et les Mayençais ; le 14, il arrive à Légé, après avoir refoulé les Vendéens devant lui. De là, il communique avec la colonne des Sables qui s'est avancée jusqu'à Saint-Fulgent ; celle de Luçon, bien qu'un peu en retard par suite de son récent échec, est près de se trouver en ligne ; celle de Niort a marché jusqu'à la Châteigneraye. Les troupes d'Angers et de Saumur doivent fermer le cercle fatal.

Mais en apprenant la défaite essuyée par la colonne de Luçon, Rossignol et Ronsin ont pensé que les dispositions prises doivent recevoir des modifications ; ils ne mettent pas en marche les colonnes d'Angers et de Saumur ; de plus, en qualité de général en chef de l'armée des côtes de La Rochelle, Rossignol envoie à celles de Niort, de Luçon et des Sables l'ordre de rétrograder qu'elles exécutent au grand étonnement des chefs Vendéens.

Pendant ce temps, Canclaux poursuit ses succès ; le 18 Septembre, ses troupes sont installées aux environs de Clisson, et Kléber, avec l'avant-garde, occupe Torfou ; c'est alors qu'ils sont instruits de l'ordre étrange envoyé par Rossignol aux trois colonnes dont le mouvement en arrière laisse l'armée de Brest et les Mayençais seuls exposés aux efforts de 100,000 Vendéens.

De son côté, Rossignol apprenant que Canclaux a continué sa marche vers le cœur de la Vendée, contremande son premier ordre et fait dire aux trois colonnes de Niort, de Luçon et des Sables de se reporter en avant. En même temps, il met en mouvement les troupes d'Angers et de Saumur; mais il est trop tard et l'ensemble des opérations n'existe plus.

L'inhabileté de Santerre complique encore la situation. La colonne de Saumur s'avance sous ses ordres jusqu'à Coron ; mais, par l'effet de ses mauvaises dispositions, ses troupes s'entassent dans ce village où elles ne peuvent bientôt plus se mouvoir. Il veut réparer sa faute en reportant sa petite armée en arrière; Ronsin qui, en l'absence de Rossignol, s'attribue une autorité supérieure, s'y oppose en lui reprochant de reculer. Pendant le conflit entre ces deux chefs incapables, les rebelles fondent sur leurs troupes qu'ils mettent en déroute ; le lendemain, ils marchent contre la division d'Angers et la repoussent avec non moins de bonheur.

En même temps (19 Septembre), 20,000 Vendéens attaquent à Torfou l'avant-garde de Canclaux qui se compose de 2,000 hommes commandés par Kléber. Le général Mayençais est obligé de rétrograder en suivant un chemin dominé par des hauteurs; une pièce d'artillerie est démontée; le nombre des ennemis croît de moment en moment, et la confusion qui augmente parmi les Mayençais peut aboutir à une déroute générale. Kléber blessé s'adresse alors au chef d'un bataillon de Saône-et-Loire en lui montrant un ravin qui doit donner passage au gros de l'ennemi : « Prends cent hommes avec » toi, et faites-vous tuer là jusqu'au dernier pour » sauver vos camarades.» L'officier s'élance, mais Kléber le rappelle: « Comment, Chevar-» din, tu vas mourir et tu ne m'embrasses pas !» Chevardin périt avec les braves qui l'avaient suivi; leur héroïsme permit de rétablir l'ordre dans la retraite, et bientôt l'arrivée du Corps de bataille mit en fuite les Vendéens.

Canclaux, dans l'impossibilité de se maintenir seul au milieu de la Vendée, se replia sur Nantes ; en raison de la fière attitude des

Mayençais, cette périlleuse marche en arrière s'exécuta sans malheurs; mais le plan général sur lequel on avait fondé tant d'espoir était complétement renversé.

Peu de jours après, Santerre apparaît à la Commune de Paris : « Il a profité, » dit-il, « du » temps consacré à réorganiser les troupes de » l'armée de La Rochelle, pour prendre un congé » afin de relever son commerce de brasseur qui » souffre de son absence. » Il dépeint ensuite sa défaite de Coron comme une victoire signalée; il ajoute que l'insuccès de la campagne doit être attribué à l'excès de zèle des soldats, à la débauche des officiers et à l'insuffisance des écrits périodiques envoyés dans la Vendée.

Ces niaiseries sont applaudies par le public auquel elles sont adressées; mais le Comité de salut public dénonce à la Convention les véritables causes qui ont empêché la destruction des Vendéens : les dissentiments des deux généraux qui ont prétendu chacun obtenir les Mayençais pour auxiliaires, le trop grand nombre de Représentants et les divisions morales ou militaires qui en résultent. « Pour faire » cesser un pareil état de choses, » ajoute Ba-

rère, « il suffit d'adopter les nouvelles mesures
» proposées par le Comité :

» L'armée des côtes de Brest et l'armée des
» côtes de La Rochelle, y compris les colonnes
» des Sables, de Luçon, de Niort, etc., seront
» réunies et formeront l'armée de l'Ouest, sous
» les ordres d'un seul général en chef. Quatre
» Représentants du peuple seulement y seront
» envoyés.

» Pour la commander, il faut un homme à la
» fois patriote et audacieux; le Conseil exécutif,
» de concert avec le Comité de salut public, a
» choisi le général Léchelle, dont la Conven-
» tion est priée de valider la nomination. Grâce
» à ces nouvelles dispositions, la Vendée sera
» écrasée avant un mois. »

Ces propositions sont adoptées (1ᵉʳ Octobre);
quant aux généraux actuellement à la tête des
deux armées qui vont être réunies, Canclaux
étant un ci-devant noble, on le destitue malgré
ses talents reconnus; Rossignol, sur l'impéritie
duquel le rapporteur s'est tu prudemment, est
désigné pour prendre sa place sous les ordres
du nouveau général en chef, le jacobin Léchelle.

CHAPITRE XXVI.

DÉLABREMENT DES PLACES FORTIFIÉES. — EXCLUSION DE L'ARMÉE DE PLUSIEURS CLASSES D'OFFICIERS. — DESTITUTIONS ET ARRESTATIONS MILITAIRES. — CRÉATION D'UNE ARMÉE RÉVOLUTIONNAIRE PARISIENNE.

(Août et Septembre 1793.)

Sommaire :

L'armée du Nord évacue le camp de César et occupe le camp de Gavarelle. — Les coalisés se décident à faire le siége de Dunkerque et du Quesnoy. — Demandes de secours faites par diverses villes. — Délabrement des places de guerre. — La Convention reconnaît que la majorité de ses décrets n'est pas exécutée. — Accusations de trahison contre les généraux.

Principe nouveau qui consiste à ne plus combattre sur un front étendu, mais à porter des masses sur les points décisifs. — Véritables causes des revers des armées républicaines. — Mesures qui éloignent des armées et de Paris tous les militaires démissionnaires, destitués ou suspendus depuis le commencement de la Révolution, et tous ceux qui ont fait partie des maisons militaires du Roi ou des Princes.

Circonstances défavorables dans lesquelles Houchard prend le commandement de l'armée du Nord. — Le duc d'York assiége Dunkerque. — Le Comité de salut public renforce l'armée du Nord aux dépens des armées du Rhin et de la Moselle.—Houchard prend Turcoing et Lannoy. — Il dénonce à la Convention la lâcheté et les pillages de certains Volontaires. — Les Jacobins le classent parmi les aristocrates militaires.

Victoire de Hondschoote. — Capitulation du Quesnoy.

Arrestation de Brunet, général en chef de l'armée d'Italie. — Destitution de Kellermann, général en chef de l'armée des Alpes. — Il est remplacé par Doppet à l'armée de Lyon, et maintenu par les Représentants du peuple à la tête des troupes opposées aux Piémontais.

Déroute de Menin. — Houchard, accusé de trahison, est destitué ainsi que les généraux en chef des armées du Rhin et de la Moselle, Landremont et Schauenbourg.— Discussion à la Convention relative à ces trois destitutions.—Explications données à ce sujet par le Comité de salut public qui obtient de l'Assemblée un vote de confiance. — Robespierre accuse les généraux au Club des Jacobins.—Arrestation d'Hédouville, de Dumesny, de Barthélemy et d'autres officiers.

Troubles à l'occasion des subsistances. — La Commune obtient la création d'une *armée revolutionnaire Parisienne*.— Décrets d'organisation. — Personnel de cette armée. — Épuration de son état-major au Club des Jacobins.

L'arrestation et la mise en jugement de Custine avaient causé à l'armée du Nord une consternation qui dégénéra de suite en projets menaçants; on y parlait hautement d'aller chercher le général jusqu'à Paris. Le Comité de salut public chargea les Représentants du peuple Delbrel et Levasseur (de la Sarthe) d'y rétablir l'ordre; ils n'y parvinrent que difficilement, bien qu'en déployant beaucoup d'énergie et d'habileté; ils agirent principalement sur le moral des troupes en exaltant l'honneur militaire : « Les » défenseurs de la Patrie, » disaient-ils, « ne » doivent s'occuper que de l'Ennemi lorsqu'il » est aussi rapproché. »

Cette armée qui occupait alors le camp de César, ligne de hauteurs protégée par l'Escaut entre Cambrai et Bouchain, se composait de

35,000 hommes; Diettmann en ayant refusé le commandement ainsi qu'il avait déjà fait pour celui de l'armée du Rhin, Houchard avait été désigné pour remplacer Custine; mais il ne pouvait arriver avant le 9 Août et Kilmaine faisait l'intérim.

Après la prise de Condé et de Valenciennes, le prince de Cobourg et le duc d'York se dirigèrent vers le camp de César, à la tête de 70,000 soldats victorieux. Kilmaine, menacé d'être tourné, exécuta une habile retraite et, le 8 Août, l'armée du Nord était installée au camp de Gavarelle, protégée en avant par la Scarpe et appuyée sur Douai et sur Arras. Elle se trouvait ainsi sur le flanc de la ligne d'opération des Coalisés, disposition stratégique plus inquiétante pour l'Ennemi que si l'on eût pris le parti, en apparence plus rassurant, de se placer entre Péronne et Saint-Quentin pour couvrir directement la Capitale. Mais d'un autre côté, Cambrai et Bouchain se trouvaient alors isolés comme l'avaient été autrefois Condé et Valenciennes; en outre, un riche pays était ainsi ouvert aux incursions des troupes étrangères.

Deux partis décisifs s'offraient alors aux

Coalisés. Le premier consistait à poursuivre sans relâche cette armée démoralisée qui n'avait exécuté que des retraites depuis la défaite de Neerwinden. Le second, beaucoup plus hardi, était de profiter de ce qu'aucune troupe ne leur faisait face et de franchir rapidement les quarante lieues qui les séparaient de Paris où leur arrivée eût été le signal de la contre-révolution; tel était l'avis du prince de Cobourg et des généraux Autrichiens qui voulaient surtout délivrer la Reine.

Mais l'Angleterre n'avait encore retiré aucun profit de cette invasion qui avait déjà valu plusieurs places fortes aux Impériaux; elle n'entendait pas prodiguer ses subsides et ses soldats pour servir uniquement l'ambition ou les affections de l'Empereur d'Allemagne; aussi, le duc d'York exigea-t-il que, suivant les conventions adoptées, on fît le siége de Dunkerque, port convoité depuis longtemps par les Anglais. Cette opération fut résolue; de son côté, le prince de Cobourg dut aller assiéger le Quesnoy.

Avant que l'investissement de cette place ait fixé l'opinion sur les intentions du général en chef Autrichien, les villes contre lesquelles il peut tourner ses efforts, réclament instamment des munitions et des subsistances. Ces demandes occasionnent à la Convention une discussion sur les fortifications et les approvisionnements des Places de guerre (29 Août). Un député rapporte que les remparts de Péronne tombent en ruines ; les écluses n'y jouent plus et laissent écouler les eaux ; aux reproches qu'il leur a adressés, les Administrateurs de la ville ont répondu par une demande d'ouvriers et d'argent. Mais on apprend aussi que des Places où de fortes sommes ont été envoyées, ne sont pas en état de soutenir un siége : 300,000 livres en numéraire et plusieurs millions en assignats ont été dépensés pour approvisionner la ville de Metz, qui n'a reçu que six cents sacs de farine ; encore provenaient-ils des magasins de la guerre à Thionville.

« A Cassel, où je devais trouver un camp de
» 10,000 hommes, » s'écrie Billaud-Varennes,
» je n'ai vu que 1,500 soldats. Pour approvi-
» sionner Lille, on a dégarni Dunkerque. Dans
» plusieurs Départements, les citoyens s'indi-
» gnent de ce qu'on les fait marcher aux
» frontières, tandis que certaines villes de l'in-
» térieur sont occupées par des garnisons oi-

» sives. Les Commissaires de la Convention
» dans les Départements et près des armées
» sont trop nombreux; ils entravent récipro-
» quement leurs opérations et souvent la ja-
» lousie des uns met à néant ce qu'ont fait les
» autres. »

« La cause des malheurs de la République, » réplique Jean-Bon-Saint-André, « est dans
» l'inertie qui paralyse toutes nos opérations.
» On se plaint partout du manque d'armes, et
» j'ai trouvé dans la manufacture de Charleville
» 64,000 fusils sans un ouvrier pour les répa-
» rer. Nos soldats sont souvent dépourvus de
» souliers, tandis que des entrepreneurs ont
» accaparé dans la même ville pour plus de
» deux millions de cuirs dont ils prétendent ne
» rien distraire en faveur du service public ou
» des citoyens. »

« Les agioteurs s'emparent des chevaux et
» les font payer à la République plus cher
» qu'ils ne valent, » disent d'autres Députés.
» Pourquoi la loi sur la réquisition des chevaux
» de luxe n'est-elle pas strictement exécutée ?
» Pourquoi voit-on encore à Paris de modernes
» Sardanapales et de lâches Sybarites étaler
» dans leurs voitures un luxe insolent ? Il existe

» dans les dépôts plus de 16,000 chevaux
» exercés et prêts à servir ; mais le Ministre
» n'en fait aucun usage et l'Administration des
» charrois continue à effectuer des achats aussi
» inutiles que dispendieux. »

Ces révélations multipliées obligent la Convention elle-même à reconnaître que ses décrets ne sont exécutés ni par les Ministres, ni par leurs agents, ni par les Autorités constituées. Il importe de remédier à cette inertie et à cette désobéissance générales, seules causes, dit-on, des malheurs de la Patrie.

« Vous oubliez les trahisons des généraux, » s'écrie un Montagnard. « Ces chefs perfides
» qu'on a si justement livrés au glaive de la Loi,
» ces hommes qui devaient si facilement prou-
» ver leur innocence, mais dont les crimes sont
» écrits sur chaque toise du territoire du Nord,
» ont disséminé les troupes sous prétexte d'éta-
» blir un système défensif. Cette combinaison,
» à la suite de laquelle nous avons été partout
» attaqués par un ennemi supérieur, a causé nos
» désastres. Houchard, qui a remplacé le traître
» Custine à l'armée du Nord, est un bon soldat
» qui remplira sans doute les espérances de la
» Patrie ; mais il est entouré d'un état-major

» qui ne parle que de se défendre lorsqu'il faut
» attaquer; c'est dans l'attaque que le Français
» montre le plus d'ardeur ; c'est là un instinct
» dont il faut savoir faire usage. » (29 Août.)

Ces conseils étaient alors faciles à donner: Carnot venait de faire admettre en principe par le Comité de salut public qu'il convenait d'abandonner l'ancienne coutume de combattre sur un front étendu et qu'il fallait, au contraire, assurer le succès en portant des masses de troupes sur les points décisifs. Quant à l'incrimination de ne pas savoir attaquer, il fallait, pour la proférer, oublier les invasions de la Savoie, du Palatinat et de la Belgique, l'expédition de la Hollande et les batailles de Jemmapes ainsi que de Neerwinden. Si ces faits d'armes dus à trois généraux, récompensés depuis par l'exil ou par l'échafaud, n'avaient abouti qu'à amener une seconde invasion plus terrible que la première, la cause en était dans le génie désordonné de la Révolution, dont les effets désastreux venaient d'être constatés dans cette séance même; on n'avait jamais su pourvoir aux besoins les plus indispensables des armées et l'on s'était, dès l'origine, imposé la loi de ne les recruter que de citoyens-soldats, personnellement braves, mais dédaigneux de toute instruction militaire ainsi que de toute subordination et, par suite, sans courage ni constance dans les revers.

Mais ces vérités eussent conduit au Tribunal extraordinaire celui qui eût osé les énoncer; il était plus facile, et surtout plus sûr, de laisser accuser les généraux auxquels on demandait des victoires, tandis que le régime révolutionnaire les privait des premiers éléments du succès, soumettait leurs opérations à la volonté de Représentants du peuple généralement doués d'une ignorante énergie, les décriait aux yeux de leurs subordonnés et imputait à trahison leurs gestes et leurs paroles.

Ces attaques journalières contre les généraux se confondaient avec les demandes continuelles qui tendaient à la destitution de tous les fonctionnaires ci-devant nobles; les députations des Sociétés populaires se succédaient sans relâche à la Convention pour l'obtenir; le 26 Août, on remarqua parmi elles les déléguées de la Société des femmes révolutionnaires, à la tête desquelles était leur présidente, Rose Lacombe, qui avait marché à côté de Westermann à l'attaque des Tuileries.

Le 2 Septembre, la Convention donne en partie satisfaction à ces impérieuses pétitions : « Il sera formé des listes générales de tous les » fonctionnaires civils ou militaires. Une Com- » mission, chargée de recueillir de tous côtés » des notes et des renseignements sur le compte » de chacun d'eux, présentera ensuite à l'As- » semblée le relevé de ceux qu'il importe de » suspendre. » En conséquence, le Comité de salut public fait établir un état de tous les ci-devant nobles qui sont encore sous les drapeaux : « C'est organiser et non désorganiser, » dit Barère, « que de *chasser* des fonctions mi- » litaires ceux dont les habitudes, les préjugés » et l'esprit de corps font justement suspecter » les intentions. » (5 Septembre.)

Il est d'abord décrété que « tous les mili- » taires démissionnaires, destitués ou suspen- » dus depuis le mois de Juillet 1789, tous ceux » qui ont fait partie des maisons militaires de » *Capet* ou de ses frères ainsi que de la Garde » constitutionnelle, seront tenus de demander » des passe-ports au Ministre de la guerre et de » se retirer dans leurs Municipalités respecti- » ves, sous peine de dix ans de fers. Si ces Mu- » nicipalités ne sont pas à vingt lieues de la

» Capitale, ils devront élire un nouveau domi-
» cile à cette distance de Paris, et ils y reste-
» ront en surveillance permanente. »

Ce décret, qui ne concerne pas encore tous les ci-devant nobles sous les drapeaux, paraît insuffisant au Club des Jacobins. Audoin, gendre de Pache et adjoint du Ministre de la guerre, y porte le relevé de la liste faite par ordre du Comité de salut public : « Il existe encore dans
» les armées 900 officiers et un nombre indé-
» terminé de soldats qui ont fait partie de la
» classe autrefois privilégiée. La position de ces
» derniers rend leur influence peu dangereuse;
» quant aux officiers, il importe de les desti-
» tuer et de les remplacer en procédant d'abord
» à l'*épurement* des états-majors. Un état-major
» dévoué à son général constitue un danger
» pour la République. Ne sait-on pas qu'à
» l'armée de la Moselle, Berthier est entouré
» d'officiers qui l'affectionnent? N'en est-il pas
» de même, à l'armée du Nord, de l'entourage
» qui circonvient le patriote Houchard? »

Ce général, d'origine plébéienne, s'était montré ardent révolutionnaire dès 1789 ; depuis, ce sentiment s'était accru par la reconnaissance qu'il avait vouée à un régime qui, de capitaine de Dragons, l'avait élevé à la position de général en chef. Son courage et sa hardiesse plaisaient aux soldats qui aimaient sa rudesse, sa jactance un peu fanfaronne, sa pauvreté républicaine et son air guerrier relevé par une profonde balafre sur le visage. Mais cet officier de cavalerie, excellent pour la conduite d'une avant-garde, n'était pas à la hauteur de sa nouvelle position ; Custine qui l'aimait, l'avait ainsi jugé ; il avait même écrit en ce sens au Ministre de la guerre une lettre confidentielle dont on avait abusé pour irriter Houchard contre celui auquel il succédait.

Le nouveau chef de l'armée du Nord fit d'abord prêter à ses troupes le serment de maintenir l'unité et l'indivisibilité de la République ainsi que la Constitution de 1793 (10 Août). Nul général entrant en fonctions ne se fût alors impunément dispensé de cette obligation ; mais, en raison de ses principes politiques bien connus, il n'avait pas été difficile de persuader à Houchard d'apparaître à cette revue coiffé d'un bonnet rouge. Les troupes n'avaient pas été habituées par Dumouriez, Dampierre et Custine à de semblables démonstrations ; aussi un rire universel accueillit-il la *mascarade* du général.

Cet échec à son amour-propre fut suivi de sérieux embarras. Son arrivée coïncidait avec celle de deux Représentants du peuple venus pour proclamer la Constitution, Niou et Billaud-Varennes. Ce dernier, membre du Comité de salut public, ne s'était pas déplacé dans l'unique but de recueillir les acclamations des soldats et les protestations des officiers : il avait enregistré les dénonciations des espions Jacobins qui infestaient l'armée ; il venait pour épurer son état-major et la purger des *aristocrates militaires*.

Dans la nuit, sans que Houchard ait été prévenu, le général Desbrulys, chef de l'état-major, et vingt-deux adjudants généraux ou adjoints à l'état-major, sont arrêtés. A son réveil, le général en chef arrivé de la veille se trouve sans bureaux et sans renseignements ; il demande les registres d'ordres ; mais ils ont été saisis et Billaud-Varennes refuse de les rendre (1).

---

(1) « Billaud-Varennes répondit qu'il avait trouvé ces registres
» dans une cuisine et qu'il se proposait de les envoyer au Comité de
» salut public pour qu'on sût à Paris avec quelle négligence on ser-
» vait à l'armée du Nord. En vain l'adjudant général Gay de Vernon

Pour un esprit faible et indécis comme le sien, il était difficile de prendre le commandement d'une armée sous de plus sombres auspices.

Cependant le prince de Cobourg était allé assiéger le Quesnoy, et le duc d'York s'était dirigé sur Dunkerque à la tête de 20,000 Anglais ou Hanovriens et de 12,000 Autrichiens. Installé devant cette place (25 Août), il était appuyé par deux Corps d'observation ; l'un de 16,000 hommes placé à Ost-Capelle était sous le commandement du maréchal Freytag, l'autre de 15,000 Hollandais occupait Menin sous les ordres du prince d'Orange.

La marche des Alliés arrêtée par ces deux siéges laissait un précieux temps de répit à la République; il permettait de renforcer les armées aux points où, suivant la nouvelle méthode, on se déciderait à frapper des coups dé-

---

» lui fit observer que, dans un bourg et dans un premier moment
» d'installation, on se logeait comme on pouvait et non pas comme
» on voulait ; que le bureau avait été établi dans une cuisine,
» parce que c'était la seule pièce assez grande dans la maison
» qu'occupait le chef d'état-major ; que d'ailleurs, deux senti-
» nelles en gardaient les portes, et que deux officiers couchaient
» dans l'intérieur. Billaud-Varennes fut inflexible, et les registres
» de l'état-major firent le voyage de Paris. Mais le Comité de salut
» public se hâta de les renvoyer à Houchard.» *Mémoire sur les opérations militaires des généraux en chef Custine et Houchard,* par le baron Gay de Vernon, ancien officier d'état-major.

cisifs. Cette fois, le Comité de salut public voulut empêcher à tout prix les Anglais d'acquérir un port sur le continent. Indépendamment de l'importance de ce résultat au point de vue militaire, il comptait que la défaite ou la destruction de l'armée Britannique fournirait de redoutables arguments à l'opposition Anglaise, alors déchaînée contre le ministre Pitt, ennemi acharné de la Révolution. Il fut décidé, en conséquence, que 30,000 hommes tirés des armées du Rhin et de la Moselle iraient renforcer l'armée du Nord. Ce déplacement retardait d'une vingtaine de jours le commencement des grandes opérations; mais la position d'assiégeants prise par les Alliés ôtait au danger son imminence, et ce délai devait être largement compensé par les avantages importants que l'on espérait en retirer.

En attendant l'arrivée de ces auxiliaires, Houchard fait une diversion en enlevant de vive force les postes de Turcoing et de Lannoy défendus par 4,000 Hollandais. Dans le compte rendu de ce premier succès à la Convention, il flétrit la lâcheté d'un bataillon du Finistère qui a pris la fuite en abandonnant ses canons, et il signale les actes de pillage auxquels se sont

livrés des Volontaires : « Les Représentants du
» peuple qui ont tenté d'arrêter d'odieux faits
» de brigandage ont couru risque de la vie ;
» la victoire est impossible sans ordre et sans
» discipline ; il est indispensable qu'il soit for-
» mé à l'armée du Nord un Conseil de guerre
» permanent pour juger les lâches et les pil-
» lards. » Sur la proposition du Comité de salut public, la Convention approuve cette demande de Houchard (3 Septembre); mais dans
le Club des Jacobins, on s'élève contre cette
mesure rigoureuse *digne de l'ancien régime* :
« Houchard, que l'on croyait *patriote*, a ca-
» lomnié des Volontaires en leur prodiguant
» les épithètes les plus injurieuses et les moins
» méritées. Pourquoi a-t-on été chercher, afin
» de le mettre à la tête de l'armée du Nord, un
» général sans autre mérite que d'avoir eu
» quelques démêlés avec Custine ? » Dès lors
Houchard n'est plus aux yeux des démagogues.
qu'un *aristocrate militaire*.

Cependant, la moitié des renforts attendus
étant arrivée à l'armée du Nord (15,000 hommes environ), Houchard peut disposer de près
de 60,000 hommes. Le 6 Septembre, il force
le maréchal Freytag à se retirer en désordre

sur le village de Hondschoote, et la journée suivante est employée à préparer l'attaque décisive du lendemain. Le 8 Septembre, l'armée en plusieurs colonnes marche sur Hondschoote naturellement défendu par des bois, des taillis et des flaques d'eau ; en outre, tous les abords accessibles ont été garnis d'abatis, de barricades, de coupures, d'ouvrages en terre et de batteries d'artillerie.

L'attaque commence par l'Aile droite que commande Colaud ; elle est des plus vives au Centre qui est sous les ordres de Jourdan (1) ; mais la défense est acharnée. Après un combat furieux d'infanterie livré pendant deux heures dans un bois, l'Ennemi se replie sur ses retranchements, lorsqu'un boulet rase la poitrine de Jourdan qui est obligé de se retirer ; Colaud tombe blessé à son tour. Les deux Corps d'armée perdent alors leur impulsion première ; les soldats s'éparpillent en tirailleurs

―――――――――

(1) Jourdan, né en 1762, fils d'un chirurgien de Limoges, s'engagea en 1778 dans le régiment d'Auxerrois et fit la guerre d'Amérique. Il fut nommé, en 1791, commandant du 2ᵉ bataillon des Volontaires de la Haute-Vienne qu'il conduisit à l'armée du Nord. Il devint général de brigade, le 27 mai 1793, et général de division, le 30 juillet de la même année. — *Biographie universelle.*

dans les bois, et le combat dégénère en une mêlée inextricable d'engagements singuliers où, suivant l'expression du chef d'état-major Barthélemy, on se poignarde à la baïonnette.

Houchard croit la bataille perdue ; cependant à sa prière, les Représentants du peuple Levasseur et Delbrel se placent à la tête des troupes de Jourdan et de Colaud ; lui-même met le sabre à la main ainsi que tout son état-major, et se porte en avant avec un régiment de cavalerie qu'il a tenu en réserve. La vue du général en chef et des Commissaires de la Convention ranime les soldats ; des bataillons se reforment aux cris de *Vive la Nation* et *Vive la République*. Houchard ordonne de marcher au pas de course et d'aborder les positions sans tirer ; la Marseillaise et la Carmagnole retentissent ; l'Ennemi, qui tout à l'heure gagnait du terrain, est vigoureusement refoulé ; les retranchements sont envahis sur différents points (1), et leurs défenseurs abandonnent le champ de bataille en se retirant vers Furnes.

Dunkerque avait jusque-là vigoureusement résisté ; pour seconder les efforts de l'armée du

---

(1) Diverses colonnes concoururent à ce résultat.

Nord, la garnison fait sous la direction de Hoche (1) une sortie funeste aux assiégeants; les Anglais assaillis par devant et menacés par derrière, lèvent le siége et se retirent également vers Furnes.

Ainsi la bataille de Hondschoote a interrompu la suite des revers subis par l'armée du Nord depuis la défaite de Neerwinden; les Anglais battus sont en retraite et la terrible appréhension de les voir maîtres d'un port Français a disparu. La Convention décrète que l'armée du Nord a bien mérité de la Patrie (17 Septembre). Malheureusement, l'ivresse que cause cet important événement est tempérée par une mauvaise nouvelle. Des colonnes sorties de Landrecies, Maubeuge et Cambrai n'ont pu secourir le Quesnoy qui,

---

(1) Hoche, né en 1768, fils d'un garde du chenil de Louis XV. Entré à quatorze ans comme palefrenier surnuméraire aux écuries du Roi, il étudiait avec avidité le peu de livres qu'il pouvait se procurer. Il fit ensuite partie du régiment des Gardes Françaises, entra dans la Garde nationale soldée comme sous-officier et fut, en 1792, nommé lieutenant dans le régiment de Rouergue. Il put alors étudier la tactique militaire. Il était aide de camp du général Leveneur à la bataille de Neerwinden. L'assurance de son maintien et la précision avec laquelle il exposait ses plans de campagne, lui avaient fait donner par le Comité de salut public le grade de colonel et la mission de défendre Dunkerque. — *Biographie universelle*.

privé de toutes ressources, a été obligé de capituler (11 Septembre).

D'un autre côté, les troupes républicaines qui ont reconquis Marseille, n'ont pas encore reçu de l'armée d'Italie les renforts nécessaires pour tenter de délivrer Toulon des Anglais, et les *Muscadins* de Lyon continuent à se défendre vigoureusement. Les délais qui retiennent le général Carteaux à Marseille sont imputés à la mauvaise volonté ou à la trahison du général de l'armée d'Italie, Brunet, qui est décrété d'arrestation. Quant à la ville de Lyon, sa résistance irrite, d'autant plus que la prise en a été prématurément promise par les Représentants du peuple. On continue à accuser Kellermann de ces lenteurs, bien que, depuis près d'un mois, il se soit rendu en Savoie où il est victorieux des Piémontais. Robespierre le dénonce sans relâche au Club des Jacobins: « La » conduite de Kellermann est la principale cause » de la durée du siége de Lyon. *C'est lui qui a* » *dirigé toutes les conspirations qui ont éclaté* » *dans cette campagne;* jamais sous un tel » homme, une opération militaire ne réussira. » De telles paroles dans la bouche de Robespierre équivalaient à un arrêt; effectivement, peu de jours après, Bouchotte annonce à la Convention que le Pouvoir exécutif a destitué Kellermann et qu'il l'a remplacé par Doppet (18 Septembre). Ce dernier était un ancien médecin devenu chef de la Légion des Allobroges à l'époque où la Savoie avait été réunie à la France (1).

Mais, en arrivant près de Lyon pour prendre le commandement de l'armée des Alpes (26 Septembre), Doppet déclare aux Représentants du peuple Gauthier et Dubois Crancé, qu'il consacrera entièrement ses efforts au siége de la ville sans pouvoir s'occuper de la défense du Mont-Blanc contre les Piémontais; alors les deux Commissaires de la Convention qui apprécient les heureux résultats déjà obtenus par Kellermann, le maintiennent à la tête de ses troupes malgré l'arrêt de destitution qui l'a frappé.

---

(1) Doppet, né en 1753 à Chambéry, successivement Garde Française, docteur en médecine et auteur de livres contre le magnétisme. Il s'était fait remarquer à la journée du 10 Août; il avait fondé le Club des Etrangers et créé la Légion des Allobroges dont le dépôt était à Grenoble. Il fut un des chauds partisans de la réunion de la Savoie à la France dans l'Assemblée des Savoisiens où sa nationalité et ses antécédents lui avaient donné de la prépondérance. Il était général de brigade dans l'armée de Carteaux, lorsqu'on l'appela au commandement en chef de l'armée des Alpes. — *Biographie universelle.*

Après la bataille de Hondschoote, Houchard a voulu poursuivre sa victoire, et ses lieutenants ont attaqué des détachements Hollandais disséminés dans divers postes. Werwick et Menin sont pris (13 Septembre), lorsque les Français en se dirigeant sur Courtray rencontrent les troupes du général Autrichien Beaulieu qui accourt au secours du Prince d'Orange (15 Septembre). Le combat s'engage d'une manière favorable pour l'armée républicaine ; mais tout à coup des cris de *sauve qui peut* y répandent une terreur panique et elle fuit dans toutes les directions ; entraînant dans son torrent les camps, les détachements et les postes qui se trouvent sur son passage, elle ne s'arrête que sous les murs de Lille.

Cette journée, dont le funeste résultat était si peu attendu, vient en appui aux déclamations de ceux qui ont déjà accusé Houchard; les feuilles révolutionnaires crient à la trahison ; avec la logique ordinaire des prétendus amis de l'Egalité, les journaux orduriers, interprètes de la basse démagogie, lui reprochent jusqu'à de modestes fonctions qu'il aurait remplies avant ses débuts dans la carrière militaire; le vainqueur de Hondschoote est traité par eux de *palefrenier* (1). Enfin (24 Septembre), le Ministre de la guerre, Bouchotte, annonce à la Convention que les trois généraux en chef Houchard, Landremont et Schauenburg sont respectivement destitués du commandement des armées du Nord, du Rhin et de la Moselle, et qu'ils sont remplacés par Jourdan, Delmas et Moreau.

Mais cette brusque communication d'arrêts non motivés soulève des réclamations. Le député Duroy qui arrive de l'armée du Rhin prend la parole : « Landremont est un excellent
» patriote et un bon républicain ; il a rendu
» de grands services et il possède la confiance
» de tous les soldats de son armée. Delmas,
» par lequel on veut le remplacer, a commandé

---

(1) *La grande colère du père Duchesne contre le palefrenier Houchard qui, comme son maître Custine, a tourné casaque à la Sans-Culotterie. Sa grande joie de voir bientôt ce butor* mettre la tête à la fenêtre.

« Que des ci-devant nobles, que des calotins, que des financiers,
» que des robins trahissent la patrie, cela ne m'étonne pas, foutre :
» d'un sac à charbon on ne saurait tirer blanche farine, et la caque
» sent toujours le hareng. Mais qu'un Sans-Culotte élevé à un grade
» éminent tourne casaque à la République, il y a de quoi se débap-
» tiser, et cependant, foutre, nous n'en avions que trop d'exemples
» pour l'honneur de la Sans-Culotterie.................................
» J'espère, foutre, que le procès de ce vil coquin ne traînera pas,
» et qu'il va, sous peu de jours, *jouer à son tour à la main
» chaude.......* » etc., etc.

» intrépidement le 1er bataillon de la Corrèze (1),
» mais son âge et ses connaissances ne le ren-
» dent pas encore apte à une telle position. Je
» connais tous les généraux de l'armée du Rhin;
» ils sont patriotes et valeureux, mais ils ne
» sauraient conduire de grandes opérations,
» parce qu'il ne suffit pas pour cela d'avoir
» figuré dans les révolutions de Paris. Vous
» avez des chefs militaires instruits ; con-
» servez-les à la tête de vos armées puisque,
» bien qu'ils aient eu le malheur de naître no-
» bles, ils n'en sont pas moins Sans-Culottes. Je
» demande que le Conseil exécutif ne puisse
» suspendre, destituer ou remplacer les géné-
» raux qu'après en avoir fait connaître les motifs
» à la Convention. »

Ce discours qui excite de violents murmures parmi les Montagnards et dans les tribunes, est appuyé par un autre député, Génissieux: « Dernièrement, Kellermann a été subite-
» ment remplacé à l'armée des Alpes par

---

(1) Delmas, né à Argentat en 1768, d'une famille noble, mais pauvre. Ayant embrassé l'état militaire dès son jeune âge, il fut nommé en 1791, chef du 1er bataillon de la Corrèze. Il se distingua d'abord à l'armée du Nord et devint général de brigade. Il fut ensuite employé à l'armée du Rhin. — *Biographie universelle.*

» Doppet, patriote plein de courage à la vérité,
» mais qui, avant de commander la Légion des
» Allobroges, était simplement médecin. Il est
» nécessaire qu'à l'avenir, lorsque le Ministre
» présentera à la Convention de semblables no-
» minations à confirmer, on n'y procède que le
» lendemain, afin d'avoir le temps de prendre
» des renseignements et de réfléchir. »

Ces sages propositions sont combattues par les Montagnards : « Sans doute, parmi les ci-
« devant nobles, il peut se trouver de vrais Sans-
« Culottes ; mais il ne doit pas être question des
« individus, il s'agit d'épurer entièrement les
« armées. Par cette mesure, on privera peut-
« être la République du service de quelques bra-
« ves gens ; mais si l'on veut éviter toute tra-
« hison, il faut entièrement écarter des armées
« l'ancienne caste privilégiée. Nous sommes
« entre deux maux inévitables : la trahison et
« l'ignorance ; il faut choisir le moins grand ;
« dans peu, nous trouverons parmi les officiers,
« des patriotes instruits qui remplaceront de
« perfides généraux. »

Le lendemain, le Comité de salut public froissé par l'opposition manifestée au sujet des trois destitutions annoncées, explique par l'organe

de Barère les causes de la disgrâce du vainqueur de Hondschoote : « Le premier principe
» pour tirer parti du courage des soldats, qui
» a été établi par Frédéric et partagé par tous
» les grands généraux, est d'opérer par mas-
» ses et de ne pas diviser ses forces. Jusqu'à
» présent, vous n'avez eu que des armées dissé-
» minées et morcelées ; le Comité a aperçu le
» mal ; il a écrit aux généraux de se battre en
» masse ; ils ne l'ont pas fait : vous avez eu des
» revers. Une autre cause de désastres est la
» trahison.

» Les combats livrés à Dunkerque et à Ber-
» gues présentent sous une apparence glo-
» rieuse le caractère d'une adroite trahison :
» Houchard eût dû jeter les Anglais à la mer
» après leur déroute (1), tailler en pièces les
» Hollandais qui étaient cernés, ne laisser au-
» cune partie de ses troupes dans l'inaction et
» ne pas garder le silence sur la déroute qui a

---

(1) Gay de Vernon, ancien aide de camp de Custine, adjudant général de l'armée du Nord et témoin oculaire des faits, devint plus tard Directeur des études à l'École Polytechnique. Dans le *Traité élémentaire d'art militaire* qu'il rédigea pour ses élèves, il démontre l'impossibilité de cette manœuvre dont la non-exécution irrita le Comité de salut public contre Houchard.

La même opinion est exprimée dans l'*Histoire critique* de Jomini.

» suivi l'abandon de Menin. Malgré ces pré-
» somptions, Houchard, né dans le rang le
» plus obscur, ne pouvait être soupçonné aussi
» rapidement que s'il eût été noble; mais un
» des Commissaires de la Convention, revenu
» de l'armée, nous a confirmé les détails d'un
» morcellement de troupes qui n'a pu être que
» l'effet d'une ignorance crasse ou de la trahison.
» La dernière colonne de l'armée du Nord, la
» seule qui ait rempli son but, n'a vaincu que
» par un effort de courage qui a tenu du pro-
» dige. Nous avons donc pris le parti de des-
» tituer Houchard et de mettre à sa place un
» patriote prononcé. »

Ensuite, le Comité de salut public, par l'organe de Barère, de Robespierre et de Jean-
Bon-Saint-André, se plaint hypocritement de
l'opposition qu'il vient de rencontrer dans l'Assemblée : « Peut-on attaquer le Comité sans
» attaquer la Convention dont il n'est que le
» mandataire ? Ses divers membres ont ac-
» cepté avec dévouement de pénibles travaux ;
» mais ils sont prêts à céder leurs positions
» à ceux en qui la Convention reconnaîtrait
» plus de lumières ou de capacité. S'ils ne
» possèdent plus la confiance de l'Assemblée,

» ils demandent à être remplacés ; ils s'é-
» tonnent seulement que les accusations se
» soient élevées contre eux à propos de la
» destitution de quelques généraux traîtres
» ou ignorants ; leurs dénonciateurs font
» sans doute partie de ces factions liberticides
» qui cherchent à diviser la Convention, et qui,
» par une tactique des plus perfides, veulent
» semer des doutes sur le patriotisme des plus
» purs Sans-Culottes. »

Après ces explications, quelques Conventionnels demandent l'ordre du jour ; mais le Comité de salut public insiste pour que la Convention déclare s'il a toute sa confiance. Les Montagnards donnent l'exemple ; l'Assemblée qui ne leur résiste plus, rend le vote demandé par le pouvoir impérieux qui s'élève ; cette décision implique l'approbation de la destitution et de l'arrestation des trois généraux en chef.

Le même jour, Robespierre poursuit l'œuvre du Comité au Club des Jacobins : « Hou-
» chard, à qui on a contesté du talent, en a
» montré beaucoup pour éviter de battre les
» Anglais ; il s'est reporté trois fois en arrière
» afin de ne pas les rencontrer. Quant à Lan-

» dremont, qui est né comte et qui a été
» autrefois comblé des faveurs du *tyran*, il a
» tout fait, ainsi qu'on devait s'y attendre,
» pour inutiliser la bravoure des troupes de
» l'armée du Rhin. Des généraux, des chefs
» d'état-major et des officiers non moins cou-
» pables, ont été destitués et remplacés à
» la fois; ces mesures aussi patriotiques qu'é-
» nergiques devaient déplaire aux contre-ré-
» volutionnaires de la Convention, restes de
» la faction des Girondins. Aussi le Comité de
» salut public a-t-il été attaqué; mais si ses
» actes déplaisent aux intrigants et aux roya-
» listes, il a l'approbation du *Peuple* qui lui
» suffit. »

Les officiers non moins coupables que Houchard, à ce que disait Robespierre, étaient Dumesny, général de division à l'armée du Nord, Hédouville qui commandait l'aile gauche à la bataille de Hondschoote, et Barthélemy, chef d'état-major de Houchard; ils venaient d'être arrêtés ainsi qu'une foule d'autres. Peu auparavant, Custine fils, Baraguey d'Hilliers et ceux de ses camarades qui avaient comme lui déposé en faveur de Custine, avaient été également incarcérés.

Quant au *Peuple*, dont Robespierre et les autres tribuns Jacobins flattaient sans cesse les instincts pour mieux l'égarer, il était maintenu dans une exaltation fiévreuse par ces excitations journalières. Les sophismes habituels de ces orateurs étaient parvenus à fausser complétement les esprits. Au moment où le nombre des détenus suspects d'aristocratie atteignait presque 1900, le public des Sociétés populaires ne s'étonnait pas d'entendre dire que les *patriotes* étaient opprimés et emprisonnés par les contre-révolutionnaires; au Club des Jacobins on écouta, sans rire, un orateur qui, dans un accès de naïve férocité, s'indignait des *manœuvres perfides qu'employaient les réactionnaires pour se dérober à la guillotine.*

Aux soupçons et aux alarmes causées sans cesse par les prétendus complots de l'aristocratie, se joignait comme d'habitude l'appréhension de manquer de subsistances; l'interruption du commerce, les accusations d'accaparements et les gains immédiats que réalisaient les laboureurs en faisant des transports pour les armées, avaient amené dans la circulation des blés une stagnation qui menaçait l'approvisionnement de Paris. Il fut décidé qu'on ferait dans chaque Commune le recensement général des grains et que tout individu convaincu d'une fausse déclaration serait puni de six ans de fers; des mesures coercitives furent adoptées pour forcer les fermiers à apporter leurs denrées sur les marchés; le *maximum* fut établi pour les grains (1); enfin, on décida que Paris serait approvisionné comme place de guerre, c'est-à-dire par des réquisitions émanant de l'autorité supérieure. Ces diverses mesures, loin de rassurer la population Parisienne, contribuaient à entretenir des appréhensions dont savaient tirer parti la Commune ainsi que les chefs Jacobins et Cordeliers.

Le 5 Septembre, une députation composée de délégués des quarante-huit Sections, est conduite par le Maire et par les Officiers municipaux devant la Convention. Chaumette prend la parole et, dans un long discours conforme

---

(1) 14 livres pour le quintal de froment de bonne qualité, auxquelles il fallait ajouter le prix du transport dont les frais ne pouvaient excéder 5 sols par lieue sur les routes de poste et 6 sols sur les routes de traverse. Le prix fixé pour le quintal de la plus belle farine était de 20 livres.

à l'esprit déréglé de l'époque (1), il demande la formation d'une *Armée révolutionnaire* destinée à assurer la circulation des subsistances et l'approvisionnement de la Capitale :

« ..... Que cette armée forme très-incessam-
» ment son noyau dans Paris, et que, dans
» tous les Départements qu'elle parcourra, elle
» se grossisse de tous les hommes qui veulent
» la République une et indivisible ; qu'elle soit
» suivie d'un tribunal incorruptible et de l'ins-
» trument fatal qui tranche d'un seul coup les
» complots ainsi que les jours de leurs auteurs;
» qu'elle soit chargée de forcer l'avarice et la
» cupidité à dégorger les richesses de la terre,

---

(1) *Fragment du discours de Chaumette* : « ..... Et vous, Monta-
» gne à jamais célèbre dans les fastes de l'histoire, soyez le Sinaï des
» Français ! Lancez au milieu des foudres les décrets éternels de la
» Justice et de la volonté du *Peuple*. Inébranlable au milieu des
» orages amoncelés par l'aristocratie, agitez-vous et tressaillez à la
» voix du *Peuple*. Assez longtemps le feu concentré de l'amour du
» bien public a bouillonné dans vos flancs; qu'il fasse une irruption
» violente ! Montagne sainte ! devenez un volcan dont les laves brû-
» lantes détruisent à jamais l'espoir du méchant, et calcinent les
» cœurs où se trouve encore l'idée de la Royauté.

» Plus de quartier, plus de miséricorde aux traîtres. Jetons entre
» eux et nous la barrière de l'Éternité. Les patriotes de tous les dé-
» partements, et le *Peuple* de Paris en particulier, ont jusqu'ici
» assez montré de patience. On s'est joué ; le jour de la justice et de
» la colère est venu, etc., etc..... » *Séance de la Convention du
5 Septembre* 1793.

» nourrice inépuisable de tous ses enfants.
» Enfin, que cette armée soit composée de telle
» manière qu'elle puisse laisser dans toutes
» les villes des forces suffisantes pour com-
» primer les malveillants. »

Depuis longtemps, en vue de secrets desseins de suprématie, la Commune avait formé le projet de la création d'une *armée révolutionnaire* destinée à agir sous ses ordres, à l'intérieur. Aussi, quatre mois auparavant, une proposition analogue avait-elle déjà été faite à la Convention qui avait cédé comme d'habitude (2 Juin). On avait décidé qu'une force armée de 6,000 hommes soldés à 40 sols par jour, serait créée à Paris. La Commune s'était empressée d'ouvrir des registres pour l'inscription des enrôlements, et Bouchotte, sans souci des besoins des armées, avait inutilisé 6,000 fusils en faveur de ce Corps qui n'existait qu'en projet. Mais des difficultés s'étaient élevées. Les Canonniers Parisiens, alléguant leur républicanisme bien connu, avaient demandé en masse à être organisés eux-mêmes en *armée révolutionnaire ;* on n'avait pas voulu mécontenter par un refus ces redoutables *patriotes ;* mais d'un autre côté, on ne pouvait songer à détourner de leur spécialité ces compagnies d'artillerie qui fournissaient avec tant de bonne volonté des ressources précieuses pour les armées ; l'exécution de ce projet avait donc été forcément retardée. Lorsque la Commune voulut le reprendre, il lui sembla nécessaire d'obtenir l'approbation du second Comité du salut public dont l'existence datait à peine de deux mois et qui cependant lui semblait déjà redoutable. En outre, ses prétentions s'accroissant de jour en jour, elle espérait obtenir pour *l'armée révolutionnaire* un effectif supérieur à celui qui avait été primitivement fixé. Une nouvelle pétition fut donc jugée nécessaire, et l'on avait fait naître, pour la présenter à la Convention, une effervescence populaire à l'occasion des subsistances.

Sous l'impression du discours de Chaumette, l'Assemblée se fait présenter, séance tenante, par le Comité de salut public un projet d'organisation *d'armée révolutionnaire Parisienne*, qu'elle adopte en ces termes : « Il
» y aura, à Paris, une force armée de **6,000**
» hommes et de **1200** canonniers, destinée
» à comprimer les contre-révolutionnaires, à
» exécuter, partout où besoin sera, les lois

» révolutionnaires ainsi que les mesures de
» salut public et à protéger les subsistances. »

D'autres mesures sont aussi prises dans le but de satisfaire aux exigences des nombreux pétitionnaires qui ont envahi l'enceinte législative :

« Les jardins des Tuileries et des maisons
» nationales seront mis en culture et ensemen-
» cés ainsi que les Champs-Elysées. »

» Les Comités révolutionnaires des Sections
» sont chargés de mettre tous les *suspects* en
» état d'arrestation. Le Conseil général de la
» Commune remplacera d'office les membres
» de ces Comités qui ne sont pas d'un pa-
» triotisme assuré.

» La délivrance des passe-ports est suspen-
» due et le décret qui défend les visites do-
» miciliaires nocturnes est aboli.

» Les assemblées des Sections se tiendront
» seulement deux fois par semaine, le Jeudi
» et le Dimanche. Pour que les citoyens pau-
» vres puissent y assister, ils recevront par
» séance une indemnité de 40 sols (9 Sep-
» tembre). »

Aussitôt que sont décrétées ces propositions qui établissent la prépondérance de la populace que dirige la Commune, celle-ci donne l'exemple aux Comités révolutionnaires des Sections en procédant immédiatement à son *épuration* : elle soumet à une censure individuelle tous les membres de son Conseil, et elle remplace par des *patriotes plus énergiques* ceux qui ne présentent pas les garanties d'un Sans-Culottisme acharné. Bientôt les Comités révolutionnaires des Sections et les diverses Sociétés populaires lui apprennent qu'ils procèdent aussi à l'expulsion des royalistes, des *Fayétistes*, des aristocrates, des modérés, etc. En même temps, les visites domiciliaires nocturnes jettent l'effroi dans la population. « Que » peut-on craindre, » dit Henriot, « puisqu'elles » ne concernent que les *suspects* ? » Malheureusement, un terrible décret (17 Septembre) vient donner à ce mot une si large extension qu'il peut être appliqué à tout individu. Les vengeances particulières, la haine et l'envie concourent avec la fureur populaire à remplir les prisons (1). On procède aussi à la rentrée

---

(1) Le nombre des détenus était de 1,877, le 13 Septembre ; sept jours après, il était de 2,258. — *Moniteur universel.*]

de l'emprunt forcé d'un milliard établi sur les riches quelque temps auparavant.

Cependant le décret relatif à la formation de *l'armée révolutionnaire Parisienne* ne satisfait qu'imparfaitement la Commune, car il n'attribue pas à cette nouvelle force armée, dont elle espère disposer à son gré, le nombreux effectif auquel elle a aspiré et il ne lui adjoint ni tribunal, ni guillotine ambulante. De nouvelles pétitions sont présentées à ce sujet; mais le Comité de salut public résiste à ces exigences (1), et Carnot déjoue encore en partie les projets de la Commune en soumettant cette *armée*, dont on n'a pu éviter la création, à des formes militaires que la Convention adopte sur sa proposition (9 Septembre) :

« Le Comité révolutionnaire de chaque Sec-
» tion établira une liste de ceux qui veulent ser-
» vir dans *l'armée révolutionnaire*. Une com-
» mission épuratoire sera chargée d'examiner
» soigneusement le civisme des citoyens qui se
» présenteront pour en faire partie.
» Toutes les compagnies d'artillerie de la

---

(1) D'après les *Mémoires* de Barère, Robespierre fut le seul membre du Comité de salut public qui fût d'avis de donner à *l'armée révolutionnaire* un tribunal et des guillotines.

» Garde nationale Parisienne seront soldées, et
» la moitié sera attachée à *l'armée révolu-*
» *tionnaire ;* l'autre moitié continuera le service
» auprès des Sections (1).

» Les six escadrons de cavalerie qui se for-
» ment à Paris (2) continueront d'être levés et
» feront partie de *l'armée révolutionnaire.*

» Il y aura six bataillons d'infanterie, chacun
» de 1,000 hommes et commandé par un chef
» de bataillon.

» Les sous-officiers et officiers des compa-
» gnies seront à la nomination des Volontaires.

» Les officiers des états-majors des bataillons
» seront nommés par le Conseil exécutif et con-
» firmés par le Comité de salut public.

» L'état-major général sera composé d'un gé-
» néral de division, deux généraux de brigade
» et trois adjudants généraux. Il sera nommé
» comme l'état-major particulier des batail-
» lons. »

En vertu de ce décret, des gens sans aveu et
des bandits de toutes sortes se font inscrire

---

(1) On contentait ainsi les canonniers Parisiens sans les désorganiser.

(2) Ces six escadrons composaient le contingent de Paris dans la répartition du recrutement des 30,000 hommes de cavalerie, décrété le 27 Juin par le premier Comité de salut public.

sur les listes ouvertes par les Comités révolutionnaires des Sections. La *Commission épuratoire*, qui siége à la Commune pour constater leur *sans-culottisme*, feint de procéder à la vérification impossible de l'individualité de 6,000 hommes perdus jusque-là, pour la plupart, dans les fanges de Paris. Aussi se glisse-t-il dans les rangs de cette écume des révolutions, des gens qui n'y entrent que pour se mettre à l'abri des mesures à l'ordre du jour et qui s'efforcent de ressembler à leurs terribles compagnons.

Le 25 Septembre, on présente au Club des Jacobins la liste de l'état-major donné à cette *armée* par le Pouvoir exécutif; mais avant que ces nouveaux officiers entrent en fonctions, il paraît indispensable que leur patriotisme soit constaté aux yeux de cette Société par l'*épuration civique*. On décide, en conséquence, qu'on procédera à la censure nominale de chacun d'eux; chaque candidat montera à la tribune, il y fera valoir ses mérites et il répondra aux inculpations qui pourraient s'élever contre lui.

L'épuration commence. *Ronsin*, le général en chef, *Boulanger* et *Parein*, les deux généraux de brigade, se présentent les premiers; ils sont trop *purs* pour que leurs nominations soulèvent la moindre objection.

L'admission de *Mazuel*, chef de la cavalerie, n'a pas lieu sans quelques difficultés. On doute que ses connaissances militaires soient à hauteur du grade qu'on lui a attribué dans l'armée destinée à donner le coup de grâce aux aristocrates. On lui reproche, en outre, de n'avoir pas brûlé la cervelle à un réactionnaire qui a tenu devant lui des propos inciviques. Mais les amis de Mazuel font observer que ses talents militaires importent peu si on lui reconnaît un fervent patriotisme, et il prouve lui-même qu'il a fait incarcérer l'aristocrate en question. Il est admis, et l'on passe à l'épuration des adjudants généraux.

Le premier est *Mauban*. On craint qu'il ne s'agisse d'un contre-révolutionnaire qui a été plat flagorneur de Lafayette, adjudant général de Dumouriez et qui, en outre, s'est acquitté plusieurs fois de la mission liberticide de rétablir l'ordre dans le jardin du Palais Egalité. Mais Mauban le révolutionnaire se lève : « Ce » n'est pas la crainte de perdre un emploi » dont on l'a jugé digne qui lui fait prendre la

» parole, c'est la nécessité de conserver sa ré-
» putation flétrie par une aussi déplorable
» méprise. Ce n'est certainement pas lui qui
» aurait jamais voulu gêner les patriotes dans
» leur droit de liberté illimitée ; il est auteur
» de plusieurs ouvrages révolutionnaires ; il
» fait partie de la Société fraternelle ; son ré-
» pondant et son protecteur est Henriot. »
Une telle accumulation de titres ne laissant
rien à désirer, on décide qu'un procès-verbal
de la séance sera adressé au Ministre de la
guerre pour qu'à l'avenir le patriote Mauban
ne risque plus d'être confondu avec son infâme homonyme.

Le nom de *Houssaye*, autre adjudant général, est accueilli par un silence de mauvais
augure ; personne ne le connaissant, il va être
rayé, lorsque tout à coup la lumière se fait.
Ce candidat n'est autre que le fameux patriote
connu de tous les Jacobins sous le surnom de
Pas-de-bon-Dieu. Cette dénomination essentiellement patriotique constitue déjà une puissante recommandation ; mais chacun sait que
celui qui la porte a été la terreur des Autrichiens et que nul ne leur a enlevé plus de
chevaux et de bagages ; cependant il est resté

pauvre, car, en ce moment même, il est à l'hôpital. Ces explications sont données au bruit des applaudissements ; on veut citer quelques beaux traits du candidat ; mais c'est une superfétation et une perte de temps, *Pas-de-bon-Dieu* n'a pas besoin qu'on fasse son éloge.

Quatre chefs de bataillon entendent leurs noms accueillis par de vives acclamations. On reproche au cinquième, *Lemaire*, d'avoir mal parlé de Marat l'ami du peuple ; mais il prouve qu'il s'est déjà justifié de cette accusation, lors du dernier épurement de la Société. Le sixième chef de bataillon, *Cordier*, est vivement incriminé : « Il a été Jacobin jusqu'au moment où
» Lafayette a quitté la Société ; alors, il s'est
» fait *Feuillant*. Il a logé chez le ci-devant
» *Monsieur*, frère de *Capet !*... « A l'énoncé de cette dernière infamie, le cœur de tous les *purs* se soulève d'indignation et de dégoût.
» Pouah ! — C'est assez ! — On ne peut en en-
» tendre davantage ! — Passez à un autre ! »

Un adjudant-major, *Bréard*, est admis en raison de son civisme connu ; « mais son accep-
» tation constitue un fait exceptionnel puisqu'il
» ne fait partie d'aucune Société populaire.
» Ces assemblées étant le champ de bataille où

» les patriotes ont combattu en faveur de la Li-
» berté, les nouveaux officiers doivent y avoir
» tous figuré, et encore depuis longtemps, car
» il ne faut pas que *l'armée révolutionnaire*
» soit infectée de républicains datant seulement
» du 10 Août. »

Relativement aux quartiers-maîtres, l'épuration n'offre aucune circonstance remarquable, si ce n'est l'enthousiasme qu'excite le nom de *Lacour* qui a subi un emprisonnement de cinquante jours, et a été condamné à mort par le tribunal contre-révolutionnaire de Nantes pour avoir soutenu les principes de Marat (1).

L'état-major ayant été ainsi épuré, rien ne s'oppose plus à la formation de *l'armée révolutionnaire.* Les officiers des bataillons, pressés de se montrer dans une splendeur inaccoutumée, réclament d'abord des épaulettes en or et des chevaux ; mais le Procureur de la Commune s'oppose à ces prétentions aristocratiques : « Ils ne porteront que des épaulettes
» de laine et ils marcheront à pied comme

---

(1) *Séances des 27 et 28 Septembre 1793 de la Société des Amis de la Liberté et de l'Égalité*, séant aux ci-devant Jacobins de Paris.

» leurs soldats (1) ; il ne doit y avoir de che-
» vaux dans l'*armée révolutionnaire* que
» pour traîner les vivres, les canons et l'instru-
» ment du supplice des aristocrates. » Ce dernier complément est le but du vif désir des deux nouveaux *généraux de brigade :* « Je
» veux absolument une guillotine ! » s'écrie Boulanger au Club des Jacobins. — « J'en
» réclame deux, » riposte immédiatement son collègue Parein qui ne veut pas se laisser vaincre en *patriotisme.* Mais le Comité de salut public et la Convention s'en tiennent aux termes du décret ; les demandes qui leur sont adressées à ce sujet restent sans résultat, et l'*armée révolutionnaire* est réduite à s'organiser en déplorant l'obstination qui s'oppose à ce qu'elle complète ainsi son armement.

---

(1) Dans l'ancienne armée, les officiers des compagnies d'infanterie étaient à pied pour les manœuvres, les exercices, les parades et les revues ; mais ils voyageaient à cheval. Bien que la misère des troupes de la République eût modifié cet usage, aucun décret ne l'avait encore officiellement aboli, ainsi que cela se fit quelques mois après.

CHAPITRE XXVII.

LEVÉE EN MASSE.—TRAVAUX MILITAIRES DU SECOND COMITÉ DE SALUT PUBLIC.

(Août, Septembre et Octobre 1793.)

Sommaire :

Les Commissaires des Assemblées Primaires reçoivent la mission d'exciter l'enthousiasme des citoyens pour un recrutement extraordinaire.

Projet de Carnot de faire concourir à la défense du pays tous les bras, toutes les intelligences et toutes les fortunes.

Rapport de Barère. — La Convention déclare que le Peuple Français va se lever tout entier pour défendre son indépendance. — Ironie des contre-révolutionnaires. — Inquiétudes de la Convention. — Explications données par Barère sur le principe de la Levée en masse.

La Levée en masse est décrétée. — Mesures d'exécution. — Envoi des forces départementales aux frontières. — La réquisition générale ne soulève à Paris et dans les Départements qu'une faible opposition. — Inutilité des moyens employés pour échapper à ses exigences. — Craintes sur le tort qu'elle peut apporter aux travaux de l'agriculture. — Les bataillons Parisiens sont privés du droit d'élire leurs officiers et leurs sous-officiers. — Départ des réquisitionnaires. — Inefficacité des décrets rendus jusque-là pour recruter la cavalerie. — Nouveaux décrets adoptés sur la proposition du Comité de salut public. — Artillerie.

Armement. — Nécessité d'obtenir rapidement 500,000 fusils. — Proposition d'établir à Paris une immense fabrication d'armes. — Elle est adoptée.

Munitions. — Les terres et matières salpêtrées sont mises à la disposition du Pouvoir exécutif. — Réquisition des poudriers et des raffineurs de salpêtre, ainsi que des matières premières qui entrent dans la composition des poudres.

Habillement.—Mesures pour diminuer les dilapidations.—Ateliers de confection établis à Paris. — Les dons patriotiques deviennent à peu près obligatoires.

L'ancien uniforme blanc est définitivement remplacé par l'habit national.

Les nombreux déficit dans le recrutement des 300,000 hommes forçaient les Représentants du peuple à multiplier les réquisitions de Gardes nationales ; mais l'imprévu de ces exigences entraînait souvent la mauvaise volonté, on pouvait prévoir que leur répétition fatiguerait bientôt les populations, et d'ailleurs, on n'obtenait ainsi que des ressources temporaires qui faisaient défaut au moment où l'on s'y attendait le moins. Dans la séance du 12 Août, sur une proposition faite par Barère et appuyée par Danton, la Convention reconnut l'utilité de charger les *Commissaires des Assemblées primaires* d'exciter l'énergie des citoyens pour la défense du territoire.

Ces quatre cents Commissaires étaient venus de leurs Départements pour célébrer à Paris la Fédération républicaine du 10 Août. Dans le but de réconcilier les Provinces avec la Capitale, on les avait choyés de toutes façons ;

des subsistances considérables avaient été réunies pour présenter à leurs yeux un semblant d'abondance; on les avait circonvenus habilement en les entraînant au Club des Jacobins où il fut décidé qu'ils se rendraient tous les jours tant qu'ils resteraient à Paris ; on avait ainsi détruit d'avance le projet formé par beaucoup d'entre eux de demander des mesures de clémence et surtout l'amnistie des Girondins incarcérés. Des embrassements fraternels, des scènes d'attendrissement préparées d'avance avaient entièrement mis ces délégués des Départements sous l'influence du parti le plus exalté.

Le 10 Août, ils avaient occupé une place honorifique dans le cortége de la fête républicaine organisée par le peintre David. Avec tous les Représentants du peuple, ils avaient bu, dans une même coupe, de l'eau qui tombait des mamelles d'une statue de la Nature dénommée *Fontaine de la régénération*. Les doyens d'âge de chaque Département, marchant unis par un ruban tricolore, avaient formé pendant toute la cérémonie une chaîne autour des membres de la Convention qui portaient chacun un bouquet d'épis de blé, et du milieu desquels surgissaient les Tables de la Constitution ainsi que celles des Droits de l'homme. L'urne des soldats morts pour la Patrie, des charrues, des instruments de métier et des tombereaux chargés de sceptres et d'insignes royaux destinés à être brûlés, complétaient la conception de David.

Les Commissaires des Assemblées primaires furent donc investis par la Convention des pouvoirs nécessaires pour faire, dans leurs Départements respectifs, l'inventaire des armes, des munitions et des chevaux, ainsi que les réquisitions pour un recrutement extraordinaire, dont les formes et les moyens d'exécution devaient être déterminés par un décret que le Comité de salut public était chargé de présenter.

Carnot, en entrant à ce Comité (13 Août), y avait porté l'idée qu'une population de vingt-cinq millions d'âmes, active et énergique, devait, en réunissant momentanément tous ses efforts, tous ses moyens et toutes ses richesses, triompher rapidement de Puissances divisées d'intérêt et agissant avec une lenteur telle que chacune d'elles semblait craindre de concourir plus que les autres au succès général de la Coalition. La première conséquence de ce système qui tendait à accaparer pour la défense les bras, les intelligences et les fortunes de tous les citoyens, devait être de changer tous les Français en soldats et de les précipiter audacieusement sur des ennemis nombreux, mais lents, indécis et sans cohésion.

Ce plan formidable qui enflamma le Comité de salut public fut ainsi présenté par Barère à la Convention : « Les généraux ont méconnu
» jusqu'à présent le véritable tempérament
» national. L'irruption, l'attaque soudaine sont
» les moyens qui lui conviennent. Ce n'est point
» à des Français à aller, dans l'oisiveté des
» camps, attendre un assaillant qui réussit
» toujours. C'est à nous à déployer notre
» force, à attaquer et à foudroyer les troupes
» des tyrans. »

Sur sa proposition, le décret suivant est adopté (16 Août) :

« Le Peuple Français déclare, par l'organe de
» ses Représentants, qu'il va se lever tout entier
» pour la défense de son indépendance, de sa
» liberté, de sa constitution et pour délivrer son
» territoire de la présence des despotes et de
» leurs satellites. »

Cette déclaration excite d'abord la risée des contre-révolutionnaires qui plaisantent sur les vingt-cinq millions d'individus des deux sexes et de tout âge qu'on veut envoyer à la rencontre des Autrichiens. La Convention, inquiète elle-même sur le mode d'accomplissement de l'engagement qu'elle a pris dans un moment d'enthousiasme, presse avec anxiété le Comité de salut public de lui faire connaître les moyens d'exécution de ce recrutement universel auxquels Carnot travaille jour et nuit.

Le 20 Août, Barère reparaît à la tribune : « Les aristocrates veulent, en altérant l'idée du » Comité, jeter sur la Levée en masse un ridi- » cule qui n'atteint pas ceux qui servent bien » leur Patrie. Il n'est pas question de faire mar- » cher à la fois vingt-cinq millions de Français; » mais on veut que tout soit soumis à la réqui- » sition de la Liberté..... On a proposé des re- » crutements ; les contre-révolutionnaires eux- » mêmes les appellent de tous leurs vœux, car » ils payent alors des malveillants pour faire » du désordre et exciter contre la Révolution » les clercs de notaire, les commis et la jeu- » nesse marchande qui n'est point patriote.

» (23 Août). D'ailleurs, un contingent de-

» mandé à chaque Département est une contri-
» bution levée sur les hommes comme sur de
» vils troupeaux ; le contingent de la France
» combattant pour sa liberté doit comprendre
» toute sa population, toute son industrie, tous
» ses travaux et tout son génie... Que voulez-
» vous enfin ? Une Levée en masse.

» La réquisition de toutes les forces est né-
» cessaire sans doute, mais leur marche pro-
» gressive et leur emploi graduel sont suffisants.
» C'est là l'esprit et le sens de la levée du peuple
» entier. Tous sont requis, mais tous ne peu-
» vent marcher ou remplir la même fonction.
» La Liberté est devenue créancière de tous les
» citoyens ; les uns lui doivent leur industrie,
» les autres leur fortune, ceux-ci leurs conseils,
» ceux-là leurs bras ; tous lui doivent le sang
» qui coule dans leurs veines.

» Ainsi donc, tous les Français, quels que
» soient leur sexe et leur âge, sont appelés par
» la Patrie pour défendre la Liberté. Toutes les
» facultés physiques et morales, tous les moyens
» politiques et industriels lui sont acquis ; tous
» les métaux, tous les éléments sont ses tribu-
» taires. Que chacun occupe son poste, que
» chacun prenne son attitude dans le mouve-

» ment national et militaire que la fin de la
» Campagne nécessite : le métallurgiste comme
» le législateur, le physicien comme le forge-
» ron, le savant comme le manouvrier, l'armu-
» rier comme le colonel, le manufacturier
» d'armes comme le général, le patriote et le
» banquier, l'artisan peu fortuné et le riche
» propriétaire, l'homme des arts comme le fon-
» deur de canons, l'ingénieur des fortifications
» et le fabricant, l'habitant des campagnes et
» le citadin ; tous sont frères, tous sont utiles,
» tous seront honorés, et tous s'applaudiront
» avant peu d'avoir sauvé la Patrie. »

A la suite de ce chaleureux discours, la Convention rend la Loi suivante (23 Août) :

« I. Dès ce moment et jusqu'à celui où les en-
» nemis auront été chassés du territoire de la
» République, tous les Français sont en réqui-
» sition permanente pour le service des ar-
» mées.

» Les jeunes gens iront au combat ; les hom-
» mes mariés forgeront les armes et transpor-
» teront les subsistances ; les femmes feront des
» tentes, des habits et serviront dans les hôpi-
» taux ; les enfants mettront les vieux linges en
» charpie ; les vieillards se feront porter sur les

» places publiques pour enflammer le courage
» des guerriers, exciter à la haine contre les rois
» et recommander l'unité de la République.

» II. Les maisons nationales seront converties
» en casernes et les places publiques en ateliers
» d'armes; le sol des caves sera lessivé pour en
» extraire le salpêtre.

» III. Les armes de calibre seront exclusive-
» ment confiées à ceux qui marcheront à l'en-
» nemi ; le service de l'intérieur se fera avec
» les fusils de chasse et l'arme blanche.

» IV. Les chevaux de selle seront requis pour
» compléter les corps de cavalerie ; les chevaux
» de trait, autres que ceux employés à l'agri-
» culture, conduiront l'artillerie et les vivres.

» V. Le Comité de salut public est chargé
» d'établir sans délai une fabrication extraor-
» dinaire d'armes qui soit en rapport avec l'é-
» tat et l'énergie du peuple Français.

. . . .

» VII. Nul ne pourra se faire remplacer dans
» le service pour lequel il sera requis.

» VIII. La levée sera générale; les citoyens
» de dix-huit à vingt-cinq ans, non mariés
» ou veufs sans enfants, marcheront les pre-
» miers ; ils se rendront sans délai au chef-lieu

» de leur District où ils s'exerceront tous les
» jours au maniement des armes, en attendant
» l'ordre de départ.

. . . .

» X. Les points de rassemblements seront
» ensuite désignés par les Représentants du
» peuple envoyés pour l'exécution de la pré-
» sente loi, sur l'avis des généraux et de concert
» avec le Comité du salut public et le Conseil
» exécutif.

» XI. Le bataillon organisé dans chaque
» District sera réuni sous une bannière portant
» cette inscription : *Le Peuple Français de-*
» *bout contre les tyrans.* »

Cette loi fut rapidement suivie de l'adoption des mesures d'exécution (7 Septembre) :

« Les jeunes gens de dix-huit à vingt-cinq
» ans seront organisés en bataillons dès qu'ils
» seront arrivés au chef-lieu de leur District.

» Il n'y aura pas de grenadiers; on formera
» des compagnies de Fusiliers de 86 à 100
» hommes; neuf de ces compagnies compose-
» ront un bataillon qui prendra le nom du
» District; l'excédant sera versé dans des ba-
» taillons moins nombreux.

» Chaque bataillon aura un état-major sem-

» blable à celui des bataillons nationaux de
» première formation ; mais il sera commandé
» par un seul chef de bataillon (1). Les nomi-
» nations des officiers seront faites au scrutin,
» conformément à la loi. Les appointements,
» soldes et masses seront les mêmes que pour
» l'Infanterie.

» Tous les Réquisitionnaires seront autant
» que possible revêtus de l'uniforme national ;
» le prix des habits, des objets d'équipement
» et des armes sera remboursé à ceux qui les
» apporteront avec eux.

» Les Commissaires des Assemblées primaires
» sont spécialement chargés d'entretenir l'ar-
» deur des citoyens, et de seconder dans leur
» mission les Représentants du peuple en mis-
» sion pour exécuter la réquisition.

» La loi n'excepte que les fonctionnaires
» publics et ceux qui sont déjà requis pour
» un autre service, tels que les fabricants
» d'armes, les ouvriers en fer, etc. »

La répartition du contingent à organiser fut

---

(1) Lors de la formation des premiers bataillons de Volontaires, le grade de chef de bataillon n'existait pas encore ; et, comme on avait tenu à multiplier les grades pour augmenter l'enthousiasme, chacun de ces Corps avait été doté de deux lieutenants-colonels.

envoyée à tous les Départements (1), le total était de 543 bataillons. D'après l'effectif moyen attribué à chacun d'eux, c'était environ un contingent de 450,000 hommes appelés subitement sous les drapeaux. Les Représentants près des armées et ceux envoyés dans les Départements durent procéder immédiatement à leur réunion.

Deux raisons principales avaient fait décider que les Réquisitionnaires se rassembleraient dans les chefs-lieux de Districts et non dans ceux de Départements, comme cela s'était fait jusqu'alors. D'abord, il était plus facile de pourvoir à la subsistance de la multitude des re-

---

(1) Armée du Nord. — Pas-de-Calais, 8 bataillons ; Nord, 8 ; Aisne, 6 ; Oise, 9 ; Paris, 3 ; Seine-et-Oise, 9 ; etc., etc.
          Total . . . . 66 bataillons.
Armée des Ardennes. — Ardennes, 6 bataillons ;
   Meuse, 8 ; etc. . . . . 60 —
Armée de la Moselle. . . . . 49 —
Armée du Rhin. . . . . 60 —
Armée des Alpes. . . . . 46 —
Armée d'Italie. . . . . 59 —
Armée des Pyrénées-Orientales. . . . . 37 —
Armée des Pyrénées-Occidentales. . . . . 35 —
Armée des Côtes de La Rochelle . . . . 45 —
Armée des Côtes de Brest. . . . . 45 —
Armée des Côtes de Cherbourg. . . . . 41 —
                                                  543 —

Moniteur universel du 9 Septembre. — Séance de la Convention du 8 Septembre.

crues en les disséminant. En outre, depuis qu'un grand nombre de localités avaient mis sur pied des Corps armés destinés à soutenir les Girondins et ce qu'on appelait alors le *Fédéralisme*, on redoutait les grands rassemblements qui eussent pu donner aux Provinces le sentiment de leur force et leur inspirer l'idée de la révolte. Les troupes départementales créées pour marcher contre Paris existaient encore, bien que le motif de leur formation eût disparu. On avait d'abord voulu les dissoudre ; mais la loi sur la Levée en masse permit au contraire de les utiliser : il fut décrété que, puisqu'elles étaient déjà armées, et qu'elles possédaient un commencement d'éducation militaire, elles devaient partir les premières pour la frontière.

Avant même qu'on eût promulgué les mesures d'exécution de la Levée en masse, les Représentants du peuple en avaient appliqué le principe dans les Départements en multipliant des réquisitions qui, malgré de fréquentes résistances, propageaient peu à peu l'idée que tout citoyen devait le service militaire à la Patrie. Aussi, dans le Nord et dans l'Alsace, lorsque des fourrageurs ennemis apparaissaient dans la campagne pour couper les moissons, chaque Paroisse faisait retentir la seule cloche que lui eussent laissée les préposés des fonderies de canons, et de tous côtés apparaissaient des paysans dont le nombre prêtait appui aux troupes régulières. Les Représentants du peuple ou les Administrateurs des Départements adressaient ensuite des récits pompeux de l'enthousiasme avec lequel les populations entières se levaient pour défendre la République et la Constitution.

Il en était de même en Vendée. Les réquisitions, l'amour du pillage, le désir de voir terminer une guerre qui ruinait leurs propriétés, faisaient lever des multitudes de campagnards des localités voisines des pays insurgés. Ces masses confuses qui suivaient les armées pendant quelques jours, parfois pendant quelques heures, étaient représentées comme des légions de républicains brûlant d'étouffer la rébellion. Elles concouraient à affamer le pays par leur nombre et à multiplier les défaites par leurs terreurs. Assigner un chiffre à ces contingents désordonnés était impossible ; aussi Barère ne craignit-il pas d'être démenti en disant à la

Convention (25 Septembre) : « Les réquisitions
» ont produit dans la Vendée une armée fabu-
» leuse à laquelle la postérité aura peine à
» croire ; *elle est de 400,000 hommes et s'est
» formée en vingt-quatre heures.*» De même,
lorsque Couthon avait requis les Gardes nationales du Puy-de-Dôme pour les faire concourir
au blocus de Lyon, il avait écrit à l'Assemblée :
« Le Puy-de-Dôme tout entier va marcher ; si
» je voulais, j'aurais plus de 200,000 hommes
» dans ce seul Département ; mais par égard
» pour les besoins de l'agriculture, je n'en
» prendrai que 25,000. » Des énumérations du
même genre, mais plus plausibles parce qu'elles étaient moins exagérées, furent fréquemment produites à la tribune ; elles ont souvent
induit en erreur sur la force effective des
armées de la République.

Le sentiment sur l'obligation générale du service militaire, qui s'était propagé ainsi dans
les villes et dans les campagnes, vint en aide
à l'exécution de la Levée en masse ; aussi
cette réquisition, malgré ses terribles exigences, n'offrit-elle qu'une image affaiblie des
oppositions qui avaient signalé le recrutement

des 300,000 hommes, et la terrible omnipotence des moyens révolutionnaires en triompha facilement.

Dans certaines localités, il se manifesta un enthousiasme réel ou factice que les autorités républicaines exagérèrent dans des rapports où elles se disaient forcées de renvoyer les gens mariés, parce que le nombre des enrôlés était trop considérable.

Ailleurs, il y eut des tentatives de résistance parfois créées ou encouragées par les contre-révolutionnaires. Les Strasbourgeois refusèrent d'abord de partir sous prétexte de garder eux-mêmes leur ville ; les campagnards des environs déclarèrent alors que, si les citadins ne marchaient pas, ils resteraient aussi pour défendre leurs foyers. Dans le Haut-Rhin, un grand nombre de jeunes gens armés cherchèrent au fond des forêts un asile qui pût les soustraire à la réquisition. A Rouen, à Saint-Omer, à Toulouse, à Bordeaux, etc., la Levée en masse excita des agitations que l'énergie des Commissaires de la Convention, les arrestations et la guillotine finirent par étouffer. Quant aux jeunes gens qui se soustrayaient par l'absence à l'exécution de la Loi, ils furent déclarés suspects, déserteurs, infâmes et traîtres à la Patrie.

A Paris, dès la promulgation du décret, on battit la caisse dans certaines rues en engageant les citoyens à signer une pétition pour obtenir le rappel de la Loi ; les moyens coercitifs rapidement employés par la Commune mirent fin à ce dangereux symptôme. En même temps, les Autorités usaient de toutes les ressources pour stimuler un enthousiasme que chacun redoutait alors de ne pas manifester suffisamment, et les Sociétés populaires ainsi que les Comités révolutionnaires des Sections les secondaient puissamment. Au club des Jacobins, un jeune orateur démagogué fut interrompu au milieu d'une de ses périodes par cette apostrophe : « Tu es jeune et célibataire, pourquoi » n'es-tu pas à la frontière ? »

Le 13 Septembre, la Section des Arcis présente à la Convention les 542 réquisitionnaires qui forment son contingent ; les jours suivants les autres Sections l'imitent. Les *Volontaires*, comme on les appelle encore, sont accueillis par d'unanimes applaudissements. Suivant la coutume, l'orateur de chaque bande prononce un discours dans lequel il annonce que ses ca-

camarades ont juré d'écraser les satellites des tyrans, d'anéantir les despotes et de vaincre ou de mourir. La Section de Brutus fait le serment d'imiter le grand homme dont elle porte le nom et de ne rentrer dans ses foyers que lorsque les Césars modernes auront péri sous ses coups ; une autre affirme que tous ceux qu'elle envoie à la frontière sont autant de Mutius Scœvola qui traverseront les camps ennemis pour plonger le poignard dans le sein des nouveaux Porsenna. Après cette apologie de l'assassinat, le Président de l'Assemblée donne à l'orateur l'accolade fraternelle. Tous entonnent la Marseillaise, et les *Volontaires* défilent aux bruits du chant national, du tambour et des acclamations qui ont signalé leur arrivée.

Cependant des députés s'étonnaient de ne voir qu'un petit nombre de *Mirliflores* et de *Muscadins* dans les rangs des réquisitionnaires. Les raisons en étaient simples : les jeunes gens aisés avaient adopté, pour vivre en bonne intelligence avec leurs compagnons, la tenue cynique et malpropre que l'on considérait alors comme preuve de civisme et que l'on déposait en rentrant chez soi. En outre, beaucoup d'entre eux, se fondant sur la disposition de la Loi qui exemptait les fonctionnaires, étaient parvenus à obtenir des emplois dans les diverses administrations. Une quantité plus considérable encore était entrée dans les Charrois qui nécessitaient un nombreux personnel auquel le désordre général permettait un accroissement à peu près illimité ; ils obéissaient ainsi à la réquisition, tout en se créant une position où le service militaire était nul, et qui leur permettait de conserver leurs chevaux, leurs habitudes et leurs domiciles dont ils ne comptaient faire que de courtes absences.

Ce moyen d'éluder l'incorporation dans les rangs de l'Infanterie amena un singulier résultat à Corbeil. Le jour où l'on voulut y procéder à la Levée en masse, on ne put trouver un seul réquisitionnaire ; tous les jeunes gens, riches ou pauvres, faisaient partie du Service des charrois. Les Administrateurs embarrassés en déférèrent à la Convention ; il fut décidé que l'on considérerait comme nul tout engagement dans les charrois, les vivres et les administrations, qui n'aurait pas précédé de trois mois le décret sur la Levée en masse,

Les jeunes employés qui avaient plus de trois mois d'exercice se réjouissaient encore de ce décret favorable, lorsqu'il fut annulé à leur détriment. Un réquisitionnaire qui faisait partie de l'Administration des Postes ayant demandé qu'il fût permis à son père de le remplacer pendant son absence, la proposition fut généralisée ; on arrêta que les emplois de ceux qui partaient seraient de préférence attribués à leurs pères ; puis, par extension de la même mesure, les jeunes fonctionnaires qui avaient plus de trois mois d'exercice furent remplacés à leur tour par des pères de famille.

On repoussa impitoyablement les tolérances successives qui, lors du recrutement des 300,000 hommes, avaient exempté les boulangers, les meuniers, les employés des hôpitaux, les commis des payeurs de la guerre, les conducteurs de certains coches d'eau et une foule d'autres professions.

Mais il s'ensuivait que les campagnes allaient être en grande partie dépeuplées. De nombreuses réclamations protestèrent contre le tort qui allait encore en résulter pour l'agriculture, et diverses motions furent faites dans le but d'y remédier. Les Comités de la guerre et de l'agriculture proposèrent d'abord d'exempter tout individu faisant valoir une ferme de cent cinquante arpents; mais on rejeta cette mesure qui, au dire des révolutionnaires, ne devait favoriser que les cultivateurs aisés, les *muscadins des campagnes*. Des laboureurs demandèrent qu'on laissât au moins un garçon fermier par charrue; ils éprouvèrent un refus. Il fallait cependant trouver un moyen qui conciliât les besoins du pays avec l'inflexible rigidité de l'application de la Loi; la Convention éluda momentanément la difficulté en chargeant le Comité de salut public de rechercher les mesures convenables pour que les terres, dont les propriétaires ou les fermiers iraient à l'armée, fussent cultivées par les soins des Municipalités (18 Septembre).

Pendant ce temps, la Commune et les Sections faisaient affluer à la Convention des pétitions émanées des 26,000 nouveaux *Volontaires* Parisiens qui demandaient à être rapidement casernés, équipés et armés; c'est alors que la formation de leurs bataillons amena un épisode caractérisant le nouveau régime dans lequel on entrait.

Ces Corps avaient légalement choisi leurs

officiers et leurs sous-officiers; mais les nombreux individus dont cette élection ne réalisa pas les prétentions, prétendirent qu'elle avait été surtout favorable aux *muscadins*. La Commune soumit aussitôt à un *scrutin épuratoire* les officiers du contingent de la Section du Panthéon où s'était élevé le premier débat, et plusieurs furent destitués comme ne présentant pas des garanties suffisantes de *patriotisme*. Cette mesure qui violait les droits établis par la loi révolutionnaire souleva de vives récriminations de la part des réquisitionnaires ; mais le temps était passé où les réclamations de quelques centaines d'individus étaient accueillies comme l'expression des *volontés du peuple* ; aussi la Commune répondit-elle aux réclamants qu'elle ne les jugeait pas suffisamment aptes à discerner ceux qui possédaient les qualités nécessaires pour les commander. Dès lors, les contingents des autres Sections se tinrent pour avertis, et le Comité révolutionnaire de chacune d'elles put procéder sans opposition, d'après l'invitation de la Commune, au scrutin épuratoire des nouveaux officiers et sous-officiers Parisiens (31 Septembre).

En somme, à l'exception des Départements insurgés, la Levée en masse s'accomplit de tous côtés en dépit des débiles entraves apportées à son exécution. Chaque réquisitionnaire, sachant qu'il ne laissait en arrière aucun homme de son âge plus favorisé que lui, n'entrevoyait d'ailleurs aucune possibilité d'échapper honorablement au service militaire; toute cette jeunesse de la France, arrachée d'un seul coup à ses foyers, prit donc rapidement son parti avec la gaieté et l'insouciance que l'on possède à vingt ans (1).

La Loi sur la Levée en masse ne concernait

---

(1) *Souvenirs militaires et intimes* du général Vte de Pelleport.

« J'entrai comme soldat dans la compagnie de mon canton;
» aux élections des officiers, sous-officiers et caporaux, je n'ob-
» tins pas une voix ; les *vestes* l'emportèrent sur les *habits*. Je ne
» m'en plaignis pas, car je n'avais d'autre ambition que de con-
» courir à chasser l'Espagnol du Roussillon, et de revenir ensuite
» près de mes parents. . . . .
» La compagnie, encadrée conformément à la Loi, mais d'une
» manière vraiment ridicule (il ne pouvait en être autrement),
» se rendit à Toulouse pour concourir, avec sept autres compagnies
» de la Levée en masse, à la formation d'un bataillon. Ce bataillon
» se composait de 800 jeunes gens environ, de dix-huit à vingt-cinq
» ans, généralement animés d'un bon esprit. Il aurait fallu à cette
» troupe un chef habile pour mettre en valeur ses sentiments géné-
» reux, on lui donna un jeune avocat. Il était beau diseur, et par-
» lait de la phalange Macédonienne et de la légion Romaine comme
» on en parle au collège.
» Le lendemain de notre arrivée à Toulouse, un jeune homme

que l'Infanterie et il était important d'obtenir une Cavalerie qui fût en rapport avec le contingent des 600,000 fantassins appelés sous les drapeaux (1).

Depuis quelques mois, deux décrets avaient été rendus pour recruter la Cavalerie. Le premier, celui des 30,000 hommes, avait été (27 Juin) la conséquence de la Levée des 300,000

» fut arrêté, condamné à mort et exécuté, en quelques heures, pour
» avoir manifesté seulement des opinions contraires à la Levée en
» masse. . . . .
   » On arma le bataillon avec des piques ; ces armes n'étaient pas
» maniables et notre courage était à faire ; quant à l'équipement et
» à l'habillement, on n'y songea pas. Il est vrai que les journaux
» de la République affirmaient qu'un seul coup de collier suffirait
» pour chasser *les satellites des tyrans du territoire de la Patrie.*
   » Le bataillon, réuni sur la place du Capitole, fut inspecté par le
» Représentant du peuple en mission dans la Haute-Garonne. Il me
» semble encore voir cet histrion : il hochait sa tête hideuse et em-
» panachée pour se donner de l'importance, et traînait son sabre
» comme un soldat en goguette, pour faire croire à sa bravoure. Il
» me fit peine. Après s'être promené dans nos rangs, il nous dit que
» la République, une, indivisible et impérissable, comptait sur notre
» patriotisme, que la pique serait désormais l'arme des Sans-Culot-
» tes, que la cocarde tricolore ferait le tour du monde ; il nous parla
» de Pitt et de Cobourg avec mépris, et, pour sortir de ce gâchis, il
» entonna la Marseillaise, se plaça à notre tête, le sabre à la main,
» et nous prîmes la route de Perpignan.
   » La société populaire nous fit cortège. Cette burlesque parade
» nous fit rire ; nous étions jeunes et peu soucieux de notre avenir. »
   (1) Ce chiffre de 600,000 hommes, adopté par les orateurs de la Convention et du Club des Jacobins, constituait une exagération révolutionnaire. En *supposant* les 543 bataillons de réquisition au maximum de 900 hommes et en ajoutant les états-majors, on n'eût obtenu que 500,000 hommes.

hommes. Mais il n'avait été exécuté que lentement et partiellement : les escadrons que devait fournir Paris étaient encore à se former au moment de la création de l'*armée révolutionnaire* dans laquelle on les avait incorporés.

Le second décret avait porté sur les Gardes nationales à cheval. « Il existe dans un grand » nombre de localités, » avait-on dit à la Convention, « des compagnies de Gardes nationaux » à cheval ; elles sont composées d'aristocrates » qui se sont organisés ainsi pour se distinguer » des prolétaires. Ceux qui ont assez d'argent » pour acheter des chevaux ont plus d'intérêt » encore que les pauvres citoyens à ce que leurs » foyers soient préservés de l'invasion. Il con- » vient donc de leur indiquer des lieux de » rassemblement et de les forcer à s'y rendre. » A la suite de cette proposition, la Convention avait mis les Gardes nationaux à cheval à la disposition des généraux (25 Juillet). Mais cette mesure fut entravée par le mauvais vouloir de ceux qu'elle concernait, aussi bien que par la volonté des Administrations départementales qui tenaient à conserver quelques forces à leur disposition.

La Cavalerie était donc restée dans un état de minorité regrettable : l'armée du Nord n'avait que 5,000 cavaliers (1). Au club des Jacobins, on s'indignait sans cesse de ce que, en dépit des décrets de la Convention et de la Commune, on voyait encore dans les rues de Paris des cabriolets dont les fringants attelages eussent avantageusement figuré aux armées. On y dénonçait des propriétaires qui, pour conserver leurs chevaux, les cachaient chez des fermiers où ils étaient censés employés aux travaux de l'agriculture; on demandait que chaque citoyen possédant 4,000 livres de revenu fournît un homme à cheval; on donnait des éloges à quelques Sociétés populaires qui avaient offert de fournir un cavalier monté, et l'on ajoutait que si chacune des 44,000 Municipalités de la République suivait cet exemple de civisme, on obtiendrait

---

(1) *Le général Kilmaine au Président de la Convention nationale.* Cambrai, le 30 Juillet 1793.

« ......En vain dira-t-on aujourd'hui qu'il fallait secourir Condé « et Valenciennes ; nous n'avions pas de moyens. Comment faire des » entreprises de ce genre sans troupes à cheval ? La cavalerie agis- » sante de l'armée du Nord n'est que d'environ cinq mille hom- » mes. »

immédiatement une cavalerie nombreuse et équipée.

Ces idées se reproduisirent dans le décret que la Convention adopta sur la proposition du Comité de salut public (5 Octobre):

« Il sera fait une levée extraordinaire de
» chevaux dans tous les cantons et arrondisse-
» ments de la République ayant une juridic-
» tion de juge de paix particulière ; chacun
» d'eux fournira, en minimum, six chevaux
» âgés d'au moins cinq ans.

» Ces chevaux auront l'équipage complet de
» l'Arme à laquelle ils sont propres par leur
» taille qui sera de six pouces pour les Hus-
» sards, sept pouces pour les Dragons, huit
» pouces et au-dessus pour la Cavalerie (1).

» Les Municipalités des chefs-lieux de can-
» ton et celles des villes, chargées d'opérer
» cette levée et de procéder à la fourniture de
» l'armement et de l'équipement livreront aus-
» si, par cheval, un sabre ayant une lame de
» trente pouces au moins, deux pistolets et une
» paire de bottes. Elles sont autorisées à se pro-
» curer les chevaux et objets ci-dessus chez

---

(1) On désignait ainsi spécialement les Corps armés de cuirasses.

» tous les citoyens, sauf indemnité traitée de
» gré à gré, ou fixée par des experts.

. . . .

» Pour accélérer l'exécution du présent dé-
» cret, le territoire de la République sera par-
» tagé en vingt divisions qui auront chacune
» un chef-lieu pour le rassemblement des che-
» vaux (1). Un Représentant du peuple, muni
» de pouvoirs illimités, sera envoyé dans cha-
» cune d'elles.

» Les chevaux seront équipés et rendus au
» chef-lieu de la division, le 1ᵉʳ Novembre au
» plus tard; dès leur arrivée, ils seront mar-
» qués des lettres R. F., comme appartenant à
» la République. »

On allait ainsi obtenir d'un seul coup
40,000 chevaux; un nouveau décret indiqua
peu après comment se recruteraient les cavaliers (25 Octobre):

« Les troupes à cheval de la République se-
» ront incessamment portées au complet de
» 170 hommes par escadron, au moyen de mi-

---

(1) 1ʳᵉ Division. — Pas-de-Calais, la Somme . . . . à Abbeville.
2ᵉ Division. — Le Nord, l'Aisne . . . . à Soissons.
Etc., etc.
Moniteur universel du 10 Octobre 1793.

» litaires en activité de service dans l'infanterie
» ou de citoyens de la réquisition, tous de
» bonne volonté. Les premiers déclareront
» au Conseil d'administration de leur batail-
» lon leur désir de servir dans les troupes à
» cheval; les autres s'adresseront à la Muni-
» cipalité du lieu dans lequel ils se trouvent. »

Quant à l'Artillerie, les décrets du mois de Juin et de Juillet en avaient augmenté le nombre à Paris et avaient créé une compagnie nouvelle dans chaque Département; ils parurent suffisants pour la circonstance. D'ailleurs, cette Arme spéciale ayant alors, da'près la loi de son organisation, la faculté de se recruter par des soldats de bonne volonté venant d'autres Corps, la République ne pouvait manquer de canonniers.

En même temps qu'on pourvoyait la Patrie d'un si grand nombre de défenseurs, la tâche plus difficile de leur procurer des armes se présentait. Les sabres et les pistolets des 40,000 nouveaux cavaliers devaient être fournis avec les chevaux par les Municipalités; mais pour les fantassins, il fallait trouver 500,000 fusils alors que les armées sur les frontières n'en avaient pas elles-mêmes un nombre suffisant.

La pénurie s'était fait sentir dès le commencement de la Révolution, lorsque la formation des premières Gardes nationales avait épuisé l'approvisionnement de la majorité des arsenaux; depuis elle n'avait fait que s'accroître graduellement. Les besoins s'augmentant chaque jour, les Départements, les Villes et les Communes avaient dû déployer les plus grands efforts pour armer leurs Volontaires, et les divers gouvernements qui s'étaient succédé depuis 1789, avaient adopté à la hâte toutes les mesures que suggéra la nécessité.

On avait d'abord engagé les ouvriers armuriers à ne pas quitter leurs ateliers; plus tard cette invitation s'étant transformée en obligation, on les exempta de tout recrutement. On avait augmenté le prix des fusils que fournissaient les manufactures de l'Etat, à Saint-Etienne, Maubeuge et Charleville (1); il avait été enjoint à ces établissements de ne travailler que pour le compte du gouvernement, et des

---

(1) En 1792, le prix du fusil d'infanterie, auparavant de 36 livres, fut porté à 42 livres.

primes proportionnelles à la quantité des produits leur avaient été allouées. De nouveaux ateliers s'étaient élevés à Moulins et dans d'autres lieux; on avait créé des Compagnies d'armuriers qui se transportaient dans les arsenaux pour y réparer les fusils dont l'envoi en manufacture eût occasionné trop de lenteurs; enfin, les armes et les pièces rebutées avaient été réparées et remises en service. Les réquisitions d'armes chez les particuliers, le désarmement des nobles et des suspects, la recherche des anciennes arquebuses, les achats chez les fourbisseurs avaient aussi obvié quelque peu au dénûment. Tous ces moyens réunis eussent peut-être suffi aux besoins sous un gouvernement régulier; mais ils avaient été entravés par l'inertie, le manque d'argent, la fraude et le désordre général de l'époque révolutionnaire. Aussi, lors de l'invasion de la Belgique et de la Hollande, les fusils trouvés dans les arsenaux des villes conquises avaient-ils constitué une ressource des plus précieuses pour les vainqueurs.

Il fallait pourtant se procurer rapidement les 500,000 fusils sans lesquels la Levée en masse n'eût constitué qu'une inutilité. Barère, en présentant à la Convention les vues du Comité de salut public sur la nouvelle réquisition, indiqua le moyen d'y pourvoir (23 Août) : « Au moment où toutes les maisons vont être » converties en casernes, les places publiques » seront transformées en ateliers. La Républi- » que a besoin qu'on fabrique sur-le-champ » un nombre d'armes illimité; Paris a besoin » pour l'emploi de sa population d'un établisse- » ment nombreux et diligent; c'est donc à Paris » qu'il faut rassembler la multitude d'ouvriers » nécessaires pour parvenir bientôt à une fabri- » cation de 1000 fusils par jour. Le Paris de » l'ancien régime vendait à toute l'Europe des » modes ridicules, des hochets nombreux, des » chiffons brillants et des meubles commodes; » le Paris de la République va devenir l'arse- » nal de la France » (1).

Au moment où Barère parlait ainsi à la Convention, des délégués étaient déjà partis pour

---

(1) La Commune avait déjà fait décider l'établissement d'une manufacture d'armes à Paris (29 Mai); une Commission nommée par le Ministre pour y procéder s'était fait concéder l'hôtel de Bretonvilliers dans l'île de la Fraternité (île Saint-Louis); mais les travaux n'y avaient commencé que le 19 Août, c'est-à-dire, quatre jours avant le rapport de Barère.

rapporter des manufactures les échantillons ainsi que les modèles nécessaires et pour en ramener quelques-uns des plus habiles ouvriers. Dès que ses conclusions furent adoptées par l'Assemblée, le fer nécessaire fut demandé d'urgence aux départements de l'Allier, de la Nièvre, du Cher, du Doubs, et de la Haute-Saône; deux cent cinquante forges s'élevèrent autour du jardin du Luxembourg ; dix foreries à canons de fusil furent installées sur la Seine ; seize maisons nationales furent disposées pour recevoir chacune 150 ouvriers, et plus de six cents marchés passés avec des fabricants en employèrent 2,000 autres. Il fut enjoint à tous les horlogers de cesser le peu de travaux qui les occupaient encore, pour se charger de la confection des pièces les plus délicates ; les Sections durent veiller à ce qu'aucun ouvrier en fer ne pût se soustraire à l'obligation de fabriquer des armes pour la Patrie.

Deux mois après, on présentait à la Convention des fusils confectionnés de toutes pièces à Paris, et l'on entrevoyait déjà la possibilité d'arriver à fabriquer par jour plusieurs centaines d'armes à feu.

Quant aux munitions, toutes les terres et matières salpêtrées furent mises à la disposition du Conseil exécutif (28 Août) ; les employés et ouvriers des raffineries de salpêtre furent décrétés de réquisition et leur nombre fut augmenté. On livra aux recherches des Salpêtriers les biens nationaux et ceux des émigrés ; ils furent en outre autorisés à faire des fouilles dans les maisons particulières, à la seule charge de remettre les lieux en état. Peu après (21 Septembre), les matières premières qui concourent à la confection des poudres, furent frappées de réquisition.

A l'égard de l'habillement, Danton ne voyait pas de difficulté sérieuse dans l'obligation d'y pourvoir promptement, puisqu'on avait la ressource de déshabiller les *muscadins* pour vêtir les soldats. Le Comité de salut public s'occupa d'abord de réprimer les dilapidations effrontées qui se commettaient dans les fournitures. Les pièces de drap n'avaient pas les dimensions voulues. Les armées adressaient à la Convention des échantillons de souliers dont la semelle contenait du bois ou du carton. On vit même des caisses sorties des magasins de l'Etat qui étaient pleines de sabres d'infanterie dont la lame était en plomb (1).

Le premier exemple de sévérité porta sur un Conventionnel, membre du Comité de l'examen des marchés. Il avait proposé de doubler les habits militaires en toile de coton, avait fait adjuger cette fourniture à sa maison de commerce et en avait vendu pour cinq millions au Gouvernement. Pour cette manœuvre indélicate, il fut traduit au Tribunal extraordinaire comme accapareur, et condamné à l'exposition publique et à douze ans de fers (2). Deux cordonniers, fournisseurs des armées, payèrent peu après de leur vie la cupidité et la mauvaise foi qui avaient présidé à leurs livraisons. Ces terribles exemples eussent sans doute considérablement diminué les fraudes et les dilapidations ; mais ainsi que dans beaucoup d'autres cas, une fois l'impulsion donnée, le délire subversif des Comités révolutionnaires et des Sociétés populaires s'en mêla; un grand nombre de fournisseurs, probes ou voleurs, furent indistinctement jetés en prison ; les

---

(1) Les sabres d'infanterie étaient alors achetés par l'Administration de l'habillement.
(2) Il en mourut de chagrin.

cordonniers furent alors soumis à la même persécution que les *aristocrates*.

Une cause continuelle d'erreurs et de mécomptes consistait dans les états que présentait imperturbablement la Commission des marchés et sur lesquels les habits, les redingotes, les culottes, etc., étaient comptés par cent mille, tandis que les armées restaient dans le plus grand dénûment. Ce comité fut destitué et remplacé par un autre dont les membres furent choisis par le Comité de salut public (13 Septembre).

On voulut ensuite réaliser pour les habits ce qu'on faisait pour les armes. Dès le commencement de l'année, la Commune avait fait établir un immense atelier où des femmes travaillaient à la confection des habillements militaires; mais jusque-là il avait peu produit, parce qu'indépendamment des inconvénients ordinaires d'un tel rassemblement, les ouvrières s'étaient divisées en deux partis qui perdaient leur temps en querelles et étaient toujours sur le point d'en venir aux mains. On décida que les travaux seraient exécutés dans chaque Section sous la surveillance de commissions spéciales; des ateliers pour la coupe, la distribution et la réception de l'ouvrage furent installés sous la direction de tailleurs, pères de famille, que l'on changeait tous les quinze jours pour éviter les abus de la partialité.

Enfin, on encouragea les Villes, les Communes et les Sociétés populaires à multiplier les dons en vêtements, linges, chaussures et charpie. Un Conventionnel proposa même de forcer tout individu ayant six chemises à en donner au moins une pour les armées; l'Assemblée décida qu'on devait se borner à cet égard à une simple invitation. Les Municipalités reçurent l'injonction d'ouvrir des registres pour y inscrire les noms des donateurs et la nature des offrandes. Dans un temps où chaque citoyen tremblait d'être déclaré *suspect*, la tenue d'un semblable contrôle constituait pour tous une obligation de générosité; la quantité des dons patriotiques s'en accrut considérablement.

A cette époque, un décret relatif à l'habillement causait une vive émotion parmi les Troupes de ligne. Jusque-là, malgré la loi du 21 Février qui établissait le principe de leur assimilation avec les Volontaires, elles avaient conservé soigneusement l'uniforme blanc qui constituait à leurs yeux un signe de distinction. Les soldats et surtout les officiers avaient usé de tous les subterfuges pour retarder le moment où ils prendraient l'habit national.

Cette différence de costume comportait de nombreux inconvénients ; elle indiquait à l'ennemi les Divisions contre lesquelles il devait envoyer ses meilleures troupes ; elle entretenait la mésintelligence dans les camps où les épithètes de *Bleuets* et de *Culs-blancs* perpétuaient l'habitude du duel. Enfin, elle était contraire au principe de l'unité de l'Armée qui avait été décrété sept mois auparavant et que Carnot voulait réaliser.

Il fut arrêté (29 Août) que l'habit blanc serait complétement abandonné et que les officiers qui ne se conformeraient pas à cette décision ou qui conserveraient quelque signe du temps passé, seraient immédiatement destitués. On décréta en même temps un costume nouveau pour l'Infanterie légère (1). Ainsi disparut, au grand regret de ceux qui l'avaient

---

(1) *Uniforme décrété pour l'Infanterie légère*, le 7 Septembre 1793 :

dignement porté, l'ancien uniforme que son illustration sur tant de champs de bataille ne put mettre à l'abri des insultes familières aux aboyeurs de la République (1).

Habit-veste, gilet et culotte en drap bleu-national; liséré de l'habit-veste en drap blanc; patte de parements écarlate; doublure bleue pour l'habit-veste; gros et petits boutons jaunes à la République, avec le numéro du bataillon.
    Coiffure. — Casque de cuir verni de couleur verte.
    (1) *Grande colère du Père Duchesne. Ses bons avis aux braves soldats républicains pour qu'ils lui dénoncent tous les jean-foutres qui regrettent l'ancien régime et qui préfèrent de porter la livrée du tyran plutôt que d'endosser l'habit des hommes libres.*
    . . . . « Ce n'est pas assez de détruire les traîtres en détail, il
» faut, une fois pour toutes, faire main basse sur eux, les balayer
» dans toutes nos armées et en purger la République. Pourquoi,
» tonnerre de Dieu, souffre-t-on à la tête de la troupe de ligne, un
» tas de viédases, ci-devant sergents, brigadiers, maréchaux-de-
» logis, plus aristocrates que les muscadins qu'ils ont remplacés? Ils
» clabaudent comme des talons-rouges et poussent des soupirs à
» faire peur, en racontant la fin sinistre de Louis le traître; ils mé-
» prisent l'habit national, et, malgré les décrets de la Convention, ils
» s'obstinent à porter la livrée de la royauté; ils veulent continuer
» d'être des Culs-blancs, plutôt que d'endosser l'uniforme de la
» liberté. Braves défenseurs de la patrie, dénoncez-moi tous ces
» jean-foutres qui vous commandent, le Père Duchesne est un vieux
» soldat qui connaît le service; il sait quel est l'esprit des épaule-
» tiers; il se souvient de toutes les tracasseries qu'ils lui faisaient ;
» il n'a pas oublié que pour un verre de vin de plus ou de moins,
» pour une parole plus haute que l'autre, on vous foutait autrefois
» un pauvre fusilier dans un cachot pour trois ou quatre mois. Il
» faut obéir à ses chefs pour tout ce qui regarde le service, rien de
» plus juste, foutre ; mais, hors de là, l'officier n'a aucun droit sur
» vous ; et quand un butor, avec son plat à barbe, s'avise de troubler
» votre chambrée pour vous empêcher de chanter la Carmagnole,
» envoyez-moi-le faire foutre. S'il ose, en votre présence, gouailler
» contre la République et regretter l'ancien régime; s'il cherche à

» vous embêter avec ces journaux du diable et les feuilles empoi-
» sonnées que Pitt et Cobourg répandent dans les armées pour vous
» foutre dedans, écrivez à l'instant au Père Duchesne, et faites-lui
» connaître le nom et le grade du jean-foutre qui a la patte graissée
» pour vous faire faire des pas de clerc ; j'ai le bras long, foutre......
» Etc. ; etc.

CHAPITRE XXVIII.

DESTITUTIONS ET INCARCÉRATIONS DE CHEFS MILITAIRES. — ÉTABLISSEMENT DU GOUVERNEMENT RÉVOLUTIONNAIRE. — OPÉRATIONS DE L'ARMÉE RÉVOLUTIONNAIRE PARISIENNE. — PROCÈS DE HOUCHARD.

(Septembre, Octobre et Novembre 1793.)

Sommaire :

Expulsion à l'armée du Rhin des militaires ayant fait autrefois partie des Maisons militaires du Roi et des Princes. — Effet produit sur les soldats par la destitution d'un grand nombre d'officiers et par le fréquent changement des généraux en chef. — Acharnement de Robespierre contre les chefs militaires. — Incohérence des mesures décrétées par la Convention à leur égard. — Emprisonnement d'un grand nombre de généraux. — Robespierre défend devant la Convention et fait nommer adjoint au Ministre de la guerre, un individu fortement inculpé de vols.

Effets désastreux du gouvernement de la Convention. — Le Comité de salut public s'adjoint trois Conventionnels chargés de veiller à la stricte exécution des décrets. — Ses pouvoirs mensuels sont prorogés pour la deuxième fois. — Il est attaqué par les contre-révolutionnaires et par les ultra-révolutionnaires. — Le gouvernement est déclaré *révolutionnaire* jusqu'à la paix : les généraux en chef seront désormais nommés par la Convention sur la présentation du Comité de salut public.

Mort de la Reine, des députés Girondins et du duc d'Orléans. — Abréviations des formes de la justice révolutionnaire.

Opérations de l'*armée révolutionnaire parisienne* dans les départements.

Nouvelles arrestations de chefs militaires. — Causes de l'emprisonnement de l'ancien Ministre de la guerre, La-Tour-du-Pin, et du maréchal Luckner. — Illusions de la plupart des généraux incarcérés. — Condamnation à mort de l'ex-général de l'armée d'Italie, Brunet. — Procès de Houchard. — Sa défense. — Sa mort.

La décision de la Convention qui expulsait des armées tous ceux ayant fait autrefois partie des Maisons militaires du Roi et des Princes, ne spécifiait aucune exception; son exacte application à l'armée du Rhin entraîna à la fois le départ d'officiers ci-devant nobles, et celui de sous-officiers et de soldats, anciens Gardes-françaises vainqueurs de la Bastille. Il s'ensuivit de nombreuses réclamations auxquelles la Convention donna satisfaction en rappelant immédiatement sous les drapeaux ces anciens Gardes-françaises (5 Octobre). Les soldats de l'armée du Rhin, voyant ainsi revenir après une courte absence ceux qu'on avait renvoyés quelques jours auparavant, se demandèrent une fois de plus si les gouvernants n'étaient pas pris de vertige.

Cette opinion des troupes était corroborée par les destitutions qui frappaient des officiers estimés. Les anciens nobles qui occupaient encore des grades subalternes étaient généralement de bons militaires, pauvres pour la plupart. En voyant renvoyer sans motifs le lieutenant ou le capitaine qui combattait depuis longtemps à leur tête et souffrait comme eux toutes les privations, les soldats exprimèrent souvent un vif mécontentement. Ce sentiment donna même lieu à de touchantes manifestations ; de certains Corps, on écrivit à la Convention pour demander qu'une pension assurât au moins la subsistance de l'officier frappé par ses décrets; dans plusieurs autres, une cotisation prélevée sur la solde vint secourir celui que les rigueurs révolutionnaires privaient à la fois de ses épaulettes et de son pain.

Les destitutions répétées des généraux en chef excitaient aussi le blâme ou la moquerie dans les rangs inférieurs. Depuis le commencement des hostilités avec l'Espagne, l'armée des Pyrénées-Orientales avait changé cinq fois de commandant en chef; après la démission de Beauharnais, l'armée du Rhin en vit successivement apparaître quatre, en deux mois. Par allusion à la profession antérieure d'un de ceux que la protection des Jacobins avait ainsi élevés, les soldats demandaient à l'arrivée de chaque nouveau général si c'était encore un comédien.

Au Club des Jacobins dont il était l'orateur de prédilection, Robespierre s'acharnait

sans relâche contre les généraux : envieux de tous les mérites et nourrissant de secrets projets de suprématie, son fiel et son ambition cachée le portaient à décrier ceux qui étaient en position d'acquérir le prestige de la gloire militaire auquel il ne pouvait aspirer. De là, de continuelles déclamations mensongères ou hypocrites : « C'est à l'état-major des armées
» que sont dus tous nos malheurs ; les fron-
» tières de la Moselle et du Rhin sont en plus
» mauvais état que celles du Nord qui étaient
» inexpugnables, il y a quinze jours, et qui au-
» jourd'hui sont ouvertes par la trahison de
» Houchard, *cet homme atroce qui a versé*
» *avec délices le sang des Français.* S'il y
» reste encore quelques ressources, ce n'est
» pas la faute des généraux. Mais pour les ré-
» duire à cet état, il a fallu un concours inouï
» de scélératesse et de perfidie. Qui l'a fait ?
» Quels sont ces hommes qui de sang-froid sa-
» crifient leur Patrie ? des Schauenbourg et des
» Landremont. Ils ont livré des villes et des
» camps reconnus inexpugnables. Si avec de
» tels chefs vous n'avez pas éprouvé les derniers
» malheurs, c'est à votre gouvernement que
» vous le devez ; c'est à son énergie, à son dé-

» vouement éternel, à son travail opiniâtre et
» forcé que vous êtes redevables de tout le mal
» qu'ils n'ont pas fait encore. »

A la suite d'excitations analogues, il n'était pas difficile de faire naître ou de propager les sinistres rumeurs qui précédaient d'ordinaire les plus iniques destitutions. Le général Sparre était vaguement accusé de vouloir livrer Strasbourg à l'étranger; le général Pully employa la voie des journaux pour faire savoir à tous qu'il continuait à tenir tête à l'ennemi au camp d'Hornebach, bien loin d'avoir émigré ainsi qu'on l'avait dit à la Convention.

Un exemple frappant des résultats inconcevables de la pression des Montagnards sur l'Assemblée, fut la décision prise à l'égard d'Harville et de Dubouchet. Ces généraux avaient été atteints par les injustes accusations qui avaient frappé Stengel, Lanoue et d'autres, lorsque les étrangers avaient fait irruption dans le pays de Liége en refoulant les Français du côté de Louvain (Mars). A la suite de cette déroute générale où une partie notable de l'armée avait abandonné ses bagages et ses canons, Harville avait été incriminé pour la perte de quelques voitures; quant à Dubouchet, on avait ridiculement prétendu qu'il avait fait travailler aux fortifications de la ville de Namur le jour même où elle devait être évacuée, afin de la laisser en meilleur état aux Autrichiens. La niaiserie de ces deux accusations eût dû les faire mépriser ; elle eut pour effet de rendre la recherche des témoignages presque impossible, et d'occasionner des lenteurs qui suspendirent pendant six mois la décision à prendre à l'égard des deux généraux.

Enfin le 3 Octobre, le conventionnel Guillemardet, au nom du Comité de la guerre, propose à la Convention de remettre en liberté Harville et Dubouchet contre lesquels l'information n'a fait ressortir aucune charge. Aussitôt un zélé Montagnard, sans produire aucune explication, demande qu'ils soient traduits tous deux devant le Tribunal extraordinaire; Camille Desmoulins et d'autres prennent leur défense : « Harville n'a jamais démérité : la lec-
» ture de toutes les pièces du procès le prouve
» évidemment; s'il n'était point né noble, il
» serait digne en tous points de servir encore
» la République. Quant à Dubouchet, c'est un
» chaud révolutionnaire et Bouchotte se pro-
» pose de l'employer. D'ailleurs, c'est seule-

» ment après que l'accusateur public du Tribu-
» nal extraordinaire a déclaré qu'il n'y avait
» pas matière à inculpation contre ces deux
» généraux, que le Comité de salut public a
» définitivement délégué les faits qui les con-
» cernent au Comité de la guerre. Ce dernier
» vient de faire un rapport favorable ; il est
» donc temps de mettre un terme à cet *assem-*
» *blage monstrueux et ridicule* de dénoncia-
» tions. » Mais ces protestations ne modifient pas
les dispositions malveillantes des Montagnards;
bien qu'aucun fait nouveau ne soit allégué contre Harville et Dubouchet, le dossier qui les
concerne est renvoyé une fois de plus à l'examen du Comité de salut public.

En raison de cet acharnement ou plutôt de
ce délire, les généraux Desprez-Crassier et
Willot étaient mis en arrestation par des Représentants du peuple; Landremont, Lesten-
duaire et Dortoman entraient à l'Abbaye, et
le conventionnel Albitte déclamait contre le
chef de l'armée d'Italie récemment incarcéré :
« Brunet est un général perfide dont les tra-
» hisons ont fait évacuer le Mont-Blanc; il a
» livré les patriotes de ce pays et il a fait
» égorger nos soldats sur des rochers inexpu-

» gnables. S'il était permis à un bon républicain
» d'être avide de sang humain, c'est de celui de
» Brunet que je voudrais me rassasier. Tout le
» Midi témoin de ses crimes demande vengeance
» à grands cris. Que ce monstre soit traduit au
» tribunal extraordinaire ! » Cette proposition
est immédiatement décrétée (10 Octobre) (1).

D'un autre côté, Robespierre soutient devant
la Convention un individu dont il est question
pour en faire un des adjoints du Ministre de
la guerre, bien qu'il soit fortement soupçonné
d'avoir participé au vol des diamants du Garde-
meubles et d'avoir soustrait 10,000 livres lors
de l'attaque des Tuileries : « Sauver l'honneur
» d'un innocent, » dit-il, « c'est plus que lui sau-
» ver la vie. Daubigny a constamment donné
» des preuves de patriotisme. Dans la journée
» du 10 Août, il a fait massacrer le chef d'une
» patrouille composée de satellites du tyran. Il
» s'est ensuite opposé à ce qu'on préposât un
» affidé de Roland à la garde des diamants de
» la Couronne, car Roland avait le projet de

---

(1) Brunet n'était coupable que de n'avoir pas réussi dans les efforts tentés pour chasser l'ennemi au delà du col de Tende ; mais ses
opérations mal conduites avaient effectivement fait périr beaucoup
de ses meilleurs soldats.

» spolier tous les bijoux du Garde-meubles.
» Dire que ce patriote fut attaqué par la fac-
» tion des Girondins, c'est dire qu'il succom-
» ba, car elle était alors toute-puissante. Quel
» est celui d'entre vous, généreux citoyens, qui
» n'a pas été déshonoré par les milliers de jour-
» nalistes que solde la faction contre-révolu-
» tionnaire? » Daubigny est proclamé innocent
par la Convention et, suivant le projet qui a
amené la discussion, il est nommé Adjoint au
Ministre de la guerre.

C'est ainsi que la Convention subissait alternativement la tyrannie de quelques tribuns, la
pression des Montagnards et les impérieuses
exigences de la Commune ou des Sociétés populaires. Ses décrets, enlevés à l'enthousiasme
ou arrachés à la crainte, n'étaient la plupart
du temps que l'expression de violences révolutionnaires qui coopéraient à une œuvre
commune de destruction et d'anéantissement.
La prompte obéissance aux décisions qui flattaient les passions du moment faisait fréquemment ressortir l'imprévoyance hâtive de
ces législateurs tour à tour trop timides ou trop
énergiques, tandis que les mesures prises
dans un but d'ordre ou de régularité n'étaient

pas exécutées. Chaque jour s'agrandissait le gouffre qui menaçait d'engloutir la France.

Les arrêtés que le Comité de salut public faisait rendre par l'Assemblée en vue de la défense du territoire, n'eussent également constitué qu'une lettre morte, s'il n'eût trouvé un moyen d'en assurer l'exécution; à cet effet, il se fit adjoindre trois Conventionnels qui furent spécialement chargés de surveiller l'action ministérielle (1). Peu de jours après (11 Septembre), ses pouvoirs mensuels qui expiraient pour la deuxième fois furent renouvelés par l'Assemblée; mais sa domination qu'il cherchait à établir était alors simultanément attaquée par les contre-révolutionnaires et par les *ultra-révolutionnaires*.

Les premiers demandaient la mise en vigueur de la Constitution de 1793, pour obtenir la réunion d'une nouvelle Assemblée nationale dont l'inexpérience et les divisions eussent favorisé leurs projets réactionnaires. Les seconds, démagogues acharnés, ne réclamaient de la Constitution récemment établie que ce qui pouvait convenir à leur ambition : placés

---

(1) Billaud-Varennes, Collot d'Herbois et Granet.

pour la plupart dans les divers Ministères, ils aspiraient à voir mettre en pratique la disposition constitutionnelle qui attribuait le pouvoir exécutif aux Ministres. En conséquence, Vincent, secrétaire général des bureaux de la guerre, fit rédiger une pétition dans ce sens au Club des Cordeliers; elle fut ensuite appuyée au Club des Jacobins par Hébert, rédacteur du *Père Duchesne*.

Le moment était bien choisi pour tenter d'enlever le pouvoir au Comité de salut public. L'armée du Rhin, renfermée dans les lignes de Weissembourg, avait éprouvé un grave échec en essayant de reprendre Pirmasens; on venait d'apprendre la déroute de l'armée du Nord à Menin; les défaites se succédaient aux Pyrénées-Orientales et l'exécution du plan qui devait amener l'extermination des Vendéens n'avait abouti qu'aux désastres occasionnés par l'impéritie de Rossignol et de Santerre. Cette concordance de revers était invoquée par les opposants comme indice de la mauvaise administration du Comité de salut public et l'on en déduisait la nécessité de lui substituer sans délai le mode de gouvernement admis dans la Constitution. Indépendamment des deux partis extrêmes qui le décriaient, le Comité comptait aussi les Conventionnels modérés parmi ses ennemis; mais il avait pour lui l'insidieuse ténacité de Robespierre et de Saint-Just, l'audace des Montagnards et l'appui des nombreux députés qui n'osaient plus leur résister.

Robespierre usa d'abord de son influence au Club des Jacobins : « Donner le pouvoir aux
» Ministres, au milieu des troubles et des ora-
» ges dont on est environné, c'est faire triom-
» pher les intrigants aux dépens des patriotes
» et assassiner la Patrie sous prétexte d'assurer
» sa tranquillité. Pitt, pour porter plus sûre-
» ment des coups à la Liberté, a dû emprunter
» ses couleurs. Il a mis en activité des hypo-
» crites de patriotisme, et les gens crédules se
» font les échos de leurs calomnies. Jacobins,
» vous qui avez fait la Révolution pour le seul
» désir de rendre vos frères libres, vous sou-
» tiendrez la Montagne qu'on attaque et le
» Comité de salut public qui, avec votre secours,
» triomphera des ennemis du Peuple. » (25 Septembre).

Peu de jours après (3 Octobre), un acte d'accusation est présenté à la Convention contre les Girondins incarcérés et contre soixante-treize membres du côté droit qui ont protesté en leur faveur et gardent un silence absolu depuis la victoire de la Montagne. Il est décidé que les premiers seront traduits au Tribunal extraordinaire, et que les autres seront mis en état d'arrestation. Ce résultat avait été préparé par des pétitions impérieuses émanées du Club des Jacobins ; il était tellement prévu qu'avant de commencer la lecture de l'acte d'accusation, on avait requis la fermeture des portes de l'enceinte législative.

L'opposition qu'eût peut-être rencontrée le projet secret du Comité de salut public étant ainsi écartée, Saint-Just monte à la tribune pour frapper le dernier coup (10 Octobre); il fait ressortir dans un sinistre tableau les résultats déplorables du pouvoir exécutif confié aux Ministres et il conclut à ce que la Constitution soit ajournée et que le *gouvernement soit constitué révolutionnairement* (1).

---

(1) *Fragments du discours de Saint-Just :*
« Les causes des malheurs publics consistent dans la faiblesse avec
» laquelle on exécute vos décrets, dans le peu d'économie de l'admi-
» nistration, dans l'instabilité des vues de l'État, dans la vicissitude
» des passions qui influent sur le gouvernement..... Vous avez eu

L'orateur insiste ensuite sur l'état dans lequel se trouve la force militaire :

« L'armée exige de sévères réformes. Les
» Représentants du peuple doivent être les pères
» et les amis des soldats. Ils doivent coucher
» sous la tente, être présents aux exercices et se
» montrer peu familiers avec les généraux pour
» que le soldat ait plus de confiance dans leur
» justice et dans leur impartialité. Ils doivent

» de l'énergie; l'administration publique en a manqué. Vous avez
» désiré l'économie ; tout le monde a pillé l'État. Tous les vices de
» la Monarchie se sont ligués contre le peuple et vous............
» Vous avez eu peu de Ministres patriotes. Les six Ministres nom-
» ment aux emplois; ils peuvent être purs ; mais on les sollicite ; ils
» choisissent aveuglément; leurs subordonnés également sollicités
» choisissent de même. Le gouvernement actuel est donc une conju-
» ration perpétuelle contre l'ordre des choses, une hiérarchie d'er-
» reurs et d'attentats...... Les ministres avouent d'ailleurs qu'ils
» ne trouvent plus qu'inertie et insouciance au delà de leurs subor-
» donnés immédiats; on chasse un fripon d'une administration, il
» entre dans une autre. Des conjurés envahissent les places et en dis-
» tribuent à leurs complices ; tous les ennemis de la République sont
» dans son gouvernement................................
» En vain vous faites des lois ; tout conspire contre vous. Les
» agents de l'administration des hôpitaux ont fourni des farines aux
» rebelles de la Vendée ; les riches le sont devenus davantage à me-
» sure qu'augmente la misère du peuple ; les hommes opulents font
» concurrence aux achats de l'État ; ils déposent leurs fonds entre
» les mains des administrations infidèles, des commissionnaires et
» des courtiers ; tandis qu'on poursuit les accapareurs, on reste im-
» puissant vis-à-vis de ceux qui achètent en apparence pour les ar-
» mées. Les voleurs qu'on destitue placent le fruit de leurs rapines
» entre les mains de ceux qui leur succèdent. Le gouvernement
» est la caisse d'assurance de tous les brigandages et de tous les

» manger seuls, être frugals comme Annibal
» avant d'arriver à Capoue, et connaître,
» comme Mithridate, le nom de tous les sol-
» dats. . . . .
. . . .

» Il s'est introduit de grands vices dans la
» discipline de nos armées; on a vu des batail-
» lons de l'armée du Rhin demander l'aumône
» dans les marchés; ils meurent donc de faim,
» ceux qui ont respecté les dépouilles de la
» Belgique. . . . .
. . . .

» Le généralat est sans sympathie avec la
» Nation parce qu'il n'émane ni de son choix,
» ni de celui de ses Représentants; il n'est pas
» respecté du soldat et il appartient encore à la
» nature de la Monarchie. Il n'est peut être

» crimes... Personne n'est sincère dans l'administration publique.
» Le patriotisme est un commerce des lèvres; chacun sacrifie tous
» les autres et ne sacrifie rien de son intérêt. . . . .
» Il faut couper le mal dans sa racine, appauvrir les ennemis du
» peuple qui n'entreront plus alors en concurrence avec lui, faire une
» loi de la sévérité et de l'économie, ajourner la Constitution qui
» manquerait de la violence nécessaire pour réprimer les abus, faire
» agir avec rapidité le glaive des Lois qui doit être présent partout
» à la fois, et, pour que les lois révolutionnaires soient exécutées,
» *il faut que le gouvernement soit lui-même constitué révolutionnai-*
» *rement.* »

» pas de Commandant militaire qui ne fonde en
» secret sa fortune sur une trahison en faveur
» des rois.

» Il est peu de grandes âmes à la tête de vos
» armées pour les enivrer, leur inspirer l'amour
» de la gloire, l'orgueil national et le respect
» de la discipline qui fait vaincre ; jusqu'à pré-
» sent vos généraux ont été des imbéciles ou
» des fripons. Votre Comité de salut public a
» épuré les états-majors ; mais on peut repro-
» cher à tous les officiers l'inapplication au ser-
» vice ; au lieu d'étudier l'art de vaincre, ils se
» livrent à la débauche et s'absentent des Corps
» aux heures d'exercices ou de combats. Le vé-
» téran rit sous les armes de la sottise de celui
» qui le commande, et voilà comment nous
» éprouvons des revers. . . . .
. . . .

» L'administration doit seconder la discipli-
» ne ; or celle de l'armée est pleine de brigands.
» On vole les rations des chevaux, et les batail-
» lons manquent de canons ou de chevaux pour
» les traîner.

» Si vous voulez que la République s'affer-
» misse, le gouvernement ne doit pas être seule-
» ment révolutionnaire contre l'aristocratie ; il

» doit l'être contre ceux qui volent le soldat, et
» qui dissipent les deniers publics.. Etc., etc.»

Saint-Just conclut en présentant les mesures proposées par le Comité de salut public ; elles sont immédiatement adoptées par la Convention (10 Octobre) :

« Le gouvernement provisoire de la France
» est déclaré *révolutionnaire* jusqu'à la paix.

» Le Conseil exécutif, les ministres, les gé-
» néraux, les corps constitués sont placés sous
» la surveillance du Comité de salut public qui
» en rendra compte tous les huit jours à la
» Convention. . . . .
. . . .

» *Les généraux en chef seront nommés par*
» *la Convention sur la présentation du Co-*
» *mité de salut public.* »

Quelques jours après que la Convention eut adopté le *gouvernement révolutionnaire*, le long martyre de la Reine se termina sur l'échafaud (16 Octobre); son supplice fut suivi de l'exécution des vingt députés Girondins (1) et

---

(1) Le vingt et unième, Valazé, s'était tué dans la salle du tribunal après la lecture de la condamnation.

de celle du duc d'Orléans, c'est-à-dire, des révolutionnaires qui avaient le plus contribué au renversement de son trône (31 Octobre et 6 Novembre).

Les brillantes défenses sur lesquelles comptaient les malheureux orateurs de la Gironde, occasionnèrent un redoublement d'iniquité dans les formes sommaires de la justice républicaine. Déjà, le 21 Octobre, les Comités révolutionnaires des Sections avaient obtenu qu'on ne fût plus tenu de communiquer à chaque *suspect* le motif de son arrestation déterminée souvent, avaient-ils dit, par des motifs difficiles à consigner dans un procès-verbal. Ce déni d'humanité se manifesta plus fortement encore, lorsque le nombre des accusés Girondins et les dépositions d'une foule de témoins amenèrent des lenteurs qui impatientèrent leurs implacables ennemis. Les Jacobins et les Montagnards firent décider par la Convention que les débats de tout procès cesseraient lorsque les Jurés se croiraient suffisamment éclairés; c'était condamner désormais les accusés au silence. Le même jour (29 Octobre), le Tribunal extraordinaire reçut le nom de Tribunal révolutionnaire.

Le tutoiement était devenu obligatoire. Tout citoyen qui osait se hasarder dans la rue après onze heures du soir, était arrêté s'il n'exhibait sa carte civique à chacune des nombreuses patrouilles de Sectionnaires Armés. Depuis un mois, un tableau affiché à la porte de chaque maison indiquait les noms des habitants aux pourvoyeurs ordinaires des prisons; le nombre des détenus dépassant déjà 3,500, on préparait d'autres locaux pour y entasser de nouvelles victimes, en même temps que la foule insensée applaudissait au Culte de la Raison.

C'était l'époque où la Commune et les Jacobins pressaient les derniers préparatifs de l'organisation de l'*armée révolutionnaire Parisienne* et lui donnaient des instructions dignes de ceux qui la composaient. Un jour où l'on parlait au club des Jacobins de fermiers traînés en prison parce que, disait-on, il s'était trouvé du blé germé dans leurs magasins : « Ces abus cesseront, » s'écria un démagogue, » aussitôt que *l'armée révolutionnaire* mar- » chera. La fortune des fermiers doit la guider » dans ses opérations. En arrivant dans un vil- » lage, elle demandera si le fermier est riche.

» Sur l'affirmative, elle peut le guillotiner, car
» c'est à coup sûr un accapareur. »

Le 20 Octobre, les tumultueux contingents de cette *armée* défilent enfin devant la Convention, jurant une guerre sans trêve aux aristocrates, aux fédéralistes et aux modérés. Le Président, Charlier, les harangue; il leur dit que « leurs vertus sont de sûres garanties » de leurs futurs exploits, » et ce ramassis de brigands est divisé en détachements qui partent pour divers Départements.

Quatre *escadrons* arrivent bientôt à Beauvais. Le bruit s'étant répandu que les cultivateurs récalcitrants seront pendus, les laboureurs et les fermiers apportent leurs grains et les livrent au prix du *maximum*. Mais la réquisition des subsistances ne constitue qu'une partie de la mission de ce détachement révolutionnaire. Ces *apôtres de la Liberté* envahissent le club de Beauvais; le président ne leur semblant pas assez *pur*, ils réclament sa destitution que la crainte leur fait accorder immédiatement. Le lendemain, ils font grand bruit de quelques emblèmes de royauté qui n'ont pas été suffisamment effacés sur un mur; on se hâte de les faire disparaître. Le surlendemain, ils veulent changer le Maire et les Officiers municipaux. La population était déjà mécontente ; cette nouvelle exigence l'irrite davantage; la résistance des habitants s'organise et les campagnards rentrent dans la ville pour leur prêter main-forte. Le détachement révolutionnaire est bientôt entouré et maintenu en chartre privée.

Cependant, il parvient à faire connaître sa fâcheuse position à la Convention. Le Représentant du peuple Levasseur (de la Sarthe) est immédiatement envoyé à Beauvais. Il réussit à détourner contre les *aristocrates* l'irritation générale, et, amplifiant un peu les résultats de conciliation qu'il a obtenus, il annonce que le *malentendu* s'est terminé par un repas civique auquel ont pris part le détachement de l'*armée révolutionnaire*, la Garde nationale et la Troupe de ligne. Néanmoins les exactions insupportables auxquelles continue à se livrer la *colonne révolutionnaire* font juger prudent de la rappeler promptement, et, le 7 Novembre, ses délégués se présentent à la Convention, apportant des caisses d'or et d'argent :
« A Beauvais, où le modérantisme tramait » de sourdes menées, » dit leur orateur;

» nous avons voulu substituer le républica-
» nisme au monstre de l'aristocratie; nous
» sommes parvenus à faire des habitants de
» Beauvais un peuple de bons républicains. Mais
» pour opérer un si grand bien, des actes de
» rigueur ont été et seront encore nécessaires.
» Un des conspirateurs a été frappé du glaive
» de la loi ; d'autres vont subir la même peine.
» Un autre obstacle, l'égoïsme, n'a pu résister
» à l'impulsion que nous avons donnée. Nous
» venons déposer sur l'autel de la patrie les
» amas corrupteurs que faisait l'aristocratie du
» commerce. C'est dans des caves que nous
» avons trouvé l'or et l'argent que nous vous
» apportons : 17,208 livres en or, 45,559 li-
» vres en argent, des médailles et des croix.
» Nos recherches eussent été plus fructueu-
» ses, si vos ordres ne nous eussent rappe-
» lés. »

Peu de jours après (10 Novembre), un autre détachement de la même *armée* défile devant la Convention ; il revient aussi du département de l'Oise ; mais ses efforts s'étant principalement tournés vers *l'anéantissement du fanatisme*, il a fait dans les églises des *incursions philosophiques* ; parmi ceux qui le composent, les uns portent au bout de leurs piques des ornements sacerdotaux ; les autres sont affublés de chapes et de chasubles : « Nous » avons arrêté cent prêtres ; nous les avons » enfermés à Chantilly où ils auront le temps » de lire leur bréviaire. A Senlis, à Luzarche et » dans les Communes voisines, nous avons pris » 482 marcs d'argent et 2,500,000 livres pe- » sant de cuivre, de plomb et de fer ; les derniè- » res cloches sont tombées partout où nous » avons passé. Nous amenons dix hommes qui » vont payer leurs forfaits de leurs têtes. Nous » avons trouvé deux drapeaux couverts de » fleurs de lis ; permettez-nous d'y mettre le » feu en dansant la Carmagnole. » Ce discours est couvert d'applaudissements.

Au bruit de ces exploits, les Sociétés populaires de différentes localités demandent qu'on leur envoie des détachements de cette *armée* pour *réchauffer le patriotisme des modérés.* Bien que la Convention, effrayée de son propre ouvrage, ait plusieurs fois décidé que *l'armée révolutionnaire parisienne* est suffisante pour toute la France, Lille, Colmar, Bordeaux et d'autres grandes villes imitent la Capitale et forment aussi des *armées révolutionnaires.*

Au milieu de cette perturbation générale, l'humanité et la pitié constituaient des crimes. L'ancien Ministre de la guerre, La-Tour-du-Pin, après avoir été arrêté et remis en liberté, vivait dans une profonde retraite à Auteuil, lorsqu'il fut appelé de nouveau devant le Tribunal homicide, pour déposer dans le procès de celle qui avait été sa Souveraine. Les marques de respect dont il entoura la royale victime, le courage et la franchise avec lesquels il répondit aux interpellations du Président, eurent le résultat auquel il s'attendait : il fut immédiatement emprisonné.

Aux causes de persécution vint s'ajouter la mesure financière qui, par une plaisanterie digne du temps, fit donner à la guillotine le nom de *planche aux assignats*. Les biens des condamnés étant confisqués au profit de l'Etat, le Trésor avait avantage à ce que les riches citoyens fussent frappés; mais les immenses fortunes des Fermiers généraux ne furent pas le seul objet de la convoitise du gouvernement révolutionnaire. Le vieux maréchal Luckner, qui vivait oublié depuis deux ans dans les environs de Metz, en fournit un triste exemple. Lorsqu'après la guerre de Sept-Ans, on avait songé à introduire les méthodes Prussiennes dans l'armée Française, le gouvernement de Louis XV avait généreusement adopté cet étranger qui venait de lui faire bravement la guerre sous les drapeaux de son pays; on lui avait reconnu le titre de lieutenant général et on lui avait accordé une pension de 36,000 livres, comme indemnité de certains avantages délaissés dans sa patrie. En 1793, l'exécution de cet ancien contrat souleva des difficultés contre lesquelles le maréchal réclama; il fut aussitôt arrêté, conduit à Paris et emprisonné au Luxembourg (27 Octobre). L'échafaud devait peu après acquitter la dette nationale contractée envers un étranger.

La plupart des généraux de l'ancienne armée qui, loin d'émigrer, avaient continué à servir leur pays, étaient alors incarcérés. Beaucoup d'entre eux avaient obéi aux décrets d'arrestation en revenant des frontières qu'ils eussent pu facilement franchir; ils avaient la persuasion que les calomnies dont ils étaient l'objet tomberaient d'elles-mêmes au premier examen, ainsi que cela était déjà arrivé pour un grand nombre de leurs collègues acquittés par le Tribunal extraordinaire ou par les Tribunaux militaires. Chacun de ces prisonniers pensait que le jour de la justice le rendrait au moins à la liberté : Biron réclamait un prompt jugement qui lui permît d'aller à la campagne pour rétablir sa santé délabrée; Houchard, encore étonné d'une arrestation dont les motifs ne lui avaient pas été communiqués, demandait aussi à comparaître devant des juges.

Le 14 Novembre, l'ex-général de l'armée d'Italie, Brunet, fut traduit au Tribunal révolutionnaire. On lui reprocha de ne pas avoir détaché de son armée les troupes que les Représentants du peuple Barras et Fréron lui avaient demandées lors de la révolte de Toulon, et on l'accusa de connivence avec les rebelles du Midi qui, dans leurs correspondances, l'avaient qualifié de *vertueux*. Condamné à mort le même jour, il fut exécuté le lendemain (1).

---

(1) Les *Bulletins du tribunal révolutionnaire* et, par suite, les comptes rendus du *Moniteur universel* sont plus explicites que d'ordinaire à l'égard des chefs d'accusation élevés contre Brunet. Néanmoins, de l'examen détaillé de la conduite de ce général qui commanda l'armée d'Italie pendant plusieurs mois, on est amené à conclure que si sa capacité militaire n'était pas à hauteur de sa position, il fut du moins innocent de toute trahison. Cette opinion est exprimée dans les *Mémoires écrits à Sainte-Hélène sous la dictée de Napoléon* et

Le procès de Houchard suivit immédiatement. La bravoure qui avait fait l'avancement de ce soldat sous la Monarchie, était proverbiale dans l'Armée ; suivant l'expression d'un de ses contemporains (1), son intrépidité croissait à mesure que s'épaississait la mitraille ; cependant, à l'occasion de la lettre qu'il adressa à la Convention pour presser la constatation de son innocence, le représentant du peuple Levasseur (de la Sarthe), qui avait contribué à la victoire de Hondschoote, ne craignit pas de dire à l'Assemblée : « J'étais
» à cette affaire et, en revenant du combat, je
» vis Houchard caché derrière une haie. J'avais
» eu un cheval tué *sous moi* par un boulet de
» canon ; une balle avait coupé le panache blanc
» de *mon* plumet; un biscaïen était venu percer
» *ma* selle. Si Houchard avait fait comme *moi*,
» la victoire eût été bien plus complète. »

Indépendamment des accusations mensongères élevées contre l'infortuné vainqueur de Hondschoote, un grief que son cœur loyal

---

par la version d'un témoin oculaire consignée dans les *Souvenirs de la fin du* XVIIIe *siècle ou Mémoires* de R. D. G.

(1) Gay de Vernon, adjudant général à l'armée du Nord.

n'eût jamais soupçonné le vouait inévitablement à la mort. Sa destitution inopinée par le Comité de salut public (24 Septembre) avait soulevé à la Convention d'énergiques réclamations ; le Comité, qui luttait alors pour affermir sa domination, s'était vu obligé de faire ressortir l'importance des moindres motifs de la disgrâce de Houchard, et cependant il n'avait évité un échec qu'en arrachant un vote de confiance à l'Assemblée. Robespierre avait soutenu une partie de cette lutte dangereuse pour le Pouvoir naissant dont il faisait partie ; son cœur haineux ne le pardonnait pas à celui qui en avait été la cause innocente.

Houchard, transféré le 9 Novembre à la Conciergerie, comparut le 15 devant le Tribunal. Ses anciennes opérations militaires furent incriminées de même que les plus récentes ; suivant ses accusateurs, il n'avait pas voulu secourir Mayence ; il avait modifié le plan d'attaque envoyé par le Comité de salut public pour délivrer Dunkerque, afin de permettre à l'Ennemi de se soustraire par la fuite à un anéantissement général, et il avait entretenu des correspondances avec les Étrangers chez lesquels il comptait se réfugier. Enfin, Levasseur reproduisit contre lui l'accusation de lâcheté déjà formulée devant la Convention (1).

Houchard répondit avec la candeur et la simplicité qui lui étaient habituelles : « Si l'on
» eût suspecté ma conduite après la reddition
» de Mayence, m'aurait-on désigné pour com-
» mander l'armée du Nord ? Lorsque j'y arri-
» vai, vingt-deux officiers de l'état-major et un
» général venaient d'être destitués par les Re-
» présentants du peuple. Je ne connaissais
» presque personne, et l'armée était encore
» effrayée d'avoir été chassée du camp de César.
» Cependant, le Ministre m'ayant envoyé l'or-
» dre de faire lever le siége de Dunkerque, je
» l'ai exécuté.

» Je n'ai jamais été un lâche ; en liberté, je
» n'aurais pas souffert qu'on me parlât ainsi.
» J'ai fait dix campagnes ; un coup de feu m'a
» traversé la figure de part en part ; j'en ai reçu

---

(1) Levasseur, dans ses *Mémoires* écrits plus de trente ans après ce temps déplorable, s'acharne contre l'infortuné général à la perte duquel il prit une part importante. Il établit positivement, ce qui n'a jamais été contesté, l'inaptitude de Houchard au poste élevé que les révolutionnaires lui avaient conféré ; mais relativement au fait de trahison, il ne cite que des allégations vagues dans lesquelles on cherche vainement un fait réel à l'appui de l'opinion injuste dont il se fait l'apologiste passionné.

» deux autres à la cuisse et à la jambe. Quand
» on se cache derrière les haies, on n'est pas
» ainsi exposé.

» J'ai été soldat pendant quarante ans et tou-
» jours attaché au succès de la Révolution.
» Simple capitaine de Dragons devenu général
» en chef, quel espoir aurais-je eu en trahissant
» la Nation? Quelle réception m'aurait faite
» l'Ennemi? Il m'aurait haché par morceaux
» pour tout le mal que je lui ai fait. J'ai pu
» commettre des fautes; quel est le général qui
» n'en fait pas? Mais je n'ai jamais été un traî-
» tre; les jurés me jugeront dans leur âme
» et conscience; la mienne est pure et tran-
» quille. »

Ce touchant plaidoyer devait rester sans effet sur des juges qui n'étaient plus que les pourvoyeurs gagés de l'échafaud. Houchard fut déclaré convaincu d'avoir été « l'un des auteurs
» ou complices des manœuvres et intelligences
» pratiquées et ménagées avec les ennemis de
» la République, pour faciliter leur entrée en
» France et favoriser les progrès de leurs armes,
» notamment dans les mois de Juin et de Juillet
» 1792 à l'armée de la Moselle commandée
» pour secourir Mayence, et, dans le mois de

» Septembre dernier, à l'armée du Nord chargée
» de secourir Dunkerque. » Condamné à mort,
il marcha au supplice, le soir du même jour,
sans murmures et sans abattement; il monta
sur l'échafaud sans orgueil et sans faiblesse
(16 Novembre).

Ainsi, en moins de trois mois, les Montagnards et les Jacobins avaient tué trois généraux en chef, Custine, Brunet et Houchard. Malgré les revers qui contribuèrent à sa perte, le premier était un homme de guerre remarquable; les deux autres, braves officiers d'ailleurs, ne possédaient pas la capacité nécessaire au poste où la Révolution les avait élevés.

Divers historiens ont déjà signalé l'étrange disparité qui exista sur tous les points entre deux de ces généraux. Custine avait participé dès son enfance aux priviléges des classes patriciennes; sans en abuser, il jouissait des avantages d'une grande fortune; sa sévérité le faisait estimer et redouter des soldats, et, dans son humeur hautaine, il bravait parfois les Commissaires de la Convention. Il parut devant le tribunal après des revers répétés; son procès dura neuf jours et il se défendit avec une énergie qui embarrassa souvent ses calomniateurs. Houchard, au contraire, né pauvre et plébéien, avait lutté sans protecteurs contre les lois restrictives de la Monarchie; il était souvent trop indulgent pour les soldats qui aimaient en lui un des leurs; il s'était toujours montré ardent révolutionnaire et les Représentants du peuple avaient constamment trouvé en lui la plus complète obéissance. Il fut traduit au tribunal après avoir gagné la seule victoire qu'eussent remportée les Français depuis la défaite de Neerwinden; son procès fut sommaire et sa défense ne consista que dans les quelques mots qui attestèrent sa loyauté.

Il n'y eut donc de similitude entre Custine et Houchard que dans le zèle déployé pour défendre la Patrie, et dans la condamnation qui les frappa, ainsi que Brunet, pour le crime de trahison dont ils étaient tous les trois également innocents.

CHAPITRE XXIX.

PRÉLUDES ET CAUSES DE LA FIN GLORIEUSE DE LA CAMPAGNE DE 1793

(Octobre, Novembre et Décembre 1793.)

Sommaire :

Fin du recrutement de la Levée en masse.
Perte des lignes de Weissembourg. — Prise de Lyon. — Dubois Crancé, auquel est dû ce succès, est accusé au Club des Jacobins. — Après avoir vaincu les Piémontais, Kellermann est incarcéré. — Victoire de Wattignies. — Levée du siége de Maubeuge.
But de la mesure qui a déféré au Comité de salut public la nomination des généraux. — Difficultés de son exécution. — Incarcération du général jacobin Carleng. — Pichegru est nommé général en chef de l'armée du Rhin.
Emprisonnement du général jacobin Santerre.
Opérations en Vendée. — Ineptie et lâcheté du général jacobin Léchelle. — Le commandement est laissé de fait à Kléber. — Les Vendéens acculés à la Loire parviennent à la traverser. — Inconvénients de la bouillante ardeur de Westermann. — Léchelle cause la défaite d'Entrames. — Sédition des Mayençais contre lui. — Il donne sa démission et s'empoisonne.
Le général jacobin Rossignol se retrouve à la tête de l'armée de l'Ouest. — Revers multipliés. — Rossignol reçoit du Comité de salut public l'ordre de ne pas quitter la ville de Rennes, et les opérations militaires restent confiées à Marceau et à Kléber.
Siége de Toulon. — Arrivée du commandant d'artillerie Bonaparte. — Impéritie et éloignement successif des deux généraux jacobins Carteaux et Doppet. — Robespierre dissipe l'émotion causée au Club des Jacobins par ces deux actes du Comité de salut public.
Résumé des causes qui concoururent à la fin glorieuse de la Campagne de 1793.

A l'origine du *gouvernement révolutionnaire*, le principe de la politique intérieure du Comité de salut public était simple : il consistait à soumettre tous les partis à la Convention sur laquelle il exerçait une domination qui lui assurait la dictature. La multiplicité exagérée des Représentants du peuple qui avaient été envoyés dans les Départements ou près des armées par l'Assemblée ou par l'ancien Pouvoir exécutif, était contraire à ces vues d'unité gouvernementale; on profita de la première circonstance pour en diminuer le nombre. Le 29 Octobre, Barère annonça à la Convention que la Levée en masse était à peu près terminée; cette déclaration impliquait le terme des travaux des Représentants du peuple qui avaient été chargés d'y concourir. Elle fournit aussi l'occasion de rappeler un grand nombre de leurs collègues épars pour des missions spéciales; cent quarante députés revinrent ainsi siéger à l'Assemblée nationale.

Suivant Barère, presque tous les bataillons de réquisition avaient reçu leur destination : ils allaient d'abord, disait-il, remplacer dans les villes les trois quarts des garnisons qui devaient rejoindre les armées. Mais au moment même où il parlait, le chiffre élevé du contingent (1), la faiblesse numérique de certains Corps en face de l'Ennemi et le désordre général avaient déjà rendu impossible la réalisation de cette sage mesure ; un grand nombre de ces nouveaux bataillons avaient été conduits sans aucune transition sur le champ de bataille.

Ce rude apprentissage étonna la plupart de ces Corps novices et, dans le commencement, lorsqu'ils ne furent pas soigneusement encadrés au milieu de troupes plus aguerries, beaucoup d'entre eux rompirent précipitamment leurs rangs aux premiers sifflements des balles et des boulets. Mais cette impression, inévitable chez des jeunes gens menés au feu dans de telles conditions, fut de courte durée; la Levée en masse avait renforcé les armées d'une espèce d'hommes supérieurs en moyenne à l'espèce des recrues ordinaires ; l'habitude et l'émulation firent le reste ; l'aptitude belliqueuse de la Nation se manifesta, et plus d'un réquisition-

---

(1) 450,000 hommes environ. Les orateurs de la Convention, du Club des Jacobins, etc., avaient adopté pour leurs discours le chiffre de 600,000 hommes.

naire qui avait délaissé avec chagrin les travaux préparatoires d'un avenir sédentaire, sentit tout à coup s'éveiller la vocation qui devait le conduire aux plus hauts grades militaires.

La guerre présentait alors des phases de revers et de succès. Avant que l'établissement du gouvernement révolutionnaire eût attribué au Comité de salut public la nomination des généraux en chef, le commandement de l'armée du Rhin avait été donné à un officier inconnu, Carleng, qui en quelques heures fut promu du grade de chef d'escadron à ce poste élevé (1). Ce choix, analogue à ceux qui excitaient depuis longtemps le blâme et les moqueries des soldats, eut des conséquences faciles à prévoir. Le 13 Octobre, les lignes de Weissembourg dans lesquelles l'armée était retranchée, furent forcées à Saint-Rémy et à Lauterbourg ; en vain les troupes Françaises tentèrent de se rallier derrière la Moder ; elles ne purent se

---

(1) « ......Aux lignes de Weissembourg, on nous fit un jour
» monter à cheval à huit heures du matin pour reconnaître comme
» général de brigade un certain chef d'escadron de dragons, nommé
» Carleng. A onze heures, on nous y fit monter de nouveau pour
» le reconnaître comme général de division. Le lendemain, il était
» à l'ordre comme général en chef. » *Mémoires* du duc de Rovigo.

maintenir sur cette seconde ligne de défense ;
une partie s'enfuit jusqu'à Strasbourg.

Quelque désastre analogue eût sans doute atteint l'armée qui faisait le siége de Lyon, si l'ensemble des opérations eût été conduit d'après les idées du général jacobin qui la commandait. Doppet voulait attaquer la ville de vive force ; cet avis était soutenu par Couthon, membre du Comité de salut public et l'un des huit Représentants du peuple envoyés successivement à l'armée des Alpes ainsi que dans les départements voisins ; mais les deux Commissaires de la Convention spécialement en mission près de l'armée de Lyon, Gautier et Dubois Crancé, s'y opposèrent fortement. Le dernier surtout, ancien militaire fait général par la Révolution, soutint qu'en procédant ainsi, une déroute infaillible disperserait les nombreux contingents de Gardes nationales réunis pour bloquer les insurgés à distance. Le siége continua d'après ces dispositions et, dans les premiers jours d'Octobre, les *Muscadins* Lyonnais se trouvèrent réduits à une demi-livre de pain noir pour ration journalière. Forcés d'évacuer la place qu'ils avaient si longtemps défendue, leurs débris furent massacrés ou dispersés. Le 9 Octobre, Doppet établit son quartier général à la Maison commune de la ville conquise.

En apprenant ce succès si longtemps attendu, la Convention décrète que Lyon sera rasé, qu'on épargnera seulement les édifices publics ainsi que les maisons des indigents, et que ces derniers vestiges de la seconde ville de la France porteront désormais le nom de *Commune affranchie*. Au-dessus de la plaine stérile qui doit, d'après ces singuliers législateurs, remplacer une cité autrefois florissante, une colonne s'élèvera avec cette inscription : « Lyon fit la guerre à la Liberté, Lyon n'est » plus » (12 Octobre). Enfin, une partie formidable de *l'armée révolutionnaire parisienne* est mise en marche, sous les ordres du *général en chef* Ronsin, pour exécuter dans cette malheureuse ville les mesures de barbarie auxquelles doivent présider deux membres du Comité de salut public, Couthon et Collot-d'Herbois.

Doppet est réputé habile militaire ; quant à Dubois Crancé, véritable auteur du succès qu'il a obtenu en endossant tour à tour

l'habit de Représentant du peuple et celui de général, les rapports de Couthon l'ont rendu suspect ; au moment du triomphe, il est rappelé et décrété d'arrestation (15 Octobre). Cependant, de retour à Paris, il se justifie sans peine auprès du Comité de salut public et devant l'Assemblée nationale ; mais le Club des Jacobins se montre plus difficile. « Dubois Crancé, » disent les *patriotes*, « n'a
» pas tenu le langage d'un républicain lorsque,
» au commencement des opérations, il s'est ac-
» cordé avec Kellermann pour tenter des moyens
» de conciliation avant d'adopter les mesures
» de rigueur contre les Lyonnais. En outre, il
» a paru préférer le titre de général à celui de
» Représentant du peuple ; il a porté le cos-
» tume militaire et il a souffert que des officiers
» et des soldats lui parlassent en employant la
» qualification de son grade dans l'armée. Bien
» plus, lorsque Couthon a requis les Gardes
» nationales du Puy-de-Dôme et des départe-
» ments voisins pour marcher contre Lyon,
» Dubois Crancé lui a dit que toute cette ré-
» quisition ne valait pas six liards. »

L'accusé se défend contre ces diverses allégations ; quant à la dernière, il avoue avoir dit à son collègue que la levée faite dans le Puy-de-Dôme était, comme toutes les autres, composée de trois éléments : d'aristocrates, de j.. f.. et de patriotes toujours sacrifiés par les deux premières classes ; mais il ajoute que ce propos tenu dans l'intimité ne devait pas être rendu public et qu'il n'a jamais été proféré devant les troupes assemblées. Couthon affirme le contraire ; cependant, il croit que Dubois Crancé est au fond un vrai *patriote* qui n'a péché que par la forme et qui déploie trop peu d'aménité et trop de hauteur en parlant du *peuple souverain*. Pour cette fois, et en considération des sentiments révolutionnaires du conventionnel incriminé, la Société des Jacobins passe à l'ordre du jour. La discussion est terminée par une invitation adressée aux journalistes *patriotes* pour qu'ils apprennent aux tyrans de l'Europe que l'union constante des Républicains renversera tous les trônes de l'univers.

On avait aussi reproché à Dubois Crancé d'avoir désobéi aux volontés de la Convention, lorsque, malgré l'arrêt de destitution rendu contre Kellermann, il l'avait maintenu à la tête de la partie de l'armée des Alpes opposée aux Piémontais ; cependant la victoire venait de justifier ses prévisions. Le jour où la Convention décrète l'anéantissement de la ville de Lyon (12 Octobre), elle apprend que de Nice à Genève la frontière est délivrée. Les accusations calomnieuses n'en continuent pas moins de se produire contre Kellermann ; Billaud-Varennes déclame contre « cet homme qui a tant de fois » trahi la Patrie et qui remporte actuellement » des victoires pour détourner l'attention de sa » conduite passée. » Au Club des Jacobins, on dénonce le héros de Valmy comme ayant dit qu'il est dangereux de conduire à l'ennemi des Volontaires, lorsqu'on n'a pas de troupes de ligne pour les soutenir ; il est rayé des contrôles de la Société et, peu de jours après, il quitte son armée victorieuse pour être incarcéré à l'Abbaye.

A la même époque, l'armée du Nord obtint un glorieux succès. Lors de la destitution de Houchard, le Comité de salut public en avait fait déférer le commandement à Jourdan en récompense de sa conduite dans la journée de Hondschoote. Les armées coalisées, après avoir vu échouer leurs efforts contre Dunkerque, s'étaient portées sur Maubeuge ; dans leur système de guerre, la possession de cette ville et celle de

Valenciennes leur eussent assuré une excellente base d'opérations pour la campagne suivante. De son côté, Carnot se rendit à l'armée du Nord pour augmenter les chances de succès par sa présence. Les divisions découragées par leur échec de Menin furent réorganisées au camp de Gavarelle; on leur adjoignit quelques milliers d'hommes de l'armée des Ardennes; Jourdan se trouva ainsi à la tête de 45,000 hommes.

Le prince de Cobourg laissa 35,000 hommes autour de Maubeuge et se plaça en observation dans les positions de Dourlers et de Wattignies. L'armée Française échoua dans une première attaque dirigée contre Dourlers (15 Octobre) et elle y perdit 1500 hommes; mais elle y gagna de mieux connaître la position et le point faible de ses adversaires. Le lendemain, les dispositions furent changées; l'ennemi, d'après les efforts de la veille, avait cru devoir renforcer Dourlers aux dépens de Wattignies qui, pris et repris trois fois, resta enfin au pouvoir des Français. Cette heureuse journée décida la levée du siége de Maubeuge.

Ainsi, à l'époque où le Comité de salut public se fit conférer la dictature, un général jacobin,

Carleng, perdait les Lignes de Weissembourg ; Lyon était pris, parce qu'un ancien militaire, Dubois Crancé, avait su faire prévaloir son expérience sur la présomptueuse inhabileté d'un autre général jacobin, Doppet; Kellermann avait battu les Piémontais ; enfin, Carnot et Jourdan remportaient la victoire de Wattignies. A défaut d'autres considérations, ces succès et ces revers démontreraient suffisamment l'opportunité de la mesure qui, lors de l'établissement du *gouvernement révolutionnaire*, enleva au Ministre de la guerre, c'est-à-dire aux Jacobins, le pouvoir de donner le commandement des armées à d'inhabiles protégés.

En cette circonstance, le but de Carnot, soutenu par l'autorité du Comité de salut public, ne pouvait s'avouer hautement ; il consistait à substituer aux chefs ignares nommés par Bouchotte, les officiers capables que la guerre faisait connaître ; mais cette transition était des plus difficiles. Au Club des Jacobins, où toute accusation portée contre un général de l'ancienne armée était admise sans examen, il s'élevait souvent des discussions sur le mérite, le patriotisme et la bravoure des nouveaux généraux ; alors les défenses les plus exaltées répondaient aux dénonciations; de violentes personnalités étaient relevées par d'autres qui n'étaient pas moins odieuses; mais la plupart du temps, les *fils aînés* de la Révolution étaient jugés avec indulgence par la majorité des Jacobins ; ainsi, lorsque Santerre était revenu de la Vendée où son impéritie avait causé tant de désastres, il avait réussi à faire envisager ses défaites comme autant de succès; il avait été acclamé comme un vainqueur.

La destitution de tout général *patriote* risquait donc de soulever des réclamations embarrassantes et de susciter de nouvelles difficultés au Comité de salut public qui avait déjà à se défendre contre tant d'ennemis; la répétition de ces actes impopulaires eût pu ébranler le *gouvernement révolutionnaire* naissant ou même donner entièrement gain de cause à l'un des deux partis qui visaient à le renverser : d'une part, les contre-révolutionnaires; de l'autre, les ultra-révolutionnaires qui, puissants au Ministère de la guerre, à la Commune et au Club des Cordeliers, avaient aussi leurs représentants dans celui des Jacobins sur l'appui duquel le Comité de salut public comptait cependant pour triompher.

Mais l'indulgence des démagogues envers les révolutionnaires d'une notoriété reconnue, cessait de se manifester aussitôt qu'une dénonciation de trahison était accompagnée de circonstances assez habilement groupées pour lui donner quelque semblant de consistance ; cette accusation fatale, qui avait déjà atteint tant de généraux, constituait une arme perfide qui, maniée avec adresse, frappait à coup sûr dans ce temps de soupçons et d'alarmes. Elle fut au besoin employée avec succès par le Comité de salut public; souvent d'ailleurs, il n'eut qu'à seconder l'expression des défiances que chaque jour et chaque heure voyaient surgir dans les Sociétés populaires.

La perte des Lignes de Weissembourg fut attribuée à la trahison. Ce désastre ayant relevé les espérances des contre-révolutionnaires de l'Alsace, quelques lettres interceptées servirent de prétexte pour établir d'une manière péremptoire l'existence d'une conspiration qui tendait à livrer Strasbourg à l'ennemi et la nécessité de déployer toutes les rigueurs contre les prétendus auteurs de ce vaste complot; le général jacobin Carleng, qui n'était coupable que d'incapacité, fut incarcéré à l'Abbaye;

c'était pour Carnot un heureux résultat. Saint-Just, membre du Comité de salut public et le conventionnel Lebas furent envoyés à Strasbourg comme Représentants du peuple en mission extraordinaire, et Pichegru fut nommé général en chef de l'armée du Rhin (1).

Les diverses tribunes retentissaient alors de déclamations contre les conspirateurs de la *faction des étrangers*, de la *faction d'Orléans*, de la *faction des modérés*, etc., dont le nombre et l'importance acquéraient des proportions exagérées par les sombres appréhensions de plusieurs membres du Comité de salut public et surtout de Robespierre. La ténébreuse politique

---

(1) Pichegru, né en 1761, avait fait, au collége d'Arbois sous la direction des Minimes, des études qui le mirent à même d'être répétiteur des classes de philosophie et de mathématiques au collége de Brienne, lorsque Bonaparte y était élève. Fort jeune encore, il s'engagea dans le 1er Régiment d'artillerie; sa conduite et ses connaissances le firent rapidement nommer sergent. Après avoir pris part aux dernières guerres d'Amérique, il était adjudant quand éclata la Révolution dont il adopta les principes sans prendre part à aucun de ses excès. Un bataillon de Volontaires nationaux du Gard, qui venait de perdre son commandant, ayant passé à Besançon où l'adjudant Pichegru était président du club révolutionnaire, cette assemblée populaire le proposa pour remplir la place vacante. Employé à l'état-major de l'armée du Rhin, en 1792, il fut successivement nommé général de brigade, général de division et enfin général en chef. — *Biographie universelle.*

de cet orateur cher aux Jacobins concourait non moins que son humeur ombrageuse à présenter comme ennemis du Pouvoir dont il faisait partie ceux qui, par leur influence ou par leur popularité, eussent pu le gêner plus tard dans sa marche secrètement ambitieuse. Santerre, chaudement accueilli aux Jacobins et puissant au faubourg Saint-Antoine, insistait d'une manière fatigante auprès du Comité de salut public pour être renvoyé en Vendée (1); il fut habilement décrié comme faisant partie de la *faction d'Orléans* et incarcéré. Aux yeux de Robespierre, c'était un chef populaire de moins à redouter dans l'avenir ; à ceux de Carnot, c'était un général inepte mis dans l'impossibilité de causer de nouveaux désastres en Vendée.

On avait repris dans ce malheureux pays l'exécution du plan qui consistait à enfermer les Vendéens dans un cercle de troupes républicaines et qui avait échoué par suite des fautes de Rossignol, de Ronsin et de Santerre. Trois colonnes parties de Saumur, Thouars et la Châteigneraye se dirigèrent vers Bressuire où elles

---

(1) *Mémoires* de Barère.

devaient opérer leur jonction ; là colonne de Luçon s'avança de son côté ; enfin les troupes de Nantes, parmi lesquelles on comptait les Mayençais, se mirent aussi en route pour concourir au but commun qui était d'acculer les *Brigands* à la Loire et de les exterminer.

Ces dernières avaient déjà remporté plusieurs avantages, lorsqu'arriva à leur connaissance le décret qui destituait Canclaux et Aubert Dubayet comme ci-devant nobles, et qui réunissait les deux armées des côtes de Brest et des côtes de La Rochelle en une seule, l'armée de l'Ouest, mise sous le commandement du jacobin Léchelle. L'arrêt qui frappait à la fois le général de l'armée des côtes de Brest et l'un des généraux Mayençais excita un vif mécontentement parmi leurs soldats. Les Représentants du peuple Philippeaux, Gillet, Merlin et Rewbell, qui virent avec inquiétude l'armée privée subitement de ces deux excellents chefs, réclamèrent auprès de la Convention ; mais en attendant le résultat de cette démarche, il fallut obéir. Les deux généraux destitués prouvèrent l'injustice de l'arrêt qui les frappait en battant encore les Vendéens avant de s'éloigner ; Kléber prit le commandement par intérim.

Sur ces entrefaites, Léchelle arrive (8 Octobre), et un conseil de guerre est immédiatement réuni pour le mettre au courant des opérations effectuées et de celles qui vont suivre. Mais c'est en vain que Kléber les lui démontre sur la carte du pays ; c'est en vain qu'il lui détaille les mesures qui doivent concourir à la réussite de l'opération simultanée de toutes les colonnes ; à tous les raisonnements, l'inepte général répond imperturbablement qu'il faut *marcher majestueusement et en masse*. Kléber reploie sa carte en toisant son nouveau chef avec mépris; Merlin s'écrie qu'on semble avoir cherché le plus ignorant des hommes pour le mettre à la tête de l'armée de l'Ouest, et il est convenu entre les quatre Représentants du peuple que Kléber continuera à diriger les opérations, sauf à en rendre compte pour la forme au général Léchelle. Ce dernier accepte la position qui lui est ainsi faite et il en profite pour ne paraître sur aucun champ de bataille (1).

---

(1) « Léchelle était ignorant et lâche, dit Kléber dans ses mémoi-
» res, et ne se montra jamais une seule fois au feu. » *Histoire de la Révolution française* par M. A. Thiers.

Cependant les trois colonnes parties de Saumur, de Thouars et de la Chateigneraye font leur jonction à Bressuire, battent l'armée de Lescure et pénètrent à Châtillon (10 Octobre). Dans cette marche entremêlée de combats, l'avant-garde est conduite par Westermann (1). Le lendemain de l'entrée à Châtillon, ce hardi partisan marchant avec elle vers Mortagne, est tout à coup enveloppé par la grande armée Vendéenne accourue au secours de Lescure; il est obligé de rétrograder et l'armée républicaine évacue à son tour Châtillon. Les Vendéens l'envahissent, s'y installent confusément et s'endorment ou s'enivrent, tandis que Westermann, la rage au cœur, reproche en termes sanglants à ses soldats de s'être déshonorés. Lorsqu'il les a ainsi amenés à la hauteur de sa colère, il se rapproche de la ville pendant l'obscurité, choisit parmi eux cent cavaliers à chacun desquels il place en croupe un fantassin, et, suivi de cette troupe de nouvelle espèce, il se lance avec fracas dans Châtillon. Les Ven-

---

(1) Westermann était retourné faire la guerre en Vendée après avoir été acquitté pour la deuxième fois par les tribunaux militaires (13 Août).

déens surpris dans le sommeil ou dans l'ivresse ne distinguent pas leurs ennemis et se tuent les uns les autres. Dans cet horrible carnage, des vieillards, des femmes et des enfants sont égorgés. Le lendemain matin, la ville entière est en flammes; les Vendéens, abandonnant ce champ de bataille sanglant et embrasé, se retirent vers Chollet, suivis par l'armée républicaine. Les troupes de Nantes et les Mayençais s'y dirigent aussi de leur côté ainsi que la colonne de Luçon.

Le 15 Octobre, la jonction de tous ces Corps d'armée s'effectue. Kléber continue à les diriger, tandis que Léchelle se tient à deux lieues en arrière. Les Vendéens sont obligés d'évacuer successivement Chollet ainsi que Mortagne, et une dernière victoire chaudement disputée permet à l'armée républicaine de s'avancer jusqu'à Beaupréau. C'est dans cette marche qu'elle vit accourir au-devant d'elle 4,000 individus criant: « Vive la République! Vive Bonchamp! » Ce jeune général Vendéen, près d'expirer, avait obtenu leur grâce au moment où ses soldats, furieux de leurs défaites et ne sachant que faire de ces prisonniers, allaient les fusiller.

Ainsi que Bonchamp, d'Elbée et Lescure étaient blessés à mort. 80,000 individus, femmes, enfants, vieillards et paysans armés étaient réunis sur la rive gauche de la Loire; en avant d'eux était le fleuve; en arrière, les colonnes républicaines s'avançaient en mettant le feu à tous les villages.

Les rapports envoyés à Paris annoncent comme imminente la destruction totale des *Brigands*. « La Vendée n'est plus ! » s'écrie Barère à la Convention (23 Octobre). « Le Comité » de salut public vous avait promis ce résultat » pour le 20 Octobre; il a été atteint deux » jours avant l'époque assignée ! »

Mais cette joie était prématurée. Avant de mourir, Bonchamp a fait occuper sur la Loire le poste de Varades, ce qui permet aux Vendéens de traverser le fleuve à l'abri du canon républicain (18 Octobre). Ils espèrent pouvoir continuer la guerre sur la rive droite de la Loire, car le gouvernement, sans défiance de ce côté, n'a pas envoyé de troupes en Bretagne et les villes n'y sont occupées que par de faibles détachements de Gardes nationales.

Leur armée se compose de 30,000 fantassins, 200 cavaliers, 15,000 individus inutiles et une quarantaine de pièces d'artillerie mal attelées. La Rochejaquelein a été proclamé généralissime ; Stofflet est son chef d'état-major ; la multitude confuse de leurs soldats marche sans distinction de bataillons ou de compagnies ; les femmes, les vieillards et les enfants entravent les opérations. C'est ainsi qu'ils traversent successivement Candé et Château-Gonthier pour ne s'arrêter qu'à Laval.

Aussitôt que les Républicains sont informés de la direction suivie par les Royalistes, la portion principale de l'armée de l'Ouest prend la même route. Elle est nominativement sous les ordres de Léchelle ; mais de fait, c'est Kléber qui la commande ; quatre Représentants du peuple l'accompagnent, ainsi que Prieur (de la Marne), membre du Comité de salut public, qui a été envoyé en Vendée (1).

Le 25 Octobre, la bouillante ardeur de Westermann engage l'avant-garde des Républicains dans un combat inutile et sanglant près de

---

(1) Dans les graves circonstances, les Représentants du peuple n'étaient pas jugés suffisants et le Comité de salut public envoyait un de ses membres : Carnot se rendit à l'armée du Nord pour gagner la bataille de Vattignies ; Couthon et Collot d'Herbois présidèrent aux malheurs de Lyon ; Saint-Just plongea Strasbourg dans le deuil et la désolation, etc.

Laval : les Vendéens la refoulent sur le corps de bataille qui est à une journée de marche en arrière. Westermann et les Représentants du peuple veulent ensuite reporter toutes les troupes en avant ; mais Kléber s'y oppose : « Toute notre
» armée remonte la rive gauche de la Mayenne,
» rivière non guéable sur laquelle est situé Laval.
» Si nous avançons ainsi d'un seul côté, les Ven-
» déens s'échapperont, descendront en suivant
» la rive droite jusqu'à ce qu'ils aient trouvé un
» moyen de passage et reviendront nous as-
» saillir par derrière. Il faut donc envoyer
» une partie de nos forces sur la rive droite et
» attaquer l'ennemi des deux côtés à la fois. »

Ce plan est adopté. Marceau, lié à Kléber par une amitié cimentée sur le champ de bataille (1), est dépêché pour le soumettre à l'ap-

---

(1) Marceau, né à Chartres en 1769, se sentant peu de vocation pour le Barreau auquel on le destinait, s'engagea à dix-sept ans dans le régiment de Savoie-Carignan, et devint rapidement sous-officier. En congé à Paris (1789), il se mêla aux assaillants de la Bastille. Devenu instructeur de la Garde nationale de Chartres, il partit pour la frontière (1792) en qualité de commandant d'un bataillon de Volontaires d'Eure-et-Loir. Il fut ensuite officier de cuirassiers de la Légion Germanique avec laquelle il alla en Vendée. Le jour de la bataille de Saumur, il avait sauvé la vie du conventionnel Bourbotte qui avait eu son cheval tué sous lui. Il était général de brigade à vingt-deux ans. — *Biographie universelle.*

probation de Léchelle qui se tient toujours en arrière. Ce dernier donne son assentiment; on s'occupe déjà de la réalisation du projet de Kléber, lorsqu'arrive un contre-ordre qui enjoint de porter l'armée en avant. C'est l'effet des ineptes réflexions de Léchelle. Les généraux surpris courent près de lui pour insister sur les considérations évidentes qui lui ont été déjà soumises; mais Léchelle répond qu'il faut avant tout *marcher majestueusement et en masse*. On est forcé de se conformer à cette stupide interprétation du principe de combattre sans morceler les troupes, et le combat s'engage avec les Vendéens qui occupent sur les hauteurs d'Entrames, en avant de Laval, une position des plus avantageuses.

Comme on ne peut l'attaquer de front, on essaie de la tourner; mais, au plus fort du combat, Léchelle perd la tête, fait sonner la retraite et prend la fuite entraînant une partie de l'armée; le *sauve-qui-peut* devient général; seuls, les Mayençais résistent quelque temps; mais ils sont bientôt accablés par la masse des Vendéens qui les foudroient avec l'artillerie républicaine tombée en leur pouvoir, et, pour la première fois, ils lâchent pied devant leurs ennemis. Les Royalistes occupent Château-Gontier.

L'auteur de cette déroute ne s'est arrêté qu'au Lion-d'Angers ; par son ordre, Kléber lui ramène les débris de l'armée qui prennent position derrière l'Oudon et que Léchelle veut passer en revue. Mais dès qu'il apparaît, les cris les plus insultants s'élèvent des rangs des Mayençais : « A bas Léchelle ! à bas le j... f....! » Vive Kléber ! Qu'on nous rende Dubayet ! » Léchelle est obligé de se retirer. Malgré son mépris pour ce chef aussi lâche qu'inepte, Kléber veut sévèrement réprimander ses soldats de leur sédition et il leur ordonne de former le cercle autour de lui. Son regard irrité parcourt ceux auxquels il se prépare à adresser une violente apostrophe; mais en voyant l'état pitoyable dans lequel la défaite de la veille a mis ses vieux compagnons d'armes, en comptant les nouveaux vides causés dans leurs rangs par la faute du misérable dont il est obligé de soutenir l'autorité, son cœur se serre, sa résolution s'évanouit et, les larmes aux yeux, il sort du cercle sans avoir trouvé la force de prononcer une seule parole.

Le soir, Léchelle prend encore place à la table de l'état-major; il y parle de l'or de Pitt et des traîtres de l'armée de Mayence qu'il saura démasquer; mais un sourire méprisant erre sur toutes les lèvres; sans l'intervention de ses voisins, Kléber, hors de lui, se précipiterait sur le lâche que les Représentants du peuple, les généraux et les soldats repoussent également de l'armée. On insinue enfin à Léchelle de donner sa démission; il le fait après avoir envoyé à Paris une dénonciation contre les Mayençais, et il se retire à Nantes où il s'empoisonne pour échapper aux conséquences probables de sa triste conduite (1).

Le commandement vacant est offert à Kléber par les Commissaires de la Convention; mais il sait combien un général en chef est en butte aux exigences des Représentants, du Ministre et du Comité de salut public; cette position difficile pour tout officier lui paraît d'autant plus dangereuse pour lui-même que, en qualité de général des Mayençais, il est en butte à la haine ou à la suspicion; il consent seulement à diriger de ses conseils l'armée qui est mise sous les ordres de Chalbos, un des plus anciens généraux.

---

(1) *Moniteur universel* du 1ᵉʳ Frimaire an II.

Quant aux Mayençais, l'attachement qu'ils ont toujours montré pour leurs généraux et le mépris qu'ils ont manifesté autrefois pour l'ancien état-major de Saumur, les ont rendus suspects depuis longtemps. Leurs cris séditieux en faveur de Dubayet, la dénonciation de Léchelle et les rapports des Représentants du peuple corroborent ces ombrageuses appréhensions : le Comité de salut public ordonne leur dissolution et leur amalgame avec les autres troupes. Kléber est chargé de procéder à cette opération qui disperse ses anciens camarades, mais il sent lui-même les dangers de la rivalité qui chaque jour se manifeste de plus en plus entre les Mayençais et les autres Corps ; il y trouve en outre l'avantage de doter ces derniers de valeureuses têtes de colonne qui leur communiqueront leur courage.

Pendant qu'on réorganise l'armée de l'Ouest à Angers, les Vendéens se décident à aller attaquer Gradnville dont la prise faciliterait leur subsistance aux dépens de la Normandie; mais ils échouent dans leur tentative (12 Novembre). Découragés, ils s'en prennent à leurs chefs et les accusent de ne s'être rapprochés de la mer que pour fuir en Angleterre ; ils demandent à grands cris qu'on les ramène dans leur pays, et l'armée Vendéenne reprend, en se dirigeant vers Pontorson, une direction qui la rapproche de la Loire. De son côté, l'armée de l'Ouest réorganisée se dirige sur Rennes où elle fait sa jonction avec **6,000** hommes, derniers restes de l'armée de Brest commandés par Rossignol. Chalbos tombe malade ; Rossignol le remplace; l'armée forte alors de 21,000 hommes, se trouve de nouveau sous les ordres d'un inhabile général jacobin.

D'après le conseil de Kléber, il est décidé qu'elle prendra position à Antrain; d'un autre côté, le général Tribout qui est à Dol avec 4,000 hommes, occupera un passage étroit au milieu d'un marais et empêchera les Vendéens d'arriver jusqu'à Pontorson. L'armée des côtes de Cherbourg (6,000 hommes) commandée par le général Sépher les suivra par derrière ; la mer ferme le cercle dans lequel Kléber veut les enfermer. Mais au lieu de se tenir immobile dans la position inexpugnable qui lui a été assignée, Tribout se porte en avant (18 Novembre); les Vendéens le mettent en déroute, s'emparent du passage, traversent Pontorson et s'avancent jusqu'à Dol.

Des faits analogues se renouvellent encore deux fois par l'effet du manque d'unité dans le commandement de cette armée dont le général en chef, Rossignol, est sans capacité, sans influence et sans autorité. La plupart du temps, Prieur et les Représentants du peuple se rangent d'abord aux avis de la froide expérience de Kléber; mais leur injuste suspicion à l'égard du général Mayençais et leur répugnance à procéder avec une prudente lenteur leur font ensuite adopter les plans hasardeux du bouillant Westermann. Il en résulte des ordres suivis de contre-ordres et d'opérations mal exécutées. A la suite de ces tiraillements dont chaque conséquence est un échec, l'armée républicaine est obligée de se retirer à Rennes, tandis que ses ennemis naguère fugitifs se dirigent sans obstacle vers Angers où ils veulent repasser la Loire pour rentrer en Vendée.

Les troupes républicaines sont lasses et découragées; Prieur et les Représentants du peuple, au lieu de s'en prendre à eux-mêmes, accusent celui dont ils n'ont pas écouté les avis; Kléber et Marceau sont dévorés de chagrin. Enfin, Rossignol cédant à un mouvement de franchise naturelle, se présente au Conseil avec sa démission à la main : « Je ne suis » pas fait pour commander une armée, » dit-il. » Qu'on me donne seulement un bataillon et » je saurai remplir ma tâche. » Carnot eût immédiatement tiré parti d'un aussi précieux incident. Loin de là, Prieur refuse la démission de celui qu'il appelle le *fils aîné du Comité de salut public* (1). Quelques jours après, il disait aux généraux : « Le Comité de salut public a la » plus grande confiance dans les talents et les » vertus civiques de Rossignol ; quand même il » perdrait encore vingt batailles, quand même » il éprouverait encore vingt déroutes, il n'en » resterait pas moins l'enfant chéri de la Révo- » lution. Nous voulons qu'il soit entouré de » généraux capables de l'aider de leurs con- » seils ; malheur à ceux qui l'égareront ; nous » les regarderons comme les seuls auteurs de » nos revers. » Ces dernières paroles étaient surtout à l'adresse de Kléber ; sa qualité de général Mayençais, les rapports de Léchelle ainsi que de Rossignol, et le mépris qu'il ne pouvait entièrement cacher pour les généraux

---

(1) Rossignol avait été nommé général en chef le 27 Juillet, c'est-à-dire, quelques jours après l'installation du second Comité de salut public.

jacobins, le faisaient suspecter d'une trahison bien éloignée de sa loyauté et de son désintéressement. Il avait été dénoncé comme royaliste au Comité de salut public, et les Représentants du peuple avaient reçu l'ordre de le surveiller d'une manière spéciale.

Malgré les dégoûts dont il est abreuvé, Kléber propose un plan qui a pour but d'obvier à l'impéritie du général en chef que l'on s'obstine à subir : il consiste à laisser à Rossignol sa position supérieure et à donner cependant un commandant en chef aux troupes, un autre à la cavalerie et un troisième à l'artillerie. L'ascendant de son génie triomphe encore de la défaveur avec laquelle on écoute ses avis ; son projet est adopté. Il parvient à faire choisir Marceau pour commander les troupes ; Westermann et Debilly sont mis respectivement à la tête de la cavalerie et de l'artillerie. Marceau, jeune et ardent, ne péchait que par un excès d'audace et de courage ; Kléber se promettait de modérer la fougue de son ami qu'il savait disposé à n'agir que par ses conseils ; il comptait ainsi ramener la victoire sous les drapeaux de la République, si Rossignol consentait à ne plus entraver ses efforts.

Dès lors, l'armée commence à reprendre une allure militaire ; renforcée de l'armée des côtes de Cherbourg (6,000 hommes), elle quitte Rennes et marche sur Angers menacé par les Vendéens qui tiraillent depuis deux jours dans les faubourgs. La résistance inattendue qu'ils éprouvent, et l'approche de l'avant-garde de Westermann (4 Décembre), les forcent à chercher un autre lieu de passage en remontant la Loire vers Saumur. Mais Kléber qui les poursuit avec une division les oblige à se rejeter en Bretagne.

Dans le cours de ces opérations, de nouvelles fautes commises par Rossignol sont imputées à Marceau et à Kléber, ainsi que les en a menacés Prieur, qui parle même de traduire le dernier devant un tribunal révolutionnaire ; mais cet orage est encore détourné par la froide raison du général Mayençais et peut-être aussi par le soupçon que cette nature énergique ne se laissera pas égorger sans défense. Tout à coup, arrive à Angers un arrêté pris par le Comité de salut public à la suite des rapports et des dénonciations contradictoires qu'il a reçus de tous côtés. D'une part, les généraux Mayençais sont destitués ; de l'autre, l'armée de l'Ouest est partagée en deux autres, comme elle l'était avant sa formation ; il est enjoint à Rossignol d'aller avec l'armée de Brest occuper la ville de Rennes, et Marceau est nommé général en chef des troupes qui continueront à poursuivre les Vendéens. Ce dernier, en apprenant qu'on lui enlève son ami et son conseil, veut refuser le commandement, lorsqu'une nouvelle dépêche du Comité de salut public l'autorise à suspendre l'arrêt de destitution en ce qui concerne le général Kléber, qu'il peut employer ainsi qu'il le jugera convenable. Marceau annonce alors à son ami qu'il lui laissera la direction de l'armée et qu'il ne gardera que la responsabilité et le commandement de l'avant-garde : « J'y consens, » répond Kléber, « nous combattrons et » nous serons guillotinés ensemble. »

Le but que poursuivait inflexiblement Carnot, en écartant des points décisifs les généraux incapables, se manifesta d'une manière non moins remarquable au siége de Toulon. Carteaux avait été nommé général en chef avec la désastreuse rapidité qui caractérisait les choix des Jacobins. Chargé, après son entrée à Marseille, de reprendre Toulon occupé par les Anglais et les Espagnols, il s'était établi avec 9,000 hommes environ au débouché des gorges d'Ollioules. Le général Lapoype (1), militaire expérimenté détaché de l'armée d'Italie avec 4,000 hommes et mis sous les ordres de Carteaux, commandait une attaque secondaire, du côté opposé. Dans ces circonstances, le Comité de salut public demanda un officier capable de diriger l'artillerie du siége.

Le chef de bataillon Bonaparte est désigné. Il accourt en toute diligence au quartier-général de Carteaux (21 Septembre), et s'informe immédiatement des ressources dont il peut disposer. Il apprend alors avec un vif étonnement que toute l'artillerie consiste en deux batteries de campagne qui viennent d'arriver, trois batteries à cheval et huit pièces de 24 tirées de l'arsenal de Marseille. Ce sentiment se change en stupéfaction, lorsque Carteaux lui montre

---

(1) Lapoype (ci-devant marquis de), né en 1765, était officier aux Gardes françaises avant la Révolution. Epris de l'une des filles du célèbre critique Fréron, il l'épousa malgré sa mère qui, irritée de cette mésalliance, ne voulut plus le revoir et le déshérita. Par suite, il embrassa la cause de la Révolution et fut successivement nommé, en 1792, colonel et maréchal de camp. — *Biographie universelle.*

les huit pièces de 24 disposées en batterie à plus d'une lieue de l'escadre anglaise qu'il se propose de brûler. Pour compléter l'exposition de ses moyens d'attaque, Carteaux conduit ensuite Bonaparte dans les bastides des environs; chacune d'elles est occupée par des grenadiers qui ont reçu la mission difficile de faire rougir des boulets dans les cuisines.

Cette accumulation de faits grotesques conduit le commandant de l'artillerie à conclure qu'il est l'objet d'une mystification de la part du général; mais il est enfin forcé de se rendre à l'évidence : Carteaux est de bonne foi. Bonaparte ordonne alors aux grenadiers d'abandonner leurs soufflets et de retourner à leurs bataillons; il fait parquer les huit pièces de 24 et il s'occupe immédiatement de former un équipage de siége.

Par ses soins, et en moins de six semaines, cent bouches à feu de gros calibre et des mortiers à grande portée sont réunis et approvisionnés des munitions nécessaires; des ateliers s'organisent; des officiers d'artillerie sont appelés, et deux batteries, dites de la Montagne et des Sans-Culottes, s'élèvent sur le bord de la mer; leurs vives canonnades obligent d'abord les vaisseaux ennemis à évacuer la petite rade.

Aucun officier du génie n'étant attaché au siége, Bonaparte cumule les fonctions d'artilleur et d'ingénieur en chef. Les troupes qui le voient sans cesse sur le terrain donner brièvement des instructions faciles à comprendre et justifiées par le résultat, lui accordent la confiance la plus absolue. Par suite, les assiégés faisant une sortie formidable pour s'emparer des deux batteries qui les inquiètent puissamment (14 Octobre), dès que Bonaparte apparaît, et malgré la présence de plusieurs généraux, un cri unanime s'élève pour lui demander des ordres. Le succès couronne cette marque instinctive de confiance, et le chef de bataillon d'artillerie reste ainsi moralement investi du commandement par le vœu des soldats (1).

Mais la jalousie et l'impéritie du général en chef entravent sans cesse ses dispositions. Un jour, Carteaux détourne certaines bouches à feu des véritables points d'attaque pour se donner le stérile plaisir de brûler quel-

---

(1) *Mémoires écrits à Sainte-Hélène sous la dictée de Napoléon.*

ques maisons dans la ville assiégée. Sur la foi d'une fable populaire, il s'est persuadé qu'une vieille couleuvrine, à peu près hors de service et conservée à Marseille comme objet de curiosité, jouit de la propriété merveilleuse de lancer des boulets à deux lieues de distance. Conformément à ses ordres, on est obligé de perdre du temps et d'employer des hommes et des chevaux pour amener près de Toulon cette monstrueuse antiquaille dont on ne peut ensuite tirer aucun parti.

L'absurdité du général en chef force enfin le commandant de l'artillerie à la désobéissance: Carteaux indique une certaine terrasse pour qu'on y élève une batterie ; mais cette terrasse est trop étroite pour le recul des pièces et elle tient à des constructions en pierre dont les éclats lancés par les boulets ennemis blesseraient ou tueraient rapidement tous les canonniers; la batterie ne s'élève pas. Une autre fois, Bonaparte s'étant absenté pour aller jusqu'à l'arsenal de Marseille, Carteaux enjoint d'abandonner les deux fameuses batteries de la Montagne et des Sans-Culottes, sous prétexte qu'elles coûtent la vie à un trop grand nombre d'artilleurs. Bonaparte revient au moment où s'effectue cette évacuation qui compromettrait le succès, et il ordonne aux canonniers de reprendre leurs postes et de recommencer le feu.

Fatigué de ces contrariétés sans cesse renaissantes, le commandant de l'artillerie prend enfin le parti de demander par écrit au général en chef qu'il lui fasse connaître ses idées une fois pour toutes, et qu'il lui abandonne ensuite l'exécution des détails. Carteaux répond que l'artillerie devra *chauffer Toulon pendant trois jours et qu'il attaquera ensuite la ville sur trois colonnes*. En regard de ce singulier projet, Bonaparte écrit ce qu'il y aurait à faire pour réduire la place, et ce mémoire, remis au représentant du peuple Gasparin, est adressé au Comité de salut public par un courrier extraordinaire. Le résultat ne se fait pas attendre : Carteaux reçoit l'ordre de quitter le siége et d'aller immédiatement prendre le commandement de l'armée d'Italie. Après un court intérim fait par Lapoype d'une manière satisfaisante, le successeur de Carteaux arrive à l'armée de Toulon; c'est Doppet, auquel la prise de Lyon a récemment fait attribuer un certain prestige militaire (10 Novembre) (1).

---

(1) Doppet amena avec lui le général Duteil pour le mettre à la tête

Le costume de ce général jacobin, une carmagnole avec un petit bonnet rouge à la boutonnière, éveille parmi les soldats une défiance méritée. Peu de jours après que Doppet a pris le commandement, une bombe partie de la ville met le feu au magasin à poudre de la batterie de la Montagne et plusieurs canonniers sont tués. Le soir venu, Bonaparte, qui a couru les plus grands dangers, se rend auprès du général en chef pour lui rendre compte des détails de cet événement malheureux, et il le trouve rédigeant un rapport dans lequel il accuse les aristocrates d'avoir mis le feu au magasin.

Le lendemain, un bataillon de la Côte-d'Or, de tranchée à l'attaque du fort Murgrave, se laisse emporter par son ardeur, court aux armes sans en avoir reçu l'ordre et marche contre le fort; un régiment le suit; une division entière est entraînée à son tour. La vivacité inattendue de la canonnade et de la fusillade

---

de l'artillerie du siége; mais Duteil était vieux et peu entendu en fait d'artillerie ; d'un autre côté, Bonaparte alléguait, avec raison, qu'il avait reçu une mission spéciale du Gouvernement. Duteil se trouva heureux de pouvoir ainsi se débarrasser d'une responsabilité qui l'effrayait.

étonnent à la fois le général en chef et le commandant de l'artillerie ; mais lorsque Bonaparte s'est rendu compte de la situation, il reconnaît qu'il en coûtera moins pour pousser l'affaire à fond que pour battre en retraite : « Le vin est tiré, » dit-il, « il faut le boire. » Il persuade Doppet et reçoit l'autorisation de changer cette attaque inattendue en assaut décisif.

Aussitôt des tirailleurs couvrent entièrement le promontoire ; des compagnies de grenadiers sont formées en colonne d'attaque pour pénétrer dans le fort par la gorge; des troupes nombreuses se tiennent prêtes à les seconder ; l'enthousiasme des soldats, la rapidité des mouvements, tout enfin semble garantir le succès ; partout on attend avec une fiévreuse impatience le signal de se précipiter en avant, lorsqu'au lieu de la charge, on entend sonner la retraite. On doute d'abord ; mais on apprend bientôt que le général en chef, quoique assez éloigné du théâtre de l'action, a subitement jugé l'attaque inopportune. Les troupes désappointées rétrogradent en maudissant celui qui leur fait perdre la victoire, tandis que l'Ennemi profite de ce faux mouvement pour les accabler du feu de son artillerie. Quant à Bonaparte, l'œil en feu, le visage couvert de poussière et du sang que laisse échapper une légère blessure au front, il court au général et l'apostrophe devant son état-major : « Le j... f..... qui a fait » battre la retraite nous fait manquer Tou- » lon ! » (1).

Le soir, les soldats furieux de ce succès manqué qui avait coûté la vie à un grand nombre de leurs camarades, juraient contre *les peintres et les médecins qu'on leur donnait pour chefs* (2) et parlaient de se porter à des voies de fait contre Doppet.

Quelques jours après, un ordre du Comité de salut public enjoignit à Doppet d'aller prendre le commandement de l'armée des Pyrénées-Orientales; il fut remplacé par Dugommier(3), et Bonaparte se trouva dès lors sous les

---

(1) *Mémoires écrits à Sainte-Hélène sous la dictée de Napoléon.*
(2) Carteaux avait été peintre et Doppet était médecin avant d'avoir embrassé la carrière militaire.
(3) Dugommier, né en 1736 à la Guadeloupe, entra au service à treize ans et fut réformé après avoir obtenu de l'avancement et la croix de Saint-Louis. Retiré à la Martinique où il possédait des propriétés considérables, le ressentiment qu'il conserva des injustices dont il croyait avoir à se plaindre, le rendit chaud partisan de la Révolution ; mais la férocité des nègres imprudemment armés le força à se réfugier en France où il arriva, en 1792, sollicitant des secours en faveur du parti patriote de la Martinique. Nommé Député de cette île à la Convention, il préféra suivre la carrière des armes;

ordres d'un chef doué des qualités militaires les plus recommandables.

Les décisions qui ôtèrent successivement le commandement du siége de Toulon à Carteaux et à Doppet témoignaient de la volonté de Carnot au sujet des généraux incapables; seulement, ces deux *patriotes* brillant d'un lustre immérité aux yeux des Jacobins, l'un pour la prise de Marseille, l'autre pour celle de Lyon, on avait agi envers eux avec ménagements en les envoyant dans des localités où la guerre se traînait sans activité.

Malgré ces précautions, les deux décrets considérés par le Club des Jacobins comme injurieux pour Carteaux et Doppet, y excitèrent une vive émotion. Pour la dissiper, le Comité de salut public usa de l'influence de Robespierre : « Je crois devoir donner à » la Société des éclaircissements sur les » changements de généraux qui ont eu lieu » dans l'armée de Toulon. Les deux chefs mi- » litaires qui ont commencé le siége, Car-

---

il fut employé comme général de brigade à l'armée d'Italie, et peu après appelé à prendre le commandement du siége de Toulon. — *Biographie universelle.*

» teaux et Lapoype, ont été tour à tour dénon-
» cés et louangés. Sans Carteaux, Lapoype eût
» peut-être pris la ville. Les restes de noblesse
» qu'on lui reproche encore sont effacés par des
» services et par des alliances avec la *sans-*
» *culotterie* : le Comité de salut public eût donc
» pu lui laisser le commandement ; mais il ne
» l'a pas fait parce qu'il respecte l'opinion qui
» est contraire à Lapoype. Il l'a donné à Du-
» gommier qui compte en sa faveur le témoi-
» gnage des patriotes et celui de ses propres
» actions . . . .

» Quant à Doppet, on voulait faire une in-
» cursion en Espagne ; la chose était facile et
» ne trouvait d'obstacle que dans la pusillani-
» mité des généraux. On a cru devoir confier
» cette expédition brillante au zèle et à l'intel-
» ligence de Doppet ; on l'a donc envoyé aux
» Pyrénées. »

Comme d'habitude, la masse des Jacobins
applaudit son orateur de prédilection ; mais
cette explication louangeuse pour Doppet
étant obscure et incomplète en ce qui concernait Carteaux, de vives réclamations continuèrent à se produire en sa faveur. Cette insis-
tance lui valut le même sort qu'à Santerre : il

circula bientôt sur son compte de vagues accusations à la suite desquelles il devait être incarcéré.

Ainsi, dès son entrée au Comité de salut public, Carnot avait proposé un moyen efficace pour faire surgir 450,000 nouveaux soldats, et la terrible omnipotence du Pouvoir dont il était membre, avait fait de la Levée en masse une opération sérieuse bien différente des recrutements presque illusoires qui l'avaient précédée.

Son projet de faire concourir à la défense du pays tous les bras, toutes les intelligences et toutes les fortunes, avait été consacré par des mesures dont l'exécution allait concourir à la subsistance, à l'armement et à l'habillement des troupes.

Le principe qu'il avait établi de porter des masses agressives sur quelques points décisifs, au lieu de se défendre sur un front étendu, déroutait la lenteur systématique et la routine des Coalisés.

Enfin, tandis que Carnot s'occupait sans relâche de rechercher les officiers capables de commander les armées, tous les moyens étaient acceptés pour mettre de côté les généraux inhabiles que leur avaient donnés les Jacobins. L'arrêté qui laissa Kléber à la disposition de Marceau, indique (ce que prouveront d'autres exemples) que le militaire expérimenté trouva sans cesse dans le sein du Comité de salut public un énergique défenseur contre les dénonciations ; au contraire, les généraux sans capacité étaient écartés ou abandonnés aux fatales conséquences du délire révolutionnaire dont Brunet et Houchard furent les déplorables victimes. Mais en raison de ce système inaperçu au milieu de la tempête qui en facilitait l'emploi, Rossignol était immobilisé à Rennes ; Carteaux et Doppet avaient été éloignés d'un des postes les plus importants ; Carleng et Santerre se trouvaient en prison ; quant à Léchelle, il s'était empoisonné pour éviter une peine plus terrible. En même temps, on voyait apparaître Pichegru à l'armée du Rhin et Hoche à l'armée de la Moselle ; Jourdan commandait l'armée du Nord ; Marceau et Kléber restaient chargés de terminer la guerre de la Vendée ; enfin Dugommier et Bonaparte dirigeaient le siége de Toulon.

Telles furent les dispositions par lesquelles le génie de Carnot changea brusquement les revers en succès; leur résultat immédiat allait être la fin glorieuse de la Campagne de 1793.

FIN DU SECOND VOLUME.

TABLE DES MATIÈRES.

CHAPITRE XVI.

PARIS PENDANT LA CAMPAGNE DE L'ARGONNE. — SUCCÈS MILITAIRES AU NORD, A L'EST ET AU MIDI. — ANARCHIE GÉNÉRALE A L'INTÉRIEUR.

                                                                               Pages.

Convention nationale. — Partis qui la divisent. — Esprit séditieux et spoliateur de la Commune de Paris. — Impuissance du Pouvoir exécutif provisoire........................... 2

État de désorganisation des Sections Armées. — Création d'une Réserve soldée, dans les Sections........................ 6

Inquiétudes à l'occasion de la Famille Royale prisonnière. — Désordres incessants parmi les travailleurs du camp de Paris. 6

Esprit des Sections de Paris. — Demande faite par les Girondins d'une Garde départementale destinée à protéger la Convention. — Mise en route de Gardes nationaux des départements pour la Capitale.. 7

Accroissement du nombre des engagements volontaires pour les armées. — Causes qui le déterminent................. 11

Succès militaires. — Retraite des Prussiens, des Autrichiens et des Émigrés. — Thionville est débloqué. — Fin glorieuse du bombardement de Lille. — Le général Custine pénètre dans le Palatinat. — Prise de Spire et de Worms. — Le général Montesquiou entre en Savoie et occupe Chambéry. — Son lieutenant, le général Anselme, s'empare de Nice et de la forteresse de Mont-Alban...................................... 13

Le *Te Deum* est remplacé par la *Marseillaise*. — Fête à Paris pour célébrer les succès des armes françaises en Savoie. — Enthousiasme du peuple Savoisien pour les principes révolutionnaires... 17

Sympathies pour l'armée française dans les villes du Palatinat.

Pages

— Respect des propriétés. — Exemple de sévérité donné par Custine, lors du pillage de Spire. — Heureux effets qui en résultent vis-à-vis des populations. — Contributions de guerre imposées aux Évêques et aux Chapitres nobles. — Entrée des Français à Mayence.. 19

Traitements bienveillants à l'égard des prisonniers et des déserteurs étrangers. — Leurs conséquences 23

Lois de mort contre les émigrés. — Exécution de neuf émigrés prisonniers de guerre 30

Levée du camp de Paris. 33

Commencement d'organisation de la nouvelle Garde nationale. —Effectif.— Indiscipline des Sections Armées. — Esprit de la Cavalerie nationale de Paris. 35

Désordres dans les départements. — Part qu'y prennent les bataillons de Volontaires. — Assassinat du lieutenant-colonel d'artillerie Juchereau, à Charleville. — Conduite d'un bataillon de Volontaires à Crépy. — Embuscade tendue à des Gardes nationaux d'Arles. — Assassinats commis à Cambrai par deux divisions de Gendarmes nationaux. 39

CHAPITRE XVII.

POSITION FAITE AUX GÉNÉRAUX PAR LA RÉVOLUTION. — INVASION DE LA BELGIQUE.

Position difficile des généraux. — Leurs hésitations. — Noble conduite de Dillon. — Il est destitué. 46

Le Ministre de la guerre, Servan, donne sa démission. — Accusations contre les généraux Menou, Dumuy et Lacuée. — Pache, Ministre de la guerre. 48

Dénonciations contre Montesquiou. — Il est destitué, puis maintenu dans son commandement. — Nouvelles accusations. — Son émigration. — Mésintelligence entre Custine et Kellermann. — Ce dernier remplace Montesquiou à la tête de l'armée des Alpes. 50

Professions de foi républicaines de la plupart des généraux. — Suppression de la croix de Saint-Louis. 57

Dumouriez excite l'enthousiasme à Paris. — Interpellations que lui adresse Marat relativement à deux bataillons parisiens, le Mauconseil et le Républicain. —Dumouriez au Club des Jacobins. 59

TABLE DES MATIÈRES.

Pages.

Plan d'invasion de la Belgique. — Retards apportés dans l'arrivée des approvisionnements par l'incurie de Pache. — Dumouriez entre en Belgique. — Ses proclamations. — Victoire de Jemmapes. — Ses conséquences. — Enthousiasme à la Convention. — Discussion sur l'opportunité de célébrer ce succès par une fête nationale. 65

Baptiste Renard, valet de chambre de Dumouriez, est nommé capitaine en récompense de sa conduite à Jemmapes. — Nouvelles accusations de Marat contre Dumouriez. 79

Suite des succès en Belgique. — Prise de Bruxelles, Liége, Charleroi, Anvers, etc. — La Savoie forme le 84ᵉ département de la République sous le nom de Mont-Blanc. — Création de la République de la Rauracie. 84

Fermentation révolutionnaire dans toute l'Europe. . · . . . 82

CHAPITRE XVIII.

SÉJOUR A PARIS DE NOUVEAUX FÉDÉRÉS. — DÉNUMENT DE L'ARMÉE DE BELGIQUE. — DÉSERTION GÉNÉRALE DES VOLONTAIRES DE 1791.

Misère et désordre général dans les Départements. — Absence ou inutilité de la Gendarmerie. 86

Agitations à Paris 88

Premiers Fédérés de 1792. — Leur composition. — Infamie de leur conduite à Châlons. 92

Nouveaux Fédérés de 1792. — Différence du contingent Marseillais avec celui qui était venu à Paris avant le 10 Août. — Accueil glacial qu'il reçoit à Paris. — Vaine tentative de Marat pour l'exciter à attaquer la Cavalerie nationale Parisienne. — Arrivée de Fédérés de divers Départements. — Inquiétudes de la Commune et des Sections. — Tentatives pour éloigner les Fédérés. — Connivence du Ministre de la guerre Pache avec la Commune et les Sections. — Désordres dans son administration. — Fraternisations des Fédérés et des Dragons de la République. — Plaintes réciproques portées à la Convention par les Fédérés et par leurs adversaires. — Débats entre les Girondins et les Montagnards. 95

Terme de l'engagement des Volontaires nationaux de 1791. — Leur désir de retourner dans leurs foyers. — Proclamations de la Convention et du Pouvoir exécutif pour les engager à ne pas quitter les drapeaux. — Inutilité de cette invitation. —

Pages.

Premières mesures pour forcer les Volontaires à rester au service. — Accroissement de la désertion................ 103

Dénûment des armées. — Enquête ordonnée par l'Assemblée nationale dans les grands dépôts de fournitures militaires. — Constatation de faits déplorables. — Dilapidations et corruption des agents intermédiaires. — Poursuites ordonnées devant les tribunaux. — Causes de leur inutilité. — Mesures exagérées proposées à la Convention............ 112

Cas particulier où se trouvait l'armée de Dumouriez. — Opinion de la Convention à l'égard des généraux qui obtenaient des succès. — Marchés passés en Belgique par Dumouriez pour faire subsister son armée. — Ils ne sont pas ratifiés à Paris. — Création du Comité des Achats. — Les marchés non autorisés à Paris sont forcément maintenus par Dumouriez. — Arrestation de ses agents. — Son mécontentement. — Ronsin est envoyé à l'armée de Belgique comme commissaire-ordonnateur en chef. — Son embarras. — Il est obligé de suivre le plan de Dumouriez............... 116

Rudesse de la saison; privations de l'armée; encombrement des hôpitaux. — Entrée à Aix-la-Chapelle et répartition des troupes dans les cantonnements où elles doivent hiverner. . 123

La misère multiplie les actes de pillage. — Désordres causés par l'introduction des assignats. — Décret du 15 Décembre sur la conduite à tenir par les Généraux Français dans les contrées où ils portent la Liberté. — Désaffection du peuple Belge qui regrette le despotisme Autrichien........ 124

Custine perd Francfort et se replie sur Mayence. — Échec de l'armée de la Moselle, à Pellingen.............. 129

Exécution du Roi Louis XVI. — La guerre est déclarée à l'Angleterre et à la Hollande, au moment où les armées sont affaiblies par la désertion de 60,000 Volontaires...... 131

CHAPITRE XIX.

ÉNUMÉRATION DES ARMÉES. — MODIFICATION DU MINISTÈRE DE LA GUERRE. — PROJET DE RÉORGANISATION DE LA FORCE MILITAIRE. — INSUFFISANCE DE LA GARDE NATIONALE PARISIENNE.

Énumération des armées de la République. — Armées des Côtes, du Nord, de Belgique, des Ardennes, de la Moselle, du Rhin, des Alpes, du Var. — Faiblesse des effectifs. —

L'armée de l'intérieur n'existe pas. — Impossibilité de créer l'armée des Pyrénées................. 138
Désordres effrayants dans les Bureaux de la guerre. — Attaques des Girondins contre le ministre Pache que défendent les Montagnards. — Communication ridicule qu'il fait à la Convention. — Proposition de réorganiser le Ministère de la guerre. — Adoption de la modification présentée par Barère. — Beurnonville, Ministre de la guerre. — Difficultés de sa position........................ 143
Bases de la réorganisation de l'Armée proposées par les Comités de défense générale et de la guerre. — Neuf armées, reconnues indispensables, nécessitent un effectif de 502,800 hommes. — Obligation de lever 300,000 hommes. — Proposition d'assimiler à un régime uniforme les Troupes de ligne et les Volontaires, et d'organiser l'Infanterie en demi-brigades. — Objections faites au projet du Comité de la guerre. — Leur réfutation par les membres les plus révolutionnaires. — Adoption du principe de l'assimilation des Troupes de ligne et des Volontaires. — Son exécution est ajournée à la fin de la campagne. — Mesures générales qui en sont la conséquence. — Pensions de retraite et gratifications. — Suppression des dénominations de Lieutenant-colonel, Colonel, Maréchal de camp, Lieutenant-général et Maréchal de France ; elles sont remplacées par celles de Chef de bataillon ou d'escadron, Chef de brigade, Général de brigade, Général de division et Général en chef................. 151
Bases de l'embrigadement pour l'Infanterie de ligne. — Composition et effectif d'une demi-brigade. — Règles de l'avancement.......................... 166
Bases de l'embrigadement de l'Infanterie légère. — Organisation de la Cavalerie, des Dragons, des Chasseurs et des Hussards. — Artillerie. — Génie. — Gendarmerie....... 172
États-majors des armées................. 175
Loi pour le recrutement de 300,000 hommes......... 177
Agitations dans Paris. — Pillages. — Inertie de Santerre. — Insuffisance de la Garde nationale Parisienne....... 184

CHAPITRE XX.

DUMOURIEZ EN HOLLANDE. — RECRUTEMENT DE 300,000 HOMMES.

Accueil fait par les Troupes de ligne aux premières disposi-

tions prises pour amener leur fusion avec les Volontaires. . 188
But de l'invasion de la Hollande. Plan de Dumouriez. — Faiblesse numérique de ses troupes. — Entrée en Hollande.
— Prise de Bréda, de Gertruydenberg et du fort de Klundert.
— Préparatifs pour le passage du Moerdyk. — Deroute générale de l'armée en Belgique. — Dumouriez reçoit l'ordre d'abandonner la Hollande.................. 190
Mesures prises par la Convention pour activer le recrutement des 300,000 hommes. — Envoi de Commissaires dans les Sections de Paris et dans tous les Départements. — Mesures prises par la Commune. — Enthousiasme guerrier des Sections. — Leurs demandes................. 205
La Convention admet le principe d'une taxe sur les riches et la création d'un tribunal criminel extraordinaire. — Les généraux Stengel et Lanoue sont décrétés d'arrestation. . . 210
Exaltation croissante des Sections. — Projets de massacres.
— Tentatives contre les Girondins et les Ministres. — Beurnonville à la tête des Fédérés Brestois concourt à disperser les émeutiers.......................... 211
Sage administration de Beurnonville. — Accusé par les Montagnards, il donne sa démission, et il est réélu par la Convention............................. 215
Accusations contre les généraux. — Pétition extravagante de la Section Poissonnière contre Dumouriez 217
Suite du recrutement des 300,000 hommes. — Nouvelles mesures adoptées par la Convention et par la Commune. — Enrôlements dans les Sections de Paris. — Le Ministre de la guerre reçoit l'ordre de hâter le départ des Fédérés. — Enthousiasme dans certains Départements......... 222
Exemptions légales du recrutement. — Faux enrôlés à Paris.
— Difficultés qu'éprouve l'exécution de la réquisition dans plusieurs Départements. — Soulèvements partiels. — Insurrection de la Vendée................. 228

CHAPITRE XXI.

ÉVACUATION DE LA BELGIQUE. — ÉMIGRATION DE DUMOURIEZ.

Désordres qui signalent la réunion des villes Belges à la France. 234
Retour de Dumouriez à Bruxelles. — Mesures prises contre les démagogues. — Réorganisation rapide de l'armée Fran-

çaise en Belgique. — Marche en avant. — Combat de Tirlemont. — Obligation de livrer une bataille rangée. 236
Plan de la bataille de Neerwinden. — Journée du 18 Mars. — Succès du Centre et de l'Aile droite. — Retraite de l'Aile gauche. — Impossibilité de la ramener contre l'Ennemi. — Manœuvre de l'Aile droite et du Centre pour se reporter en arrière. 242
Bonne contenance des troupes de ligne. — La désertion et l'inconduite des Volontaires forcent à continuer la retraite. — Proclamation de Dumouriez à son armée. — Il demande à la Convention la suppression du mode d'élection des officiers. — On propose à l'Assemblée l'établissement d'un Code pénal militaire. — Opposition faite par Marat. — Discussions à la Convention. — Décret d'arrestation rendu contre le général Miranda. — Les peines concernant la désertion sont déclarées applicables aux Volontaires qui abandonneront les drapeaux. 248
Suite de la retraite de Dumouriez. — Sa première entrevue avec le colonel autrichien Mack. — L'accroissement de la défection des Volontaires ruine le second plan formé par le Général pour la défense du territoire Français. 253
Projet de Dumouriez de rétablir un Roi et la Constitution de 1791. — Sa lettre à Beurnonville sur l'impossibilité de défendre le territoire. — Seconde entrevue avec le colonel Mack. — Plans contre-révolutionnaires. — Paroles de Dumouriez à trois émissaires Jacobins. — Il est mandé à la barre de la Convention. — Le Ministre de la guerre et quatre Commissaires sont envoyés à l'armée du Nord. 256
Opinions des troupes de ligne, des Volontaires et des Généraux. — Tentative d'assassinat contre Dumouriez. — Il essaye inutilement de s'emparer de Lille, de Valenciennes et de Condé. — Son refus d'obéissance au décret qui le mande à la barre de la Convention. — Il envoie le Ministre de la guerre et les Commissaires comme otages au feld-maréchal Clerfayt. 262
Les troupes de ligne se déclarent pour Dumouriez. — Trois bataillons de Volontaires tentent de l'arrêter. — Sa fuite. — Son retour au camp avec une escorte Autrichienne dont la vue change les sentiments des soldats. — Il quitte le territoire. 270

CHAPITRE XXII.

CONSÉQUENCES DE LA TRAHISON DE DUMOURIEZ. — ACCUSATION DES MONTAGNARDS CONTRE LES GÉNÉRAUX. — LEVÉES DE CONTINGENTS ADDITIONNELS. — INERTIE DE LA GARDE NATIONALE PARISIENNE.

                                                                   Pages.

Mesures décrétées contre Dumouriez et ses complices. — Création du Comité de salut public. — Bouchotte est nommé Ministre de la guerre. — Dampierre prend le commandement de l'armée du Nord et des Ardennes. — Dispositions relatives aux Commissaires de la Convention en mission près des armées. 276

Projet d'organiser à Péronne une armée de 40,000 Sans-Culottes. — Les *victimes* de Dumouriez. — Proposition de Santerre sur le moyen de former l'armée de 40,000 hommes. — Pétitions extravagantes des Sections: — Insinuations contre-révolutionnaires. — Le Tribunal criminel extraordinaire reçoit l'ordre de fonctionner. 279

Dampierre et ses troupes au camp de Famars. — Lenteurs de la marche des Alliés. — Retraite de Custine dans les lignes de Weissembourg. — La Convention déclare qu'il possède sa confiance. — Il est accusé par Marat et par Hébert. 286

Tribunal criminel extraordinaire. — Condamnation à mort du colonel Vaujour, de Myaczinski et de Philippe de Vaux. — Acquittement des généraux Miranda, Stengel, Lanoue, etc. 289

Attaques dirigées par Marat contre divers généraux. — Dénonciations contre Biron et Kellermann. — Mot infâme de Couthon à l'occasion de la mort de Dampierre. — But des accusations des Montagnards contre les généraux. 293

Désagréments de Santerre dans son poste de commandant en chef de la Garde nationale 298

Les Espagnols s'avancent jusqu'à Saint-Laurent de Cerda. — Appel fait aux populations par les Représentants du peuple en mission. — Mesures patriotiques prises par le Département de l'Hérault. — La Convention autorise toutes les Communes à lever des hommes et des impôts. 302

On décide qu'à Paris est principalement réservé l'honneur d'étouffer la guerre civile de la Vendée. — La Commune offre 12,000 hommes ; Santerre annonce qu'il se mettra à leur tête. — Difficultés de ce recrutement. 304

Demandes d'argent faites à la Convention par les contingents des diverses Sections. — Épuration des bataillons destinés à la Vendée.................. 310

Arrêtés patriotiques pris par les Départements de la Haute-Vienne et des Landes. — Mesures arbitraires décrétées dans la plupart des localités.— Réclamations universelles qu'elles excitent..................... 343

Lutte des Girondins et des Montagnards. — Boulanger refuse le commandement en chef de la Garde nationale Parisienne. —Plan de l'insurrection contre la Convention. —Henriot est nommé commandant provisoire de la Garde nationale. — Journée du 2 Juin. — Inertie de la Garde nationale.— Henriot en est définitivement élu commandant en chef.. 345

CHAPITRE XXIII.

REVERS DES ARMÉES SUR LE RHIN, AU NORD ET EN VENDÉE. — TRAVAUX MILITAIRES DU PREMIER COMITÉ DE SALUT PUBLIC. — INSURRECTION DU CALVADOS.

Siége de Mayence. — Custine est mis à la tête de l'armée du Nord.— Avant de remettre le commandement de l'armée du Rhin à Beauharnais, il veut tenter un nouvel effort contre l'Ennemi et il est battu................ 326

Position critique de l'armée du Nord. — Elle est obligée de se retirer sous le canon de Bouchain. — La ville de Condé est assiégée sans espoir de secours. — Valenciennes est investi. 328

Défaites des troupes de la République en Vendée.—Accusations contre divers généraux. — Le général Biron est envoyé en Vendée...................... 329

Incapacité du Ministre de la guerre, Bouchotte, que soutient opiniâtrement le parti exalté.............. 335

Travaux militaires du Comité de salut public.—La République entretiendra onze armées. — Représentants du peuple auprès de chacune d'elles. — Division des Gardes nationaux en quatre classes de réquisition. — Code pénal militaire. — Création de deux tribunaux militaires auprès de chaque armée. — Mesures prises contre les femmes qui encombrent les armées et contre les déserteurs ennemis qui se font monter, habiller et armer pour vendre ensuite chevaux, armes et habits. — Généraux à la tête des onze armées. — Discus-

sion sur les officiers composant les états-majors.—Plaintes contre Bouchotte qui donne sa démission. — Beauharnais refuse d'accepter le portefeuille de la guerre. — Nomination d'Alexandre au Ministère de la guerre. — Elle est rapportée et Bouchotte reste en place. — Envoi aux armées des journaux les plus révolutionnaires. — Levée de 30,000 hommes de cavalerie. — Augmentation de l'artillerie Parisienne. — Création de compagnies d'artillerie dans tous les Départements. — La plupart des mesures décrétées par la Convention, sur la proposition du Comité de salut public, ne sont pas suivies d'exécution................... 336
Insurrection de divers Départements en faveur des Girondins. — Le général Félix Wimpfen se déclare pour eux. — Formation d'une petite armée Parisienne pour marcher contre la rébellion.— Combat ridicule entre les troupes de la Convention et celles des Girondins. — Fin de l'insurrection du Calvados.................................. 348

CHAPITRE XXIV.

SITUATION DES ARMÉES. — DESTITUTION DE BIRON ET DE CUSTINE. — MESURES EXTRÊMES CONTRE LA VENDÉE.

Dispositions militaires de la Constitution de 1793........ 356
Armées des Pyrénées-Occidentales et des Pyrénées-Orientales. — Leur faiblesse numérique. — Succès des Espagnols. . . 359
Armées des Alpes et d'Italie. — Vaines attaques contre le poste de Saorgio. — Déroute de l'armée d'Italie. — Sa position critique........................... 360
Armées des côtes de Cherbourg et des côtes de Brest....... 361
Armée des côtes de La Rochelle. — Sa déplorable composition. — Prise de Saumur par les Vendéens.—Héroïsme ou lâcheté de divers Corps. — Défection de bataillons dont le temps d'engagement est expiré. — Les Vendéens échouent dans l'attaque de Nantes. — Succès de Westermann. Il est rangé par les démagogues parmi les aristocrates militaires.... 364
Remplacement du premier Comité de salut public. — Camille Desmoulins défend le général Arthur Dillon à la Convention. — La perte de Biron et de Custine est résolue.... 370
Position difficile de Biron à la tête de l'armée des côtes de La Rochelle.— L'incarcération de Rossignol lui est à dessein

TABLE DES MATIÈRES.

Pages.

faussement imputée. — Il est dénoncé à la Convention et rappelé. — Le commandement de l'armée des côtes de La Rochelle, successivement attribué à Diettmann et à Beysser, est donné à Rossignol 373
Armée du Nord et des Ardennes. — Custine est accusé par les journaux révolutionnaires. — Prise de Condé. — Custine à Paris. — Il est acclamé au Palais-Royal et dénoncé à la Convention. — Son arrestation................ 379
Armées du Rhin et de la Moselle. — Capitulation de Mayence. — Décret qui met en accusation Custine et les défenseurs de Mayence. — Réhabilitation des Mayençais. 387
Prise de Valenciennes. — Incarcération de Ferrand et de Biron. 392
Défaite de Westermann. — Il est mandé à la barre de la Convention. — Déroute de l'armée des côtes de La Rochelle. — Mesures décrétées pour mettre la Vendée à feu et à sang. . 393

CHAPITRE XXV.

DÉVELOPPEMENTS DE LA GUERRE CIVILE. — SECOND COMITÉ DE SALUT PUBLIC. — PROCÈS DE CUSTINE. — CONSÉQUENCES, POUR L'ARMÉE DES CÔTES DE LA ROCHELLE, DE LA NOMINATION D'UN GÉNÉRAL EN CHEF JACOBIN ET DE LA PRÉSENCE DE SEPT REPRÉSENTANTS DU PEUPLE.

Mouvements contre-révolutionnaires dans le Midi. — Kellermann marche sur Lyon avec 20,000 hommes......... 400
Causes du salut de la France, dans le cours de l'année 1793. — Lenteur et désunion des Coalisés. 402
Adjonction de Carnot, de Prieur (de la Côte-d'Or) et de Robespierre au Comité de salut public. — Différence des principes politiques de l'ancien et du nouveau Comité. — La Convention décide en vain, pour la troisième fois, le remplacement de Bouchotte. 404
Lenteurs du siège de Lyon. — Accusations contre Kellermann. — Entrée de Carteaux à Marseille. — Toulon se livre aux Anglais. 408
Condamnation à mort du général Lescuyer. — Procès de Custine. — Iniquités de ses accusateurs. — Sa condamnation. — Arrestation des généraux Miranda, Lamarlière, Sandoz, Laroque et autres. 413
Inconvénients de la présence des Représentants du peuple aux armées. — Rossignol prend le commandement de l'ar-

mée des côtes de La Rochelle. — Succès du général Tuncq.
— Sa destitution. — Il est maintenu dans son commandement par la Convention. — Rossignol destitué par deux Représentants du peuple est réintégré par cinq de leurs collègues.................................... 422

Arrivée des Mayençais en Vendée. — Canclaux et Rossignol prétendent les annexer chacun à son armée. — L'exécution du plan qui devait amener la fin de cette guerre, échoue par l'impéritie de Rossignol. — Déroute des troupes républicaines de Saumur et d'Angers.—Retraite de Kléber à Torfou. — Mort de Chevardin.— Retour à Nantes de l'armée de Brest et des Mayençais..................... 430

Réunion des armées de Brest et de La Rochelle sous la dénomination d'armée de l'Ouest. — Elle est mise sous les ordres du général Léchelle. — Canclaux est destitué et remplacé par Rossignol..................... 438

CHAPITRE XXVI.

DÉLABREMENT DES PLACES FORTIFIÉES. — EXCLUSION DE L'ARMÉE DE PLUSIEURS CLASSES D'OFFICIERS. — DESTITUTIONS ET ARRESTATIONS MILITAIRES. — CRÉATION D'UNE ARMÉE RÉVOLUTIONNAIRE PARISIENNE.

L'armée du Nord évacue le camp de César et occupe le camp de Gavarelle. — Les Coalisés se décident à faire le siége de Dunkerque et du Quesnoy. — Demandes de secours faites par diverses villes. — Délabrement des places de guerre. — La Convention reconnaît que la majorité de ses décrets n'est pas exécutée. — Accusations de trahison contre les généraux..................... 440

Principe nouveau qui consiste à ne plus combattre sur un front étendu, mais à porter des masses sur les points décisifs. — Véritables causes des revers des armées républicaines. — Mesures qui éloignent des armées et de Paris tous les militaires démissionnaires, destitués ou suspendus depuis le commencement de la Révolution, et tous ceux qui ont fait partie des Maisons militaires du Roi ou des Princes.... 446

Circonstances défavorables dans lesquelles Houchard prend le commandement de l'armée du Nord.—Le duc d'York assiége Dunkerque. — Le Comité de salut public renforce l'armée du Nord aux dépens des armées du Rhin et de la Moselle. —

TABLE DES MATIÈRES.

Pages.

Houchard prend Turcoing et Lannoy.—Il dénonce à la Convention la lâcheté et les pillages de certains Volontaires. — Les Jacobins le classent parmi les aristocrates militaires. 449
Victoire de Hondschoote. — Capitulation du Quesnoy.. 455
Arrestation de Brunet, général en chef de l'armée d'Italie. — Destitution de Kellermann, général en chef de l'armée des Alpes. — Il est remplacé par Doppet à l'armée de Lyon, et maintenu par les Représentants du peuple à la tête des troupes opposées aux Piémontais 458
Déroute de Menin. — Houchard, accusé de trahison, est destitué ainsi que les généraux en chef des armées du Rhin et de la Moselle, Landremont et Schauenbourg.— Discussion à la Convention relative à ces trois destitutions. — Explications données à ce sujet par le Comité de salut public qui obtient de l'Assemblée un vote de confiance. — Robespierre accuse les généraux au Club des Jacobins.—Arrestation d'Hédouville, de Dumesny, de Barthélemy et d'autres officiers. 460
Troubles à l'occasion des subsistances.— La Commune obtient la création d'une *armée révolutionnaire Parisienne.*—Décrets d'organisation. — Personnel de cette armée.— Épuration de son état-major au Club des Jacobins. 468

CHAPITRE XXVII.

LEVÉE EN MASSE. — TRAVAUX MILITAIRES DU SECOND COMITÉ DE SALUT PUBLIC.

Les Commissaires des Assemblées Primaires reçoivent la mission d'exciter l'enthousiasme des citoyens pour un recrutement extraordinaire. 484
Projet de Carnot de faire concourir à la défense du pays tous les bras, toutes les intelligences et toutes les fortunes. . . . 486
Rapport de Barère.—La Convention déclare que le Peuple Français va se lever tout entier pour défendre son indépendance. — Ironie des contre-révolutionnaires. — Inquiétudes de la Convention. — Explications données par Barère sur le principe de la Levée en masse. 487
La Levée en masse est décrétée.—Mesures d'exécution.—Envoi des forces départementales aux frontières. — La réquisition générale ne soulève à Paris et dans les Départements qu'une faible opposition. — Inutilité des moyens employés pour

échapper à ses exigences. — Craintes sur le tort qu'elle peut apporter aux travaux de l'agriculture. — Les bataillons Parisiens sont privés du droit d'élire leurs officiers et leurs sous-officiers. — Départ des réquisitionnaires. — Inefficacité des décrets rendus jusque-là pour recruter la cavalerie. — Nouveaux décrets adoptés sur la proposition du Comité de salut public. — Artillerie.................. 490

Armement. — Nécessité d'obtenir rapidement 500,000 fusils. — Proposition d'établir à Paris une immense fabrication d'armes. — Elle est adoptée................. 511

Munitions. — Les terres et matières salpêtrées sont mises à la disposition du Pouvoir exécutif. — Réquisition des poudriers et des raffineurs de salpêtre, ainsi que des matières premières qui entrent dans la composition des poudres... 516

Habillement. — Mesures pour diminuer les dilapidations. —Ateliers de confection établis à Paris. — Les dons patriotiques deviennent à peu près obligatoires.......... 516

L'ancien uniforme blanc est définitivement remplacé par l'habit national..................... 520

CHAPITRE XXVIII.

DESTITUTIONS ET INCARCÉRATIONS DE CHEFS MILITAIRES. — ÉTABLISSEMENT DU GOUVERNEMENT RÉVOLUTIONNAIRE. — OPÉRATIONS DE L'ARMÉE RÉVOLUTIONNAIRE PARISIENNE. — PROCÈS DE HOUCHARD.

Expulsion à l'armée du Rhin des militaires ayant fait autrefois partie des Maisons militaires du Roi et des Princes. — Effet produit sur les soldats par la destitution d'un grand nombre d'officiers et par le fréquent changement des généraux en chef. — Acharnement de Robespierre contre les chefs militaires. — Incohérence des mesures décrétées par la Convention à leur égard. —Emprisonnement d'un grand nombre de généraux. — Robespierre défend devant la Convention et fait nommer adjoint au Ministre de la guerre, un individu fortement inculpé de vols................. 524

Effets désastreux du gouvernement de la Convention. — Le Comité de salut public s'adjoint trois Conventionnels chargés de veiller à la stricte exécution des décrets. — Ses pouvoirs mensuels sont prorogés pour la deuxième fois. — Il est attaqué par les contre-révolutionnaires et par les ultra-révolu-

tionnaires. — Le gouvernement est déclaré *révolutionnaire* jusqu'à la paix : les généraux en chef seront désormais nommés par la Convention sur la présentation du Comité de salut public................ 534
Mort de la Reine, des députés Girondins et du duc d'Orléans. — Abréviations des formes de la justice révolutionnaire.... 539
Opérations de l'*armée révolutionnaire parisienne* dans les départements..................... 541
Nouvelles arrestations de chefs militaires. — Causes de l'emprisonnement de l'ancien Ministre de la guerre La-Tour-du-Pin, et du maréchal Luckner. — Illusions de la plupart des généraux incarcérés. — Condamnation à mort de l'ex-général de l'armée d'Italie, Brunet. — Procès de Houchard. — Sa défense. — Sa mort............ 546

CHAPITRE XXIX.

PRÉLUDES ET CAUSES DE LA FIN GLORIEUSE DE LA CAMPAGNE DE 1793.

Fin du recrutement de la Levée en masse............ 55
Perte des lignes de Weissembourg. — Prise de Lyon. — Dubois Crancé, auquel est dû ce succès, est accusé au Club des Jacobins. — Après avoir vaincu les Piémontais, Kellermann est incarcéré. — Victoire de Wattignies. — Levée du siége de Maubeuge............... 558
But de la mesure qui a déféré au Comité de salut public la nomination des généraux. — Difficultés de son exécution. — Incarcération du général jacobin Carleng. — Pichegru est nommé général en chef de l'armée du Rhin....... 565
Emprisonnement du général jacobin Santerre........ 568
Opérations en Vendée. — Ineptie et lâcheté du général jacobin Léchelle. — Le commandement est laissé de fait à Kléber. — Les Vendéens acculés à la Loire parviennent à la traverser.—Inconvénients de la bouillante ardeur de Westermann. —Léchelle cause la défaite d'Entrames.—Sédition des Mayençais contre lui. — Il donne sa démission et s'empoisonne.. 569
Le général jacobin Rossignol se retrouve à la tête de l'armée de l'Ouest.—Revers multipliés.—Rossignol reçoit du Comité de salut public l'ordre de ne pas quitter la ville de Rennes, et les opérations militaires restent confiées à Marceau et à Kléber. 581

TABLE DES MATIÈRES.

Pages.

Siége de Toulon. — Arrivée du commandant d'artillerie Bonaparte. — Impéritie et éloignement successif des deux généraux jacobins Carteaux et Doppet. — Robespierre dissipe l'émotion causée au Club des Jacobins par ces deux actes du Comité de salut public. 586

Résumé des causes qui concoururent à la fin glorieuse de la Campagne de 1793. 597

FIN DE LA TABLE.

www.ingramcontent.com/pod-product-compliance
Lightning Source LLC
Chambersburg PA
CBHW051327230426
43668CB00010B/1170